五燈會元

（宋）釋普濟 編撰　曾琦云 校注

校注

（三）

华龄出版社

HUALING PRESS

图书在版编目(CIP)数据

《五灯会元》校注/(宋)释普济编撰;曾琦云校
注. -- 北京:华龄出版社,2023.12
ISBN 978-7-5169-2610-9

Ⅰ.①五… Ⅱ.①释…②曾… Ⅲ.①禅宗-中国-
北宋 Ⅳ.①B946.5

中国国家版本馆 CIP 数据核字(2023)第 185093 号

策划编辑 于建平　　　　　　　　责任印制 李末圻
责任编辑 郑 雍　　　　　　　　　装帧设计 基正传媒

书　名	《五灯会元》校注		编　撰	(宋)释普济	
出　版 发　行	华龄出版社 HUALING PRESS		校　注	曾琦云	
地　址	北京市东城区安定门外大街甲 57 号		邮　编	100011	
发　行	(010)58122255		传　真	(010)84049572	
承　印	三河市南阳印刷有限公司				
版　次	2023 年 12 月第 1 版		印　次	2023 年 12 月第 1 次印刷	
规　格	787mm×1092mm		开　本	1/16	
印　张	258		字　数	2414 千字	
书　号	ISBN 978-7-5169-2610-9				
定　价	480.00 元(全 6 册)				

目 录

（三）

第七章 青原下二世——青原下六世

第八章　青原下七世——青原下九世

— 5 —

第九章　南岳下三世——南岳下八世（沩仰宗）

第十章 青原下八世——青原下十二世（法眼宗）

第七章　青原下二世——青原下六世

也大差，也大差，卷起帘来见天下。有人问我解何宗，拈起拂子劈口打。（长庆慧棱禅师）

第一节　青原下二世

石头迁禅师法嗣

天皇道悟禅师

荆州天皇[1]道悟禅师，婺州东阳[2]张氏子。神仪挺异，幼而生知。年十四，恳求出家，父母不听，遂损减饮膳，日才一食，形体羸悴[3]，父母不得已而许之。依明州大德披削[4]。二十五，诣杭州竹林寺[5]具戒。精修梵行，推为勇猛。或风雨昏夜，宴坐丘冢[6]，身心安静，离诸怖畏。

一日，游余杭，首谒径山国一受心法，服勤五载。后参马祖，重印前解，法无异说，依止二夏。

乃谒石头而致问曰："离却定慧，以何法示人？"头曰："我这里无奴婢，离个甚么？"曰："如何明得？"头曰："汝还撮得虚空么？"曰："恁么则不从，今日去也！"头曰："未审汝早晚从那边来？"曰："道悟不是那边人。"头曰："我早知汝来处也。"曰："师何以赃诬[7]于人？"头曰："汝身见在。"曰："虽然如是，毕竟如何示于后人？"头曰："汝道谁是后人？"师从此顿悟。

馨殚[8]前二哲匠[9]言下有所得心，后卜[10]荆州当阳紫陵山，学徒驾肩接迹，都人[11]士女，向风而至。

时崇业寺上首以状闻于连帅[12]，迎入城。郡之左有天皇寺，乃名蓝[13]也，因火而废。主僧灵鉴将谋修复，乃曰："苟得悟禅师为化主，必能福我。"乃中宵潜往哀请，肩舁而至。

时江陵尹右仆射[14]裴公稽首问法，致礼勤至。师素不迎送，客无贵贱，皆坐而揖之。裴公愈加归向。由是石头法道盛矣。

师因龙潭问："从上相承底事如何？"师曰："不是明汝来处不得。"

潭曰："这个眼目几人具得？"师曰："浅草易为长芦。"

僧问："如何是玄妙之说？"师曰："莫道我解佛法好！"曰："争奈学人疑滞何？"师曰："何不问老僧？"曰："即今问了也。"师曰："去，不是汝存泊[15]处。"

元和丁亥四月示疾，命弟子先期告终。至晦日，大众问疾，师蓦召典座，座近前，师曰："会么？"曰："不会。"师拈枕子抛于地上，即便告寂。寿六十，腊三十五。以其年八月五日塔于郡东。

按：《景德传灯录》称，青原下出石头迁，迁下出天皇悟，悟下出龙潭信，信下出德山鉴，鉴下出雪峰存，存下出云门偃、玄沙备，备再传为法眼益，皆谓云门、法眼二宗来自青原石头，虽二家儿孙，亦自谓青原石头所自出，不知其差误所从来久矣。

道悟同时有二人，一住荆南城西天王寺，嗣马祖。一住荆南城东天皇寺，嗣石头。其下出龙潭信者，乃马祖下天王道悟，非石头下天皇道悟也。

何以明之？

按：唐正议大夫户部侍郎平章事荆南节度使丘玄素所撰《天王道悟禅师碑》云：

道悟[16]，渚宫人，姓崔氏，子玉之后胤[17]也。年十五，依长沙寺昙翥律师出家。二十三，诣嵩山受戒。三十，参石头频沐指示，曾未投机，次谒忠国师。三十四，与国师侍者应真南还谒马祖，祖曰："识取自心本来是佛，不属渐次，不假修持，体自如如，万德圆满。"师于言下大悟。祖嘱曰："汝若住持，莫离旧处。"师蒙旨已，便返荆门，去郭不远，结草为庐。后因节使顾问左右，申其端绪[18]。节使亲临访道，见其路隘，车马难通，极目荒榛[19]，曾未修削，睹兹发怒，令人擒师，抛于水中。旌旆[20]才归，乃见遍衙火发，内外烘焰，莫可近之，唯闻空中声曰："我是天王神！我是天王神！"节使回心设拜，烟焰都息，宛然如初。遂往江边，见师在水，都不湿衣。节使重伸[21]忏悔，迎请在衙供养，于府西造寺，额号"天王"。师常云："快活！快活！"及临终时，叫："苦！苦！"又云："阎罗王来取我也。"院主问曰："和尚当时被节度使抛向水中，神色不动，如今何得恁么地？"师举枕子云："汝道当时是？如今是？"院主无对，便入灭。当元和三年戊子十月十三日也。年八十二，坐六十三[22]夏。嗣法一人，曰崇信，即龙潭也。

城东天皇道悟禅师者，协律郎[23]符载[24]撰碑，乃与《景德传灯》合。其碑云：

道悟，姓张氏，婺州东阳人。十四出家，依明州大德祝发。二十五，受戒于杭州竹林寺。初参国一，留五年。大历十一年，隐于大梅山。建中初，谒江西马祖。二年，参石头，乃大悟。遂隐当阳紫陵山。后于荆南城东有天皇废寺，灵鉴请居之。元和二年丁亥四月十三日，以背痛入灭。年六十，坐三十五夏。法嗣三人，曰慧真，曰文贲，曰幽闲。今荆南城东有天皇巷存焉。

唐闻人归登[25]，撰《南岳让禅师碑》，列法孙数人于后，有天王道悟名。圭峰《答裴相国宗趣状》，列马祖法嗣六人，首曰江陵道悟。权德舆撰《马祖塔铭》，载弟子慧海、智藏等十一人，道悟其一也。又吕夏卿、张无尽著书，皆称道悟嗣马祖，宗门反以为误。然佛国白《续灯录》叙雪窦显为大寂九世孙，《祖源通要录》中，收为马祖之嗣，达观颖以丘玄素碑证之，疑信相半。盖独见丘玄素碑，而未见符载碑耳。今以二碑参合，则应以天皇道悟嗣石头，以慧真、文贲、幽闲嗣之。而于马祖法嗣下增入天王道悟，以龙潭、崇信嗣之，始为不差误矣。

【注释】

[1] 天皇：佛寺名。位于湖北江陵。建于南朝梁代，时法论曾住止本寺教导弟子。北周武帝时，法难波及荆楚之地，以寺中有僧繇所绘孔子之像，乃改为国库，幸免拆毁。唐德宗时，寺主灵鉴迎石头希迁之法嗣道悟禅师至本寺，修葺堂宇，盛弘佛法。宋代初名太平兴国寺，后改乾明寺。明代洪武年间（1368～1398 年）重建。

[2] 婺州东阳：今浙江省东阳市。

[3] 羸（léi）悴（cuì）：疲困憔悴。

[4] 披削：削发出家。

[5] 竹林寺：位于浙江省杭州市萧山区城厢镇惠济桥北堍，建于南齐年间。寺僧高昙（得异授而兴医业）济世治病，并设有女科。

[6] 丘冢：坟墓。

[7] 赃诬：栽赃诬陷。

[8] 罄殚：全尽无余。

[9] 哲匠：本指明智而富有才艺的人、高明技术的工匠或明达而富有才能的大臣，此处指高僧大德。

[10] 卜：卜居，占卜选择居住的地方。

[11] 都人：京都的人。

[12] 帅：旧校本注释："原刻作'师'，误。依《景德传灯录》改。"但宝祐本本来就作"帅"。

[13] 名蓝：名寺。蓝：指蓝宇，伽蓝堂宇，即佛寺也。

[14] 右仆射：为官名，秦始置，汉以后因之。唐宋左右仆射为宰相之职。宋以后废。

[15] 存泊：指使停歇、存身。

[16] 道悟：宝祐本作"道吾"，旧校本校对失误，作"首悟"。这里本来就是写道吾禅师的碑文，哪里有什么"首悟"禅师。

[17] 后胤（yìn）：后裔。

[18] 端绪：头绪。

[19] 荒榛：杂乱丛生的草木。引申为荒芜。

[20] 旌旆（pèi）：旗帜，此处指节使的旗队，犹尊驾、大驾。

[21] 重伸：依《佛祖历代通载》卷十五，作"重申"，可理解为再次申述自己的忏悔之情。

[22] 六十三：旧校本校对失误，作"六"。

[23] 协律郎：官名。汉朝有协律都尉，北魏置协律郎，八品。北齐为太常寺属官，员二人，八品上，掌监调律吕音乐。隋朝置二人，隶太常寺。唐因之，正八品上，掌和律吕。宋朝太常寺置一人，从八品，掌乐律及宫架、特架之位、奏乐次序，指挥大祭祀及宴享时奏乐。

[24] 符载：生卒年未详，又名符载，字厚之，武都（今四川绵竹县西北）人，建中初年（780年），与杨衡、李群等隐居庐山，号"山中四友"。贞元五年（789年），李巽为江西观察使，荐其材，授奉礼郎，为南昌军副使。试太常寺协律郎，授监察御史。

[25] 唐闻人归登：唐代人闻人归登。"闻人归登"是人的姓名，"闻人"是复姓，如"欧阳"之类，并非"闻人"就是名人的意思。旧校本只在"归登"下画线，误把"闻人"当成"名人"一词了。

【概要】

天皇道悟禅师（748～807年），唐代禅僧。婺州东阳（浙江东阳）人，俗姓张。自幼神秀，长而谨愿，十四岁出家，二十五岁受具足戒。未久游余杭，参谒径山国一，从问禅要，服勤五年而蒙印可。后又参访马祖道一、石头希迁，尽得玄旨，乃栖止荆州当阳紫云山。未久，应荆州天皇寺之请，驻锡而振复之，法席愈盛，世称"天皇门风"。后寂于宪宗元和二年四月，世寿六十，僧腊三十五。后世称为"天皇道悟"，以别于同时代之禅师"天王道悟"。其法嗣为龙潭崇信，崇信门下为德山宣鉴。我国云门、法眼二宗即出自宣鉴之法系。以上系出自《宋高僧传》卷十、《景德传灯录》卷十四、《传法正宗记》卷七等所载，然自《景德传灯录》以下之诸传，均认为天王道悟为马祖道一之嫡流，而云门、法眼二宗则源自师之法系。

据丘玄素所撰《江陵城西天王寺道悟禅师碑铭》记载，别有天王道悟。天王道悟（737～818年），唐代禅师。渚宫（湖北江陵）人，俗姓崔。十五岁就长沙寺昙翥出家。二十三岁参嵩山律德，得尸罗。寻参石头希迁，止二年，但不契悟，遂入长安参南阳慧忠，更谒马祖道一，言下大悟，且依其劝说，还至渚宫。元和十三年四月示寂，世寿八十二，法腊六十三。嗣法一人，曰崇信，即龙潭也。

历史上到底有没有两位道悟禅师？是否源自云门、临济二宗互争南岳下之正统而起，待考证。

【参考文献】

《宋高僧传》卷十；《景德传灯录》卷十四；《传法正宗记》卷七；《林间录》卷上。

第二节　青原下三世

天皇悟禅师法嗣

龙潭崇信禅师

澧州龙潭崇信禅师，渚宫人也。其家卖饼。师少而英异。初，悟和尚为灵鉴潜请居天皇寺，人莫之测。师家于寺巷，常日以十饼馈之。天皇受之，每食毕，常留一饼曰："吾惠汝以荫子孙。"师一日自念曰："饼是我持去，何以返遗我邪？其别有旨乎？"遂造而问焉。皇曰："是汝持来，复汝何咎？"师闻之，颇晓玄旨，因投出家。皇曰："汝昔崇福善，今信吾言，可名崇信。"由是服勤左右。

一日问曰："某自到来，不蒙指示心要？"皇曰："自汝到来，吾未尝不指汝心要。"师曰："何处指示？"皇曰："汝擎茶来，吾为汝接。汝行食来，吾为汝受。汝和南时，吾便低首。何处不指示心要？"师低头良久，皇曰："见则直下便见，拟思即差。"师当下开解。复问："如何保任[1]？"皇曰："任性逍遥，随缘放旷。但尽凡心，别无圣解。"

师后诣澧阳龙潭栖止。

僧问："髻中珠谁人得？"师曰："不赏玩者得。"曰："安著何处？"师曰："有处即道来。"

有尼问："如何得为僧去？"师曰："作尼来多少时也？"曰："还有为僧时也无？"师曰："汝即今是甚么？"曰："现是尼身，何得不识？"师曰："谁识汝？"

李翱[2]刺史问："如何是真如般若？"师曰："我无真如般若。"李曰："幸遇和尚。"师曰："此犹是分外之言。"

【注释】

[1] 保任：禅悟之后，须加保持、维护，称"保任"。参见本书第五章"鼎州李翱刺史"条注释。

[2] 李翱：参见本书第五章"鼎州李翱刺史"注释。

【概要】

龙潭崇信禅师，唐代禅僧。出身、生卒年皆不详。荆州（今湖北江陵）人。其家卖饼，道悟居天皇寺时，崇信日以十饼馈之，后从道悟出家，得悟玄旨。居澧州（治今湖南澧县）龙潭禅院，宗风大盛，世称"龙潭和尚"。传法德山宣鉴而寂。

【参考文献】

《宋高僧传》卷十；《景德传灯录》卷十四；《联灯会要》卷九。

第三节 青原下四世

龙潭信禅师法嗣

德山宣鉴禅师

鼎州德山宣鉴禅师，简州周氏子。丱岁出家，依年受具。精究律藏，于性相诸经，贯通旨趣。常讲《金刚般若》，时谓之"周金刚"。尝谓同学曰："一毛吞海，海性无亏。纤芥投锋，锋利不动。学与无学，唯我知焉。"后闻南方禅席颇盛，师气不平，乃曰："出家儿千劫学佛威仪，万劫学佛细行，不得成佛。南方魔子敢言直指人心，见性成佛，我当搂其窟穴，灭其种类，以报佛恩。"遂担《青龙疏钞》出蜀。

至澧阳路上，见一婆子卖饼，因息肩买饼点心。婆指担曰："这个是甚么文字？"师曰："《青龙疏钞》。"婆曰："讲何经？"师曰："《金刚经》。"婆曰："我有一问，你若答得，施与点心。若答不得，且别处去。《金刚经》道：'过去心不可得，现在心不可得，未来心不可得。'未审上座点那个心？"师无语。

遂往龙潭，至法堂曰："久向龙潭，及乎到来，潭又不见，龙又不现。"潭引身曰："子亲到龙潭。"师无语，遂栖止焉。

一夕，侍立次，潭曰："更深何不下去？"师珍重便出，却回曰："外面黑。"潭点纸烛度与师，师拟接，潭复吹灭。师于此大悟，便礼拜。潭曰："子见个甚么？"师曰："从今向去，更不疑天下老和尚舌头也。"

至来日，龙潭升座，谓众曰："可中有个汉，牙如剑树，口似血盆，一棒打不回头，他时向孤峰顶上，立吾道去在！"师将《疏钞》堆法堂前，举火炬曰："穷诸玄辩，若一毫置于太虚；竭世枢机，似一滴投于巨壑。"遂焚之。

于是礼辞，直抵沩山。挟复子[1]上法堂，从西过东，从东过西，顾视方丈曰："有么？有么？"山坐次，殊不顾盼[2]。师曰："无！无！"便出至门首，乃曰："虽然如此，也不得草草。"遂具威仪，再入相见。才跨门，提起坐具曰："和尚！"山拟取拂子，师便喝，拂袖而出。

沩山至晚问首座："今日新到在否？"座曰："当时背却法堂，著草鞋出去也。"山曰："此子已后向孤峰顶上盘结草庵，呵佛骂祖去在！"

师住澧阳三十年，属唐武宗废教，避难于独浮山之石室。大中初，武陵太守薛廷望再崇德山精舍，号"古德禅院"，将访求哲匠住持。聆师道行，屡请不下山。廷望乃设诡计，遣吏以茶盐诬之，言犯禁法，取师入州。瞻礼，坚请居之，大阐宗风。

上堂："若也于己无事，则勿妄求。妄求而得，亦非得也。汝但无事于心，无心于事，则虚而灵，空而妙。若毛端许，言之本末者，皆为自欺。何故？毫厘系念，三涂业因。瞥尔情生，万劫羁锁。圣名凡号，尽是虚声。殊相劣形，皆为幻色。汝欲求之，得无累乎？及其厌之，又成大患，终而无益。"

小参，示众曰："今夜不答话，问话者三十棒。"时有僧出礼拜，师便打。僧曰："某甲话也未问，和尚因甚么打某甲？"师曰："汝是甚么处人？"曰："新罗人。"师曰："未跨船舷，好与三十棒。"

（法眼云："大小德山话作两橛。"玄觉云："丛林中唤作'隔下语'且从；只如德山道：'问话者三十棒。'意作么生[3]？"）

僧参，师问维那："今日几人新到？"曰："八人。"师曰："唤来一时生按著[4]。"

龙牙问："'学人仗镆耶剑，拟取师头'时如何？"师引颈近前，曰："团[5]。"（法眼别云："汝向甚么处下手。"）牙曰："头落也。"师呵呵大笑。牙后到洞山，举前话。山曰："德山道甚么？"牙曰："德山无语。"洞曰："莫道无语，且将德山落底头呈似老僧看。"牙方省，便忏谢。有僧举似师，师曰："洞山老人不识好恶，这汉死来多少时，救得有甚么用处？"

僧问："如何是菩提？"师打曰："出去！莫向这里屙。"

问："如何是佛？"师曰："佛是西天老比丘。"

雪峰问："从上宗乘，学人还有分也无？"师打一棒曰："道甚么！"曰："不会。"至明日请益，师曰："我宗无语句，实无一法与人。"峰因此有省。岩头闻之曰："德山老人一条脊梁骨硬似铁，拗不折。然虽如此，于唱教门中，犹较些子。"

（保福问招庆："只如岩头出世，有何言教过于德山，便恁么道[6]？"庆云："汝不见岩头道：'如人学射，久久方中。'"福云："中后如何？"庆云："展阇黎，莫不识痛痒[7]。"福云："和尚今日非唯举话。"庆云："展阇黎是甚么心行？"明招云："大小招庆，错下名言。"）

示众曰："道得也三十棒，道不得也三十棒。"临济闻得，谓洛浦曰："汝去问他，道得为甚么也三十棒？待伊打汝，接住棒送一送，看伊作么生？"浦如教而问，师便打。浦接住送一送，师便归方丈。浦回举似临济，济曰："我从来疑著这汉。虽然如是，你还识德山么？"浦拟议，济便打。

（岩头云："德山老人寻常只据一条白棒，佛来亦打，祖来亦打，争奈较些子。"东禅齐云："只如临济道：'我从前疑著这汉。'是肯底语，不肯底语？为当别有道理？试断看。"）

上堂："问即有过，不问犹乖。"有僧出礼拜，师便打。僧曰："某甲始礼拜，为甚么便打？"师曰："待汝开口，堪作甚么？"

师令侍者唤义存（即雪峰也）。存上来，师曰："我自唤义存，汝又来作甚么？"存无对。

上堂："我先祖见处即不然，这里无祖无佛，达磨是老臊胡[8]，释迦老子是干屎橛[9]，文殊普贤是担屎汉，等觉妙觉是破执凡夫，菩提涅槃是系驴橛[10]，十二分教是鬼神簿、拭疮疣[11]纸。四果三贤、初心十地是守古冢[12]鬼，自救不了。"

有僧相看，乃近前作相扑势。师曰："与么无礼！合吃山僧手里棒。"僧拂袖便行，师曰："饶汝如是，也只得一半。"僧转身便喝，师打曰："须是我打你始得。"曰："诸方有明眼人在。"师曰："天然有眼。"僧擘开眼曰："猫！"便出。师曰："黄河三千年一度清。"

师见僧来，乃闭门。其僧敲门，师曰："阿谁？"曰："师子儿。"师乃开门，僧礼拜，师骑僧项曰："这畜生甚处去来？"

雪峰问："南泉斩猫儿，意旨如何？"师乃打趁，却唤曰："会么？"峰曰："不会。"师曰："我恁么老婆心，也不会？"

僧问："凡圣相去多少？"师便喝。

师因疾，僧问："还有不病者也无？"师曰："有。"曰："如何是不病者？"师曰："阿啷！阿啷！"师复告众曰："扪空追响，劳汝心神，梦觉觉非，竟有何事？"言讫，安坐而化。即唐咸通六年十二月三日也。谥"见性禅师"。

【注释】

[1] 复子：包袱，行李袋。

[2] 顾盼：向左右或周围看来看去。续藏本作"顾眄"，指回视、斜视。

[3] "丛林中唤作'隔下语'且从；只如德山道：'问话者三十棒。'意作么生"：旧校本标点为"丛林中唤作隔下语，且从只如德山道：问话者三十棒，意作么生"，有误。

[4] 唤来一时生按著："生按著"，查对其他典籍为"生按过"。《云门广录》卷中："举，德山问维那：'有几人新到那？'云：'八人。'山云：'唤典座来，一时生按过。'师拈云：'更说什么生按过！'"《续传灯录》卷一五"真净克文"条："似这一队掠虚汉，总只一期于无佛处称尊。若是如今，唤来一时与伊生按过。""生按过"，谓考测对方（多为学人）悟道之深浅。这句话的大意是，把那八人唤

来一齐考察一下。旧校本标点有误，仅仅只有"唤来"二字作为禅师的说话，而"一时生按著"移出引号成叙述语言。

　　［5］团（duō）：用同"咄"。斥责之声或用力之声。

　　［6］只如岩头出世，有何言教过于德山，便怎么道：旧校本标点作"只如岩头出世，有何言教？过于德山便怎么道？"有误。

　　［7］展阇黎，莫不识痛痒：旧校本标点有误，"展阇黎"是禅师名，要加专有名词线。展阇黎指"福"（保福）禅师。下文还有"展阇黎"，亦要加专有名词线。

　　［8］老臊胡：《禅宗大词典》："老臊胡：对老年胡人之詈称，多指禅宗初祖菩提达磨。有时带戏谑语气。"《汉语大词典》："老臊胡：本指多须髯的胡人，后泛称络腮胡须。清代梁同书《直语补证》：'老臊胡，俗以多髯连鬓者为落腮胡，其实非也……胡人颔下多髯，故俗有此称。'"丁福保《佛学大辞典》："老臊之夷人也，斥达磨。"

　　［9］干屎橛：古时僧人大便时揩屁股用的器物，用竹木削成的小棒棒。禅家在回答"如何是佛"等问题时，常以此三字为答语。目的是打破参禅者的妄情执见及对佛的迷茫的神秘感，告知初学者，万法平等，万物平等，佛也是极普通的与一般众生是同样的事物。（摘自《佛源语词词典》）

　　［10］系驴橛：路旁拴驴马用的木桩，佛家经常用以比喻用处不大的东西，不是什么值得珍贵的事物。因其能拴住驴马，也比喻系住人心的障碍，不利于心无杂念学法修行。（摘自《佛源语词词典》）

　　［11］疣疣：机体表面的赘生物。

　　［12］古冢：古墓。

【概要】

　　德山宣鉴禅师（782~865年），唐代禅僧。剑南（四川）人，俗姓周，法名宣鉴。年少出家，二十岁受具足戒，于大小乘诸经贯通旨趣，因常讲《金刚般若经》，时人美称为"周金刚"。尝闻盛张于南方之禅法，倡言直指人心，见性成佛；与所学不相类，遂欲与彼等辩难，图息其说。乃携道氤之《金刚经疏钞》出蜀，首至澧阳参谒龙潭信禅师，问答之间，豁然顿悟，遂焚《金刚经疏钞》，成为青原第五世。

　　以法系之异，常以棒打为教，而有"德山棒"之称誉，而与"临济喝"齐名。师住澧阳三十年，遭唐武宗（841~846年）废教，避难于独浮山之石室。大中（847~859年）初，应武陵（湖南）太守薛廷望坚请，始居德山，大振宗风，蔚为一大丛林，其道风峻险，棒打天下衲子，与沩山、洞山、临济之道风相对峙。

　　咸通六年十二月三日，忽告诸门徒曰："扪空追响，劳汝心神，梦觉觉非，竟有何事?"言讫安坐而化。世寿八十四,僧腊六十五,敕谥"见性大师"。门人众多,如岩头全豁、雪峰义存、瑞龙慧恭、泉州瓦棺、双流尉迟等。

德山对棒打之举未作任何解释,若由诸相关之公案推断,在"以心传心,不立文字"宗旨下,不得开口言说,只能以棒打点醒学人。其目的有二:一是截断学人之心识活动,令彼在急遽间不假思索,得于当下见性。二是不许学人直接说出悟境,以免触犯自性不可说之忌讳。另有谓棒打或为测试学人临机之反应而设。

"德山三世心不可得"是著名禅宗公案名,又作"婆子点心"。系唐代德山宣鉴禅师与一卖油饼婆子间之机缘语句。德山虽精通《金刚经》,然局囿于文字义理之研究,经婆子点破,方知自己执迷之过。《碧岩录》第四则收入此公案。德山精究律藏,通达《金刚经》,闻知南方盛行禅风,倡言"即心是佛",遂担《金刚经疏钞》欲往破之。途中,遇一婆子卖油糍(饼),德山放下疏钞欲食点心。婆子却问持何经典,德山答言《金刚经疏钞》。婆子闻言,意欲考量德山,遂谓若能回答所问,即布施油糍;若未能答,则另请前往他处觅食。随即问德山:"《金刚经》云:'过去心不可得,现在心不可得,未来心不可得。'上座欲点那个心?"德山为之语塞。于《金刚经》中,"过去心不可得"等语之上文有"诸心皆为非心"之语,婆子略去上文而截取下文以问,德山未及究竟,却为文字所缚,故作答不得。又于《禅苑蒙求》卷下,亦详载此则公案。

【参考文献】

《宋高僧传》卷十二;《景德传灯录》卷十五;《祖堂集》卷五;《联灯会要》卷二十;《隆兴佛教编年通论》卷二十七;《碧岩录》第一至第四则;《禅苑蒙求》卷下;《镇州临济慧照禅师语录》。

【拓展阅读】

众生平等

(摘自曾琦云著《心经心得》,线装书局 2008 年 1 月出版)

《心经》说:"舍利子,是诸法空相,不生不灭,不垢不净,不增不减。"

"不增不减"是说佛性遍一切时,遍一切处的,众生成佛,并非增加了什么。同时,处于凡夫地位的众生也有佛性,他和佛相比也并没有减少什么,所以佛教提出了众生平等的观点,告诉我们心佛众生三无差别,离开众生无佛可成,佛与众生本来就是一体的。众生不明自性本来具备如来智慧德相,所以才在轮回之中,一旦觉悟就与佛无别。

宣鉴禅师上堂说："我先祖见处即不然，这里无祖无佛，达磨是老臊胡，释迦老子是干屎橛，文殊普贤是担屎汉，等觉妙觉是破执凡夫，菩提涅槃是系驴橛，十二分教是鬼神簿、拭疮疣纸，四果三贤初心十地，是守古墓鬼。自救得也无！汝莫爱圣，圣是空名。"（《五灯会元》卷七）

德山宣鉴禅师上堂说："我们禅宗先辈与其他教派的看法不同，在我们这里，既没有祖师也没有佛圣。达磨是老臊胡，释迦老头子是干屎橛，文殊、普贤是挑粪汉，等觉、妙觉只是破除执见的凡夫，菩提智慧、涅槃境界是系驴的木桩，十二部类佛经是鬼神簿，是擦拭疮疣的废纸，四类果位、三类贤者、初学佛者以及十地圣者则是守古坟的一群鬼魂，自身难保。你不要爱圣，圣是空名。"

发展到宣鉴禅师这种呵佛骂祖，其理论基础仍旧是六道众生平等，因此不要做分别，心中有分别，不能做到平等，就会被它们羁绊、误导，影响开悟。"莫著人我，免被诸圣橛、菩提橛。""莫求佛，佛是大杀人贼，赚多少人入淫魔坑。莫求文殊普贤，是田舍奴。"

德山的禅法当时称为"德山棒"，与临济宗的"临济喝"，在禅宗史上齐名，"临济喝"也继承了德山的传统，临济义玄说："坐断报化佛头，十地满心犹如客作儿，等妙二觉担枷锁汉，罗汉辟支犹如厕秽，菩提涅槃如系驴橛。"

禅宗的棒喝表面上看来是佛教史上的一场革命，打破了佛教庄严的偶像崇拜，可因为有德山和临济这样的大禅师担当，它并非违背了佛教。他们的思想仍旧可以落实到佛与众生平等的思想基础上，佛性在凡不减，在圣不增，所以他们一定要打破偶像崇拜才能让学人明心见性。在这种基础上，他们的做法不但没有得到佛教所说五逆十恶引来的最严厉的报应，他们的道场反而成为选佛场。而这些祖师以大无畏的智慧，在禅宗史上写上了光辉的一页。

洪州泐潭宝峰和尚

新到参，师问："其中事即易道，不落其中事始终难道。"曰："某甲在途中时，便知有此一问。"师曰："更与二十年行脚，也不较多。"曰："莫不契和尚意么？"师曰："苦瓜那堪待客？"

问僧："古人有一路接后进初心，汝还知否？"曰："请师指出古人一路。"师曰："恁么则阇黎知了也。"曰："头上更安头。"师曰："宝峰不合问仁者。"曰："问又何妨？"师曰："这里不曾有人乱说道理，出去。"

岩头僧来参，师竖起拂子曰："落在此机底人，未具眼[1]在。"僧拟近前，师曰："恰落在此机。"僧回举似岩头，头曰："我当时若见，夺却拂子，看他作么生。"师闻乃曰："我竖起拂子从伊夺，总不将物时又作么生？"岩头闻得，又曰："无星秤子，有甚辨处？"

【注释】

[1] 具眼：具备法眼，能够用禅悟者特有的智慧眼光观照事物。《无门关·清税孤贫》："曹山具眼，深辨来机。"《祖堂集》卷十"长庆"条："你若择不出，敢保你未具眼在。"（以上摘自《禅宗大词典》）又，《佛光大辞典》"具眼"条：谓对事物具有特殊之见识，或指具有特殊见识之人。又作具眼睛。禅林中，对能透见宇宙之原则，及一切现象之实相者，称具眼者。其同类用语，另有"具眼衲僧"，即指修行达于圆熟而能彻见事物道理之禅僧。

第四节　青原下五世

德山鉴禅师法嗣

岩头全奯禅师

鄂州岩头全奯[1]禅师，泉州柯氏子。少礼青原谊公落发，往长安宝寿寺禀戒。习经律诸部[2]，优游禅苑，与雪峰、钦山为友。自杭州大慈山迤逦造于临济，属济归寂，乃谒仰山。才入门，提起坐具曰："和尚！"仰山取拂子拟举，师曰："不妨好手。"

后参德山，执坐具上法堂瞻视。山曰："作么？"师便喝，山曰："老僧过在甚么处？"师曰："两重公案[3]。"乃下参堂。山曰："这个阿师稍似个行脚人！"至来日上问讯，山曰："阇黎是昨日新到否？"曰："是。"山曰："甚么处学得这虚头来？"师曰："全奯终不自谩。"山曰："他后不得孤负老僧。"

一日，参德山，方跨门便问："是凡是圣？"山便喝，师礼拜。有人举似洞山，山曰："若不是奯公，大难承当。"师曰："洞山老人不识好恶，错下名言[4]。我当时一手抬，一手搦[5]。"

雪峰在德山作饭头[6]，一日饭迟，德山擎钵下法堂。峰晒饭巾次，见德山乃曰："钟未鸣，鼓未响，拓钵向甚么处去？"德山便归方丈。峰举似师，师曰："大小德山未会末后句在。"山闻，令侍者唤师去，问："汝不肯老僧那？"师密启其意，山乃休。明日升堂，果与寻常不同。师至僧堂前，抚掌大笑曰："且喜堂头老汉会末后句，他后天下人不奈伊何！虽然，也只得三年活。"（山果三年后示灭。）

一日，与雪峰、钦山聚话。峰蓦指一碗水，钦曰："水清月现。"峰曰："水清月不现。"师踢却水碗而去。

师与雪峰同辞德山，山问："甚么处去？"师曰："暂辞和尚下山去。"曰："子他后作么生？"师曰："不忘。"曰："子凭何有此说？"师曰："岂不闻：'智过于师，方堪传受；智与师齐，减师半德。'"曰："如是如是，当善护持。"二士礼拜而退。

师住鄂州岩头，值沙汰，于湖边作渡子，两岸各挂一板，有人过渡，打板一下。师曰："阿谁？"或曰："要过那边去！"师乃舞棹迎之。

一日，因一婆抱一孩儿来，乃曰："呈桡舞棹即不问，且道婆手中儿甚处得来？"师便打，婆曰："婆生七子，六个不遇知音，只这一个，也不消得。"便抛向水中。

师后庵于洞庭卧龙山，徒侣臻萃[7]。

僧问："无师还有出身处也无？"师曰："声前古毳[8]烂。"

问："堂堂来时如何？"师曰："刺破眼。"

上堂："吾尝究《涅槃经》七八年，睹三两段义似衲僧说话。"又曰："休！休！"时有一僧出，礼拜，请师举。师曰："吾教意如∴[9]字三点。第一向东方下一点，点开诸菩萨眼。第二向西方下一点，点诸菩萨命根。第三向上方下一点，点诸菩萨顶。此是第一段义。"又曰："吾教意如摩醯首罗[10]，擘开面门，竖亚[11]一只眼。此是第二段义。"又曰："吾教意犹如涂毒鼓[12]，击一声，远近闻者皆丧。此是第三段义。"时小严上座问："如何是涂毒鼓？"师以两手按膝，亚身曰："韩信临朝底。"严无语。

夹山下一僧到石霜，才跨门便道："不审。"霜曰："不必，阇黎。"僧曰："恁么则珍重。"又到师处，如前道"不审"，师嘘一嘘。僧曰：

"恁么则珍重。"方回步，师曰："虽是后生，亦能管带。"

其僧归，举似夹山。山上堂曰："前日到岩头、石霜底阿师出来，如法举似前话。"其僧举了，山曰："大众还会么?"众无对，山曰："若无人道得，山僧不惜两茎眉毛道去也!"乃曰："石霜虽有杀人刀，且无活人剑。岩头亦有杀人刀，亦有活人剑。"

师与罗山卜塔基，罗山中路忽曰："和尚。"师回顾曰："作么?"山举手指曰："这里好片地。"师咄曰："瓜州卖瓜汉。"又行数里歇次，山礼拜问曰："和尚岂不是三十年前在洞山而不肯洞山?"师曰："是。"又曰："和尚岂不是嗣德山又不肯德山?"师曰："是。"山曰："不肯德山即不问，只如洞山有何亏阙?"师良久曰："洞山好佛，只是无光。"山礼拜。

僧问："利剑斩天下，谁是当头者?"师曰："暗。"僧拟再问，师咄曰："这钝汉，出去!"

问："不历古今时如何?"师曰："卓朔[13]地。"曰："古今事如何?"师曰："任烂。"

问僧："甚处来?"曰："西京来。"师曰："黄巢过后，还收得剑么?"曰："收得。"师引颈近前曰："囝[14]。"曰："师头落也!"师呵呵大笑。僧后到雪峰，峰问："甚处来?"曰："岩头来。"峰曰："岩头有何言句?"僧举前话，峰便打三十棒，趁出。

问："二龙争珠，谁是得者?"师曰："俱错。"

僧问雪峰："声闻人见性，如夜见月。菩萨人见性，如昼见日。未审和尚见性如何?"峰打拄杖三下。僧后举前语问师，师与三掴。

问："如何是三界主?"师曰："汝还解吃铁棒么?"

德山一日谓师曰："我这里有两僧入山，住庵多时，汝去看他怎生。"师遂将一斧去，见两人在庵内坐，师乃拈起斧曰："道得也一下斧，道不得也一下斧。"二人殊不顾，师掷下斧曰："作家! 作家!"归，举似德山，山曰："汝道他如何?"师曰："洞山门下不道全无，若是德山门下，未梦见在。"

僧参，于左边作一圆相，又于右边作一圆相，又于中心作一圆相。欲成未成，被师以手一拨，僧无语，师便喝出[15]。僧欲跨门，师却唤回，问："汝是洪州观音来否？"曰："是。"师曰："只如适来左边一圆相作么生？"曰："是有句。"师曰："右边圆相聻[16]？"曰："是无句。"师曰："中心圆相作么生？"曰："是不有不无句。"师曰："只如吾与么又作么生？"曰："如刀画水。"师便打。

瑞岩问："如何是毗卢师？"师曰："道甚么！"岩再问，师曰："汝年十七八末？"

问："弓折箭尽时如何？"[17]师曰："去。"

问："如何是岩中的的意？"师曰："谢指示。"曰："请和尚答话。"师曰："珍重。"

问："三界竞起时如何？"师曰："坐却著。"曰："未审师意如何？"师曰："移取庐山来，即向汝道。"

问："起灭不停时如何？"师喝曰："是谁起灭？"

问："轮中不得转时如何？"师曰："涩。"

"路逢猛虎时如何？"师曰："拶。"

问："如何是道？"师曰："破草鞋，与抛向湖里著。"

问："万丈井中如何得到底？"师曰："吽。"僧再问，师曰："脚下过也。"

问："古帆未挂时如何？"师曰："小鱼吞大鱼。"又僧如前问，师曰："后园驴吃草。"

迩后人或问佛、问法、问道、问禅者，师皆作嘘声。

师尝谓众曰："老汉去时，大吼一声了去！"

唐光启之后，中原盗起，众皆避地，师端居晏如也。一日贼大至，责以无供馈[18]，遂俦[19]刃焉。师神色自若，大叫一声而终。声闻数十里。即光启三年丁未四月八日也。门人后焚之，获舍利四十九粒，众为起塔。谥"清严禅师"。

【注释】

[1] 全奯（huò）：又称全豁。奯：孔窍大，泛指大。

[2] 少礼青原谊公落发，往长安宝寿寺禀戒。习经律诸部：旧校本作"少礼青原谊公，落发往长安宝寿寺，禀戒习经律诸部"有误。

[3] 两重公案：禅林用语。指对一公案重新诠释，亦即向学人再度提示某公

案。然亦有作揶揄之语者，讥讽禅徒自己无创意，参究禅旨之际，仅知模仿他人之公案，或拈或评，謦欬顾盼，装模作样，然皆不出前贤之余唾。

[4] 名言：非我们现在所说"名人言论"或"著名的言论或话语"之意。此为佛教术语，名字与言说之并称。所谓名字、言说，乃依相而立，然相无有体性，故名言亦假立而无实。世间由于妄执，以名言为实谓名字即实物，而分别假名言所成之相。名言为能诠者，能诠显真如本体之真义，然以其无有实体，而系一种方便教化之权巧施设，故若执着拘泥于名言，则易落入舍义求文，舍本逐末之大患中，而难以悟知实相中道之理。

[5] 搦（nuò）：握，持。

[6] 饭头：禅宗丛林内之职称。即隶属典座之下，掌理大众粥斋之人。其职责，举凡酌量僧众之人数、检看米谷之精粗、分别水浆之清浊、榑节菜蔬之多寡、顾虑柴薪之有无，乃至炊具之洗涤、馊淹之处理等，皆在职役范围之内。

[7] 臻萃：汇集。

[8] 毳（cuì）：指毛皮或毛织品所制衣服。

[9] ∴：宝祐本、续藏本均作"⛬"，其他典籍如《指月录》《教外别传》（均是续藏本）等作"∴"。

[10] 摩醯首罗：即摩醯首罗天，《三藏法数》："梵语摩醯首罗，华言大自在，又翻威灵，或云三目，故为三界尊极之主。《辅行记》云：色界天三目、八臂，骑白牛，执白拂，有大威力，居菩萨住处；能知大千世界雨滴之数，统摄大千世界，于色界中此天独尊也。"旧校本标点有误，"摩醯首罗"是人名，而旧校本下划线只有"摩醯"二字。

[11] 竖亚：竖着嵌入。《五家正宗赞》卷二"浮山圆鉴"条："神仙一局棋密排盘里，机路上冲关；摩酰三只眼竖亚顶门，髑髅前失照。"（摘自《禅宗大词典》）

[12] 涂毒鼓：谓涂有毒料，使人闻其声即死之鼓。禅宗以此比喻师家令学人丧心或灭尽贪、嗔、痴之一言一句之机言。《景德传灯录》卷十六"全豁禅师"条："吾教意犹如涂毒鼓，击一声，远近闻者皆丧。"（摘自《佛光大辞典》）

[13] 卓朔：直竖。

[14] 囜（duō）：用同"咄"。表示用力之声。

[15] 师便喝出：旧校本作："师便喝：'出！'"有误。

[16] 右边圆相聻：旧校本标点为："右边圆相，聻。"有误，"聻"是语气助词，相当于"呢"，不能单独成句。

[17] 师曰："汝年十七八末？"问："弓折箭尽时如何？"：旧校本标点有误，

参见项楚《五灯会元点校献疑续补一百例》。

[18] 供馈：供应。

[19] 倳（zì）：古同"剚"，插入，刺入。

【概要】

全豁禅师（828～887年）唐代禅僧。又称全谿。福建南安人，俗姓柯。出家于灵泉寺，受具足戒于长安西明寺。与雪峰义存、钦山文邃同修互勉，并参访仰山慧寂，又参学于德山宣鉴，承其法嗣。后于洞庭湖畔之卧龙山（岩头）大振宗风，故又称岩头全谿。唐光启三年四月，贼乱，临刃仍泰然自若，大喝一声而终，世寿六十。谥号"清严大师"。

"岩头四藏锋"，指以事、理而检讨修行境地所用之四种标准。事，为有形有限而个别之现象世界；理，为真实平等而万物圆融之本体世界。即：①就事藏锋，就个别事相之境地检讨。②就理藏锋，就圆融一如之境地检讨。③入就藏锋，兼具事理二者之境地检讨。④出就藏锋，泯绝事理之相对而检讨。《人天眼目》卷六："四藏锋者，师所立也。谓就事者，全事也；就理者，全理也；入就者，理事俱也；出就者，理事泯也。"

【参考文献】

《宋高僧传》卷二十三；《祖堂集》卷七；《景德传灯录》卷十六；《人天眼目》卷六。

雪峰义存禅师

福州雪峰义存禅师，泉州南安曾氏子。家世奉佛。师生恶荤茹，于襁褓中闻钟梵之声，或见幡花像设，必为之动容。年十二，从其父游莆田玉涧寺，见庆玄律师，遽拜曰："我师也。"遂留侍焉。十七落发，谒芙蓉常照大师，照抚而器之。后往幽州宝刹寺受戒。久历禅会，缘契德山。唐咸通中，回闽中雪峰创院，徒侣翕然[1]。懿宗锡号"真觉禅师"，仍赐紫袈裟。

初与岩头至澧州鳌山镇，阻雪。头每日只是打睡，师一向坐禅。一日唤曰："师兄！师兄！且起来。"头曰："作甚么？"师曰："今生不著便，共文邃个汉行脚，到处被他带累。今日到此，又只管打睡？"头喝曰："噇眠去[2]！每日床上坐，恰似七村里土地，他时后日魔魅[3]人家男女去在。"师自点胸曰："我这里未稳在，不敢自谩。"头曰："我将谓你他日向孤峰顶上盘结草庵，播扬大教，犹作这个语话？"师曰："我实未稳在。"头曰："你若实如此，据你见处一一通来。是处与你证明，不是处与你铲却。"师曰："我初到盐官，见上堂举色空义，得个入处。"头曰："此去三十年，初忌举著。""又见洞山过水偈曰[4]：'切忌从他觅，迢迢与我疏。渠今正是我，我今不是渠。'"头曰："若与么，自救也未彻在。"师又曰："后问德山：'从上宗乘中事，学人还有分也无？'德山打一棒曰：'道甚么？'我当时如桶底脱相似。"头喝曰："你不闻道：'从门入者，不是家珍。'"师曰："他后如何即是？"头曰："他后若欲播扬大教，一一从自己胸襟流出，将来与我盖天盖地去。"师于言下大悟，便作礼起，连声叫曰："师兄，今日始是'鳌山成道'。"

师在洞山作饭头。淘米次，山问："淘沙去米？淘米去沙？"师曰："沙米一时去。"山曰："大众吃个甚么？"师遂覆却米盆，山曰："据子因缘，合在德山。"

洞山一日问师："作甚么来？"师曰："斫槽来。"山曰："几斧斫成？"师曰："一斧斫成。"山曰："犹是这边事，那边事作么生？"师曰："直得无下手处。"山曰："犹是这边事，那边事作么生？"师休去。

（汾阳代云："某甲早困也。"）

师辞洞山，山曰："子甚处去？"师曰："归岭中去。"山曰："当时从甚么路出？"师曰："从飞猿岭出。"山曰："今回向甚么路去？"师曰："从飞猿岭去。"山曰："有一人不从飞猿岭去，子还识么？"师曰："不识。"山曰："为甚么不识？"师曰："他无面目。"山曰："子既不识，争知无面目？"师无对。

住后，僧问："和尚见德山，得个甚么，便休去。"师曰："我空手去，空手归。"

问："祖意教意，是同是别？"师曰："雷声震地，室内不闻。"又曰："阇黎行脚，为甚么事？"

问："'我眼本正，因师故邪'时如何？"师曰："迷逢达磨。"曰："我眼何在？"师曰："得不从师。"

问："剃发染衣，受佛依荫，为甚么不许认佛？"师曰："好事不如无。"

师问座主："'如是[5]'两字尽是科文[6]，作么生是本文？"主无对。（五云代云："更分三段著。"）

问："如何是佛？"师曰："寐语作甚么！"

问："如何是觌面事？"师曰："千里未是远。"

问："如何是大人相？"师曰："瞻仰即有分。"

问："文殊与维摩对谈何事？"师曰："义堕也。"

问："寂然无依时如何？"师曰："犹是病。"曰："转后如何？"师曰："船子下扬州。"

问："承古有言……"师便作卧势，良久起曰："问甚么？"僧再举，师曰："虚生浪死[7]汉！"

问："箭头露锋时如何？"师曰："好手不中的。"曰："尽眼没标的时如何？"师曰："不妨随分好手。"

问："古人道：'路逢达道人，不将语默对。'未审将甚么对？"师曰："吃茶去。"

问僧："甚处来？"曰："神光来。"师曰："昼唤作日光，夜唤作火光，作么生是神光？"僧无对，师自代曰："日光火光。"

栖典座问："古人有言：'知有佛向上事，方有语话分。'如何是语话？"师把住曰："道！道！"栖无对，师遂蹋倒，栖当下汗流。

问僧："甚处来？"曰："近离浙中。"师曰："船来陆来？"曰："二途俱不涉。"师曰："争得到这里？"曰："有甚么隔碍？"师便打。

问："古人道觌面相呈时如何？"师曰："是。"曰："如何是觌面相呈？"师曰："苍天！苍天！"

师谓众曰："此个水牯牛年多少？"众皆无对。师自代曰："七十九也。"僧曰："和尚为甚么作水牯牛去？"师曰："有甚么罪过？"

问僧："甚处去？"曰："礼拜径山和尚去。"师曰："径山若问汝：'此间佛法如何？'汝作么生祇对？"曰："待问即道。"师便打。后举问镜清："这僧过在甚么处？"清曰："问得径山彻困。"师曰："径山在浙中因甚么问得彻困？"清曰："不见道，远问近对。"师曰："如是！如是！"

一日谓长庆曰："吾见沩山问仰山：'从上诸圣向甚么处去？'他道：'或在天上，或在人间。'汝道仰山意作么生？"庆曰："若问诸圣出没处，恁么道即不可。"师曰："汝浑不肯？忽有人问，汝作么生道？"庆曰："但道'错'。"师曰："是汝不错？"庆曰："何异于错？"

问僧："甚处来？"曰："江西。"师曰："与此间相去多少？"曰："不遥。"师竖起拂子曰："还隔这个么？"曰："若隔这个，即遥去也。"师便打出。

问："学人乍入丛林，乞师指个入路。"师曰："宁自碎身如微尘，终不敢瞎却一僧眼。"

问："四十九年后事即不问，四十九年前事如何？"师以拂子蓦口打。

僧辞去，参灵云，问："佛未出世时如何？"云举拂子。曰："出世后如何？"云亦举拂子。其僧却回，师曰："返太速乎！"曰："某甲到彼，问佛法不契乃回。"师曰："汝问甚么事？"僧举前话，师曰："汝问，我为汝道。"僧便问："佛未出世时如何？"师举起拂子。曰："出世后如何？"师放下拂子。僧礼拜，师便打。

（后僧举问玄沙，沙云："汝欲会么？我与汝说个喻。如人卖一片园，东西南北一时结契了也，中心树子犹属我在。"崇寿稠云："为当打伊解处，别有道理？"）

师举："六祖道：'不是风动，不是幡动，仁者心动。'"乃曰："大小祖师，龙头蛇尾，好与二十拄杖。"时太原孚上座侍立，不觉咬齿。师曰："我适来恁么道，也好吃二十拄杖。"

师行脚时，参乌石观和尚。才敲门，石问："谁？"师曰："凤凰儿。"石曰："来作么？"师曰："来啖老观。"石便开门擉[8]住曰："道！道！"师拟议，石拓开，闭却门。师住后示众曰："我当时若入得老观门，你这一队噇酒糟汉[9]向甚么处摸索？"

师问慧全："汝得入处作么生？"全曰："共和尚商量了。"师曰："甚么处商量？"曰："甚么处去来？"师曰："汝得入处又作么生？"全无对，师便打。

全坦问："平田浅草，麠[10]鹿成群，如何射得麠中主？"师唤："全坦。"坦应诺，师曰："吃茶去。"

问僧："甚处来？"曰："沩山来。"师曰："沩山有何言句？"曰："某甲曾问：'如何是祖师西来意？'沩山据坐[11]。"师曰："汝肯他否？"曰："某甲不肯他。"师曰："沩山古佛，汝速去忏悔。"

（玄沙云："山头老汉蹉过沩山也。"）

闽王问曰："拟欲盖一所佛殿去时如何？"师曰："大王何不盖取一所空王殿？"曰："请师样子。"师展两手。

（云门云："一举四十九。"）

僧问："学人道不得处，请师道。"师曰："我为法惜人。"

师举拂子示一僧，其僧便出去。

（长庆举似王延彬太[12]傅了，乃曰："此僧合唤转，与一顿棒。"王曰："和尚是甚么心行？"曰："几放过。"）

师问长庆："古人道：'前三三，后三三[13]。'意作么生？"庆便出去。

（鹅湖别云："诺。"）

问僧："甚处来？"曰："蓝田来。"师曰："何不入草[14]？"

（长庆云："险。"）

上堂："南山有一条鳖鼻蛇，汝等诸人切须好看。"长庆出曰："今日堂中大有人丧身失命。"云门以拄杖撺向师前，作怕势。有僧举似玄沙，沙曰："须是棱兄始得。然虽如是，我即不然。"曰："和尚作么生？"沙曰："用南山作么？"

一日，有两僧来，师以手拓庵门，放身出曰："是甚么？"僧亦曰："是甚么？"师低头归庵。

僧辞去，师问："甚么处去？"曰："湖南。"师曰："我有个同行住岩头，附汝一书去。"书曰："某书上师兄：某一自鳖山成道后，迄至于今，饱不饥。同参某书上。"僧到岩头，问[15]："甚么处来？"曰："雪峰来，有书达和尚。"头接了，乃问僧："别有何言句？"僧遂举前话，头曰："他道甚么？"曰："他无语低头归庵。"头曰："噫！我当初悔不向伊道末后句。若向伊道，天下人不奈雪老何！"僧至夏末，请益前话，头曰："何不早问？"曰："未敢容易[16]。"头曰："雪峰虽与我同条生，不与我同条死。要识末后句，只这是。"

上堂："尽大地撮来，如粟米粒大，抛向面前。漆桶不会，打鼓普请看！"

（长庆问云门曰："雪峰与么道，还有出头不得处么？"门曰："有。"曰："作么生？"门曰："不可总作野狐精见解。"又曰："狼籍[17]不少。"）

问僧："甚么处去？"曰："识得即知去处。"师曰："你是了事人，乱走作么？"曰："和尚莫涂污[18]人好！"师曰："我即不涂污你，古人吹布毛作么生？与我说来看。"曰："残羹馊饭已有人吃了。"师休去。

有一僧在山下卓庵多年，不剃头，畜一长柄杓，溪边舀水。时有僧问："如何是祖师西来意？"主曰："溪深杓柄长。"师闻得，乃曰："也甚奇怪。"一日，将剃刀同侍者去访，才相见便举前话，问："是庵主语否？"主曰："是。"师曰："若道得，即不剃你头。"主便洗头，胡跪师前，师即与剃却。

师领徒南游，时黄涅槃预知师至，擉[19]策前迎，抵苏溪邂逅。师问："近离何处？"槃曰："辟支岩。"师曰："岩中还有主么？"槃以竹策敲师轿，师乃出轿相见。般曰："曾郎万福。"师遽展丈夫拜，槃作女人拜。师曰："莫是女人么？"槃又设两拜，遂以竹策画地，右绕师轿三匝。师曰："某甲三界内人，你三界外人。你前去，某甲后来。"槃回，师随至。止囊山憩数日，槃供事随行徒众，一无所缺。

上堂："此事如一片田地相似，一任诸人耕种，无有不承此恩力者。"玄沙曰："且作么生是这田地？"师曰："看。"沙曰："是即是，某甲不与么。"师曰："你作么生？"沙曰："只是人人底。"

三圣问："透网金鳞，以何为食？"师曰："待汝出网来向汝道。"圣曰："一千五百人善知识，话头也不识。"师曰："老僧住持事繁。"

上堂："尽大地是个解脱门，把手拽伊不肯入。"时一僧出曰："和尚怪某甲不得。"又一僧曰："用入作甚么？"师便打。

玄沙谓师曰："某甲如今大用去，和尚作么生？"师将三个木球一时抛出，沙作斫牌势。师曰："你亲在灵山方得如此。"沙曰："也是自家事。"

一日升座，众集定，师辊[20]出木球，玄沙遂捉来安旧处。

师一日在僧堂内烧火，闭却前后门，乃叫曰："救火！救火！"玄沙将一片柴从窗棂中抛入，师便开门。

问："古涧寒泉时如何？"师曰："瞪目不见底。"曰："饮者如何？"师曰："不从口入。"僧举似赵州，州曰："不从口入，不可从鼻孔里入。"僧却问："古涧寒泉时如何？"州曰："苦。"曰："饮者如何？"州曰："死。"师闻得，乃曰："赵州古佛。"遥望作礼。自此不答话。

师因闽王封柑、橘各一颗，遣使送至，柬问："既是一般颜色，为甚名字不同？"师遂依旧封回。王复驰问玄沙，沙将一张纸盖却。

问僧："近离甚处？"曰："覆船。"师曰："生死海未渡，为甚么覆却船？"僧无语。乃回，举似覆船。船曰："何不道渠无生死？"僧再至，进此语，师曰："此不是汝语。"曰："是覆船恁么道。"师曰："我有二十棒寄与覆船，二十棒老僧自吃，不干阇黎事。"

问："大事作么生？"师执僧手曰："上座将此问谁？"

有僧礼拜，师打五棒。僧曰："过在甚么处？"师又打五棒，喝出。

问僧："甚处来？"曰："岭外来。"师曰："还逢达磨也无？"曰："青天白日。"师曰："自己作么生？"曰："更作么生？"师便打。

师送僧出，行三五步，召曰："上座。"僧回首，师曰："途中善为[21]。"

问："拈槌竖拂，不当宗乘，未审和尚如何？"师竖起拂子，僧乃抱头出去，师不顾。

（法眼代云："大众看此一员战将。"）

问："三乘十二分教，为凡夫开演，不为凡夫开演？"师曰："不消一曲杨柳枝。"

师谓镜清曰："古来有老宿，引官人巡堂曰：'此一众尽是学佛法僧'。官人曰：'金屑虽贵，又作么生？'老宿无对。"清代曰："比来抛砖引玉。"

（法眼别云："官人何得贵耳贱目！"）

上堂，举拂子曰："这个为中下。"僧问："上上人来时如何？"师举拂子，僧曰："这个为中下。"师便打。

问："国师三唤侍者意如何？"师乃起，入方丈。

问僧："今夏在甚么处？"曰："涌泉。"师曰："长时涌，暂时涌？"

曰："和尚问不著。"师曰："我问不著?"僧曰："是。"师乃打。

普请次，路逢一狝猴，师曰："人人有一面古镜，这个狝猴亦有一面古镜。"三圣曰："旷劫无名，何以彰为古镜?"师曰："瑕生也。"圣曰："这老汉著甚么死急，话头也不识。"师曰："老僧住持事繁。"

闽帅施银交床[22]，僧问："和尚受大王如此供养，将何报答?"师以手拓地曰："轻打我! 轻打我!"

（僧问疏山云："雪峰道：'轻打我。'意作么生?"山云："头上插瓜齑[23]，垂尾脚跟齐。"）

问："吞尽毗卢时如何?"师曰："福唐归来，还平善否?"

上堂："我若东道西道，汝则寻言逐句。我若羚羊挂角，汝向甚么处扪摸[24]?"

（僧问保福："只如雪峰有甚么言教，便似羚羊挂角时?"福云："我不可作雪峰弟子不得[25]?"）

师之法席，常不减千五百众。

梁开平戊辰三月示疾，闽帅命医，师曰："吾非疾也。"竟不服药，遗偈付法。五月二日，朝游蓝田，暮归澡身，中夜入灭。

【注释】

[1] 翕然：此处指一致称颂。又指忽然、突然。

[2] 噇（chuáng）眠去：吃了就睡吧。旧校本中间点开作"噇! 眠去"有误。"噇眠去"依项楚先生解释相当于"挺尸去吧"。旧校本注释为"食后即睡"。噇，指没节制地吃喝。唐代寒山《诗》之七四："背后噇鱼肉，人前念佛陀。"项楚《五灯会元点校献疑续补一百例》认为"噇眠"是"贪睡"的意思。

[3] 魔魅：蛊惑，迷惑。《祖堂集》卷七"岩头"条："峰（指雪峰）云：'今生不著便，共文遂个汉行，数处被他带累。今日共师兄到此，又只管打睡!'师便喝云：'你也噇眠去摩! 每日在长连床上，恰似漆村里土地相似，他时后日魔魅人家男女去在!'"《联灯会要》卷二十"德山宣鉴"条："你被他诸方老秃奴魔魅著，便道我是修行人，打硬作模样，恰似得道底人面孔。"（以上摘自《禅宗大词典》）又，有时是魔鬼之意。本书第十章"宝塔绍岩禅师"条："尽为魔魅所摄。"

[4] 又见洞山过水偈曰：此处前面缺少一个"师曰"，这是"师"引用"洞山

过水偈"问岩头。旧校本标点有误。这句话是"师"说的话，旧校本未放入引号之内，变成了洞山在说过水偈。此处只有"师"与"岩头"两人在对话。

[5] 如是：经文第一句皆有"如是我闻"。释尊于入灭之际，曾对多闻第一之阿难言其一生所说之经藏，须于卷首加上"如是我闻"一语，以与外道之经典区别。如是，系指经中所叙述之释尊之言行举止；我闻，则指经藏编集者阿难自言听闻于释尊之言行。又"如是"意为信顺自己所闻之法；"我闻"则为坚持其信之人。此即信成就、闻成就，又作证信序。

[6] 科文：指注释经论时对全经文句所作的段落分判。为我国古代注经者常用的诠释方式。也称分科、科段、科节、科判，略称为"科"。此中，分判为大段落称为大科，分判为小段落称为细科。依据分科可以获知该书之简明内容及义旨脉络，并能定出注释者对于该书之大体见解。我国古来对经论等之注释之风颇盛，因而疏、钞之类为数颇多，其中多用科判之法，因而科判之法日渐细微，颇有烦琐之弊。一般而言，科文多列于随文注释之前，但往往也有集结于一处而可单独成书的。如《维摩经疏科》《观无量寿经妙宗疏科》《法华经指掌疏科文》等。另亦有将该书之全部分科用图表示的，此谓之科图。（摘自《中华佛教百科全书》）

[7] 虚生浪死：虚度人生，糊涂而死。《联灯会要》卷二八"慈云修慧"条："若承当去，头头应用，取舍自由。十二时中，受用不尽。若用不得，一任怀宝迷邦，向外驰求。踏破草鞋，虚生浪死。"《惟则语录》卷二："忽尔三寸气消，眼光落地，百骸既散，万事俱休。一个游魂，随业受报。岂不是虚生浪死，甘受轮回者哉？"亦作"浪死虚生"。（摘自《禅宗大词典》）

[8] 搊（zǒu）：抓，揪。

[9] 噇（chuáng）酒糟汉：贪吃酒糟的家伙。噇：指没节制地吃喝。参见上注"噇眠去"。

[10] 麈（zhǔ）：古书上指鹿一类的动物，似鹿比鹿大。尾巴可以制拂尘，故称拂尘为麈尾，也简称麈。

[11] 据坐：①谓禅师坐于法座。《临济语录》："师临迁化时，据坐云：'吾灭后不得灭却吾正法眼藏。'三圣出云：'争敢灭却和尚正法眼藏。'师云：'已后有人问尔，向他道什么？'三圣便喝。师云：'谁知吾正法眼藏，向这瞎驴边灭却。'言讫端然示寂。"《圆悟语录》卷二十《真了禅人请赞》："丹青有神貌活，圆悟据坐俨如。"《密庵语录·禅人请赞》："水墨染成，恰似真个。据坐胡床，胡挥乱做。"②一种机锋施设，坐于法座之禅师对僧人提问不用言句作答，也无其他动作。《临济语录》："师行脚时到龙光。光上堂，师出问云：'不展锋铓，如何得胜？'光据坐。师云：'大善知识岂无方便？'光瞪目云：'嘎。'师以手指云：'这老汉今日

败阙也！'"《洞山语录》："五泄默禅师到石头处云：'一言相契即住，不契即去。'头据坐，泄便行。"《大慧语录》卷四："到启霞，请上堂：'适来，蒙堂头法叔禅师举临济访龙光因缘。客听主裁，敢不依严命。略与诸人，下个注脚。龙光据坐，虽然无语，其声如雷。'"（摘自《禅宗大词典》）

[12] 太：续藏本作"大"，旧校本注释"大：通'太'。"可宝祐本本来就作"太"。

[13] 前三三，后三三：详见本书第九章"无著文喜禅师"注释。唐代杭州无著禅师，名文喜，年七岁出家，习律听教，宣宗初，往五台礼文殊。"前三三，后三三"便是文殊菩萨化身说的。

[14] 入草：谓陷入言句纠缠，知识见解。《祖堂集》卷十四"石巩"条："师后因一日在厨作务次，马师问：'作什么？'对云：'牧牛。'马师曰：'作么生牧？'对曰：'一回入草去，便把鼻孔拽来。'马师云：'子真牧牛。'"（摘自《禅宗大词典》）

[15] 僧到岩头，问：旧校本标点有误。中间若不断点，则误会下面的话是僧所问，而实际上是岩头所问。旧校本标点为"僧到，岩头问"，意思明确，但"僧到"缺宾语。

[16] 容易：轻慢，轻率，糊涂，鲁莽。《仰山语录》："因一日与师言话次，乃劝云：'师兄须是勤学，佛法不得容易！'"《嘉泰普灯录》卷二五"佛眼远"条："从上南泉归宗诸人，方唤作无迷无悟之见。如今学者也趁口说，无迷无悟又何曾到来？不得容易出言！"《汾阳语录》卷下《证道颂》："入圣超凡割爱亲，无令容易度秋春。"《祖堂集》卷三"一宿觉"条："老宿去房里，女出来相看曰：'小弟容易，乞老宿莫怪！'"（摘自《禅宗大词典》）

[17] 狼籍：亦作"狼藉"。纵横散乱貌。指忙乱、乱糟糟、胡乱。

[18] 涂污：①作弄，折腾。《云门广录》卷中："雪峰勘僧：'什么处去？'僧云：'识得即知去处。'峰云：'尔是了事人，乱走作什么？'僧云：'莫涂污人好。'"②涂抹。《禅林宝训》卷一"浮山远"条："远公谓道吾真曰：'学未至于道，炫耀见闻，驰骋机解，以口舌辩利相胜者，犹如厕屋涂污丹臒（红色颜料），只增其臭耳。'"（摘自《禅宗大词典》）

[19] 搘（zhī）：古同"支"，支撑，支持。

[20] 辊：滚动。

[21] 善为：指路途中保重，留心。对临行者的叮嘱语。

[22] 交床：胡床的别称，一种有靠背、能折叠的坐具。也叫交椅、绳床。

[23] 瓜齑（jī）：酱渍的瓜。齑：同"齑"。细切后用盐酱等浸渍的蔬果。如

腌菜、酱菜、果酱之类。

〔24〕扪摸：触摸，摸索。

〔25〕我不可作雪峰弟子不得：《景德传灯录》作"莫是与雪峰作小师不得么"，这样看起来就好理解一些。小师：受具足戒未满十夏者之称。又弟子之称。又沙门谦下之称。

【概要】

雪峰义存禅师（822～908 年），唐代禅僧。泉州（福建）南安人，俗姓曾，号雪峰。九岁请出家未准，十二岁从父游蒲田玉润寺，拜庆玄律师为师，留为童侍。十七岁落发，谒芙蓉山恒照大师。唐宣宗中兴佛教后，历游吴、楚、梁、宋、燕、秦，于幽州宝刹寺受具足戒。后至武陵德山（湖南常德）参谒宣鉴，承其法系。唐懿宗咸通六年（865 年）归芙蓉山，十一年登福州象骨山，立庵兴法。其山为闽越之胜景，未冬先雪，盛夏尚寒，故有雪峰之称，师亦以之为号。寺初成，缁素云集，众每逾千五百人。僖宗赐号"真觉大师"，并紫袈裟一袭。大顺年中，游丹丘、四明之地，并宣法于军旅之中。后还闽，备受闽王礼遇。开平二年五月入寂，世寿八十七。其法嗣以云门文偃为最著，乃云门宗之祖。

"鳌山成道"公案，说的是雪峰义存在鳌山受其师兄岩头的启发而悟道的故事。义存禅师十七岁落发，二十四岁遇会昌破佛，乃易俗服，参谒芙蓉灵训；后于洞山良价座下，任饭头职，机缘不契，遂参德山宣鉴。尝与岩头全豁、饮山文邃等同行至澧州鳌山（今湖南常德北部），为雪所阻，师每日只管坐禅，岩头斥之，问答间而大悟，旋嗣德山之法。后世多见拈提。《密庵语录》："师云：'遮老子，三登投子，九到洞山，做尽计较。末后却向鳌山店里，打个没折合，放声道：今日始是鳌山成道，今日始是鳌山成道！便将大地人物，作自己受用。致令千载之下，凌辱宗风。乌巨（密庵之法号）与么告报，不是抑他雪峰。且要天下衲僧，向后各各自有生涯，莫总作遮野狐精见解。'"

"南山鳖鼻"也是出自义存禅师的公案。"鳖鼻"系鳖鼻蛇之简称，隐指险恶峻烈之机锋。后世常拈提此公案。本书第十六章"智者绍先"条："上堂：'根尘同源，缚脱无二。不动丝毫，十方游戏。子湖犬子虽狞，争似南山鳖鼻？'遂高声曰：'大众看脚下！'"又，"法云善本"条："上堂：'上不见天，下不见地，罥塞虚空，无处回避。为君明破即不中，且向南山看鳖鼻。'掷拄杖，下座。"

"雪峰辊球"公案，事见本条："一日升座，众集定，师辊出木球，玄沙遂捉来安旧处。"这是禅家无义施设，旨在截断学人话路意路，不可凭情识意想去猜测理解。后人常见拈提。

【参考文献】

《宋高僧传》卷十二；《景德传灯录》卷十六；《密庵语录》；《佛祖统纪》卷四十二；《佛祖历代通载》卷十七；《禅宗正脉》卷七。

洪州感潭资国禅师

白兆问："家内停丧，请师慰问。"师曰："苦痛苍天。"曰："死却爷，死却娘。"师打了趁出。师凡接机皆如此。

瑞龙慧恭禅师

天台瑞龙慧恭禅师，福州罗氏子。谒德山，山问："会么？"曰："作么？"山曰："请相见。"曰："识么？"山大笑，遂许入室。泊山顺世，乃开法焉。

泉州瓦棺和尚

泉州瓦棺和尚，在德山为侍者。一日，同入山斫木。山将一碗水与师，师接得便吃却。山曰："会么？"师曰："不会。"山又将一碗水与师，师又接吃却。山曰："会么？"师曰："不会。"山曰："何不成褫[1]取不会底。"师曰："不会又成褫个甚么？"山曰："子大似个铁橛。"

住后，雪峰访师，茶话次，峰问："当时在德山，斫木因缘作么生[2]？"师曰："先师当时肯我。"峰曰："和尚离师太早。"时面前偶有一碗水，峰曰："将水来。"师便度与，峰接得便泼却。

（云门云："莫压良为贱。"）

【注释】

[1] 成褫（chǐ）：宝祐本"褫（chǐ）"作"褫（sī）"。依《禅宗大词典》作"成褫"，同"成持"。成持，扶持长成。宋代刘克庄《卜算子·惜海棠》词："尽是手成持，合得天饶借。风雨于花有底雠，着意相陵藉。"《敦煌变文集·无常经讲经文》："劝即此日申间劝，且乞时时过讲院，莫辞暖热成持，各望开些方便。"《祖堂集·江西马祖》："西川黄三郎，教两个儿子投马祖出家。有一年却归屋里，大人纔见两僧，生佛一般，礼拜云：'古人道："生我者父母，成我者朋友。"是你

两个僧，便是某甲朋友，成持老人。'"

[2] 当时在德山，斫木因缘作么生：旧校本标点为："当时在德山斫木，因缘作么生？"冯博士1997年版改为："当时在，德山斫木因缘作么生？"故冯国栋《〈五灯会元〉校点疏失类举》："斫木者乃瓦棺和尚，非德山宣鉴，故此处之'德山'是地名。"为了防止将"瓦棺和尚"误会为"德山"，冯博士提出全句当点为："雪峰访师，茶话次，峰问：'当时在德山，斫木因缘作么生？'"旧校本标点有误，冯博士分析也正确，只是针对的版本不是1984年苏先生原版。任连明、孙祥愉《中华本〈五灯会元〉句读疑误类举》针对的是2011年重印版，标点与1997年版同，故两人提出此句不点断而作"当时在德山斫木因缘作么生"，亦可。

高亭简禅师

襄州高亭简禅师，参德山。隔江才见，便云："不审。"山乃摇扇招之，师忽开悟，乃横趋而去，更不回顾。

第五节　青原下六世

岩头奯禅师法嗣

瑞岩师彦禅师

台州瑞岩师彦禅师，闽之许氏子。自幼披缁，秉戒无缺。初礼岩头，问曰："如何是本常理？"头曰："动也。"曰："动时如何？"头曰："不是本常理。"师良久，头曰："肯即未脱根尘，不肯即永沈生死。"师遂领悟，便礼拜。头每与语，徵酬无忒[1]。

后谒夹山，山问："甚处来？"曰："卧龙来。"山曰："来时龙还起也未？"师乃顾视之，山曰："炙疮瘢上更著艾燋[2]。"曰："和尚又苦如此作甚么？"山休去。师乃问山："与么即易，不与么即难[3]？与么与么即惺惺，不与么不与么即居空界。与么不与么？请师速道！"山曰："老僧谩阇黎去也。"师喝曰："这老和尚，而今是甚时节？"便出去。

（后有僧举似岩头，头云："苦哉！将我一枝佛法，与么流将去。"）

师寻居丹丘瑞岩，坐磐石，终日如愚。每自唤主人公，复应诺，乃曰："惺惺着，他后莫受人谩[4]。"

（后有僧参玄沙，沙问："近离甚处？"云："瑞岩。"沙云："有何言句示徒？"僧举前话，沙云："一等是弄精魂，也甚奇怪。"乃云："何不且在彼住。"云："已迁化也。"沙云："而今还唤得应么？"僧无对。）

师统众严整，江表称之。

僧问："头上宝盖现，足下云生时如何？"师曰："披枷带锁汉。"曰："头上无宝盖，足下无云生时如何？"师曰："犹有枙在。"曰："毕竟如何？"师曰："斋后困。"

镜清问："天不能覆，地不能载，岂不是？"师曰："若是，即被覆载。"清曰："若不是，瑞岩几遭也。"师自称曰："师彦。"

僧问："如何是佛？"师曰："石牛。"曰："如何是法？"师曰："石牛儿。"曰："恁么即不同也。"师曰："合不得。"曰："为甚么合不得？"师曰："无同可同，合甚么？"

问："作么生商量，即得不落阶级？"师曰："排不出。"曰："为甚么排不出？"师曰："他从前无阶级。"曰："未审居何位次？"师曰："不坐普光殿[5]。"曰："还理化[6]也无？"师曰："名闻三界重，何处不归朝？"

一日有村媪作礼，师曰："汝速归，救取数千物命。"媪回舍，见儿妇拾田螺归，媪遂放之水滨。师之异迹颇多，兹不繁录。

逝后塔于本山，谥"空照禅师"。

【注释】

[1] 徵酬无忒：问答应对没有差谬。

[2] 爝（zhuó）：古同"灼"，火烧。

[3] 与么即易，不与么即难：旧校本标点有误。这是选择文句，要用问号。

[4] 惺惺着，他后莫受人谩：旧校本作"惺惺着他后，莫受人谩"有误。

[5] 普光殿：指普光明殿。位于古代印度摩竭提国菩提道场之侧。又称"普光法堂"。佛陀曾于此殿宣说八十《华严经》九会中之第二会、第七会、第八会

等。若依六十《华严经》之八会，则为第二会与第七会之二会。八十《华严经·如来名号品》："尔时，世尊在摩竭提国阿兰若法菩提场中，始成正觉，于普光明殿，坐莲华藏师子之座。"

[6] 理化：治理与教化。

【概要】

师彦禅师，五代禅僧，俗姓许，闽中人。幼年出家，持戒严谨。谒岩头全豁禅师得法，出居台州（今浙江临海）丹丘瑞岩院。威德凛若严霜，纠正僧尼，无容舛误。故江表言御众窈齐者，瑞岩为最。卒谥"空照禅师"。

【参考文献】

《宋高僧传》卷十三；《景德传灯录》卷十七。

怀州玄泉彦禅师

僧问："如何是道中人？"师曰："日落投孤店。"

问："如何是佛？"师曰："张家三个儿。"曰："学人不会。"师曰："孟、仲、季也不会。"

问："如何是声前一句？"师曰："吽。"曰："转后如何？"师曰："是甚么！"

罗山道闲禅师

福州罗山道闲禅师，长溪陈氏子。出家于龟山，年满受具，遍历诸方。尝谒石霜，问："去住不宁时如何？"霜曰："直须尽却。"师不契。乃参岩头，亦如前问，头曰："从他去住，管他作么？"师于是服膺。

闽帅饮其法味，请居罗山，号"法宝禅师"。

开堂升座，方敛衣便曰："珍重。"时众不散，良久，师又曰："未识底近前来。"僧出礼拜，师抗声曰："也大苦哉！"僧拟伸问，师乃喝出。

问："如何是奇特一句？"师曰："道甚么？"

问："当锋事如何辨明？"师举如意。僧曰："乞和尚垂慈。"师曰："大远也。"

问："急急相投，请师一接。"师曰："会么？"曰："不会。"师曰：

"箭过也。"

问："九女不携，谁是哀提者？"师曰："高声问。"僧拟再问，师曰："甚么处去也？"

僧来参，师问："名甚么？"曰："明教。"师曰："还会教也未？"曰："随分。"师竖起拳曰："灵山会上，唤这个作甚么？"曰："拳教。"师笑曰："若恁么唤作拳教，"复展两足曰："这个是甚么教？"僧无语，师曰："莫唤作脚教么？"

师在禾山，送同行矩长老出门次，把拄杖向面前一搉，矩无对。师曰："石牛拦古路，一马生双驹。"

（后僧举似疏山，山云："石牛拦古路，一马生三寅[1]。"）

僧辞保福，福问："甚处去？"曰："礼拜罗山。"福曰："汝向罗山道：'保福秋间上府朝觐大王，置四十个问头问和尚，忽若一句不相当，莫言不道[2]。'"僧举似师，师呵呵大笑曰："陈老师自入福建道洪塘桥下一寨，未曾见有个毛头星现。汝与我向从展道：陈老师无许多问头，只有一口剑。一剑下须有分身之意，亦有出身之路。若不明，便须成末。"僧回举似福，福曰："我当时也只是谑[3]伊。"至秋朝觐，师特为办茶筵请福。福不赴，却向僧曰："我中间曾有谑语，恐和尚问著。"僧归举似，师曰："汝向他道，猛虎终不食伏肉。"僧又去，福遂来。

无轸上座问："只如岩头道：'洞山好佛，只是无光。'未审洞山有何亏阙，便道无光？"师召："轸！"轸应诺，师曰："灼然好个佛，只是无光。"曰："大师为甚么拨无轸话？"师曰："甚么处是陈老师拨你话处？快道！快道！"轸无语，师打三十棒趁出。轸举似招庆，庆一夏骂詈[4]。至夏末自来问师，乃分明举似，庆便作礼忏悔曰[5]："洎错怪大师。"

僧举寒山诗，问："白鹤衔苦桃时如何？"师曰："贞女室中吟。"曰："千里作一息时如何？"师曰："送客邮亭外。"曰："欲往蓬莱山时如何？"师曰："攲枕觑猕猴。"曰："将此充粮食时如何？"师曰："古剑髑髅前。"

问："如何是'百草头上尽是祖师意'？"师曰："刺破汝眼。"

问："如何是道？"师曰："倚著壁。"

问："前是万丈洪崖，后是虎狼师子，正当恁么时如何？"师曰：

"自在。"

问："三界谁为主？"师曰："还解吃饭么？"

临迁化，上堂，集众。良久，展左手，主事罔测，乃令东边师僧退后。又展右手，又令西边师僧退后。曰："欲报佛恩，无过流通大教。归去也！归去也！珍重！"言讫，莞尔而寂。

【注释】

［1］三寅：八字中三寅，指出生于寅年寅月寅日的人。寅：十二生肖中的"虎"。

［2］保福秋间上府朝觐大王，置四十个问头问和尚，忽若一句不相当，莫言不道：旧校本标点有误。"大王"属上，是"朝觐"的宾语，不能标点为"大王置四十个问头问和尚"。

［3］谑：开玩笑，嘲弄。

［4］詈（lì）：骂，责骂。

［5］至夏末自来问师，乃分明举似，庆便作礼忏悔曰：旧校本标点为"乃分明举似庆，便作礼忏悔曰"，就引起误会，以为是"师"向"庆"忏悔。

【概要】

道闲禅师，五代禅僧。福建长溪（今福建霞浦）人，俗姓陈。为岩头全奯之法嗣。出家于龟山，受具足戒后，遍历诸方，参谒石霜庆诸问法，后投岩头全迹门下，彻悟得旨。复游清凉山，闽王感其法味，请住福州罗山，署号"法宝禅师"。生卒年不详。

【参考文献】

《祖堂集》卷九、《景德传灯录》卷十七；《十国春秋》卷九十九。

福州香溪从范禅师

新到参，师曰："汝岂不是鼓山僧？"僧曰："是。"师曰："额上珠为何不见？"僧无对。

僧辞，师门送，复召："上座！"僧回首，师曰："满肚是禅。"曰："和尚是甚么心行？"师大笑而已。

师披衲衣次，说偈曰："迦叶上行衣，披来须捷机。才分招的箭，密露不藏龟。"

【概要】

从范禅师，唐代禅僧。师事岩头全豁禅师得法。出住福州香溪。曾说偈曰："迦叶上行衣，披来须捷机。才分招的箭，密露不藏龟。"

圣寿院严禅师

福州圣寿严禅师，补衲次，僧参，师提起示之曰："山僧一衲衣，展似众人见。云水两条分，莫教露针线。速道！速道！"僧无对，师曰："如许多时作甚么来？"

灵岩慧宗禅师

吉州灵岩慧宗禅师，福州陈氏子。受业于龟山。

僧问："如何是灵岩境？"师曰："松桧森森密密遮。"曰："如何是境中人？"师曰："夜夜有猿啼。"

问："如何是学人自己本分事？"师曰："抛却真金，拾瓦砾作么？"

【概要】

慧宗禅师，五代禅僧。俗姓陈。长溪（今福建霞浦）人。谒岩头全豁得法。出居吉州（今江西吉安）灵岩寺。有僧问："如何是灵岩境？"答曰："松桧森森密密遮。"后迁禾山而寂。署号"大证禅师"。

【参考文献】

《景德传灯录》卷五；《会稽志》卷十五。

雪峰存禅师法嗣

玄沙师备禅师

福州玄沙师备宗一禅师，闽之谢氏子。幼好垂钓，泛小艇于南台江，狎诸渔者。唐咸通初年，甫三十，忽慕出尘，乃弃舟投芙蓉训禅师落发，往豫章开元寺受具。布衲芒屦，食才接气。常终日宴坐，众皆异之。与雪峰本法门昆仲，而亲近若师资。峰以其苦行，呼为头陀。

一日，峰问："阿那个是备头陀？"师曰："终不敢诳于人。"

异日，峰召曰："备头陀何不遍参去？"师曰："达磨不来东土，二祖不往西天。"峰然之。

暨登象骨山，乃与师同力缔构[1]，玄徒臻萃。师入室咨决，罔替晨昏。又阅《楞严》，发明心地。由是应机敏捷，与修多罗[2]冥契。诸方玄学有所未决，必从之请益。至与雪峰徵诘[3]，亦当仁不让。峰曰："备头陀再来人也。"

雪峰上堂："要会此事，犹如古镜当台，胡来胡现，汉来汉现。"师出众曰："忽过明镜来时如何？"峰曰："胡汉俱隐。"师曰："老和尚脚跟犹未点地在。"

住后，上堂："佛道闲旷，无有程途。无门解脱之门，无意道人之意。不在三际，故不可升沉。建立乖真，非属造化。动则起生死之本，静则醉昏沉之乡。动静双泯，即落空亡。动静双收，瞒顸[4]佛性。必须对尘对境，如枯木寒灰。临时应用，不失其宜。镜照诸像，不乱光辉。鸟飞空中，不杂空色。所以，十方无影像，三界绝行踪。不堕往来机，不住中间意。钟中无鼓响，鼓中无钟声。钟鼓不相交，句句无前后。如壮士展臂，不籍他力。师子游行，岂求伴侣？九霄绝翳，何在穿通？一段光明，未曾昏昧。若到这里，体寂寂，常的的，日赫焰，无边表。圆觉空中不动摇，吞烁乾坤迥然照。

"夫佛出世者，元无出入。名相无体，道本如如。法尔天真，不同修证。只要虚闲，不昧作用，不涉尘泥。个中纤毫道不尽，即为魔王眷属。句前句后，是学人难处。所以一句当天，八万门永绝生死。直饶得似秋潭月影，静夜钟声，随扣击以无亏，触波澜而不散，犹是生死岸头事。道人行处，如火销冰，终不却成冰。箭既离弦，无返回势。所以，牢笼不肯住，呼唤不回头。古圣不安排，至今无处所。若到这里，步步登玄，不属邪正。识不能识，智不能知。动便失宗，觉即迷旨。二乘胆颤，十地魂惊。语路处绝，心行处灭。直得释迦掩室于摩竭，净名杜口于毗耶。

须菩提唱无说而显道，释梵绝听而雨花。若与么见前，更疑何事没栖泊处？离去来今，限约不得。心思路绝，不因庄严，本来真净。动用语笑，随处明了。更无欠少。

"今时人不悟个中道理，妄自涉事涉尘，处处染著，头头系绊。纵悟则尘境纷纭，名相不实，便拟凝心敛念，摄事归空。闭目藏睛，终有念起。旋旋破除，细想才生，即便遏捺。如此见解，即是落空亡底外道，魂不散底死人。冥冥漠漠，无觉无知。塞耳偷铃，徒自欺诳。这里分别则不然也，不是限门傍户[5]。句句现前，不得商量，不涉文墨。本绝尘境，本无位次。权名个出家儿，毕竟无踪迹。

"真如凡圣，地狱人天，只是疗狂子之方。虚空尚无改变，大道岂有升沉？悟则纵横不离本际。若到这里，凡圣也无立处。若向句中作意，则没溺杀人。若向外驰求，又落魔界。如如向上，没可安排。恰似焰炉不藏蚊蚋，此理本来平坦，何用铲除？动静扬眉，是真解脱。道不强为意度，建立乖真[6]。若到这里，纤毫不受，指意则差。便是千圣出头来也安一字不得[7]。久立，珍重！"

上堂："我今问汝诸人，且承当得个甚么事？在何世界安身立命？还辨得么？若辨不得，恰似捏目生花，见事便差。知么？如今目前，见有山河大地、色空明暗种种诸物，皆是狂劳花相，唤作颠倒知见。夫出家人，识心达本源，故号为沙门。汝今既已剃发披衣，为沙门相，即便有自利利他分。如今看著，尽黑漫漫地墨汁相似。自救尚不得，争解为得人？

"仁者！佛法因缘事大，莫作等闲相似！聚头乱说杂话，趁譁过时。光阴难得，可惜许！大丈夫儿，何不自省察看是甚么事[8]？只如从上宗乘，是诸佛顶族，汝既承当不得，所以我方便劝汝，但从迦叶门接续顿超去。此一门超凡圣因果，超毗卢妙庄严世界海，超他释迦方便门，直下永劫不教有一物与汝作眼见。何不自急急究取？未必道：'我且待三生、两生久积净业。'

"仁者！宗乘是甚么事？不可由汝用工庄严便得去，不可他心宿命便得去。会么？只如释迦出头来作许多变弄，说十二分教，如瓶灌水，大作一场佛事。向此门中用一点不得，用一毛头伎俩不得。知么？如同梦事，亦如寐语，沙门不应出头来，不同梦事，盖为识得。知么？识得即是大出脱、大彻头人，所以超凡越圣，出生离死，离因离果，超毗卢，越释迦，不被凡圣因果所谩，一切处无人识得汝。知么[9]？

"莫只长恋生死爱网，被善恶业拘将去，无自由分。饶汝炼得身心同虚空去，饶汝到精明湛不摇处，不出识阴。古人唤作如急流水，流急不觉，妄为恬静。恁么修行，尽出他轮回际不得，依前被轮回去。所以道，诸行无常。直是三乘功果，如是可畏。若无道眼，亦不究竟。何似如今博地凡夫，不用一毫工夫，便顿超去，解省心力么？还愿乐么？劝汝：我如今立地待汝构去，更不教汝加功炼行。如今不恁么，更待何时？还肯么！"便下座。

上堂："汝诸人如在大海里坐，没头浸却了，更展手问人乞水吃。夫学般若菩萨，须具大根器，有大智慧始得。若有智慧，即今便出脱得去。若是根机迟钝，直须勤苦耐志，日夜忘疲，无眠失食，如丧考妣相似。恁么急切，尽一生去，更得人荷挟[10]，克骨[11]究实，不妨易得构去。且况如今，谁是堪任受学底人？

"仁者！莫只是记言记语，恰似念陀罗尼相似。蹑步向前来，口里哆哆和和地，被人把住诘问着，没去处，便嗔道：'和尚不为我答话。'恁么学，事大苦。知么？有一般坐绳床和尚，称善知识，问着便摇身动手，点眼吐舌瞪视。更有一般说昭昭灵灵、灵台智性、能见能闻，向五蕴身田里作主宰。恁么为善知识，大赚人。知么？我今问汝：汝若认昭昭灵灵是汝真实，为甚么瞌睡时又不成昭昭灵灵？若瞌睡时不是，为甚么有昭昭时？汝还会么？这个唤作认贼为子，是生死根本、妄想缘气。汝欲识根由么？我向汝道，昭昭灵灵，只因前尘色声香等法而有分别，便道此是昭昭灵灵。若无前尘，汝此昭昭灵灵同于龟毛兔角。

"仁者！真实在甚么处？汝今欲得出他五蕴身田主宰，但识取汝秘密金刚体。古人向汝道：'圆成正遍，遍周沙界。'我今少分为汝，智者可以譬喻得解。汝还见南阎浮提日么？世间人所作兴营、养身、活命种种心行作业，莫非皆承日光成立。只如日体，还有许多般心行么？还有不周遍处么？欲识金刚体，亦须如是看。只如今山河大地、十方国土、色空明暗及汝身心，莫非尽承汝圆成威光所现。直是天人群生类所作业次、受生果报、有情无情，莫非承汝威光。乃至诸佛成道成果、接物利生，莫非尽承汝威光。只如金刚体，还有凡夫、诸佛么？有汝心行么？不可道'无'，便得当去也。知么？汝既有如是奇特当阳出身处，何不发明取？因何却随他向五蕴身田中鬼趣里作活计，直下自谩去？忽然无常杀鬼到来，眼目诖张[12]，身见命见，恁么时大难支荷，如生脱龟壳相似，大苦。

"仁者，莫把瞌睡见解便当却去，未解盖覆得毛头许。汝还知么？三界无安，犹如火宅。且汝未是得安乐底人！只大作群队，于[13]他人世，这边那边飞走，野鹿相似，但求衣食。若恁么争行他王道？知么？国王大臣不拘执汝，父母放汝出家，十方施主供汝衣食，土地、龙神呵护汝，也须具惭愧知恩始得。莫孤负人好！长连床[14]上排行着地销[15]将去，道是安乐未在。皆是粥饭将养得汝，烂冬瓜相似变将去，土里埋将去。业识茫茫，无本可据。沙门因甚么到恁么地？只如大地上蠢蠢者，我唤作地狱劫住。如今若不了，明朝后日入驴胎马肚里，牵犁拽耙，衔铁负鞍，碓捣磨磨，水火里烧煮去。大不容易受，大须恐惧好？是汝自累[16]。知么？若是了去，直下永劫，不曾教汝有这个消息。若不了此，烦恼恶业因缘，不是一劫两劫得休，直与汝金刚齐寿。知么！"

师因参次，闻燕子声，乃曰："深谈实相，善说法要。"便下座。时，有僧请益曰："某甲不会。"师曰："去！谁信汝？"

鼓山来，师作一圆相示之。山曰："人人出这个不得。"师曰："情知汝向驴胎马腹里作活计。"山曰："和尚又作么生？"师曰："人人出这个不得。"山曰："和尚与么道却得，某甲为甚么道不得？"师曰："我得，汝不得。"

上堂，众集，遂将拄杖一时趁下，却回向侍者道："我今日作得一解，险入地狱如箭射。"者曰："喜得和尚再复人身。"[17]

僧侍立次，师以杖指面前地上白点曰："还见么？"曰："见。"如是三问，僧亦如是答。师曰："你也见，我也见，为甚么道不会？"

师尝访三斗庵主，才相见，主曰："莫怪！住山年深，无坐具。"师曰："人人尽有，庵主为甚么无？"主曰："且坐吃茶。"师曰："庵主元来有在。"

侍雪峰次，有二僧从阶下过，峰曰："此二人堪为种草[18]。"师曰："某甲不与么。"峰曰："汝作么生？"师曰："便好与三十棒。"

因雪峰指火曰："三世诸佛在火焰里转大法轮。"师曰："近日王令稍严。"峰曰："作么生？"师曰："不许攘夺行市[19]。"云门曰："火焰为三世诸佛说法，三世诸佛立地听。"

南际到雪峰，峰令访师。师问："古人道：'此事唯我能知。'长老作么生？"际曰："须知有不求知者。"（归宗柔别拊掌三下[20]。）师曰："山头和尚吃许多辛苦作么？"

雪峰普请畚田次，见一蛇，以杖挑起，召众曰："看！看！"以刀芟[21]为两段。师以杖抛于背后，更不顾视。众愕然。峰曰："俊哉！"

侍雪峰游山次，峰指面前地曰："这一片地好造个无缝塔。"师曰："高多少？"峰乃顾视上下，师曰："人天福报即不无和尚，若是灵山授记，未梦见在[22]。"峰曰："你又作么生？"师曰："七尺八尺。"雪峰曰："世界阔一尺，古镜阔一尺。世界阔一丈，古镜阔一丈。"师指火炉曰："火炉阔多少？"峰曰："如古镜阔。"师曰："老和尚脚跟未点地在。"

师初住普应院，迁止玄沙，天下丛林，皆望风而宾之。闽帅王公待以师礼，学徒余八百，室户不闭。

上堂，良久曰："我为汝得彻困也，还会么[23]？"

僧问："寂寂无言时如何？"师曰："寐语作么？"曰："本分事，请师道。"师曰："瞌睡作么？"曰："学人即瞌睡，和尚如何？"师曰："争得恁么不识痛痒！"又曰："可惜如许大师僧，千道万里行脚到这里，不消个瞌睡寐语，便屈却去！"

问："如何是学人自己？"师曰："用自己作么？"

问："从上宗乘，如何理论？"师曰："少人听。"曰："请和尚直道。"师曰："患聋作么？"

又曰："仁者，如今事不获已，教我抑下如是威光，苦口相劝，百千方便，如此如彼，共汝相知闻，尽成颠倒知见。将此咽喉唇吻，只成得个野狐精业，谩汝我，还肯么[24]？只如有过无过，唯我自知，汝争得会？若是恁么人，出头来，甘伏呵责。夫为人师匠，大不易！须是善知识始得，知我如今恁么方便助汝[25]，犹尚不能构得[26]。可中纯举宗乘，是汝向甚么处安措[27]？还会么？四十九年是方便，只如灵山会上有百万众，唯有迦叶一人亲闻，余尽不闻。汝道迦叶亲闻底事作么生？不可道如来无说说，迦叶不闻闻，便得当去。不可是汝修因成果、福智庄严底事。知么？且如道，吾有正法眼藏，付嘱大迦叶，我道犹如话月。曹溪竖拂子还如指月。所以道，大唐国内宗乘中事，未曾见有一人举唱。设有人举唱，尽大地人失却性命。如无孔铁锤[28]相似，一时亡锋结舌去！汝诸人赖遇我不惜身命，共汝颠倒知见，随汝狂意，方有伸问处。我若不共汝恁么知闻去，汝向甚么处得见我？会么？大难。努力！珍重[29]。"

师有偈曰："万里神光顶后相，没顶之时何处望？事已成，意亦休，此个来踪触处[30]周。智者撩着便提取，莫待须臾失却头。"又曰："玄沙游迳别，时人切须知。三冬阳气盛，六月降霜时。有语非关舌，无言切要词。会我最后句，出世少人知。"

问："四威仪外如何奉王？"师曰："汝是王法罪人，争会问事？"

问："古人拈槌竖拂，还当宗乘也无？"师曰："不当。"曰："古人意作么生？"师举拂子。

僧曰："宗乘中事如何？"师曰："待汝悟始得。"

问："如何是金刚力士？"师吹一吹。

闽王送师上船，师扣船召曰："大王争能出得这里去？"王曰："在里许得多少时也？"

（归宗柔别云："不因和尚，不得到这里。"）

师问文桶头[31]："下山几时归？"曰："三五日。"师曰："归时，有无底桶子将一担归。"文无对。

（归宗柔代云："和尚用作甚么。"）

师垂语曰："诸方老宿尽道接物利生，只如三种病人，汝作么生接？患盲者，拈槌竖拂他又不见；患聋者，语言三昧他又不闻；患哑者，教伊说又说不得。若接不得，佛法无灵验。"时有僧出曰："三种病人还许学人商量否？"师曰："许，汝作么生商量？"其僧珍重出，师曰："不是！不是！"罗汉曰："桂琛现有眼耳口，和尚作么生接？"师曰："惭愧！"便归方丈。中塔曰："三种病人，即今在甚么处？"又一僧曰："非唯谩他，兼亦自谩。"

（法眼云："我当时见罗汉举此僧语，我便会三种病人。"云居锡云："只如此僧会不会？若道会，玄沙又道不是；若道不会，法眼为甚么道：我因此僧语，便会三种病人。上座！无事！上来商量，大家要知。"）

（有僧请益云门[32]，门曰："汝体拜着。"僧礼拜起，门以拄杖桎之，僧退后。门曰："汝不是患盲么？"复唤："近前来。"僧近前，门曰："汝不是患聋么？"门曰："会么？"曰："不会。"门曰："汝不是患哑么？"僧于是有省。）

长庆来，师问："除却药忌，作么生道？"庆曰[33]："放憨[34]作么！"师曰："雪峰山橡子拾食，来这里雀儿放粪。"

师因僧礼拜，师曰："因我得礼汝。"

普请斫柴次，见一虎，天龙曰："和尚，虎！"师曰："是汝虎[35]。"归院后天龙问："适来见虎，云是汝，未审尊意如何？"师曰："娑婆世界有四种极重事，若人透得，不妨出得阴界。"

（东禅齐云："上座，古人见了道：'我身心如大地虚空。'如今人还透得么？"）

师问长生："维摩观佛，前际不来，后际不去，今则无住。汝作么生观？"生曰："放皎然过，有个道处。"师曰："放汝过，作么生道？"生良久，师曰："教阿谁委悉。"生曰："徒劳侧耳。"师曰："情知汝向鬼窟里作活计。"

（崇寿稠别长生云："唤甚么作如来？"）

问："古人皆以瞬视接人，未审和尚以何接人？"师曰："我不以瞬视接人。"曰："学人为甚道不得？"师曰："冨塞汝口，争解道得？"

（法眼云："古人恁么道甚奇特，且问上座口是甚？"）

问："凡有言句，尽落卷裓；不落卷裓，请和尚商量[36]。"师曰："拗折秤衡[37]来，与汝商量。"

问："承古有言：'举足下足，无非道场。'如何是道场？"师曰："没却你。"曰："为甚么得恁么难见？"师曰："只为太近。"

（法眼曰："也无可得近，直下是上座。"）

师在雪峰时，光侍者谓师曰："师叔若学得禅，某甲打铁船下海去。"师住后，问光曰："打得铁船也未？"光无对。

（法眼代云："和尚终不恁么。"法灯代云："请和尚下船。"玄觉代云："贫儿思旧债"。）

师一日遣僧送书上雪峰，峰开缄，见白纸三幅，问僧："会么？"曰："不会。"峰曰："不见道君子千里同风[38]？"僧回举似，师曰："山头老汉蹉过也不知！"曰："和尚如何？"师曰："孟春[39]犹寒也不解道。"

师问镜清："教中道：'不见一法为大过患。'且道不见甚么法？"清指露柱曰："莫是不见这个法么？"（同安显别云："也知和尚不造次。"）师曰："浙中清水白米从汝吃，佛法未会在。"

问："承和尚有言：'尽十方世界是一颗明珠。'学人如何得会？"师曰："尽十方世界是一颗明珠，用会作么？"僧便休。师来日却问其僧："尽十方世界是一颗明珠，汝作么生会？"曰："尽十方世界是一颗明珠，用会作么？"师曰："知汝向鬼窟里作活计。"

（玄觉云："一般恁么道，为甚么却成鬼窟去？"）

问："如何是无缝塔？"师曰："这一缝大小？"

韦监军来谒，乃曰："曹山和尚甚奇怪。"师曰："抚州取[40]曹山几里？"韦指傍僧曰："上座曾到曹山否？"曰："曾到。"韦曰："抚州取曹山几里？"曰："百二十里。"韦曰："恁么则上座不到曹山。"韦却起礼拜，师曰："监军却须礼此僧，此僧却具惭愧。"

（云居锡云："甚么处是此僧具惭愧？若检得出，许上座有行脚眼。"）

问："如何是清净法身？"师曰："脓滴滴地。"

问："如何是亲切底事？"师曰："我是谢三郎[41]。"

西天有声明三藏至[42]，闽帅请师辨验。师以铁火箸敲铜炉，问："是甚么声？"藏曰："铜铁声。"（法眼别云："请大师为大王。"法灯别云："听和尚问。"）师曰："大王莫受外国人谩。"藏无对。（法眼代云："大师久受大王供养。"法灯代云："却是和尚谩大王。"）

师南游，莆田县排百戏迎接。来日，师问小塘长老："昨日许多喧闹向甚么处去也？"塘提起衲衣角，师曰："料掉没交涉[43]。"（法眼别云："昨日有多少喧闹？"法灯别云："今日更好笑。"）

问僧："乾闼婆城，汝作么生会？"曰："如梦如幻。"

（法眼别敲物示之。）

师与地藏在方丈说话，夜深，侍者闭却门。师曰："门总闭了，汝作么生得出去？"藏曰："唤甚么作门？"（法灯别云："和尚莫欲歇去。"）师以杖拄地[44]。

问长生曰："僧见俗见，男见女见，汝作么生见？"曰："和尚还见皎然见处么？"师曰："相识满天下。"

问："承和尚有言：'闻性遍周沙界。'雪峰打鼓，这里为甚么不闻？"师曰："谁知不闻？"

问："险恶道中，以何为津梁？"师曰："以眼为津梁。"曰："未得者如何？"师曰："快救取好！"

师举："志公云：'每日拈香择火，不知身是道场。'"乃曰："每日拈香择火，不知真个道场。"

（玄觉云："只如此二尊宿语，还有亲疏也无？"）

师与韦监军吃果子，韦问："如何是日用而不知？"师拈起果子曰："吃。"韦吃果子了，再问。师曰："只这是日用而不知。"

普请般柴，师曰："汝诸人尽承吾力。"一僧曰："既承师力，何用普请？"师叱之曰："不普请争得柴归？"

师问明真大师："善财参弥勒，弥勒指归文殊，文殊指归佛处，汝道佛指归甚么处？"曰："不知。"师曰："情知汝不知。"

（法眼别云："唤甚么作佛？"）

大普玄通到，礼觐，师曰："你在彼住，莫诳惑人家男女。"曰："玄通只是开个供养门，晚来朝去，争敢作恁么事？"师曰："事难。"曰："真情是难。"师曰："甚么处是难处？"曰："为伊不肯承当。"师便入方丈，拄却门。

僧问："学人乍入丛林，乞师指个入路。"师曰："还闻偃溪水声么？"曰："闻。"师曰："从这里入。"

泉守王公请师登楼，先语客司曰："待我引大师到楼前，便舁[45]却梯。"客司禀旨。公曰："请大师登楼。"师视楼，复视其人，乃曰："佛法不是此道理。"

（法眼云："未舁梯时，一日几度登楼。"）

师与泉守在室中说话，有一沙弥揭帘入见，却退步而出。师曰："那沙弥好与二十拄杖。"守曰："恁么即某甲罪过。"（同安显别云："祖师来也。"）师曰："佛法不是恁么。"

（镜清云："不为打水。"有僧问："不为打水意作么生？"清云："青山碾为尘，敢保没闲人。"）

梁开平戊辰示寂，闽帅为之树塔。

【注释】

[1] 缔构：犹缔造。谓经营开创。

[2] 修多罗：梵语。所指有二：一是指一切佛法之总称。二是特指九分教或十二分教中之第一类，此时又意译为契经、正经、贯经。本意指由线与纽串连花簇，引申为能贯串前后法语、法意使不散失者。亦即契于理、合于机，贯穿法相摄持所化之义。就文体与内容而言，佛陀所说之教法，凡属直说之长行者，皆属于修多罗。

[3] 徵诘：问答反驳。

[4] 瞒（mán）顸（hān）：《汉语大词典》有"颟顸"条："胡涂而马虎。《朱子语类》卷九三："居仁谓伊川颟顸语，是亲见与病叟书中说。"《汉语叠音词词典》有"瞒瞒顸顸"条："糊里糊涂。《明觉禅师语录》："上堂云：'一切法皆是佛法，瞒瞒顸顸，非为正观一切法，即非一切法。'"《古尊宿语录·佛眼小参语录》："若也实得个安乐处，便须识得些子好恶，辨取些子邪正，不可瞒瞒顸顸，笼笼统统，只恁自欺自诳。"本书其他地方出现此词条均是"颟顸"，故此处"瞒顸"疑误。

[5] 这里分别则不然也，不是隈门傍户：旧校本均标点错误。不熟悉佛典经文句法，所以多次出现这种错误。凡是文中出现"也"，一般都是助词，都要放在句末，可旧校本常放在句前。此处旧校本均标点为"这里分别则不然，也不是隈门傍户"，有误。

[6] 动静扬眉，是真解脱。道不强为意度，建立乖真：旧校本标点为"是真解脱道"有误，"道"属下，"道不强为意度"，意思是"道"是不能有一点猜测和想法的。

[7] 便是千圣出头来也安一字不得：旧校本标点为"便是千圣出头来，也安一字不得"，此处不点开为宜，要标点"也"亦属上。关于"也"的用法上注已经说明，要熟悉佛典经文格式，凡是文中出现"也"，一般都是助词，都要放在句末，可旧校本常放在句前。这句话仍旧接上文"道不强为意度，建立乖真"而来，

"道"是不能有一点猜测和想法，要建立自己的学说都是背道而驰，即使千圣再出世也不可能说一个字。

［8］佛法因缘事大，莫作等闲相似！聚头乱说杂话，趁讚过时。光阴难得，可惜许！大丈夫儿，何不自省察看是甚么事：这一段旧校本标点错误很多，旧校本亦有错误。趁讚：凑趣，跟随众人喧哄、凑热闹。

［9］一切处无人识得汝。知么：旧校本作"汝知么"，"汝"放在句前了，有误。

［10］荷挟：帮助，扶持。

［11］克骨：深入至骨，谓深刻。

［12］诪（zhōu）张：惊惧貌。又，"诪张为幻"，指欺诳诈惑。

［13］于：宝祐本作"干"，依《景德传灯录》作"于"，此处解释才通顺。

［14］长连床：寺院僧堂中的大床，供僧徒们坐禅休息之用。《禅门规式》曰："僧堂设长连床，施椸架，挂搭道具。"

［15］销：享受。

［16］大不容易受，大须恐惧好？是汝自累：这样的痛苦（前面所说地狱之苦）太不容易忍受了，太让人恐惧了是不是？这都是你自己牵累来的。旧校本作"大须恐惧，好是汝自累"有误，"好"是助词，属上，用在句末，不能用在开头。旧校本没弄清"好"的用法，常错。"好"在这里表示反问的语气。

［17］却回向侍者道："我今日作得一解，险入地狱如箭射。"者曰："喜得和尚再复人身。"：旧校本标点有误。"险入地狱如箭射"是一句，旧校本标点为"险入地狱，如箭射者"，使整句混乱。"者曰"是"侍者"的省略，本书常用。

［18］种草：犹族类。

［19］搀夺行市：扰乱市场。搀夺，指抢占、争夺。行市，商店会集的所在，亦以称临时商店。五代·王定保《唐摭言·散序》："曲江之宴，行市罗列，长安几于半空。"

［20］归宗柔别拊掌三下：归宗柔禅师另外鼓掌三下。旧校本作"归宗柔别：拊掌三下"有误。"拊掌三下"是动作，不是"归宗柔"禅师说的话。

［21］芟（shān）：割草，引申为除去，如芟草、芟除。此处指把蛇砍为两段。

［22］人天福报即不无和尚，若是灵山授记，未梦见在：人天福报不能没有和尚，若是灵山授记，梦也没梦见。旧校本标点有误，"和尚"作为称呼语，独立成句。

［23］我为汝得彻困也，还会么：旧校本标点有误，错误同上，"也"作为助词要用在句末。

[24] 将此咽喉唇吻，只成得个野狐精业，谩汝我，还肯么：拿这些咽喉口舌说出来的话，只落得个野狐精业报，欺骗你我，还赞同吗？旧校本标点有误，"汝我"是"谩"的宾语，不能将"汝我"点开，使"汝"成为上句的宾语，而"我"成为下句的主语，致使全句意义费解。

[25] 须是善知识始得，知我如今怎么方便助汝：旧校本标点有误，"须是善知识始得知"不符合本书句法，须点开才意义通顺。

[26] 构得：领悟。

[27] 可中纯举宗乘，是汝向甚么处安措：旧校本标点有误。"是"为助词，在口语中用在人称代词前面，无义。旧校本标点为"可中纯举宗乘是"有误。可中，"如果"之意。参见本书"可中"注释。

[28] 无孔铁锤：①喻指混沌、不开窍、难以启发接引的参学者。《景德传灯录》卷二十八"法眼文益"条："古人唤作无孔铁锤，生盲生聋无异。"本书第十六章"法昌倚遇"条："上堂：'汝若退身千尺，我便当处生芽；汝若觌面相呈，我便藏身露影；汝若春池拾砾，我便撒下明珠。直得水洒不著，风吹不入，如个无孔铁锤相似，且道法昌还有为人处也无？'"又本书第十一章"广慧元琏"条："拈拄杖云：'一队无孔铁锤！速退！速退！'"②对宗师之戏称，谓其禅机固密硬挣。《碧岩录》卷三第三十则："正对得赵州答此僧话，浑似两个无孔铁锤。"③指真如法界。《大慧语录》卷四"答孙知县"："尽十方世界，都卢是个无孔铁锤，更无一人发真归元，凡夫亦不须求解脱。何以故？一切众生皆已具圆觉，亦不须求证故。"亦作"无孔铁椎""无孔铁槌"。（摘自《禅宗大词典》）

[29] 努力！珍重：旧校本标点有误。"努力"是禅师劝勉鼓励语，要点开。

[30] 触处：到处，随处。极言其多。《南史·循吏传序》："凡百户之乡，有市之邑，歌谣舞蹈，触处成群，盖宋世之极盛也。"

[31] 桶头：禅林掌管桶类之寺僧。管理浴桶，打扫浴室，为僧众沐浴服务的一种差使。

[32] 有僧请益云门：这一段与正文没有直接联系，但宝祐本、续藏本都作正文，《联灯会要》则作附文。

[33] 师问："除却药忌，作么生道？"庆曰：旧校本标点有误。"道"属上句，不能作"道庆曰"，"庆"是"长庆"的简称，并非另有"道庆"其人。

[34] 放憨：露出傻样子。本书第二十章"鼓山安永"条："今日全身放憨，也要诸人知有。"

[35] 是汝虎：旧校本标点为"是汝，虎"，则"是"成为判断词，有误。"是"为助词，无义。这句话针对天龙禅师惊呼有虎，"师"则以禅话回答，你才

是虎，意思是你心中有虎，眼中才有虎。

[36] 凡有言句，尽落卷（yuān）襀；不落卷襀，请和尚商量：旧校本标点有误，参见项楚《五灯会元点校献疑续补一百例》。卷襀，圈定的范围，圈套。

[37] 拗折秤衡：折断秤杆。拗折，折断。秤衡，秤杆。

[38] 千里同风：意谓虽隔千里，然禅人之悟心及机锋运用仍然一致。《云门广录》卷上："问：'如何是道？'师云：'透出一字。'进云：'透出后如何？'师云：'千里同风。'"《禅林僧宝传》卷二一"慈明"条："对面不相识，千里却同风。"《圆悟语录》卷四："上根利智，千里同风，一刀两段。聊闻举著，彻骨彻髓，剔起便行。"《宏智广录》卷一："小参，云：'好兄弟，若论此事，千里同风。何彼我之相辽？岂形声而能间？'"亦作"同风千里"。（摘自《禅宗大词典》）

[39] 孟春：春季的首月。

[40] 取：距离，相隔。

[41] 谢三郎：①泛指某渔夫，亦作"谢郎"。《杨岐后录》："俗士问：'人王与法王相见，合谈何事？'师云：'钓鱼船上谢三郎。'"本书第十八章"育王普崇禅师"条："呵呵呵，悟不悟！令人转忆谢三郎，一丝独钓寒江雨。"②唐代玄沙师备的外号。《华严七字经题法界观三十门颂》卷下："谢三郎者，福州玄沙备禅师。少而敏黠，家以捕鱼为业，常随其父泛小舟于江滨。一日因见月影有省，乃遗舟罢钓，出家入道矣。师法嗣雪峰存禅师，为法门之昆季耳。师一日示众云：'我与释迦同参。'时有僧便问：'承闻和尚有言曰：我与释迦同参。未审参见何人？'师云：'钓鱼船上谢三郎。'此是出情见、离窝窟，傍通密旨、妙会玄宗底句矣，后人亦呼师为谢三郎。"

[42] 西天有声明三藏至：旧校本标点有误。西天，指天竺，可下画专有名词线。声明三藏，指研究声明学的高僧，不是人名，专有名词线应当删除。

[43] 料掉没交涉：没有关系，毫不相干。料掉，没关系。没交涉，也是没有关系的意思。柳波发表《释"料掉""了鸟"》（《励耘学刊（语言卷）》2007 年第 01 期）提出："宋代僧人语录与往来文书中常见的'料掉'一词，意为'没有关联，差距很大'。"该文可以参考。

[44] 师以杖拄地：旧校本标点有误，此句属上，不属下问，旧校本属下作："师以杖拄地，问长生曰"有误。

[45] 舁（yú）：抬，扛。

【概要】

玄沙师备禅师（835～908 年），唐末五代禅僧。福州闽县人，俗姓谢。幼憨黠，好垂钓，常泛舟自娱。唐咸通（860～873 年）初，年届三十始脱尘志，投芙蓉山灵训禅师落发。受具足戒后，行头陀法，终日宴坐，人称"备头陀"。与法兄雪峰义存亲近若师徒，同力缔构，参学者众。偶阅《楞严经》，发明心地，诸方请益者如水归海。初住梅溪普应院，不久迁玄沙山，应机接物凡三十余载，学侣八百余人。时有闽帅王审知，事以师礼，曲尽殷勤，并奏赐紫衣，号"宗一大师"。梁开平二年示寂，世寿七十四（一说七十或七十五）。有《玄沙师备禅师语录》《玄沙师备禅师广录》各三卷，门下有桂琛等人。

"玄沙闻燕子声"公案，为玄沙师备禅师因听闻燕子之鸣声而拈提之机缘语句。本条："师因参次，闻燕子声，乃曰：'深谈实相，善说法要。'便下座时，有僧请益曰：'某甲不会。'师曰：'去！谁信汝？'"此则公案中，玄沙闻燕子之声，乃随机告示门人，此声乃诸法实相善巧说法之显现。然于现实世界中，此种诸法实相之大说法，却往往无人能知晓，故僧言"不会"。玄沙遂道"去"，其意概谓诸法实相之大说法与人之领会与否无关，而系在于亲身之修行体悟；故该僧纵然不能领会，然仍须自行解决自家之生死大事，此则与诸法实相无关，故玄沙斥退之。又该僧既不能了知吾人自身与诸法实相当体之关系，亦未能领悟玄沙以"燕子声"为诸法实相善说法要之表征，直如迷妄凡夫，以分别情想而径自判定燕子声即燕子声、诸法实相即诸法实相，彼此两不干涉，故率然答以"不会"；然玄沙则认为，若自诸法实相单纯、直接、自然法尔之意义而言，无论何人皆能领会其真实意义，一如燕子声实乃诸法实相所显现的真如法性，故言"谁信汝"，表示不信彼僧不能体会此一单纯而自然之法性。

"玄沙三种病人"公案，又曰"玄沙接物利生"，指玄沙师备禅师假盲、聋、哑三种病人之济度，示无为五官机能转于尘里者，宜别开发真佛智见，有心眼存者。公案旨在启发参禅者摆脱言句情解、虚妄见闻的纠缠。丛林多见举说。《明觉语录》卷三："举，僧请益云门大师玄沙三种病人话。……师便喝云：'者盲聋喑痖汉，若不是云门，驴年去。如今有底，或拈槌竖拂不管，教近前又不来。还会么？不应诸方还奈何得么？雪窦若不奈何，尔者一队驴汉，有堪作个什么！'以拄杖一时打趁。"

"玄沙到县"公案，为玄沙师备禅师到莆田县与小塘长老，就"动静不一不二"之玄境，所作之机缘问答。此则公案，显示二师之机锋相当，灵通妙会，充分表现出禅门师家参究玄境时之颖解妙悟与临机应物之契当捷敏。盖"排百戏之喧闹"，为现象界之表征，属于"动"；"向什么处去"一语所探究者，则为生灭相随、千古一如之本质，属于"静"。然此一动一静又不一不二之奥旨，自非寻常思辨所可了达，更非一般言语所可诠表，故玄沙藉百戏之热闹询之以动静之理，已是妙问，小塘默然不语，仅提衣角作答，更是妙答。《从容录》第八十一则"玄沙到县"条："夜壑藏舟，澄源著桌，龙鱼未知水为命，折筋不妨聊一搅。玄沙师，小塘老，函盖箭锋，探竿影草，潜缩也老龟巢莲，游戏也华鳞弄藻。"

【参考文献】

《宋高僧传》卷十三；《景德传灯录》卷十八；《颂古联珠通集》卷三十一；《宗门统要续集》卷七；《禅林僧宝传》卷四。

长庆慧棱禅师

福州长庆慧棱禅师，杭州盐官人也。姓孙氏。禀性淳澹。年十三于苏州通玄寺出家登戒，历参禅苑。

后参灵云，问："如何是佛法大意？"云曰："驴事未去，马事到来[1]。"师如是往来雪峰、玄沙二十年间，坐破七个蒲团，不明此事。一日卷帘，忽然大悟，乃有颂曰："也大差，也大差，卷起帘来见天下。有人问我解何宗，拈起拂子劈口打[2]。"

峰举谓玄沙曰："此子彻去也！"沙曰："未可，此是意识著述，更须勘过始得。"至晚，众僧上来问讯，峰谓师曰："'备头陀'未肯汝在，汝实有正悟，对众举来。"师又有颂曰："万象之中独露身，唯人自肯乃方亲。昔时谬向途中觅，今日看来火里冰。"峰乃顾沙曰："不可更是意识著述。"师问峰曰："从上诸圣传受一路，请师垂示。"峰良久，师设礼而退，峰乃微笑。

师入方丈参，峰曰："是甚么？"师曰："今日天晴好普请。"自此酬问，未尝爽于玄旨。

师在西院，问诜上座曰："这里有象骨山，汝曾到么？"曰："不曾到。"师曰："为甚么不到？"曰："自有本分事在。"师曰："作么生是上座本分事？"诜乃提起衲衣角，师曰："为当只这个，别更有？"曰："上座见个甚么？"师曰："何得龙头蛇尾？"

保福辞归雪峰，谓师曰："山头和尚或问上座信，作么生祇对？"师曰："不避腥膻，亦有少许。"曰："信道甚么？"师曰："教我分付阿谁？"曰："从展虽有此语，未必有恁么事。"师曰："若然者，前程全自阇黎。"

师与保福游山，福问："古人道妙峰山顶，莫只这个便是也无？"师曰："是即是，可惜许。"

（僧问鼓山："只如长庆怎么道，意作么生？"山云："孙公若[3]无此语，可谓髑髅遍野。"）

师来往雪峰二十九载。天祐三年，泉州刺史王廷彬请住招庆。开堂日，公朝服趋隅曰："请师说法。"师曰："还闻么？"公设拜，师曰："虽然如此，恐有人不肯。"

僧问："如何是正法眼？"师曰："有愿不撒沙。"

一日，王太傅入院，见方丈门闭，问演侍者曰："有人敢道大师[4]在否？"演曰："有人敢道大师不在否？"

（法眼别云："太傅识大师。"）

闽帅请居长庆，号"超觉大师"。

上堂，良久曰："还有人相悉么？若不相悉，欺谩兄弟去也。只今有甚么事？莫有窒塞也无？复是谁家屋里事，不肯担荷，更待何时？若是利根，参学不到这里。还会么？如今有一般行脚人，耳里总满也。假饶收拾得底，还当得行脚事么？"僧问："行脚事如何学？"师曰："但知就人索取。"曰："如何是独脱一路？"师曰："何烦更问？"

问："名言妙义，教有所诠。不涉三科[5]，请师直道。"师曰："珍重。"师乃曰："明明歌咏，汝尚不会，忽被暗里来底事，汝作么生？"僧问："如何是暗来底事？"师曰："吃茶去。"

（中塔代云："便请和尚相伴。"）

问："如何是不隔毫端底事？"师曰："当不当。"

问："如何得不疑不惑去？"[6]师乃展两手，僧不进语。师曰："汝更问，我与汝道。"僧再问，师露膊而坐，僧礼拜。师曰："汝作么生会？"曰："今日风起。"[7]师曰："恁么道未定人见解，汝于古今中有甚么节要齐得长庆？若举得，许汝作话主。"其僧但立而已。师却问："汝是甚处人？"曰："向北人。"师曰："南北三千里外，学妄语作么？"僧无对。

上堂，良久曰："莫道今夜较些子。"便下座。

僧问："众手淘金，谁是得者？"师曰："有伎俩者得。"曰："学人还得也无？"师曰："大远在！"

上堂："撞着道伴交肩过，一生参学事毕。"

上堂："净洁打叠[8]了也，却近前问我觅[9]。我劈脊[10]与你一棒。有一棒到你，你须生惭愧；无一棒到你，你又向甚么处会？"

问："羚羊挂角时如何？"师曰："草里汉[11]。"曰："挂角后如何？"师曰："乱叫唤。"曰："毕竟如何？"师曰："驴事未去，马事到来。"

问："如何是合圣之言？"师曰："大小长庆被汝一问，口似匾担[12]。"曰："何故如此？"师曰："适来问甚么？"

上堂："我若纯举唱宗乘，须闭却法堂门。所以道，尽法无民[13]。"僧问："不怕无民，请师尽法。"师曰："还委落处么？"

问："如何是西来意？"师曰："香严道底，一时坐却。"

上堂："总似今日，老胡有望。"保福曰："总似今日，老胡绝望。"

（玄觉云："恁么道是相见语，不是相见语？"）

安国瑫和尚得师号，师去作贺。国出接，师曰："师号来邪？"曰："来也。"师曰："是甚么号？"曰："明真。"师乃展手，国曰："甚么处去来？"师曰："几不问过。"

问僧："甚处来？"曰："鼓山来。"师曰："鼓山有不跨石门底句，有人借问，汝作么生道？"曰："昨夜报慈宿。"师曰："劈脊棒汝，又作么生？"曰："和尚若行此棒，不虚受人天供养。"师曰："几合放过！"

问："古人有言'相逢不拈出，举意便知有'时如何？"师曰："知有也未？"

（僧又问保福，福云："此是谁语？"云："丹霞语。"福云："去，莫妨我打睡。"）

师入僧堂，举起疏头[14]曰："见即不见，还见么？"众无对。

（法眼代云："纵受得，到别处亦不敢呈人。"）

师到罗山，见制龛子，以杖敲龛曰："太煞预备。"山曰："拙布置。"师曰："还肯入也无？"山乃"吽吽"。

上堂，大众集定，师乃拽出一僧曰："大众礼拜此僧。"又曰："此僧有甚么长处，便教大众礼拜？"众无对。

僧问："如何是文彩未生时事？"师曰："汝先举，我后举。"其僧但立而已。（法眼别云："请和尚举。"）师曰："汝作么生举？"曰："某甲截舌有分。"

保福迁化，僧问："保福抛却壳漏子，向甚么处去也[15]？"师曰："且道保福在那个壳漏子里？"

（法眼别云："那个是保福壳漏子？"）

闽帅夫人崔氏（奉道，自称"练师[16]"），遣使送衣物至，曰："练师令就大师请回信。"师曰："传语练师，领取回信。"须臾，使却来师前唱喏便回。师明日入府，练师曰："昨日谢大师回信。"师曰："却请昨日回信看。"练师展两手。帅问师曰："练师适来呈信，还惬大师意否？"师曰："犹较些子。"（法眼别云："这一转语，大王自道取。"）曰："未审大师意旨如何？"师良久，帅曰："不可思议，大师佛法深远。"

后唐长兴三年归寂，王氏建塔。

【注释】

[1] 驴事未去，马事到来：一般理解为一事未了，一事又来。但本书真实的意义是，佛法大意非言语所能诠释，如此追究下去，到驴年马月，都是空费心思。有成语"驴年马月"，中国古代是用十二个地支同十二种动物的生肖匹配来记录人的出生年代的。不过，十二生肖中并没有"驴"，因此，"驴年"成为不可知的年岁，所以这才有了"泛指遥遥无期，不可能实现的事情"之语义。"驴事未去，马事到来"可理解为"驴年事未去，马月事到来"，即是说驴年的事未去，马月的事已经到来，都是虚幻不实的，因为"驴年"根本就不存在。因为佛的境界不是言语所说出来的，一说就是错。如果问"什么是佛"或者"如何是佛法大意"等问题，驴年马月也不能知道结果，想要成佛就遥遥无期了。

[2] 师如是往来雪峰、玄沙二十年间，坐破七个蒲团，不明此事。一日卷帘，忽然大悟，乃有颂曰："也大差，也大差，卷起帘来见天下。有人问我解何宗，拈起拂子劈口打：这一段，旧校本校对失误，标点大乱。校对失误是把"间"当成"问"字了，所以其标点为：师如是往来雪峰、玄沙二十年。问："坐破七个蒲团，不明此事。一日卷帘，忽然大悟。乃有颂曰：也大差，也大差，卷起帘来见天下。有人问我解何宗，拈起拂子劈口打。"一个字之错，造成全局混乱，无法理解原意，可见校勘工作是一项认真细致的工作。此处错误项楚先生未发现。

[3] 若：旧校本校对失误，将"若"作"君"。

[4] 大师：续藏本作"太师"，宝祐本作"大师"。古代称年高有德的大和尚为"太师"。

［5］三科：大小乘都承认的分类法，即把一切诸法分为五蕴、十二处（又称十二入）、十八界。三科的分类法，要求佛教徒从这三方面来观察人和人所面对的客观世界，目的是破除"我执"的谬见，认识"无我"的道理。

［6］问："如何是不隔毫端底事？"师曰："当不当。"问："如何得不疑不惑去？"：旧校本校勘有误，这段话宝祐本有两个"问"字，旧校本却只有一个"问"字，致使后文"如何得不疑不惑去"前面无"问"，费解。项楚《〈五灯会元〉点校献疑三百例》亦发现此处有问题，提出增加"曰"字，实际上原文是"问"字。

［7］僧再问，师露膊而坐，僧礼拜。师曰："汝作么生会？"曰："今日风起。"：旧校本"僧礼拜"前多一"问"字，使此处混乱费解。参见冯国栋《〈五灯会元〉校点疏失类举》。

［8］打叠：扫除，收拾。

［9］却近前问我觅：旧校本标点有误。后"我"字不属上，旧校本作"却近前问我觅我"，把原意弄错了。

［10］劈脊：对准脊背。

［11］草里汉：陷入俗情妄念，知识见解的参禅者。常用作斥责语。

［12］口似匾担：意谓哑口无言，闭口不言。

［13］尽法无民："尽"：即全部使用；"法"：即法律。如果只是全部用刑法来治国、治民，那么会失去老百姓。

［14］疏头：僧道写的告神佛的祝词。

［15］保福抛却壳漏子，向甚么处去也：旧校本校勘有误，宝祐本作"保福抛却壳漏子"，旧校本却作"保福抛却壳"，丢了"漏子"二字，所以其标点为"保福抛却壳向甚么处去也"费解。项楚《〈五灯会元〉点校献疑三百例》亦发现此处有问题，提出增加"漏子"二字。实际上就是旧校本校对失误，没仔细校对原本，漏了文字。"壳漏子"即人的躯体，参见本书"壳漏子"注释。

［16］练师：亦作"炼师"。道士的名号。

【概要】

长庆慧棱禅师（854～932年），唐末五代禅僧。杭州盐官（今浙江海宁西南）人（《宋高僧传》作海盐人），俗姓孙，人称"孙公"。十三岁于苏州通玄寺出家受具足戒，历参灵云志勤、雪峰义存、玄沙师备等师。曾依止雪峰义存三十年，后为其法嗣。唐代天祐三年（906年），住于泉州（福建）昭庆院。后住福州（福建）长庆院，故又称"长庆慧棱"。于后唐长兴三年示寂，世寿七十九，僧腊六十。号"超觉大师"。

【参考文献】

《宋高僧传》卷十三；《景德传灯录》卷十八；《佛祖历代通载》卷十七。

保福从展禅师

漳州保福院从展禅师，福州陈氏子。年十五，礼雪峰为受业师，游吴楚间，后归执侍。

峰一日忽召曰："还会么？"师欲近前，峰以杖拄之，师当下知归。

尝以古今方便询于长庆。一日，庆谓师曰："宁说阿罗汉有三毒[1]，不可说如来有二种语[2]。不道如来无语，只是无二种语。"师曰："作么生是如来语？"庆曰："聋人争得闻？"师曰："情知和尚向第二头[3]道。"庆曰："汝又作么生？"师曰："吃茶去。"

（云居锡云："甚么处是长庆向第二头道处。"）

因举："盘山道：'光境俱亡，复是何物？'洞山道：'光境未亡，复是何物？'"师曰："据此二尊宿商量，犹未得剿绝。"乃问长庆："如今作么生道得剿绝？"庆良久，师曰："情知和尚向鬼窟里作活计。"庆却问："作么生？"师曰："两手扶犁水过膝。"

长庆问："见色便见心，还见船子么？"师曰："见。"曰："船子且置，作么生是心？"师却指船子。

（归宗柔别云："和尚只解问人。"）

雪峰上堂曰："诸上座！望州亭与汝相见了也，乌石岭与汝相见了也，僧堂前与汝相见了也。"师举问鹅湖："僧堂前相见即且置，只如望州亭、乌石岭甚么处相见？"鹅湖骤步归方丈，师低头入僧堂。

梁贞明[4]四年，漳州刺史王公创保福禅苑，迎请居之。开堂日，王公礼跪三请，躬自扶掖升座。师乃曰："须起个笑端[5]作么？然虽如此，再三不容推免。诸仁者还识么？若识得，便与古佛齐肩。"时有僧出，方礼拜，师曰："晴干不肯去，直待雨淋头[6]。"

问："郡守崇建精舍，大阐真风，便请和尚举扬宗教。"师曰："还会么？"曰："恁么则群生有赖也。"师曰："莫涂污[7]人好！"

又僧出礼拜，师曰："大德好与，莫覆却船子。"僧问："泯默之时，将何为则？"师曰："落在甚么处？"曰："不会。"师曰："瞌睡汉，出去！"

上堂："此事如击石火，似闪电光，构得构不得，未免丧身失命。"僧问："未审构得底人还免丧身失命也无？"师曰："适来且置，阇黎还构得么？"曰："若构不得，未免大众怪笑。"师曰："作家！作家！"曰："是甚么心行？"师曰："一杓屎拦面泼，也不知臭。"

师见僧，以杖打露柱，又打其僧头。僧作忍痛声，师曰："那个为甚么不痛？"僧无对。

（玄觉代云："贪行拄杖。"）

问："摩腾[8]入汉，一藏分明；达磨西来，将何指示？"师曰："上座行脚事作么生？"曰："不会。"师曰："不会会取，莫傍家取人处分。若是久在丛林，粗委些子，远近可以随处任真[9]。其有初心后学，未知次序，山僧所以不惜口业，向汝道尘劫来事，只在如今，还会么？然佛法付嘱，国王、大臣、郡守昔同佛会，今方如是。若是福禄荣贵，则且不论，只如当时受佛付嘱底事还记得么？若识得，便与千圣齐肩。傥未识得，直须谛信此事不从人得，自己亦非。言多去道转远，直道言语道断，心行处灭，犹未是在。久立！珍重。"

上堂："有人从佛殿后过，见是张三李四；从佛殿前过，为甚么不见？且道佛法利害在甚么处？"僧曰："为有一分粗境，所以不见。"师乃叱之，自代曰："若是佛殿即不见。"曰："不是佛殿，还可见否？"师曰："不是佛殿，见个甚么？"

问："十二时中如何据验？"师曰："恰好据验。"曰："学人为甚么不见？"师曰："不可更揑目去也。"

问："主伴重重，极十方而齐唱。如何是极十方而齐唱？"师曰："汝何不教别人问？"

问："因言辨意时如何？"师曰："因甚么言？"僧低头良久，师曰："掣电之机，徒劳伫思。"

师因僧侍立，问曰："汝得怎么粗心？"僧曰："甚么处是某甲粗心处？"师拈一块土，度与僧曰："抛向门前著。"僧抛了，却来曰："甚么处是某甲粗心处？"师曰："我见筑著磕著[10]，所以道汝粗心。"

师问罗山："僧问岩头：'浩浩尘中如何辨主？'头曰：'铜沙锣里满盛油。'意作么生？"[11]山召师，师应诺。山曰："猕猴入道场。"山却问明招："忽有人问你，又作么生？"招曰："箭穿红日影。"

师问罗山："岩头道：'与么与么，不与么不与么。'意作么生？"山召师，师应诺。山曰："双明亦双暗。"师礼谢。三日后却问："前日蒙和尚垂慈，只为看不破。"山曰："尽情向汝道了也！"师曰："和尚是把火行。"山曰："若与么，据汝疑处问将来。"[12]师曰："如何是双明亦双暗？"山曰："同生亦同死。"师又礼谢而退。别有僧问师："同生亦同死时如何？"师曰："彼此合取狗口。"曰："和尚收取口吃饭。"其僧却问罗山："同生亦同死如何？"山曰："如牛无角。"曰："同生不同死时如何？"山曰："如虎戴角。"

师见僧吃饭，乃拓钵曰："家常。"僧曰："和尚是甚么心行？"

有尼到参，师问："阿谁？"侍者报曰："觉师姑。"师曰："既是觉师姑，用来作么？"尼曰："仁义道中即不无。"师别云："和尚是甚么心行？"

师闻长生卓庵，乃往相访。茶话次，生曰："曾有僧问祖师西来意，某甲举拂子示之，不知得不得？"师曰："某甲争敢道得不得！有个问，有人赞叹此事如虎戴角，有人轻毁此事分文不直。一等是恁么事，因甚么毁赞不同？"生曰："适来出自偶尔。"

（老宿云："毁又争得？"又老宿云："借取眉毛好。"太原孚云："若无智眼，难辨得失。"）

师问僧："殿里底是甚么？"曰："和尚定当看。"师曰："释迦佛。"曰："和尚莫谩人好！"师曰："却是汝谩我。"

闽帅遣使送朱记[13]到，师上堂提起印曰："去即印住，住即印破。"僧曰："不去不住，用印奚为？"师便打，僧曰："恁么则鬼窟里全因今日也。"师持印归方丈。

问僧："甚处来？"曰："江西。"师曰："学得底那？"曰："拈不出。"师曰："作么生？"（法眼别云："谩语。"）僧无对。

师举洞山真赞云[14]："徒观纸与墨，不是山中人。"僧问："如何是山中人？"师曰："汝试邈㨹[15]看。"曰："若不黔儿[16]，几成邈㨹。"师曰："汝是黠儿？"曰："和尚是甚么心行？"师曰："来言不丰。"

僧数钱次，师乃展手曰："乞我一钱。"曰："和尚因何到恁么地？"师曰："我到恁么地。"曰："若到恁么地，将取一文去。"师曰："汝因甚到恁么地？"

问僧："甚处来？"曰："观音。"师曰："还见观音么？"曰："见。"师曰："左边见，右边见？"曰："见时不历左右。"

（法眼别云："如和尚见。"）

问："如何是入火不烧，入水不溺？"师曰："若是水火，即被烧溺。"

师问饭头："镬阔多少？"曰："和尚试量看。"师以手作量势。曰："和尚莫谩某甲。"师曰："却是汝谩我。"

问："欲达无生路，应须识本源。如何是本源？"师良久，却问侍者："这僧问甚么？"其僧再举，师乃喝出，曰："我不患聋。"

问："学人近入丛林，乞师全示入路。"师曰："若教全示，我却礼拜汝。"

师问僧："汝作甚么业来，得恁么长大？"曰："和尚短多少？"师却蹲身作短势，僧曰："和尚莫谩人好！"师曰："却是汝谩我。"

师令侍者屈[17]隆寿长老云："但独自来，莫将侍者来。"寿曰："不许将来，争解离得？"师曰："太煞恩爱。"寿无对，师代曰："更谢和尚上足传示。"

闽帅奏命服[18]。一日示微疾，僧入丈室问讯，师曰："吾与汝相识年深，有何方术相救？"曰："方术甚有，闻说和尚不解忌口。"（法灯别云："和尚解忌口么？"）又谓众曰："吾旬日来气力困劣，别无他，只是时至也。"僧问："时既至矣，师去即是，住即是？"师曰："道道！"曰："恁么则某甲不敢造次。"师曰："失钱遭罪[19]。"言讫而寂。

【注释】

[1] 三毒：指贪欲、嗔恚、愚痴（又称贪嗔痴、淫怒痴、欲嗔无明）三种烦恼。又作三火、三垢。一切烦恼本通称为毒，然此三种烦恼通摄三界，系毒害众生出世善心中之最甚者，能令有情长劫受苦而不得出离，故特称三毒。此三毒又为身、口、意等三恶行之根源，故亦称三不善根，为根本烦恼之首。

[2] 二种语：指世语、出世语。据《北本涅槃经》卷十四载，如来为二乘人

与菩萨之说法不同，其中，为诸声闻、缘觉宣说世间有为之法，称为世语；为诸菩萨宣说出世间无为之法，称为出世语。

[3] 第二头：指玄妙禅法以外的义理。《祖堂集》卷二十"米和尚"条："师因教僧问仰山：'今时还假悟也无？'仰山云：'悟则不无，争奈落第二头何？'师肯之。"《仰山语录》："陆希声相公欲谒师，先作此〇相封呈。师开封，于相下面书云：'不思而知，落第二头；思而知之，落第三首。'遂封回。"本书第二十章"慧通清旦"条："说佛说祖，正如好肉剜疮；举古举今，犹若残羹馊饭；一闻便悟，已落第二头；一举便行，早是不著便。"（不著便：错过时机。）也说作"第二""第三首"。（摘自《禅宗大词典》）

[4] 贞明：年号，续藏本作"真明"有误，旧校本未更正。

[5] 笑端：指笑话、笑料。

[6] 晴干不肯去，直待雨淋头：暗指禅机已失，为时已晚。

[7] 涂污：①作弄，折腾。《云门广录》卷中："雪峰勘僧：'什么处去？'僧云：'识得即知去处。'峰云：'尔是了事人，乱走作什么？'僧云：'莫涂污人好。'"②涂抹。《禅林宝训》卷一"浮山远"条："远公谓道吾真曰：'学未至于道，炫耀见闻，驰骋机解，以口舌辩利相胜者，犹如厕屋涂污丹腹（红色颜料），只增其臭耳。'"（摘自《禅宗大词典》）

[8] 摩腾：指迦叶摩腾（？~73年），我国佛教之初传入者。中印度人。又称摄摩腾、竺摄摩腾、竺叶摩腾。略称摩腾。生于婆罗门家，博通大小乘经典，尝至西印度一小国讲《金光明经》，由此因缘遂使该国免于刀兵之祸。后汉永平十年（67年），应汉明帝之请，与竺法兰携经卷与佛像至洛阳，住于明帝为其所建之白马寺，两人合译《四十二章经》，为我国译经之滥觞，亦为东土有佛法之始。永平十四年正月一日，五岳八山之道士褚善信等六百九十人上表，请帝火验佛道二教之优劣。同月十五日，帝集众于坛上，验烧二教经典，道教之书尽成灰烬，而佛经毫无损坏，摩腾与法兰乃出而宣扬佛德，凡见闻者，皆相率归依佛门。永平十六年，示寂于洛阳，年寿不详。

[9] 随处任真：谓得道者具平常心，处处事事顺其自然。禅家认为如此可养护悟心，也体现道法的日常运用。任真：凡事顺其自然，率真。是得道者具平常心的体现。

[10] 筑著磕著：（突然地）撞着碰着，隐指顿时领悟禅法。《密庵语录》："府中归，上堂：'一出一入，一动一静，酒肆茶坊，红尘闹市，猪肉案头，蓦然筑著磕著，如虎戴角，凛凛风生。'"续藏本作"策着磕着"，有误，旧校本未更正。

[11] 师问罗山："僧问岩头：'浩浩尘中如何辨主？'头曰：'铜沙锣里满盛

油。'意作么生?'"：旧校本标点有误。这段话是"师"例举"僧"与"岩头"的问答来向罗山请教，后文"铜沙锣里满盛油"是岩头回答的话，"意作么生"则是"师"请教的话，不能放入"头曰"单引号之内。

[12] 三日后却问："前日蒙和尚垂慈，只为看不破。"山曰："尽情向汝道了也!"师曰："和尚是把火行。"山曰："若与么，据汝疑处问将来。"：旧校本标点作"把火行山"，聊城大学任连明、孙祥愉《中华本〈五灯会元〉句读疑误类举》认为：根据行文可知，皆为"山曰""师曰"，一问一答，前后呼应。"行山"之"山"当属下句，指罗山禅师。"和尚是把火行"表面义为"和尚手持火把行走"，喻指和尚修禅学道好比摸着石头过河。如此则即符合前后行文格式，又文通义顺。此类用例佛经中常见，如：《续灯正统》卷三十七，顺德府蓬鹊山石河庵天然圆佐禅师："曰：'和尚是把火行，期如学人何?'师曰：'闭目中秋坐，却怨月无光。'"《佛说目连问戒律中五百轻重事·问杂事品》："问比丘：'夜得把火行不?'答：'冬得，夏灯烛亦得，若把火，犯堕。'"佛典中亦有"把火行山"的用例，与"把火行山"同义，如：《宗统编年·首建临济宗世祖》："安隐忍曰：'临济最初，三寸甚密，及乎举了，又道个有权有实，有照有用，大似把火行山。'"

[13] 朱记：红色印记。古代以胶泥封公文书简，隋、唐后改用红色颜料涂印面，钤于封口，称"朱记"。

[14] 师举洞山真赞云："真"是画像。此处中间不宜逗号点开，旧校本标点有误。

[15] 邈掠：犹描摹。

[16] 黠儿：聪慧的儿童。

[17] 屈：屈尊之意，邀请对方的敬辞。

[18] 命服：指朝廷赐的礼服。

[19] 失钱遭罪：比喻丢掉了必需而又重要的东西，就会遇到很多的困难和麻烦。

【概要】

保福从展禅师，五代禅僧。俗姓陈，福州（今属福建）人。十五岁礼雪峰义存为受业师。后梁贞明四年（918 年），漳州刺史创保福禅苑，迎请居之。后唐天成三年（928 年），说法端坐而化。

"保福妙峰顶"公案，指保福从展、长庆慧棱、镜清道怤等三人一挨一拶以发挥宗风之故事。《碧岩录》第二十三则："保福、长庆游山次，福以手指云：'只这里便是妙峰顶。'庆云：'是则是，可惜许!'（中略）后举似镜清，清云：'若不是孙公，便见髑髅遍野。'"此谓保福与长庆一日游山时，保福指山中之地为妙峰顶。妙峰顶出自《华严经》，用以喻显宇宙本体之圆满平等；盖保福之意，谓眼前所见即是妙峰顶，无须求诸远方，以彻见本来面目。而长庆答以是则是，然惜哉妙峰顶如今已崩坏；此长庆之意，概谓唯有铁眼铜睛之人始不被惑。后镜清赞此言，说若非长庆（俗姓孙），则天下参禅之人将视活活泼泼之妙峰顶为冷冷清清之死物。盖保福乃据向上之所见，提起圆满平等之全相；长庆向下立点，以显生生无尽之活用；此即镜清之所以赞长庆之故。总此三人之挨拶，毕竟显示同拈同用同唱同和之境界。雪窦对此公案评语云："百千年后不道无，只是少。"以此称叹。更有颂云："妙峰孤顶草离离，拈得分明付与谁？不是孙公辨端的，髑髅著地几人知？"

【参考文献】

《景德传灯录》卷十九；《十国春秋》卷九十九；《碧岩录》第二十三则。

鼓山神晏国师

福州鼓山神晏兴圣国师，大梁李氏子。幼恶荤膻[1]，乐闻钟梵。年十二时，有白气数道腾于所居屋壁。师题壁曰："白道从兹速改张，休来显现作妖祥。定祛邪行归真见，必得超凡入圣乡。"题罢，气即随灭。

年甫志学，遘疾[2]甚亟。梦神人与药，觉而顿愈。明年又梦梵僧告曰："出家时至矣。"遂依卫州白鹿山规禅师披削，嵩岳受具。谓同学曰："古德云：'白四羯磨[3]后，全体戒定慧。'岂准绳而可拘也！"于是杖锡，遍扣禅关，而但记语言，存乎知解。及造雪岭，朗然符契。

一日参雪峰，峰知其缘熟，忽起搊住曰："是甚么！"师释然了悟，亦忘其了心，唯举手摇曳而已。峰曰："子作道理邪？"师曰："何道理之有！"峰审其悬解，抚而印之。

后闽帅常询法要，创鼓山禅苑，请举扬宗旨。

上堂，良久曰："南泉在日，亦有人举，要且不识南泉[4]。即今莫有识南泉者么？试出来，对众验看！"时有僧出，礼拜才起，师曰："作么生？"僧近前曰："咨和尚。"师曰："不才请退。"乃曰："经有经师，论有论师，律有律师。有函有号[5]，有部有帙[6]，各有人传持。且佛法是建立教，禅道乃止啼[7]之说。他诸圣出兴，盖为人心不等，巧开方便，遂有多门。受疾不同，处方还异。在有破有，居空叱空。二患既除，中道须遣。鼓山所以道：'句不当机，言非展事。承言者丧，滞句者迷。不唱言前，宁谈句后？'直至释迦掩室，净名杜口，大士梁时童子，当日一问二问三问，尽有人了也。诸仁者合作么生？"时有僧出礼拜，师曰："高声问。"曰："学人咨和尚。"师喝曰："出去！"曰："己事未明[8]，以何为验？"师抗声曰："似未闻那！"其僧再问，师曰："一点随流，食咸不重。"

问："如何是包尽乾坤底句？"师曰："近前来！"僧近前，师曰："钝置杀人[9]。"曰："如何绍得？"师曰："犴狴[10]无风，徒劳展掌。"曰："如何即是？"师曰："错。"曰："学人便承当时如何？"师曰："汝作么生承当？"

（法灯别云："莫费力。"）

问："如何是学人正立处？"师曰："不从诸圣行。"

（法灯别云："汝拟乱走。"）

问："千山万山，那个是正山？"师曰："用正山作么？"

（法灯别云："千山万山。"）

师与招庆相遇次，庆曰："家常。"师曰："太无厌生！"庆曰："且款款[11]。"师却曰："家常。"庆曰："今日未有火。"师曰："太鄙吝[12]生！"庆曰："稳便将取去。"

上堂，垂语曰："鼓山门下，不得咳嗽。"时有僧咳嗽一声，师曰："作甚么？"曰："伤风。"师曰："伤风即得。"

僧问："如何是宗门中事？"师乃侧掌："吽吽[13]！"

问："如何是向上关捩子[14]？"师便打。

问："如何是鼓山正主？"师曰："瞎作么！"

师问保福："古人道：'非不非，是不是。'意作么生？"福拈起茶盏。师曰："莫是非好！"

问："如何是真实人体？"师曰："即今是甚么体？"曰："究竟如何？"师曰："争得到恁么地！"

问："如何是佛法大意？"师曰："金乌一点，万里无云。"

上堂："欲知此事，如一口剑。"僧问："学人是死尸，如何是剑？"师曰："拽出这死尸著。"僧应诺，便归僧堂，结束[15]而去。师至晚闻得，乃曰："好与拄杖。"

（东禅齐云："这僧若不肯鼓山，有甚过？若肯，何得便发去？"又云："鼓山拄杖，赏伊罚伊？具眼底试商量看。"）

问僧："鼓山有不跨石门句，汝作么生道？"僧曰："请！"师便打。[16]

问："如何是古人省心力处？"师曰："汝何费力？"

问："言满天下无口过，如何是无口过？"师曰："有甚么过？"

问："如何是教外别传底事？"师曰："吃茶去。"

师与闽帅瞻仰佛像，帅问："是甚么佛？"师曰："请大王鉴。"帅曰："鉴即不是佛。"师曰："是甚么？"帅无对。

（长庆代云："久承大师在众，何得造次？"）

僧问："从上宗乘如何举唱？"师以拂子蓦口打。

问："如何是省要处？"师曰："汝还耻么？"师复曰："今为诸仁者刺头[17]入他诸圣化门里，抖擞不出。所以，向诸人道：教排不到，祖不西来，三世诸佛不能唱，十二分教载不起。凡圣摄不得，古今传不得。忽尔是个汉，未通个消息。向他怎么道，被他蓦口捆。还怪得他么？虽然如此，也不得乱捆。鼓山寻常道：'更有一人不跨石门，须有不跨石门句。'作么生是不跨石门句？鼓山自住三十余年，五湖四海来者向高山顶上看山玩水，未见一人快利，通得个消息。如今还有人通得也未？若通得，亦不昧诸兄弟；若无，不如散去。珍重！"

师有偈曰："直下犹难会，寻言转更赊[18]。若论佛与祖，特地隔天涯。"师举问[19]僧："汝作么生会？"僧无语，乃谓侍者曰："某甲不会，请代一转语[20]。"者曰："和尚与么道，犹隔天涯在。"僧举似师，师唤侍者，问："汝为这僧代语[21]，是否？"者曰："是。"师便打趁出院。

【注释】

[1] 荤膻：指有辛味的菜与牛羊肉。此处指佛教所禁食的五辛酒肉之类。

[2] 遘（gòu）疾：生病。

[3] 白四羯磨：又作白四、白四法、一白三羯磨。白，即告白之意；羯磨，意译为业、作法等。白四羯磨指僧中所行事务，如授戒之作法，规定受具足戒时，三师中之羯磨师向僧众先告白某某提出出家要求，此即为"白"（即白表文）。其次，三问僧众赞成与否，称为三羯磨。如无异议，则准予受戒为僧。合一度之白与三度

之羯磨，故称白四羯磨，系最慎重之作法。其他如忏重、治罚、诃谏、灭诤等，事通大小、情容乖舛者，皆以此法听取僧众之意见。（摘自《佛光大辞典》）

[4] 南泉在日，亦有人举，要且不识南泉：旧校本标点作"南泉在日，亦有人举要，且不识南泉"有误，"要且"作为转折连词不能分开。

[5] 有函有号：书籍用匣子或封套装盛，每个匣子或封套有编号。

[6] 有部有帙：书籍有部次卷帙。

[7] 止啼：乃譬喻如来为度众生所作之方便行。如来见众生欲造诸恶时，即为彼等说三十三天之常乐我净，使闻者心生喜乐而勤作善业，断止其恶。然此实乃生死，属无常、无乐、无我、无净，言"常乐我净"者，系如来为度众生之方便言说。此如婴儿啼哭时，父母以杨树之黄叶为金，予小儿以止其啼哭；然黄叶实非真金，乃父母之权便引设。又禅宗以"经论家"之说法，皆为"空拳黄叶"之方便说，仅得以诳欺愚钝者。（参见北本《大般涅槃经》卷二十）

[8] 己事未明：自己的大事（解脱轮回）不清楚。旧校本校勘有误，此处宝祐本作"巳事未明"有误，旧校本改为"已事未明"亦误，本书很多地方旧校本都作"已事未明"。

[9] 钝置杀人：太作弄人了。钝置：亦作"钝致"，指折腾、折磨、作弄。杀：通"煞"，指极、甚。旧译本译为"杀人"有误。

[10] 犴（àn）貐（yù）：野狗怪兽。犴：同"豻"。北方的一种野狗，形如狐狸，黑嘴。貐：传说中的一种怪兽，似豹而红色，长着五条尾巴。

[11] 款款：从容自如貌。

[12] 太鄙吝：过分爱惜钱财，贪婪吝啬。

[13] 吽吽：吽原为牛、虎之叫声，一般多用于密教，表示摧破、恐怖之声；于禅林中，吽吽二字连用，即表示无法用文字言句诠释之无分别境。

[14] 关捩子：亦作"关棙子"。能转动的机械装置，喻物之紧要处。在禅林指无上至真的禅机妙法，悟道之关键处。常作"向上关捩"或"向上关捩子"。

[15] 结束：整治行装。

[16] 僧曰："请！"师便打：旧校本均标点错误，均作："僧曰：'请师便打。'""请师便打"变成僧人说的话，如何理解？"僧曰"，只有一个字"请"，"师便打"则是叙述语言。

[17] 刺头：埋头，钻。《嘉泰普灯录》卷二五"诸方广语"条："若未得个端的悟入处，只是向人口角头寻言逐句，刺头入经论里求玄觅妙，犹如入海算沙，扪空追响，只益疲劳，终无了日。

[18] 赊：距离远。

[19] 举问：举说公案并提出问题。是禅家问话的一种形式。

[20] 转语：禅宗谓拨转心机，使之恍然大悟的机锋话语。如云门三转语、赵州三转语等。

[21] 代语：指禅家垂说之时，代替他人下语。可分两种：一是师家自代学人下语。师家垂语后，每令学人下语；若众中所言不契，则由师家自下语代众。可通"别语"，然"别语"一般多指于两人对话之情形，第三者基于"局外人"之立场代为叙述之语，故异于代语，唯禅林中，常将代语与别语并称为"代别"。禅宗诸语录中，云门语录代语最多，盖宗门之代语、别语，以云门为始。二是师家自代古人下语。师家举古则，遇古人无语之处时，乃代之下语。捺破，参究明白。

【概要】

鼓山神晏国师，唐末五代禅僧。生卒年不详。大梁人，俗姓李。幼恶荤膻，乐闻梵钟之音。十二岁染疾甚笃，梦神人赐药而顿愈。次年，复梦梵僧告之曰："出家时至矣！"遂从卫州（河南）白鹿山道规禅师出家，历参诸禅德。及参雪峰义存，机缘相契，释然了悟，得其心印。雪峰归寂后，闽帅王延彬常往询法要，并于府城左二十里处，造鼓山涌泉禅院，请师入住，举扬宗旨，历三十余年。天福年间（936～944年）示寂，世寿七十七。谥号"兴圣国师"。有《鼓山先兴圣国师和尚法堂玄要广集》一卷行世。

【参考文献】

《祖堂集》卷十；《景德传灯录》卷十八。

龙华灵照禅师

杭州龙华寺灵照真觉禅师，高丽人也。萍游闽越，升雪峰之堂，冥符玄旨。居唯一衲，服勤众务，闽中谓之"照布衲"。

一夕，指半月问溥上座曰："那一片甚么处去也？"溥曰："莫妄想。"师曰："失却一片也！"众虽叹美，而恬澹自持。

初住婺州齐云山。上堂，良久，忽舒手顾众曰："乞取些子，乞取些子。"又曰："一人传虚，万人传实[1]。"

僧问："草童能歌舞，未审今时还有无？"师下座作舞曰："沙弥会么？"曰："不会。"师曰："山僧蹋曲子也不会？"

问："还丹一粒，点铁成金；至理一言，转凡成圣。请师一点。"师曰：“还知齐云点金成铁么？”曰：“点金成铁，前之未闻；至理一言，敢希垂示。”师曰：“句下不荐[2]，后悔难追。”

次迁越州镜清。上堂：“今日尽令去也。”时有僧出曰：“请师尽令。”师乃“吽吽”。

问：“如何是学人本分事？”师曰：“镜清不惜口。”

问：“请师雕琢。”师曰：“八成。”曰：“为甚么不十成？”师曰：“还知镜清生修理么？”

问僧：“甚处来？”曰：“五峰来。”师曰：“来作甚么？”曰：“礼拜和尚。”师曰：“何不自礼？”曰：“礼了也！”师曰：“镜湖水浅。”

问：“如何是第一句？”师曰：“莫错下名言[3]。”曰：“岂无方便？”师曰：“乌头养雀儿。”

问：“向上一路，千圣不传。未审甚么人传得？”师曰：“千圣也疑我。”曰：“莫便是传也无？”师曰：“晋帝斩嵇康。”

问：“释迦掩室于摩竭，净名杜口于毗耶，此意如何？”师曰：“东廊下两两三三。”

上堂：“诸方以毗卢法身为极则，镜清这里即不然。须知毗卢有师，法身有主。”僧问：“如何是毗卢师、法身主？”师曰：“二公争敢论！”

问：“古人道：‘见色便见心。’此即是色，阿那个是心？”师曰：“恁么问，莫欺山僧么？”

问：“未剖以前，请师断。”师曰：“落在甚么处？”曰：“失口即不可。”师曰：“也是寒山送拾得。”僧礼拜，师曰：“住！住！阇黎失口，山僧失口。”曰：“恶虎不食子。”师曰：“驴头出，马头回。”

师蓦问一僧：“记得么？”曰：“记得。”师曰：“道甚么？”曰：“道甚么。”师曰：“淮南小儿入寺。”

问：“是甚么即俊鹰俊鹞趁不及。”[4]师曰：“阇黎别问，山僧别答。”曰：“请师别答。”师曰：“十里行人较一程。”

问：“‘金屑虽贵，眼里著不得[5]’时如何？”师曰：“著不得还著，得么[6]？”僧礼拜。师曰：“深沙神。”

问[7]：“菩提树下度众生，如何是菩提树？”师曰：“大似苦练树。”曰：“为甚么似苦练树？”师曰：“素非良马，何劳鞭影？”

晋天福丁未示寂，塔于杭之大慈山。

【注释】

[1] 一人传虚，万人传实：意思是一个人传出没有根据的事，众多的人跟着传播，就被当作实有的事了。指根本无事，因传说的人多，就使人信以为真。汉代王符《潜夫论·贤难》："一犬吠形，百犬吠声；一人传虚，万人传实。"

[2] 荐：①领会，领悟。《嘉泰普灯录》卷二六"大沩泰"条："平常心地，稳密家风。随时应用，越格超宗。于斯荐得，麦里有面；若也不会，米里有虫。"《景德传灯录》卷二九"罗汉桂琛"《明道颂》："快须荐取，脱却尘根；其如不晓，谩说而今。"②识，认识。《五家正宗赞》卷二，兴化奖："皮下无血，见大觉吃痛棒，荐得先师。"《五灯会元》卷一五，云居晓舜："闹市门头识取天子，百草头上荐取老僧。"（摘自《禅宗大词典》）

[3] 名言：非我们现在所说"名人言论"或"著名的言论或话语"之意。此为佛教术语，名字与言说之并称。所谓名字、言说，乃依相而立，然相无有体性，故名言亦假立而无实。世间由于妄执，以名言为实谓名字即实物，而分别假名言所成之相。名言为能诠者，能诠显真如本体之真义，然以其无有实体，而系一种方便教化之权巧施设，故若执着拘泥于名言，则易落入舍义求文，舍本逐末之大患中，而难以悟知实相中道之理。

[4] 师曰："淮南小儿入寺。"问："是甚么即俊鹰俊鹞趁不及。"：旧校本标点为"淮南小儿入寺问是甚么，即俊鹰俊鹞趁不及"，把两人的话混同为一个人的话，标点很乱。

[5] 金屑虽贵，眼里著不得：黄金屑粒虽然贵重，但绝不能放在眼睛里，喻指佛法说教对于禅悟是多余的，甚至有碍的。著，容纳。又作"金屑虽贵，落眼成翳"。

[6] 著不得还著，得么：旧校本作"著不得，还著得么"有误。

[7] 师曰："深沙神。"问：旧校本标点有误。"深沙神"是佛教护法神，指除灭诸难之神。又称深沙大将、深沙神王、深沙大王、深砂童子、深砂菩萨。唐代玄奘西行求法，渡越流沙，遭遇危难，传说当时有一深沙大将守护之。旧校本将"深沙神"这个专有名词分开，标点为："师曰：'深。'沙神问：'……'"这是完全没有弄懂"深沙神"这个专有名词的意思。本书屡次出现"深沙"，旧校本均未画专有名词线。

【概要】

龙华灵照禅师（870～947年），五代禅僧。高丽人。游闽（福建）越（浙江），参礼雪峰义存，嗣其法。师恬澹自持，居唯一衲，服勤众务，闽中称之为"照布衲"。历住于婺州齐云山、越州镜清院、报慈院，禅众云集。后忠献王钱氏于杭州建龙华寺，供奉金华傅大士之灵骨，敕师住持。天福十二年示寂，世寿七十八。谥号"真觉大师"。

【参考文献】

《祖堂集》卷十一；《景德传灯录》卷十八；《联灯会要》卷二十四。

翠岩令参禅师

明州翠岩令参永明禅师，安吉州人也。

僧问："不借三寸[1]，请师道。"师曰："茶堂里贬剥[2]去。"

问："国师三唤侍者，意旨如何？"师曰："抑逼[3]人作么？"

上堂："一夏与兄弟东语西话，看翠岩眉毛在么？"

（长庆云："生也。"云门云："关。"保福云："作贼人心虚。"翠岩芝云："为众竭力，祸出私门[4]。"）

问："凡有言句，尽是点污。如何是向上事？"师曰："凡有言句，尽是点污。"

问："如何是省要处？"师曰："大众笑汝。"

问："还丹一粒，点铁成金；至理一言，转凡成圣。学人上来，请师一点。"师曰："不点。"曰："为甚么不点？"师曰："恐汝落凡圣。"曰："乞师至理。"师曰："侍者点茶来。"

问："古人拈槌竖拂[5]，意旨如何？"师曰："邪法难扶。"

问："僧繇为甚写志公真不得？"师曰："作么生合杀。"

问："险恶道中，以何为津梁[6]？"师曰："药山再三叮嘱。"

问："不带凡圣，当机何示？"师曰："莫向人道翠岩灵利。"

问："妙机言句，尽皆不当。宗乘中事如何？"师曰："礼拜著。"曰："学人不会。"师曰："出家行脚，礼拜也不会？"

师后迁龙册而终焉。

【注释】

[1] 不借三寸：不凭借言语。三寸：指舌头。

[2] 贬剥：贬斥批驳。剥：通"驳"。《临济语录》："一切时中，莫乱斟酌。会与不会，都来是错。分明与么道，一任天下人贬剥。"《大慧宗门武库》："真净和尚退洞山，游浙至滁州琅玡起和尚处。因众请小参，真净贬剥诸方异见邪解，无所忌惮。"又指贬官削职。《武王伐纣平话》卷下："贬剥忠臣，宠信谗佞。"

[3] 抑逼：强迫。唐代韩愈《辞唱歌》："抑逼教唱歌，不解看艳词。坐中把酒人，岂有欢乐姿？"《元典章·户部五·房屋》："成交之时，初非抑逼，亦无兢意。"

[4] 祸出私门：灾祸的发生往往是由自家引起的。禅宗指烦恼多是由自己的原因发生的。《碧岩录》卷九："虽然为众竭力，争奈祸出私门。"本书第十二章"大愚守芝禅师"条："上堂众集，乃曰：'为众竭力，祸出私门。'便下座。"（摘自《佛源语词词典》）

[5] 拈槌竖拂：本谓高僧谈禅说理时拈起槌（捶击的器具）来或者竖起拂尘，用以难倒对方。若参问者被禅师所拿的拂、槌，引发他的不正常心思，就是禅师痛下针砭的时候。宋代陆游《即事》诗之一："君知此段神通否，竖拂能降百万魔。"

[6] 津梁：本指桥梁，比喻能起桥梁作用的人或事物。

【概要】

翠岩令参禅师，五代禅僧。安吉（今属浙江）人。参雪峰义存得法。出居明州（今浙江宁波）翠岩山，大张法席，学侣四集。后迁杭州龙册而寂。吴越王对其甚为钦仰，赠号"永明禅师"。

"翠岩眉毛"为著名的禅宗公案。翠岩上堂说："一夏与兄弟东语西话，看翠岩眉毛在么？"按禅林有不合禅法、眉须堕落的著名传说，参见本书"丹霞烧木佛""眉须堕落"。翠岩自知"与诸兄弟语论"陷入言诠，故检视眉毛是否已落。以嘲噱语气启发学人明白禅法之超越语言，后世拈评者颇多。《云门广录》卷中："举，翠岩夏末上堂云：'我一夏已来与师僧说话，看翠岩眉毛在么？'保福云：'作贼人心虚。'长庆云：'生也。'师云：'关。'"《圆悟语录》卷一六："举，翠岩示众云：'一夏与兄弟东语西语，看翠岩眉毛在么？'师云：'输机是算人之本。翠岩坐却人舌头，无鸪啄处。'长庆云：'生也。'因事长智。保福云：'作贼人心虚。'是精识精。门云：'关。'据款结案。虽宗师竞酬，还截得翠岩脚跟么？不蹑前踪，试请道看。"

【参考文献】

《景德传灯录》卷十八。

镜清道怤禅师

越州镜清寺道怤[1]顺德禅师，永嘉陈氏子。六岁不荤茹，亲党强啖以枯鱼，随即呕哕[2]。遂求出家，于本州开元寺受具。

游方抵闽，谒雪峰。峰问："甚处人？"曰："温州人。"峰曰："恁么则与'一宿觉'是乡人也。"曰："只如'一宿觉'是甚么处人？"峰曰："好吃一顿棒，且放过。"

一日，师问："只如古德，岂不是以心传心？"峰曰："兼不立文字语句。"师曰："只如不立文字语句，师如何传？"峰良久，师礼谢。峰曰："更问我一转岂不好？"师曰："就和尚请一转问头。"峰曰："只恁么，为别有商量？"师曰："和尚恁么即得。"峰曰："于汝作么生？"师曰："孤负杀人！"

雪峰谓众曰："堂堂密密[3]地。"师出，问："是甚么堂堂密密？"峰起立曰："道甚么？"师退步而立。雪峰垂语曰："此事得恁么尊贵，得恁么绵密。"师曰："道怤自到来数年，不闻和尚恁么示诲。"峰曰："我向前虽无，如今已有，莫有所妨？"曰："不敢！此是和尚不已而已。"峰曰："致使我如此。"师从此信入，而且随众，时谓之"小怤布衲"。

普请次，雪峰举："沩山道：'见色便见心。'汝道还有过也无？"师曰："古人为甚么事？"峰曰："虽然如此，要共汝商量。"师曰："恁么则不如道怤锄地去。"

师再参雪峰。峰问："甚处来？"师曰："岭外来。"峰曰："甚么处逢见达磨？"师曰："更在甚么处？"峰曰："未信汝在。"师曰："和尚莫恁么粘泥好！"峰便休。

师后遍历诸方，益资权智。因访先曹山，山问"甚么处来？"师曰："昨日离明水。"山曰："甚么时到明水？"师曰："和尚到时到。"山曰："汝道我甚么时到？"师曰："适来犹记得。"山曰："如是！如是！"

师初住越州镜清，唱雪峰之旨，学者奔凑。副使皮光业者，日休[4]之子，辞学宏赡，屡击难子，退谓人曰："怤师之高论，人莫窥其极也。"

新到参，师拈起拂子。僧曰："久向镜清，犹有这个在。"师曰："镜清今日失利。"

问："学人啐，请师啄。"师曰："还得活也无？"曰："若不活，遭人怪笑。"师曰："也是草里汉[5]。"

问僧："近离甚处？"曰："三峰。"师曰："夏在甚处？"曰"五峰。"师曰："放你三十棒。"曰："过在甚么处？"师曰："为汝出一丛林，入一丛林。"

师一日于僧堂自击钟曰："玄沙道底，玄沙道底。"僧问："玄沙道甚么？"师乃画一圆相，僧曰："若不久参，争知与么？"师曰："失钱遭罪。"

师住庵时，有行者至，徐徐近绳床，取拂子提起，问："某甲唤这个作拂子，庵主唤作甚么？"师曰："不可更安名立字也。"行者乃掷却拂子曰："著甚死急！"

问僧："外面是甚么声？"曰："蛇咬虾蟆声。"师曰："将谓众生苦，更有苦众生。"

师问灵云："行脚事大，乞师指南。"云曰："浙中米作么价？"师曰："若不是道怤，泊作米价会却。"

问："如何是灵源一直道。"[6]师曰："镜湖水可煞深。"

问："如何是清净法身？"师曰："红日照青山。"曰："如何是法身向上事？"师曰："风吹雪不寒。"

问僧："赵州吃茶话，汝作么生会？"僧便出去，师曰："邯郸学唐步[7]。"

问："学人未达其源，请师方便。"师曰："是甚么源？"曰："其源。"师曰："若是其源，争受方便？"僧礼拜退。侍者问："和尚适来莫是成褫[8]伊么？"师曰："无。"曰："莫是不成褫伊么？"师曰："无。"曰："未审意旨如何？"师曰："一点水墨，两处成龙。"

师在帐中坐，有僧问讯，师拨开曰："当断不断，反招其乱。"曰："既是当断，为甚么不断？"师曰："我若尽法，直恐无民。"曰："不怕无民，请师尽法。"师曰："维那，拽出此僧著！"又曰："休！休！我在南方识伊和尚来。"

普请锄草次[9]，浴头请师浴，师不顾，如是三请，师举镢作打势，头便走。师召曰："来！来！"头回首，师曰："向后遇作家，分明举似。"

头后到保福，举前语未了，福以手掩其口。头却回，举似师。师曰："饶伊恁么，也未作家。"

师问荷玉："甚处来？"曰："天台来。"师曰："阿谁问汝天台？"曰："和尚何得龙头蛇尾？"师曰："镜清今日失利。"

师看经次，僧问："和尚看甚么经？"师曰："我与古人斗百草。"师却问："汝会么？"曰："少年也曾恁么来。"师曰："如今作么生？"僧举拳，师曰："我输汝也！"

问："辨不得，提不起时如何？"师曰："争得到这里？"曰："恁么则礼拜去也。"师曰："镜清今日失利。"

师见僧学书，乃问："学甚么书？"曰："请和尚鉴。"师曰："一点未分，三分著地。"曰："今日又似遇人，又似不遇人。"师曰："镜清今日失利。"

僧问："声前绝妙，请师指归。"师曰："许由不洗耳[10]。"曰："为甚么如此？"师曰："犹系脚在。"曰："某甲只如此，师意又如何？"师曰："无端夜来雁，惊起后池秋。"

钱王命居天龙寺，后创龙册寺，延请居焉。

上堂："如今事不得已向汝道，各自验看实个亲切[11]。既恁么亲切，到汝分上因何特地[12]生疏？只为抛家日久，流浪年深，一向缘尘，致见如此。所以唤作'背觉合尘'，亦名'舍父逃逝'。今劝兄弟！未歇，歇去好；未彻，彻去好！大丈夫儿得恁么无气概，还惆怅么？终日茫茫地，且觅取个管带路好。也无人问我管带一路。"僧问："如何是管带一路？"师嘘嘘曰："要棒吃即道。"曰："恁么则学人罪过也。"师曰："几被汝打破蔡州。"

问僧："近离甚处？"曰："石桥。"师曰："本分事作么生？"曰："近离石桥。"师曰："我岂不知你近离石桥？本分事作么生？"曰："和尚何不领话？"师便打，僧曰："某甲话在[13]。"师曰："你但吃棒，我要这话行。"

僧问："一等明机双扣，为甚么却遭违贬[14]？"师曰："打水鱼头痛[15]，惊林鸟散忙。"

问："十二时中以何为验？"师曰："得力即向我道。"僧曰："诺。"

师曰："十万八千犹可近。"

问："如何是方便门速易成就？"师曰："速易成就。"曰："争奈学人领览未的？"师曰："代得也代却。"

问："如何是人无心合道？"师曰："何不问道无心合人？"曰："如何是道无心合人？"师曰："白云乍可来青嶂，明月那教下碧天？"

问："新年头还有佛法也无？"师曰："有。"曰："如何是新年头佛法？"师曰："元正启祚，万物咸新[16]。"曰："谢师答话。"师曰："镜清今日失利。"

问："学人问不到处，请师不答；和尚答不到处，学人即不问。"师乃搊住曰："是我道理，是汝道理？"曰："和尚若打学人，学人也打和尚。"师曰："得对相耕去。"

问："承师有言：'诸方若不是走人，便是笼人、罩人。'未审和尚如何？"师曰："被汝致此一问，直得当门齿落。"

上堂，众集定，师抛下拄杖曰："大众！动着也二十棒，不动着也二十棒。"时有僧出，拈得头上戴出去。师曰："镜清今日失利。"

问僧："门外甚么声？"曰："雨滴声。"师曰："众生颠倒，迷己逐物。"曰："和尚作么生？"师曰："洎不迷己。"曰："洎不迷己，意旨如何？"师曰："出身犹可易，脱体道应难。"

问："如何是同相？"师将火箸插向炉中。曰："如何是别相？"师又将火箸插向一边。

（法眼别云："问不当理。"）

有僧引一童子到，曰："此童子常爱问人佛法，请和尚验看。"师乃令点茶。童子点茶来，师啜了，过盏橐与童子。子近前接，师却缩手曰："还道得么？"子曰："问将来。"（法眼别云："和尚更吃茶否？"）僧曰："此童子见解如何？"师曰："也只是一两生持戒僧[17]。"

晋天福初示灭，塔于龙册山。

【注释】

[1]怤（fū）：思忖。喜乐。

[2]嗢（wà）哕（yuě）：呕吐。

[3]堂堂密密：又作"密密堂堂"。禅林用语。意指绝对真理朗然呈现于一切

处。同于"遍界不曾藏"一语。堂密：出自《尔雅·释山》："山如堂者，密。"郭璞注："形如堂室者。"邢昺疏："言山如堂室者名密。"后因以"堂密"指堂与室。比喻距离极近。

［4］日休：指皮日休。唐代文学家。字逸少，后改为袭美，自号鹿门子、闲气布衣、醉吟先生等。襄阳（今湖北襄阳县）人。出身贫寒。懿宗咸通八年（867年）登进士第。自编有诗文集《皮子文薮》10 卷。

［5］草里汉：陷入俗情妄念，知识见解的参禅者。禅林常用作斥责语。

［6］师曰："若不是道怤，洎作米价会却。"问："如何是灵源一直道。"：旧校本标点有误。这是两次不同时间的问答，旧校本混在一起作"若不是道怤洎作米价会，却问如何是灵源一直道"，标点混乱，令人费解。前面"若不是道怤，洎作米价会却"是"师"说的话，意思是，如果不是问着我（道怤），会把你的话当作真的询问米价来领会。后面"如何是灵源一直道"，不是"师"所说，而是另起一个僧人提问了，要换段。

［7］邯郸学唐步：即邯郸学步。出自《庄子·秋水》："子往呼！且子独不闻夫寿陵余子之学行于邯郸与？未得国能，又失其故行矣，直匍匐而归耳。"战国时期，燕国寿陵有个少年，听说赵国邯郸人走路的姿势特别优美，于是不顾路途遥远，来到邯郸学习当地人走路的姿势。结果，他不仅没有学到邯郸人走路的姿势，还把自己原来走路的姿势也忘记了，最后只好爬着回去。

［8］成褫：宝祐本"褫（chǐ）"作"褫（sī）"。依《禅宗大词典》作"成褫"，同"成持"。成持，扶持长成。宋代刘克庄《卜算子·惜海棠》词："尽是手成持，合得天饶借。风雨于花有底雠，着意相陵藉。"《敦煌变文集·无常经讲经文》："劝即此日申间劝，且乞时时过讲院，莫辞暖热成持，各望开些方便。"《祖堂集·江西马祖》："西川黄三郎，教两个儿子投马祖出家。有一年却归屋里，大人缠见两僧，生佛一般，礼拜云：'古人道："生我者父母，成我者朋友。"是你两个僧，便是某甲朋友，成持老人。'"

［9］又曰："休！休！我在南方识伊和尚来。"普请锄草次：旧校本标点有误，把"和尚来"移出了引号，到下一句变成叙述语言，作"和尚来普请锄草次"，把层次弄得很混乱。

［10］许由不洗耳：晋皇甫谧《高士传》记载："尧让天下于许由，许由不受而逃去，于是遁耕于中岳，颍水之阳，箕山之下。尧又召为九州长，由不欲闻也，洗耳于颍水滨。时其友巢父牵犊欲饮之，见由洗耳。问其故。对曰：'尧欲召我为九州长，恶闻其声，是故洗耳。'巢父曰：'子若处高岸深谷，谁能见之？子故浮游，欲闻求其名声，污吾犊口！'牵犊上流饮之。"此处禅师反其意而用之。

[11] 如今事不得已向汝道，各自验看实个亲切：旧校本标点均有误。参见冯国栋《〈五灯会元〉校点疏失类举》。

[12] 特地：①反而。表转折。本处即此意。又第十章"般若敬遵"条："放光动地，触处露现，实无丝头许法可作隔碍。如今因甚么却不会，特地生疑去？"②更加。本书第八章"福州螺蜂冲奥明法禅师"条："僧问：'诸法寂灭相，不可以言宣，如何是寂灭相？'师曰：'问答俱备。'曰：'恁么则真如法界，无自无他。'师曰：'特地令人愁。'"本书第二十章"凤栖慧观"条："前村落叶尽，深院桂花残。此夜初冬节，从兹特地寒。"③特意做作，多余累赘。本书第十七章"保宁圆玑"条："德山临济枉用工夫，石巩子湖翻成特地。若是保宁总不恁么，但自随缘饮啄，一切寻常，深遁白云，甘为无学之者。"

[13] 话在：有可话说事在也。《碧岩》五十四则曰："云门问僧：'近离甚处？'僧云：'西禅。'门云：'西禅近日有何言句？'僧展两手。门打一掌。僧云：'某甲话在。'门却展两手。僧无语。"（摘自丁福保《佛学大辞典》）

[14] 违贬：贬斥。

[15] 打水鱼头痛：喻机锋契合，心心相印。《祖堂集》卷七"雪峰"条："师示众云：'我寻常道，钝汉，还有人会摩？若也有人会，出来呈似我，我与你证明。'时有长生出来云：'觌面峻，临机俊。'师云：'老子方亲得山僧意。'顺德云：'打水鱼头痛。'师云：'是也。'"（摘自《禅宗大词典》）

[16] 元正启祚（zuò），万物咸新：正月初一发祥，万物皆新。元正，正月第一天。启祚，发祥。意思是，过去已经过去了，新的生命就活在当下，那么这种人就是一个崭新的人，他没有过去、现在、未来，不停在时间的表象上，超越时空。实际上这是顿悟的一种境界。

[17] 一两生持戒僧：指一世或两世的持戒僧人。意思是此人前世一世或两世是持戒僧人。

【概要】

镜清道怤禅师（868~937年），五代吴越禅僧。温州（浙江）永嘉人，俗姓陈。幼年出家，后入闽，参谒雪峰义存，后嗣其法。在越州（浙江）与皮光业常相辩难。历住镜清寺（浙江）、天龙寺。钱镠私署"顺德大师"，钱元瓘创建杭州龙册寺，请师居之，吴越禅学之兴即始于此。后晋天福二年示寂，世寿七十。

"道怤缩手"公案，为镜清道怤勘验好问法之童子之公案。《禅苑蒙求》卷下亦有记载："有僧引童子到，曰：'此儿子常爱问僧佛法，请和尚验看！'师乃令点茶。童子点茶来，师啜讫，过盏托与童子，童子近前接，师却缩手曰：'还道得么?'童子曰:'问将来!'（中略）师云:'也只是一两生持戒僧。'"此公案之重点在"还道得么"一语，即道怤虽以点茶、吃茶、与盏托之处问童子，实则问其是否会得佛法。童子不能领会，仅以为论究研讨问题始为佛法，故犹道:"问将来!"遂被道怤勘破。

【参考文献】

《宋高僧传》卷十三；《景德传灯录》卷十八；《六学僧传》卷八。

报恩怀岳禅师

漳州报恩院怀岳禅师，泉州人也。

僧问:"十二时中如何行履?"师曰:"动即死。"曰:"不动时如何?"师曰:"犹是守古冢鬼。"

问:"如何是学人出身处?"师曰:"有甚么缠缚汝?"曰:"争奈出身不得何!"师曰:"过在阿谁?"

问:"如何是报恩一灵物?"师曰:"吃如许多酒糟作么?"曰:"还露脚手也无?"师曰:"这里是甚么处所?"

问:"牛头未见四祖时如何?"师曰:"万里一片云。"曰:"见后如何?"师曰:"廓落地[1]。"

问:"黑云陡暗，谁当雨者?"师曰:"峻处先倾。"

问:"宗乘不却，如何举唱?"师曰:"山不自称，水无间断。"

问:"佛未出世时如何?"师曰:"汝争得知?"

问:"拨尘见佛时如何?"师曰:"甚么年中得见来?"

问:"师子在窟时如何?"师曰:"师子是甚么家具[2]?"曰:"师子出窟时如何?"师曰:"师子在甚么处?"

问:"如何是目前佛?"师曰:"快礼拜。"

临迁化，上堂:"山僧十二年来举扬宗教，诸人怪我甚么处? 若要听三经五论[3]，此去开元寺咫尺。"言讫告寂。

【注释】

[1] 廓落地: 廓落: 本指空寂，此处指万里无云的天空。地: 助词，无义。

[2] 家具: 禅林常作"闲家具"。指无用之物。多指以俗情认识的一切无常、

虚幻之事物。

[3] 三经五论：指各宗派所选的经典或论著。三经：净土三经为《无量寿经》二卷、《观无量寿经》一卷、《阿弥陀经》一卷。法华三部经为《无量义经》一卷、《法华经》七卷、《观普贤经》一卷。大日三部经为《大日经》七卷、《金刚顶经》三卷、《苏悉地经》三卷。弥勒三部经为《上生经》一卷、《下生经》一卷、《成佛经》一卷。此外，日本佛教界有所谓之"镇护国家三部经"，指法华经七卷、金光明经十卷、仁王经二卷。五论：如无著菩萨承弥勒菩萨之旨，著五部大论，即《瑜伽师地论》《分别瑜伽论》《大乘庄严经论》《辨中边论颂》《金刚般若论》。

【概要】

报恩怀岳禅师，唐代禅僧。泉州（今属福建）人。少年于本邑圣寿院出家，谒雪峰义存禅师悟入，嗣其法，居漳州（今福建漳浦）报恩院，禅侣四集，讲说十余年而寂。

【参考文献】

《景德传灯录》卷十八。

安国弘瑫禅师

福州安国院弘瑫明真禅师，泉州陈氏子。

参雪峰，峰问："甚么处来？"曰："江西来。"峰曰："甚么处见达磨"？曰："分明向和尚道。"峰曰："道甚么？"曰："甚么处去来？"

一日，雪峰见师，忽搊住曰："尽乾坤是个解脱门，把手拽伊不肯入。"曰："和尚怪弘瑫不得。"峰拓开曰："虽然如此，争奈背后许多师僧何！"师举国师碑文云："得之于心，猗兰[1]作旃檀之树；失之于旨，甘露乃蒺藜之园。"问僧曰："一语须具得失两意，汝作么生道？"僧举拳曰："不可唤作拳头也。"师不肯，亦举拳别云："只为唤这个作拳头。"

出世囤山[2]。后闽帅命居安国，大阐玄风。

僧问："如何是西来意？"师曰："是即是，莫错会。"

问："如何是第一句？"师曰："问，问。"

问："学人上来，未尽其机，请师尽机。"[3]师良久，僧礼拜。师曰："忽到别处，人问，汝作么生举？"曰："终不敢错举。"师曰："未出门已见笑具[4]。"

问："如何是达磨传底心？"师曰："素非后躅[5]。"

问："不落有无之机，请师全道。"师曰："汝试断看。"

问："如何是一毛头事？"师拈起袈裟。僧曰："乞师指示。"师曰："抱璞不须频下泪，来朝更献楚王看。"

问："寂寂无言时如何？"师曰："更进一步。"

问："凡有言句，皆落因缘方便。不落因缘方便事如何？"师曰："桔槔[6]之士频逢，抱瓮[7]之流罕遇。"

问："向上一路，千圣不传，未审和尚如何传？"师曰："且留口吃饭著。"

问："如何是高尚底人？"师曰："河滨无洗耳[8]之叟，磻溪[9]绝垂钓之人。"

问："十二时中，如何救得生死？"师曰："执钵不须窥众乐，履冰何得步参差？"

问："学人拟问宗乘，师还许也无？"师曰："但问。"僧拟问，师便喝出。

问："目前生死如何免得？"师曰："把将生死来！"

问："知有底人，为甚么道不得？"师曰："汝爷名甚？"

问："如何是活人剑？"师曰："不敢瞎却汝。"曰："如何是杀人刀？"师曰："只这个是。"

问："不犯锋铓，如何知音？"师曰："驴年去！"

问："苦涩处乞师一言。"师曰："可煞沉吟。"曰："为甚么如此？"师曰："也须相悉好！"

问："常居正位底人，还消得人天供养否？"师曰："消不得。"曰："为甚么消不得？"师曰："是甚么心行？"曰："甚么人消得？"师曰："著衣吃饭底消得。"

师举："棱和尚住招庆时，在法堂东角立，谓僧曰：'这里好致一问。'僧便问：'和尚为何不居正位？'棱曰：'为汝恁么来。'曰：'即今作么生？'棱曰：'用汝眼作么？'"师举毕，乃曰："他家恁么问，别是个道理，如今作么生道？"后安国曰："恁么则大众一时散去得也。"师自代曰："恁么即大众一时礼拜。"

【注释】

[1] 猗兰：喻情操高洁之士。

[2] 亦举拳别云："只为唤这个作拳头。"出世囤山：旧校本标点有误，将"出世囤山"移入了引号内。

[3] 问："如何是第一句？"师曰："问，问。"问："学人上来，未尽其机，请师尽机。"：这是两次时间的问答，旧校本标点比较乱，参见项楚《五灯会元点校献疑续补一百例》。

[4] 笑具：愚蠢可笑之事，笑料。

[5] 后躅（zhuó）：后迹。躅：指足迹、踪迹。

[6] 桔槔（gāo）：井上汲水的工具。本指用机械工具可以大量打水灌园，比喻投机取巧之人想要不费力就达到某种目的。出自《庄子·天地》。传说孔子的学生子贡，在游楚返晋过汉阴时，见一位老人一次又一次地抱着瓮去浇菜，"搰搰然用力甚多而见功寡"，就建议他用机械汲水。老人不愿意，说这样做，为人就会有机心，"吾非不知，羞而不为也。"

[7] 抱瓮：出处同上，比喻安于拙陋的淳朴生活。

[8] 洗耳：参见本书"许由洗耳"条注释。

[9] 磻（pán）溪：溪流名，在今陕西省宝鸡市东南，相传是姜太公钓鱼的地方，今存有钓鱼台。在古诗词中，磻溪也会代指姜子牙。

【概要】

安国弘瑫禅师，五代禅僧，俗姓陈，泉州（今属福建）人。谒雪峰义存，叩求禅法，言下顿悟，嗣其法。出居囤山，德誉远闻，闽王迎居福州安国院。后入浙，吴越王赠署"明真禅师"。

【参考文献】

《景德传灯录》卷十九。

睡龙道溥禅师

泉州睡龙山道溥弘教禅师，福唐郑氏子。

初住五峰。上堂："莫道空山无衹待。"便归方丈。

僧问："凡有言句，不出大千[1]顶，未审顶外事如何？"师曰："凡有言句，不是大千顶。"曰："如何是大千顶？"师曰："摩醯首罗天[2]，犹是小千界。"

问："初心后学，近入丛林，方便门中，乞师指示。"师敲门枋[3]。僧曰："向上还有事也无？"师曰："有。"曰："如何是向上事？"师再敲门枋。

【注释】

[1] 大千：即"大千世界"。《三藏法数》："谓以一千个中千世界，则成大千世界。此大千世界中，共有百亿日月，百亿须弥山，百亿四天下，百亿四天王天，百亿三十三天，百亿夜摩天，百亿兜率天，百亿乐变化天，百亿他化自在天，百亿梵世天。百万二禅天。一千三禅天，总为第四禅天所覆，是名大千世界。"

[2] 摩醯首罗天：《三藏法数》："梵语摩醯首罗，华言大自在，又翻威灵，或云三目，故为三界尊极之主。《辅行记》云：色界天三目、八臂，骑白牛，执白拂，有大威力，居菩萨住处；能知大千世界雨滴之数，统摄大千世界，于色界中此天独尊也。"

[3] 门枋（fāng）：门框的竖木。

【概要】

睡龙道溥禅师，五代禅僧。俗姓郑。福唐（今福建福清）人。参雪峰义存禅师得法。初居五峰，后迁泉州睡龙山，声誉大振，世称"睡龙溥"。闽王署赠"弘教禅师"。

【参考文献】

《景德传灯录》卷十九。

金轮可观禅师

南岳金轮可观禅师，福唐薛氏子。

参雪峰，峰曰："近前来！"师方近前作礼，峰与一蹋，师忽契悟。师事十二载，复历丛林。

住后，上堂："我在雪峰，遭他一蹋，直至如今眼不开，不知是何境界?"

僧问:"如何是西来意?"师曰:"不是。"

大众夜参后下堂,师召:"大众!"众回首,师曰:"看月!"众乃看,师曰:"月似弯弓,少雨多风。"众无对。

问:"古人道:'毗卢有师,法身有主。'如何是毗卢师、法身主?"师曰:"不可床上安床[1]。"

问:"如何是日用事?"师拊掌三下。僧曰:"学人未领此意。"师曰:"更待甚么?"

问:"从上宗乘,如何为人?"师曰:"我今日未吃茶。"曰:"请师指示。"师曰:"过也。"

问:"正则不问,请师傍指。"[2]师曰:"抱取猫儿去。"

问僧:"甚处来?"曰:"华光。"师便推出,闭却门。僧无对。

问:"路逢达道人,不将语默对。未审将何对?"师咄曰:"出去!"

问僧:"作么生是觌面事?"曰:"请师鉴:"师曰:"恁么道还当么?"曰:"故为即不可。"师曰:"别是一著。"

问:"如何是灵源一路?"师曰:"蹋过作么?"

雪峰院主有书来招曰:"山头和尚年尊也,长老何不再入岭一转?"师回书曰:"待山头和尚别有见解,即再入岭。"僧问:"如何是雪峰见解?"师曰:"我也惊。"

【注释】

[1] 床上安床:同"头上安头",参见本书"头上安头"注释。

[2] 曰:"请师指示。"师曰:"过也。"问:"正则不问,请师傍指。":旧校本标点有误。这是僧人两个时间段向"师"请教,旧校本标点为:"师曰:'过也问,正则不问,请师傍指。'"把下面僧人的提问混入了"师"的答话。"师"回答只有"过也"二字,此为禅师问答习惯语,本书常常出现。

【概要】

金轮可观禅师,五代禅僧,俗姓薛,福唐(今福建福清)人。师事雪峰义存禅师十二年,嗣其法,出居衡山金轮院。

【参考文献】

《景德传灯录》卷十九。

大普玄通禅师

福州大普山玄通禅师，本郡人也。

僧问："骊龙颔下珠如何取得？"师乃拊掌瞬视。

问："方便以前事如何？"师便推出其僧。

问[1]："如何是祖师西来意？"师曰："咬骨头汉，出去！"

问："拨尘见佛时如何？"师曰："脱枷来商量。"

问："急急相投，请师接。"师曰："钝汉！"

【注释】

[1] 师便推出其僧。问：旧校本作"师便推出。其僧问"有误。

长生皎然禅师

福州长生山皎然禅师，本郡人。

久依雪峰，一日与僧斫树次，峰曰："斫到心且住。"师曰："斫却著。"峰曰："古人以心传心，汝为甚么道斫却？"师掷下斧曰："传。"峰打一拄杖而去。

僧问雪峰："如何是第一句？"峰良久，僧举似师，师曰："此是第二句。"峰再令其僧来问："如何是第一句？"师曰："苍天！苍天！"

普请次，雪峰问："古人道：'谁知席帽下，元是昔愁人。'古人意作么生？"师侧戴笠子曰："这个是甚么人语？"

峰问师："持经者能荷担如来，作么生是荷担如来？"师乃捧雪峰向禅床上。

普请次，雪峰负一束藤，路逢一僧便抛下。僧拟取，峰便蹋倒。归谓师曰："我今日蹋这僧快！"师曰："和尚却替这僧入涅槃堂始得。"峰便休去。

雪峰问："光境俱亡，复是何物？"师曰："放皎然过，有道处[1]。"峰曰："放汝过作么生道？"曰："皎然亦放和尚过。"峰曰："放汝二十棒。"师便礼拜。

住后，僧问："古人有言：'无明即佛性，烦恼不须除。'如何是无明即佛性？"师忿然作色，举拳呵曰："今日打这师僧去也！"曰："如何是烦恼不须除？"师以手擎头曰："这师僧得怎么发人业[2]。"

问："路逢达道人，不将语默对。未审将甚么对？"师曰："上纸墨堪作甚么？"

闽帅署"禅主大师"，莫知所终。

【注释】

[1] 放皎然过，有道处：旧校本标点有误，中间没有点断。"有道处"是有道理可说的意思。

[2] 发人业：使人发怒，使人恼怒，使人烦恼。

【概要】

长生皎然禅师，五代禅僧。福州（今属福建）人。师事雪峰义存禅师十年，密受心印，出居福州长生山，闽王署号"禅主大师"，后不知所终。

【参考文献】

《联灯会要》卷二十四；《禅宗正脉》卷四。

鹅湖智孚禅师

信州鹅湖智孚禅师，福州人也。

僧问："万法归一，一归何所？"师曰："非但阇黎一人忙。"

问："虚空讲经，以何为宗？"师曰："阇黎不是听众，出去。"

问："五逆之子，还受父约也无？"师曰："虽有自裁，未免伤己。"

问："如何是佛向上人？"师曰："情知阇黎不奈何！"曰："为甚么不奈何？"师曰："未必小人得见君子。"

问："在前一句，请师道？"师曰："脚跟下探取甚么？"曰："即今见问。"师曰："看阇黎变身不得。"

问："雪峰抛下拄杖，意作么生？"师以香匙抛下地，僧曰："未审此意如何？"师曰："不是好种，出去。"

问："如何是鹅湖第一句?"师曰："道甚么?"曰："如何即是?"师曰："妨我打睡。"

问："不问不答时如何?"师曰："问人焉知?"

问："迷子未归家时如何?"师曰："不在途。"曰："归后如何?"师曰："正迷在。"

问："如何是源头事?"师曰："途中觅甚么?"

问："如何是一句?"师曰："会么?"曰："恁么莫便是否?"师曰："苍天! 苍天!"

镜清问："如何是即今底?"师曰："何更即今。"清曰："几就支荷。"师曰："语逆言顺。"

师一日不赴堂，侍者来请赴堂，师曰："我今日在庄吃油糍饱。"者曰："和尚不曾出入。"师曰："你但去问取庄主。"者方出门，忽见庄主归谢和尚到庄吃油糍。

【概要】

鹅湖智孚禅师，五代禅僧。福州（今属福建）人。师事雪峰义存禅师，居数年，得心传，出居信州（治今江西上饶）鹅湖，弘扬禅法，法化大行。

【参考文献】

《景德传灯录》卷十八。

化度师郁禅师

杭州西兴化度院师郁悟真禅师，泉州人也。

僧问："如何是西来意?"师举拂子。僧曰："不会。"师曰："吃茶去。"

问："如何是一尘?"师曰："九世刹那分。"曰："如何含得法界?"师曰："法界在甚么处?"

问："溪谷各异，师何明一?"师曰："汝喘作么?"

问："学人初机，乞师指示入路。"师曰："汝怪化度甚么处?"

问："如何是随色摩尼珠?"师曰："青黄赤白。"曰："如何是不随色摩尼珠?"师曰："青黄赤白。"

问："如何是西来意?"师曰："是东来西来?"

问："牛头未见四祖时如何?"师曰："鸟兽俱迷。"曰："见后如何?"师曰："山深水冷。"

问："维摩与文殊对谈何事?"师曰："唯有门前镜湖水，春风不改旧时波。"

【概要】

化度师郁禅师，五代禅僧。泉州（今属福建）人。谒雪峰义存禅师得法。居杭州西兴镇化度院，博学能诗，声闻远近。吴越王赠署号"悟真大师"。

【参考文献】

《景德传灯录》卷十八。

隆寿绍卿禅师

漳州隆寿绍卿兴法禅师，泉州陈氏子。

因侍雪峰山行，见芋叶动，峰指动叶示之。师曰："绍卿甚生怕怖。"峰曰："是汝屋里底，怕怖甚么?"师于此有省。

寻居龙溪。

僧问："古人道：'摩尼殿有四角，一角常露。'如何是常露底角?"师举拂子。

问："粮不畜一粒，如何济得万人饥?"师曰："侠客面前如夺剑，看君不是黠儿郎。"

问："耳目不到处如何?"师曰："汝无此作。"曰："恁么即闻也。"师曰："真个聋汉。"

【概要】

隆寿绍卿禅师，五代禅僧。俗姓陈，泉州（今属福建）人。幼年于灵岩寺习经论，长谒雪峰义存禅师，山行见芋叶动，雪峰指动叶示之，绍卿从此省悟。初居龙溪，后迁漳州（今福建漳浦）隆寿院。署号"兴法大师"。

【参考文献】

《景德传灯录》卷十八。

仙宗行瑶禅师

福州仙宗院行瑶仁慧禅师，泉州王氏子。

上堂："我与释迦同参，汝道参甚么人？"时有僧出礼拜，拟伸问，师曰："错。"便下座。

问："如何是西来意？"师曰："熊耳不曾藏。"

问："直下事乞师方便。"师曰："不因汝问，我亦不道。"

问："如何是西来意？"师曰："白日无闲人。"

福州莲华永福院从弇[1]超证禅师

僧问："儒门以五常为极则，未审宗门以何为极则？"师良久，僧曰："恁么则学人造次也。"师曰："好与挂杖。"

问："教中道：'唯有一乘法。'如何是一乘法？"师曰："汝道我在这里作甚么？"曰："恁么则不知教意也。"师曰："虽然如此，却不孤负汝。"

问："不向问处领，犹有学人问处，和尚如何？"师曰："吃茶去。"

上堂："长庆道：'尽法无民。'永福即不然。若不尽法，又争得民？"时有僧曰："请师尽法。"师曰："我不要汝纳税。"

问："诸余即不问，聊径处乞师垂慈。"师曰："不快礼三拜。"

问："大众云集，请师说法。"师曰："闻么？"曰："若更伫思，应难得及。"师曰："实即得。"

问："摩尼殿有四角，一角常露。如何是常露底角？"师曰："不可更点。"

师一日上堂，于座边立，谓众曰："二尊不并化。"便归方丈。

【注释】

[1] 弇（yǎn）：禅师名。

【概要】

从弇超证禅师，五代禅僧。居漳州（今福建漳浦）报恩院，谒雪峰义存禅师，嗣其法。闽王仰其德，迎入福州莲华山永福院。署号"超证大师"。

【参考文献】

《景德传灯录》卷十八。

云盖归本禅师

襄州云盖双泉院归本禅师，京兆府人也。初谒雪峰，礼拜次，峰下禅床，跨背而坐，师于此有省。

住后，僧问："如何是双泉？"师曰："可惜一双眉。"曰："学人不会。"师曰："不曾烦禹力，湍流事不知。"

问："如何是西来的的意？"师乃搊住，其僧变色。师曰："我这里无这个。"

师手指纤长，特异于人，号"手相大师"。

【概要】

云盖归本禅师，五代禅僧。洛阳（今属河南）人。初谒雪峰义存，礼拜次，雪峰下禅床，跨背而坐，从此省悟。出居襄州（治今湖北襄樊）云盖山双泉院，因手指纤长，特异于人，号"手相大师"。

【参考文献】

《景德传灯录》卷十九。

韶州林泉和尚

僧问："如何是一尘？"师曰："不觉成丘山。"

洛京南院和尚

僧问："如何是法法不生？"师曰："生也。"

有儒者博览古今，时呼为"张百会"。谒师，师问："莫是张百会么？"曰："不敢。"师以手于空画一画曰："会么？"曰："不会。"师曰："'一'尚不会，甚么处得百会来？"

越州洞岩可休禅师

僧问："如何是洞岩正主？"师曰："开着。"

问："如何是和尚亲切为人处？"师曰："大海不宿死尸[1]。"

问："如何是向上一路？"师举衣领示之。

问："学人远来，请师方便。"师曰："方便了也。"

【注释】

[1] 大海不宿死尸：见《贤愚经》卷十："萨薄答曰：'吾闻大海不宿死尸。汝等今者，悉各捉我，我为汝故，当自杀身，以济尔厄，誓求作佛。后成佛时，当以无上正法之船，度汝生死大海之苦。'"

【概要】

洞岩可休禅师，五代禅僧。师事雪峰义存得法，出居越州（今浙江绍兴）洞岩。僧问："如何是洞岩正主？"答曰："开着。"

【参考文献】

《景德传灯录》卷十九。

定州法海院行周禅师

僧问："风恬浪静时如何？"师曰："吹倒南墙。"

问："如何是道中宝？"师曰："不露光。"曰："莫便是否？"师曰："是即露也。"

杭州龙井通禅师

僧问："如何是龙井龙？"师曰："意气天然别，神工画不成。"曰："为甚么画不成？"师曰："出群不带角，不与类中同。"曰："还解行雨也无？"师曰："普润无边际，处处皆结粒。"曰："还有宗门中事也无？"师曰："有。"曰："如何是宗门中事？"师曰："从来无形段，应物不曾亏。"

龙兴宗靖禅师

杭州龙兴宗靖禅师，台州人也。初参雪峰，誓充饭头，劳逾十载。尝于众堂中袒一膊钉帘，峰睹而记曰："汝向后住持有千僧，其中无一人衲子[1]也。"师悔过。

回浙,住六通院,钱王命居龙兴寺,有众千余,唯三学讲诵之徒,果如雪峰所志。

僧问:"如何是六通奇特之唱?"师曰:"天下举将去。"

问:"如何是六通家风?"师曰:"一条布衲,一斤有余。"

问:"如何是学人进前一路?"师曰:"谁敢谩汝?"曰:"岂无方便?"师曰:"早是屈抑也。"

问:"如何是和尚家风?"师曰:"早朝粥,斋时饭。"曰:"更请和尚道?"师曰:"老僧困。"曰:"毕竟作么生?"师大笑而已。

【注释】

[1] 衲子:又叫作衲僧,是禅僧的别称,因禅僧多穿一衲衣而游方各处。

【概要】

宗靖禅师,五代禅僧,台州(今浙江临海)人。初参雪峰义存,充饭头十余年,后返浙江居六通院。吴越王命居杭州龙兴寺,虽有众千余,然皆三学讲诵之徒。吴越王屡请入府,叩问禅要,赠大师号。

【参考文献】

《景德传灯录》卷十九。

福州南禅契璠禅师

上堂:"若是名言妙句,诸方总道了也。今日众中还有超第一义者,致将一问来?若有,即不孤负于人。"僧问:"如何是第一义?"师曰:"何不问第一义?"曰:"见问。"师曰:"已落第二义也。"

问:"古佛曲调请师和。"师曰:"我不和汝杂乱底。"曰:"未审为甚么人和?"师曰:"甚么处去来?"

【概要】

契璠禅师,五代禅僧。师事雪峰义存禅师得法,出居福州南禅院。

【参考文献】

《景德传灯录》卷十九。

越山师鼐禅师

越州越山师鼐鉴真禅师，初参雪峰而染指[1]。后因闽王请，于清风楼斋，坐久举目，忽睹日光，豁然顿晓，而有偈曰：“清风楼上赴官斋，此日平生眼豁开。方信普通年远事，不从葱岭带将来。”归呈雪峰，峰然之。

住后，僧问：“如何是佛身？”师曰：“你问阿那个佛身？”曰：“释迦佛身。”师曰：“舌覆三千界。”

师临终示偈曰：“眼光随色尽，耳识逐声消。还源无别旨，今日与明朝。”乃跏趺而逝。

【注释】

[1] 染指：比喻参与做某种事情。本书则指（对佛禅道法）稍有体会，略尝法味。

【概要】

师鼐禅师，五代禅僧。师事雪峰义存，依住参省。后因闽王请，于清风楼斋，坐久举目，忽见日光，豁然顿晓，有偈曰：“清风楼上赴官斋，此日平生眼豁开。方信普通年远事，不从葱岭带将来。”归呈雪峰，始受衣钵。出居越州（今浙江绍兴）越山，署“鉴真禅师”。

【参考文献】

《景德传灯录》卷十九。

福清玄讷禅师

泉州福清院玄讷禅师，高丽人也。

泉守王公问：“如何是宗乘中事？”师叱之。

僧问：“如何是触目菩提？”师曰：“阇黎失却半年粮。”曰：“为甚么如此?"师曰:"只为图他一斗米。"

问:"如何是清净法身?"师曰:"虾蟇[1]曲蟺[2]。"

问:"教云:'唯一坚密身,一切尘中现。'如何是坚密身?"师曰:"驴马猫儿。"曰:"乞师指示。"师曰:"驴马也不会?"

问:"如何是物物上辨明?"师展一足示之。

【注释】

[1] 虾蟇:即"虾蟆"。

[2] 曲蟺:即蚯蚓。

【概要】

玄讷禅师,五代禅僧。高丽人。师事雪峰义存禅师得法。出居泉州福清院,说法三十余年,弘扬禅风,学者仰而归之。有僧问:"如何是物物上辨明?"玄讷展一足示之,其机用大多如此。

【参考文献】

《景德传灯录》卷十九。

衢州南台仁禅师

僧问:"如何是南台境?"师曰:"不知贵。"曰:"毕竟如何?"师曰:"阇黎即今在甚么处?"

泉州东禅和尚

泉州东禅和尚,初开堂,僧问:"人王迎请,法王出世,如何提唱宗乘,即得不谬于祖风?"师曰:"还奈得么?"曰:"若不下水,焉知有鱼?"师曰:"莫闲言语。"

问:"如何是佛法最亲切处?"师曰:"过也。"

问:"学人末后来,请师最先句。"师曰:"甚处去来?"

问:"如何是学人己分事?"师曰:"苦。"

问:"如何是佛法大意?"师曰:"幸自可怜生,刚要异乡邑。"

大钱从袭禅师

杭州大钱山从袭禅师，雪峰之上足也。自本师印解，洞晓宗要。常曰："击关南鼓，唱雪峰歌。"

后入浙中谒钱王，王钦服道化，命居此山而阐法焉。

僧问："不因王请，不因众聚，请师直道西来的的意。"师曰："那边师僧过这边著。"曰："学人不会，乞师再指。"师曰："争得恁么不识好恶？"

问："闭门造车，出门合辙。如何是闭门造车？"师曰："造车即不问，作么生是辙？"曰："学人不会，乞师指示。"师曰："巧匠施工，不露斤斧。"

福州永泰和尚

僧问："承闻和尚见虎，是否？"师作虎声，僧作打势。师曰："这死汉。"

问："如何是天真佛？"师乃拊掌曰："不会，不会。"

和龙守讷禅师

池州和龙寿昌院守讷妙空禅师，福州林氏子。

僧问："未到龙门，如何凑泊[1]？"师曰："立命难存。"

新到参，师问："近离甚处？"曰："不离方寸。"师曰："不易来。"僧亦曰："不易来。"师与一掌。

问："如何是传底心？"师曰："再三嘱汝，莫向人说。"

问："如何是从上宗乘？"师曰："向阇黎口里著得么？"

问："省要处请师一接。"师曰："甚是省要。"

【注释】

[1] 凑泊：亦作"凑拍"。一般指凝合、聚合。具体来说分为两个含义：一指投合、契悟。《大光明藏》："祖师意峻硬孤峭，有如其平生，难于凑泊。"《原妙语录》卷下《高峰原妙禅师行状》："师之机用，不可凑泊，下语少所许可，其门户险绝如此。"二指集聚、结合。本书第二十章"参政钱端礼居士"条："盖为地水

火风，因缘和合，暂时凑泊，不可错认为己有。"（摘自《禅宗大词典》）

【概要】

守讷禅师，五代禅僧，俗姓林，福州（今属福建）人。谒雪峰义存禅师得法，出居池州（今安徽贵池）和龙寿昌院。署号"妙空禅师"。

【参考文献】

《十国春秋》卷三十三；《景德传灯录》卷十九。

建州梦笔和尚

僧问："如何是佛？"师曰："不诳汝。"曰："莫便是否？"师曰："汝诳他。"

闽王请斋，问："师还将得笔来也无？"师曰："不是稽山绣管，惭非月里兔毫。大王既垂顾问，山僧敢不通呈！"又问："如何是法王？"师曰："不是梦笔家风。"

福州极乐元俨禅师

僧问："如何是极乐家风？"师曰："满目看不尽。"

问："万法本无根，未审教学人承当甚么？"师曰："莫寐语。"

问："久处暗室，未达其源。今日上来，乞师一接。"师曰："莫闭眼作夜好！"曰："恁么即优昙华坼，曲为今时，向上宗风，如何垂示[1]？"师曰："汝还识也无？"曰："恁么即息疑去也。"师曰："莫向大众前寐语。"

问："摩腾入汉即不问，达磨来梁时如何？"师曰："如今岂谬？"曰："恁么即理出三乘，华开五叶。"师曰："说甚么三乘五叶，出去！"

【注释】

[1] 恁么即优昙华坼，曲为今时，向上宗风，如何垂示：旧校本标点作"恁么即优昙华坼曲，为今时向上宗风，如何垂示"有误。并且校勘失误，错了两个字。"恁么即优昙华坼"作"恁么则优昙华拆"，"即"与"坼"错了，"坼"在这里是"花开"的意思，"坼"可特指植物的种子或花芽绽开，如《易·解》："天地

解而雷雨作，雷雨作而百果草木皆甲坼。"优昙华，又名优昙钵华，译为灵瑞，或瑞应，是多年生草，茎高四五尺，花作红黄色，产于喜马拉雅山麓及锡兰等处，二千年开花一次，开时仅一现，故人们对于难见而易灭的事，称为"昙花一现"。此处为僧人叹息遇到"师"的机会珍贵殊胜，就好像优昙华今天特意盛开，希望"师"大弘宗风。如果"师"不说法，则"向上宗风，如何垂示"。曲为今时，意谓讲说道法、言句作略等只是权宜为今天接引众生而为。

福州芙蓉山如体禅师

僧问："如何是古人曲调？"师良久，曰："闻么？"曰："不闻。"师示颂曰："古曲发声雄，今时韵亦同。若教第一指，祖佛尽迷踪。"

洛京憩鹤山和尚

僧问："如何是憩鹤？"师以两手斗云："鹁鸠鸠。"
（风穴云："鹤唳一声喧宇宙，群鸡莫谓报知时。"）
问："骏马不入西秦时如何？"师曰："向甚么处去？"

潭州沩山栖禅师

僧问："正恁么时如何亲近？"师曰："汝拟作么生亲近？"曰："岂无方便？"师曰："开元龙兴，大藏小藏。"
问："如何是速疾神通？"师曰："新衣成弊帛。"
问："如何是黄寻桥？"师曰："赚却多少人？"
问："不假忉忉，如何是和尚家风？"师曰："莫作野干声。"

潮山延宗禅师

吉州潮山延宗禅师，因资福来谒，师下禅床相接。福问："和尚住此山得几年也？"师曰："钝鸟栖芦，困鱼止泺。"曰："恁么则真道人也。"师曰："且坐吃茶。"
问："如何是潮山？"师曰："不宿尸。"曰："如何是山中人？"师曰："石上种红莲。"
问："如何是和尚家风？"师曰："切忌犯朝仪。"

益州普通山普明禅师

僧问："如何是佛性？"师曰："汝无佛性。"曰："蠢动含灵皆有佛性，学人为何却无？"师曰："为汝向外求。"

问："如何是玄玄之珠？"师曰："这个不是。"曰："如何是玄玄珠？"师曰："失却也。"

【概要】

普明禅师，五代禅僧。参雪峰义存得法。住益州（今四川成都）普通山，弘扬禅法。与学人之间有"佛性与珠"的机缘问答留传后世。

【参考文献】

《景德传灯录》卷十九。

随州双泉山梁家庵永禅师（即梁家庵主）

僧问："达磨九年面壁，意旨如何？"师曰："睡不著。"

师问护国长老："随阳一境，是男是女？各伸一问，问问各别，长老将何祗对？"国以手空中画一圆相，师曰："谢长老慈悲。"国曰："不敢。"师低头不顾。

问："如何得顿息诸缘去？"师曰："雪上更加霜。"

漳州保福院超悟禅师

僧问："鱼未透龙门时如何？"师曰："养性深潭。"曰："透出时如何？"师曰："才升霄汉，众类难追。"曰："升后如何？"师曰："垂云普覆，润及大千。"曰："还有不受润者也无？"师曰："有。"曰："如何是不受润者？"师曰："直杌[1]撑太阳。"

【注释】

［1］杌（wù）：树没有枝。

太原孚上座

太原孚上座，初在扬州光孝寺讲《涅槃经》。有禅者阻雪，因往听讲，至"三因佛性[1]，三德法身[2]，广谈法身妙理"，禅者失笑。

师讲罢，请禅者吃茶，白曰："某甲素志狭劣，依文解义，适蒙见笑，且望见教。"禅者曰："实笑座主不识法身。"师曰："如此解说，何处不是？"曰："请座主更说一遍。"师曰："法身之理，犹若太虚。竖穷三际，横亘十方。弥纶八极，包括二仪。随缘赴感，靡不周遍。"曰："不道座主说不是，只是说得法身量边事，实未识法身在。"师曰："既然如是，禅德当为我说。"曰："座主还信否？"师曰："焉敢不信？"曰："若如是，座主辍讲旬日，于室内端然静虑，收心摄念，善恶诸缘一时放却。"

师一依所教，从初夜至五更，闻鼓角声，忽然契悟，便去扣门，禅者曰："阿谁？"师曰："某甲。"禅者咄曰："教汝传持大教，代佛说法，夜来为甚么醉酒卧街？"师曰："禅德！自来讲经[3]，将生身父母鼻孔扭捏。从今已去，更不敢如是。"禅者曰："且去，来日相见。"

师遂罢讲，遍历诸方，名闻宇内。尝游浙中，登径山法会。

一日，于大佛殿前，有僧问："上座曾到五台否？"师曰："曾到。"曰："还见文殊么？"师曰："见。"曰："甚么处见？"师曰："径山佛殿前见。"其僧后适闽川，举似雪峰，峰曰："何不教伊入岭来。"师闻，乃趣装而迈。

初至雪峰，廨院[4]憩锡。因分柑子与僧，长庆问："甚么处将来？"师曰："岭外将来。"曰："远涉不易，担负得来？"师曰："柑子，柑子。"

次日上山，雪峰闻，乃集众。师到法堂上，顾视雪峰，便下看知事。明日却上礼拜曰："某甲昨日触忤和尚。"峰曰："知是般事便休。"

峰一日见师，乃指日示之[5]，师摇手而出。峰曰："汝不肯我那？"师曰："和尚摇头，某甲摆尾，甚么处是不肯？"峰曰："到处也须讳却[6]。"

一日，众僧晚参，峰在中庭卧。师曰："五州管内，只有这老和尚较些子。”峰便起去。

峰尝问师："见说临济有三句，是否？"师曰："是。"曰："作么生是第一句？"师举目视之，峰曰："此犹是第二句，如何是第一句？"师叉手而退。自此，雪峰深器之。室中印解，师资道契，更不他游，而掌浴焉。

一日，玄沙上问讯雪峰，峰曰："此间有个老鼠子，今在浴室里。"沙曰："待与和尚勘过。"言讫到浴室，遇师打水。沙曰："相看上座。"师曰："已相见了。"沙曰："甚么劫中曾相见？"师曰："瞌睡作么？"沙却入方丈，白雪峰曰："已勘破了。"峰曰："作么生勘伊？"沙举前话，峰曰："汝著贼也。"

鼓山问师："父母未生时，鼻孔在甚么处？"师曰："老兄先道。"山曰："如今生也，汝道在甚么处？"师不肯。山却问："作么生？"师曰："将手中扇子来！"山与扇子，再征前话。师摇扇不对，山罔测，乃驱师一拳。

鼓山赴大王请，雪峰门送，回至法堂，乃曰："一只圣箭直射九重城里去也。"师曰："是伊未在。"峰曰："渠是彻底人。"师曰："若不信，待某甲去勘过。"遂趁至中路，便问："师兄向甚么处去？"山曰："九重城里去。"师曰："忽遇三军围绕时如何？"山曰："他家自有通霄路。"师曰："恁么则离宫失殿去也。"山曰："何处不称尊！"师拂袖便回。峰问："如何？"师曰："好只圣箭，中路折却了也。"遂举前话，峰乃曰："奴渠语在。"师曰："这老冻脓犹有乡情在。"

师在库前立，有僧问："如何是触目菩提？"师踢狗子，作声走，僧无对。师曰："小狗子不消一踢。"

保福签瓜次，师至，福曰："道得与汝瓜吃。"师曰："把将来。"福度与一片，师接得便去。

师不出世，诸方目为"太原孚上座"。后归维扬，陈尚书留在宅供养。一日，谓尚书曰："来日讲一遍大《涅槃经》，报答尚书。"书致斋茶毕，师遂升座，良久，挥尺一下曰："如是我闻。"乃召尚书，书应诺，师曰："一时佛在。"便乃脱去。

【注释】

[1] 三因佛性：系天台大师智顗据北本《大般涅槃经》卷二十八之说所立者，谓一切众生无不具此三因佛性，此因若显，即成三德妙果。有正因佛性、了因佛性、缘因佛性。正因佛性是众生本来就有的真性；了因佛性是明白一切真正道理的意思；缘因佛性是修种种真实的功德的意思。

[2] 三德法身：三德即法身德、般若德、解脱德。法身为法身之德，报身为般若之德，应身为解脱之德。

[3] 禅德！自来讲经：旧校本标点有误。"禅德"是称呼语，若不标点断开，则会误会为"禅德讲经"，实际上是孚上座讲经。

[4] 廨（xiè）院：禅林食物管理之所。《禅苑清规》曰："廨院主之职，主院门收杂买卖。"

[5] 峰曰："知是般事便休。"峰一日见师，乃指日示之：旧校本标点有误。"便休"属于"峰"说的话，意思是知道触忤了我就算了，表示谅解。旧校本将"便休"移出引号，变成叙述语言"便休峰一日见师，乃指日示之"，费解。

[6] 讳却：隐瞒，骗人。

南岳惟劲禅师

南岳般若惟劲宝闻禅师，福州人也。师雪峰而友玄沙，深入玄奥。

一日，问鉴上座："闻汝注《楞严》，是否？"鉴曰："不敢。"师曰："二文殊作么生注？"曰："请师鉴。"师乃扬袂[1]而去。

师尝续《宝林传[2]》四卷，纪贞元之后宗门继踵之源流者。又别著《南岳高僧传》，皆行于世。

【注释】

[1] 扬袂（mèi）：举袖。袂：衣袖。

[2] 宝林传：又称大唐韶州双峰山曹溪宝林传、曹溪宝林传、双峰山曹侯溪宝林传。唐代朱陵沙门智炬（或作慧炬）撰于贞元十七年（801年）。韶州曹溪宝林寺为禅宗六祖慧能宣扬禅法之道场，故以为书名，以阐明六祖慧能之法统。内容集录有关禅宗史，如六祖坛经、五明集、续法传、光璨录、历代法宝记等书之大成，而主张二十八祖之传承。其后遂有《祖堂集》《景德传灯录》《广灯录》《续灯录》等，下至明教大师契嵩著《传法正宗记》《定祖图》等，确定今日所传二十八祖之

说。撰者作此书最大之用意，即在于彰明师子尊者与菩提达磨间之关系，故本书一出，曾遭后世诸方著述非难。

【概要】

惟劲禅师，五代禅僧。福建永泰人。生卒年不详。出家后，参谒雪峰义存，并为其法嗣。其后参访诸方，住江西南岳之般舟道场，楚王钦迎，敕住报慈东藏，赐紫衣及"宝文（闻）大师"之号。后梁开平年间（907～911年）编集《续宝林传》四卷、《南岳高僧传》，并著有《镜灯颂》《防邪论》《释赞》《象骨偈》《劲和尚觉地颂》等。

【参考文献】

《祖堂集》卷十一；《宋高僧传》卷十七；《景德传灯录》卷十九。

感潭资国禅师法嗣

安州白兆志圆显教禅师

僧问："诸佛心印甚么人传？"师曰："达磨大师。"曰："达磨争能传得？"师曰："汝道甚么人传得？"

问："如何是直截一路？"师曰："截。"

问："如何是佛法大意？"师曰："苦。"

问："如何是道？"师曰："普。"

问："如何是学人自己？"师曰："失。"

问："如何是得无山河大地去？"师曰："不起见。"

问："如何是毕钵罗窟迦叶道场中人？"师曰："释迦牟尼佛。"

问："如何是朱顶王菩萨？"师曰："问那个赤头汉作么？"

第八章　青原下七世——青原下九世

　　风动心摇树，云生性起尘。若明今日事，昧却本来人。（龙济绍
修禅师）

第一节　青原下七世

瑞岩彦禅师法嗣

南岳横龙和尚

南岳横龙和尚，初住金轮[1]。

僧问："如何是金轮第一句？"师曰："钝汉。"

问："如何是金轮一只箭？"师曰："过也。"

问："如何是祖师灯？"师曰："八风[2]吹不灭。"曰："恁么则暗冥不生也。"师曰："白日没闲人。"

【注释】

[1] 金轮：寺名，即金轮寺。

[2] 八风：又名八法，即利、衰、毁、誉、称，讥、苦、乐，因此八法常为世人所爱憎，而且又能煽动人心，所以叫作八风。

瑞峰神禄禅师

温州瑞峰院[1]神禄禅师，福州人也。久为瑞岩[2]侍者，后开山创院，学侣依附。

师有偈曰："萧然独处意沉吟，谁信无弦发妙音。终日法堂唯静坐，更无人问本来心。"

时有朋彦[3]上座问曰："如何是本来心？"师召："朋彦！"彦应诺。师曰："与老僧点茶来。"彦于是信入[4]。

【注释】

[1] 瑞峰院：寺名。据《景德传灯录》，为温州温岭的寺庙。今有温岭市，此

处温岭指山，即温岭市西边的一座山，又名中峤山，亦名峤岭。

[2] 瑞岩：禅师名，参见本书第七章，唐代僧。为青原行思法系（南宗禅）下之第六世。旧译本将"瑞岩"误译为寺名。

[3] 朋彦：据《景德传灯录》注，朋彦即广法大师，后嗣天台国师，住苏州长寿寺。

[4] 信入：即入信，由信入道的意思。《〈景德传灯录〉译注》译为"由此信心悟入"，有误。

【概要】

神禄禅师，宋代禅僧（872～976年）。福州（今属福建）人。师事瑞岩师彦禅师，久为侍者，以报其恩。师寂，于温州（今属浙江）开山创瑞峰院，学僧依附，德誉远播。

【参考文献】

《景德传灯录》卷二。

玄泉彦禅师法嗣

黄龙诲机禅师

鄂州黄龙山[1]诲机超慧禅师，清河张氏子。

初参岩头，问："如何是祖师西来意？"头曰："你还解救糍[2]么？"师曰："解。"头曰："且救糍去。"

后到玄泉，问："如何是祖师西来意？"泉拈起一茎皂角[3]曰："会么？"师曰："不会。"泉放下皂角，作洗衣势。师便礼拜曰："信知[4]佛法无别。"泉曰："你见甚么道理？"师曰："某甲曾问岩头，头曰：'你还解救糍么？'救糍也只是解粘，和尚提起皂角，亦是解粘，所以道无别。"泉呵呵大笑，师遂有省。

住后，僧问："不问祖佛[5]边事，如何是平常之事？"师曰："我住山得十五年也。"

问："如何是和尚家风？"师曰："琉璃钵盂无底。"

问：“如何是君王剑？”师曰：“不伤万类。”曰：“佩者如何？”师曰：“血溅梵天。”曰：“大好[6]不伤万类。”师便打。

问：“佛在日为众生说法，佛灭后有人说法否？”师曰：“惭愧佛。”

问：“毛吞巨海，芥纳须弥，不是学人本分事。如何是学人本分事？”师曰：“封了合盘市里揭。”

问：“急切相投，请师通信。”师曰：“火烧裙带香。”

问：“如何是大疑底人？”师曰：“对坐盘中弓落盏[7]。”曰：“如何是不疑底人？”师曰：“再坐盘中弓落盏。”

问：“风恬浪静时如何？”师曰：“百尺竿头五两[8]垂。”

师将顺世，僧问：“百年后，钵囊子甚么人将去？”师曰：“一任将去。”曰：“里面事如何？”师曰：“线绽方知。”曰：“甚么人得？”师曰：“待海燕雷声，即向汝道。”言讫而寂。

【注释】

[1] 鄂州黄龙山：地名。鄂州：今属湖北武汉。黄龙山：又称辅山。现今位于江西修水县西，古属鄂州。《〈景德传灯录〉译注》注释“黄龙山”为“武昌蛇山”有误。因为只有江西的黄龙山才诞生了禅宗的黄龙派。相传此山顶有一黄龙，能呼风唤雨，故称黄龙山。唐代诲机开山，宋代慧南尝住此广弘禅法，成立黄龙派。其后祖心、悟新、惟清、智明、德逢、道震、法忠等相继住此，宗风颇盛，历时一百五十余年，法统始告衰绝。山中有黄龙院，一名永安寺。参见本书第十七章。

[2] 救糍：做糍粑的动作，做糍粑时不断翻转以免黏结。一个人抡木槌叫“打糍粑”，另一个人要随时翻动石臼里的糯米叫“救糍粑”。“救糍粑”的人动作要大胆而准确，既要“救糍粑”，又要注意自己的头和手不被打到。由于刚出锅的糯米太热，救糍粑的人旁边有一盆冷水，随时用来降低手温。

[3] 皂角：相当于现在的肥皂，有清洁作用。

[4] 信知：深知，确知。“信知佛法无别”，至此我确知佛法都是一个道理。旧译本译为“真正知道了佛法不加区别”，有误。其意指两处探讨佛法没有区别，都只是解黏，即解除世俗的束缚，保持一颗清净心。

[5] 祖佛：祖师、佛。

[6] 大好：好一个。这是禅师口语，旧译本译为“最好不过的是”，有误。

[7] 弓落盏：即杯弓蛇影。有人请客吃饭，挂在墙上的弓映在酒杯里，客人以

为酒杯里有蛇，回去疑心中了蛇毒，就生病了（见于《风俗通义·怪神》）。后主人再请喝酒，告知壁上赤弩照于杯中，影如蛇，病即愈。比喻疑神疑鬼，妄自惊慌。

[8] 五两：亦作"五緉"。古代的测风器，风向标。鸡毛五两或八两系于高竿顶上，籍以观测风向、风力。

【概要】

诲机禅师，唐代禅僧。又作晦玑。清河（今属河北）人，俗姓张。属青原行思之法系。初参岩头，后师事玄泉山彦，得嗣其法。唐天祐年中（904～907 年）游化至鄂州（湖北）黄龙山，节度使奉钱建寺，奏赐紫衣，赐号"超慧大师"，于寺大张法席，教化群迷。其生卒年不详。

超慧大师参玄泉，问："如何是祖师西来意？"泉拈起一茎皂角曰："会么？"师曰："不会。"泉放下皂角，作洗衣势。师便礼拜曰："信知佛法无别。"泉曰："你见甚么道理？"师曰："某甲曾问岩头，头曰：'你还解救糍么？'救糍也只是解粘，和尚提起皂角，亦是解粘，所以道无别。"

这是超慧大师初参岩头之后遇玄泉的对话。岩头让他去"救糍"，玄泉让他用肥皂去洗衣服。禅师用现实生活中最普通的劳动来比喻参禅中的微妙境界，使看不见的真理变得有迹可寻。用皂角（相当于现在的肥皂，有清洁作用）或救糍（做糍粑时不断翻转以免黏结）等话头，都在启发参学者从劳动中体验人生，超慧大师至此确知佛法都是一个道理。其意指两处探讨佛法没有区别，都只是解粘，即解除世俗的束缚，保持一颗清净心。

【参考文献】

《祖堂集》卷十二；《景德传灯录》卷二十三；《联灯会要》卷二十五。

【拓展阅读】

吕洞宾曾经遇诲机禅师而有悟。吕岩真人洞宾，京川人。唐末三举不第。偶于长安酒肆，遇钟离权，授以延命术，自尔人莫之究。尝游庐山归宗，书钟楼壁曰："一日清闲自在身，六神和合报平安。丹田有宝休寻道，对境无心莫问禅。"未几，道经黄龙山，睹紫云成盖，疑有异人。乃入谒，值师击鼓升堂。师见意必吕公也，欲诱而进，厉声曰："座旁有窃法者。"吕毅然出问："一粒粟中藏世界，半升铛内煮山川，此意如何？"师指曰："这守尸鬼。"吕曰："争奈囊有长生不死药？"师曰："饶君八万劫，终是落空亡。"吕祭起飞剑胁之，不能入，遂再拜求指归。师诘曰："半升铛内煮山川即不问，如何是一粒粟中藏世界？"吕言下顿契，作偈曰："弃却瓢囊摵（mí，击，打）碎琴，如今不恋汞中金。自从一见黄龙后，始觉从前错用心。"师嘱令加护。（《补续高僧传》卷六）

洛京柏谷和尚

僧问："普滋法雨时如何？"师曰："有道传天位[1]，不汲凤凰池[2]。"问："九旬禁足[3]三月事如何？"师曰："不坠蜡人[4]机。"

【注释】

[1] 天位：天子之位，帝位。

[2] 凤凰池：皇宫中池沼。

[3] 九旬禁足：九旬：九十天，即三个月。禁足：禁止外出。指九旬安居期间，严禁安居之众僧出于道场之外，此乃释尊所制定者。盖以雨期安居时，草木、虫类繁殖最多，恐外出时误蹈之，而遭世讥。同时，安居期间系属办道修行之时节，故禁止外出。安居期间称为结夏。每年四月十六日即为结夏之始。七月十五日结束，谓之解夏或解制。"九旬禁足三月事如何"，九十天禁止外出，这三个月安居修行怎么理解。旧译本译为"老年人不过问年轻人的事时怎样"，误。因为没明白"九旬禁足"含义。"九旬"不是九旬老人，"禁足"更不是过问，"三月"怎么能解释为"年轻人"呢？

[4] 蜡人：即腊人，指出家僧人。《续传灯录》卷二十八云，西天于结夏日铸蜡人藏土窟中，结夏九十日，戒行精洁则蜡人冰（冰清玉洁），不然则蜡人不全，故号为僧蜡。故"腊"为比丘受具足戒后之年数。比丘出家之年岁与世俗不同，系以受戒以后结夏安居数为年次，故有戒腊、夏腊、法腊、年腊等称。"不坠蜡人机"，不坠落出家人的机锋。旧译本译为"不要坠入了猎人的机关"，有误。

【概要】

河南洛阳柏谷和尚与僧人两问两答，多有误解。禅师问与答都有因果关系，僧人问法雨普降，柏谷和尚回答，真命天子来到人间，不是吃凡间池水造就的。意思是帝王之位，本来就有先因，凡间之物怎能造就一个天子。修行要向内用功，佛性本有，法雨不求自得，当向外攀缘的时候，就只是凡间之水了。

僧人又问，九十天结夏，三个月不准出外，在寂静处安居修行，又怎么理解呢？您既然说佛不从外得，本来就有，那么我们为什么还要三个月结夏修行呢？柏谷和尚回答，不堕落出家人的机锋。出家在家不同，就在于出家人时时能够观心，时时能够主宰自己而不放逸，因此也就不失去禅师们峭峻的机锋。

怀州玄泉二世和尚

僧问："辞穷理尽时如何？"师曰："不入理，岂同尽？"

问："妙有玄珠[1]，如何取得？"师曰："不似摩尼绝影艳，碧眼胡人[2]岂能见？"曰："有口道不得时如何？"师曰："三寸[3]不能齐鼓韵，哑人解唱木人歌。"

【注释】

[1] 妙有玄珠：佛法"妙有"的真谛。妙有：佛法说一切皆空，但并非什么也没有，空中妙有，即空中可以生万有。玄珠：比喻佛法的真谛。旧译本译为"有一颗神妙的黑色宝珠"，误。

[2] 碧眼胡人：指禅宗初祖菩提达磨。

[3] 三寸：指舌。

潞府妙胜玄密禅师

僧问："四山相逼[1]时如何？"师曰："红日不垂影，暗地莫知音。"曰："学人不会。"师曰："鹤透群峰，何伸向背[2]？"

问："雪峰一曲千人唱，月里挑灯谁最明？"师曰："无音和不齐，明暗岂能收！"

【注释】

[1] 四山相逼：《景德传灯录》作"四山相向"。

[2] 何伸向背：何必说明正面还是反面。伸：申述，陈述，表白。向背：正面和背面，面对和背向。

罗山闲禅师法嗣

婺州明招德谦禅师

婺州[1]明招德谦禅师，受罗山[2]印记，靡滞于一隅[3]，激扬玄旨，诸老宿皆畏其敏捷，后学鲜敢当其锋者。

尝到招庆，指壁画问僧："那个是甚么神？"曰："护法善神。"师曰："会昌沙汰[4]时，向甚么处去来？"僧无对。

师令僧问演侍者，演曰："汝甚么劫中遭此难来？"僧回举似师，师曰："直饶演上座，他后聚一千众，有甚么用处？"僧礼拜，请别语。师曰："甚么处去也[5]！"

次到坦长老处，坦曰："夫参学，一人所在亦须到，半人所在亦须到。"师便问："一人所在即不问，作么生是半人所在？"坦无对。后令小师问师，师曰："汝欲识半人所在么，也只是弄泥团汉。"

清八路举仰山插锹话问师："古人意在叉手处？插锹处？"师召"清！"清应诺，师曰："还梦见仰山么？"清曰："不要上座下语[6]，只要商量。"师曰："若要商量，堂头自有一千五百人老师在。"

又到双岩，岩请吃茶次，曰："某甲致一问，若道得，便舍院与阇黎住。若道不得，即不舍院。"遂举《金刚经》云："一切诸佛及诸佛阿耨多罗三藐三菩提[7]法，皆从此经出，且道此经是何人说？"师曰："说与不说，拈向这边著[8]。只如和尚，决定唤甚么作此经？"岩无对。师又曰："'一切贤圣皆以无为法而有差别[9]'，则以无为法为极则，凭何而有差别？只如差别，是'过'不是'过'？若是'过'，一切贤圣悉皆是'过'。若不是'过'，决定唤甚么作差别？"岩亦无语。宾师曰："噫！雪峰道底。"

师访保宁，于中路相遇，便问："兄是道伴中人？"乃点鼻头曰："这个碍塞我不彻，与我拈却少时得么[10]？"宁曰："和尚有来多少时？"师曰："噫！洎[11]赚我踏破一緉[12]草鞋。"便回。国泰代曰："非但某甲，诸佛亦不奈何！"师曰："因甚么以己方人[13]？"

师在婺州智者寺[14]，居第一座，寻常不受净水[15]。主事嗔曰："上座不识触净[16]，为甚么不受净水？"师跳下床，提起净瓶曰："这个是触是净？"事无语，师乃扑破。自尔道声遐播，众请居明招山[17]开法，四来禅者盈于堂室。

上堂："全锋敌胜，罕遇知音。同死同生，万中无一。寻言逐句，其数河沙。举古举今，灭胡种族。向上一路，崒啄[18]犹乖。儒士相逢，握鞭回首[19]。沙门所见，诚实苦哉。抛却真金，随队撮土。报诸稚子，莫谩波波[20]。解得他玄，犹兼瓦砾。不如一掷，腾过太虚。祇者灵锋[21]，阿谁敢近？任君来箭，方称丈夫。拟欲吞声，不消一攞。"

僧问："师子未出窟时如何？"师曰："俊鹞趁不及[22]。"曰："出窟后如何？"师曰："万里正纷纷。"曰："欲出不出时如何？"师曰："险[23]。"曰："向去事如何[24]？"师曰："劄[25]。"

问："如何是透[26]法身外一句子？"师曰："北斗后翻身。"

问："十二时中如何趣向？"师曰："抛向金刚地上著。"

问："文殊与维摩对谭何事？"师曰："葛巾纱帽，已拈向这边著也。"

问："如何是和尚家风？"师曰："咬得著是好手。"

问："放鹤出笼和烟去时如何？"师曰："争奈头上一点何！"

问："无烟之火，是甚么人向得[27]？"师曰："不惜眉毛底。"曰："和尚还向得么？"师曰："汝道我有多少茎眉毛在？"

新到参，才上法堂，师举拂子却掷下，其僧"珍重"便下去[28]。师曰："作家！作家！"

问："全身佩剑时如何？"师曰："忽遇正恁么时又作么生？"僧无对。

一日天寒，上堂，众才集，师曰："风头稍硬[29]，不是汝安身立命处，且归暖室商量。"便归方丈，大众随至立定。师又曰："才到暖室，便见瞌睡。"以拄丈一时趁下[30]。

师问国泰："古人道：'俱胝[31]祇[32]念三行咒，便得名超一切人。'作么生与他拈却三行咒[33]，便得名超一切人？"泰竖起一指，师曰："不因今日，争识得瓜洲[34]客。"

师有师叔在廨院[35]不安，附书来问曰："某甲有此大病，如今正受疼痛，一切处安置[36]伊不得，还有人救得么？"师回信曰："顶门上中，此金刚箭透过那边去也。"

会下有僧去，住庵一年后却来，礼拜曰："古人道三日不相见，莫作旧时看。"师拨开胸曰："汝道我有几茎盖胆毛[37]？"僧无对。师却问："汝甚么时离庵？"曰："今朝。"师曰："来时折脚铛子[38]，分付与阿谁？"僧又无语，师乃喝出。

问："承师有言，我住明招顶，兴传古佛心。如何是明招顶？"师曰："换却眼。"曰："如何是古佛心？"师曰："汝还气急么？"

问："学人掌云攫浪[39]上来，请师展钵[40]。"师曰："捵[41]破汝顶。"曰："也须仙陀去[42]。"师便打，趁出。

师有颂示众曰："明招一拍[43]和人稀，此是真宗上妙机。石火[44]瞥然何处去，朝生之子[45]合应知。"

临迁化，上堂告众，嘱付讫，僧问："和尚百年后向甚么处去？"师抬起一足曰："足下看取。"中夜问侍者："昔日灵山会上，释迦如来展开双足，放百宝光。"遂展足曰："吾今放多少？"者曰："昔日世尊，今宵和尚。"师以手拨眉曰："莫孤负么？"乃说偈曰："蓦[46]刀丛里逞全威[47]，汝等诸人善护持。火里铁牛生犊子，临岐[48]谁解凑吾机？"偈毕，端坐而逝，塔院存焉。

【注释】

[1] 婺州：今属浙江省金华市。

[2] 罗山：指福州罗山道闲禅师。

[3] 靡滞于一隅：指行脚四方参学，不限制在一个地方。旧译本译为"没有限于门户之见"，误。

[4] 沙汰：淘汰。会昌年间淘汰僧尼，勒令还俗，指唐武宗会昌年间（841～846年）之排佛事件。

[5] 甚么处去也：指机锋已过，再说也没用了。宗门直指人心，迷悟就在当下。

[6] 下语：禅林用语。《佛光大辞典》："针对禅宗公案或古则发抒己见，师父对弟子开示之法语，对经论之短评。"丁福保《佛学大辞典》："师家下教训学人之语也。又谓呈露自己之见解，着于公案本则或颂下之语也。"《〈景德传灯录〉译注》注释为"说话"，有误。

[7] 阿耨多罗三藐三菩提：佛智名，译为无上正等正觉，即是真正平等觉知一切真理的无上智慧。

[8] 拈向这边著：先拿到一边去放着。旧译本译为"都只有一个结果"，有误。

[9] 一切贤圣皆以无为法而有差别：出自《金刚经》第七品无得无说分中，其意义是，一切有不同成就的圣贤，都是因为修无为法而得到了不同的利益，觉悟的深浅不同，故各自境界也有所差别（如菩萨有五十二个阶位），但最后都是殊途同归的。

[10] 这个碍塞我不彻，与我拈却少时得么：我这个鼻子阻塞不通了，帮我贯通一会儿行吗？

[11] 泊：副词。几，几乎。

[12] 緉（liǎng）：古代计算鞋的量词，犹双。

[13] 方人：讥评他人。《论语·宪问》："子贡方人。"刘宝楠正义："《释文》云：'方人，郑本作"谤"，谓言人之过恶。'卢氏·文弨考证，古《论》'谤'字作'方'，盖以声近通借。"杨伯峻注："讥评别人。"

[14] 婺州智者寺：婺州，今属浙江金华。智者寺，在金华山南麓，尖峰山之西，该寺为南朝梁武帝敕建（526年）。其香火鼎盛时，曾有寺僧千余，占地五十余亩，殿宇五进，规模宏大，为江南名刹。又名智者广福禅寺、智者圣寿禅寺，俗称北山禅院或北山禅寺。21世纪初，在原址重建寺庙，规模更为宏大。

[15] 净水：洗手的清水。

[16] 上座不识触（zhuó）净：上座您识别不了浊与净吗？触：通"濁"。

[17] 明招山：在浙江省武义县东。传晋阮孚（竹林七贤阮籍曾孙）失明，一僧挖己目治之，阮以此山赠，故名。南宋朱熹、吕祖谦、陈亮曾在此设堂讲学。上有惠安寺、晋镇南将军阮孚墓、宋尚书右丞吕好问墓、南宋国史院编修谥忠亮吕祖谦墓等。有"婺之名山""武义山水之最"的美称。

[18] 啐啄：即啐啄同时，本指互相配合发力相得益彰，此处意义相反，"啐啄犹乖"指背道而驰。鸡子孵化时，小鸡将出，即在壳内吮声，谓之"啐"；母鸡为助其出而同时啮壳，称为"啄"。佛家因以"啐啄同时"比喻机缘相投或两相吻合。

[19] 儒士相逢，握鞭回首：儒士：指儒家知识分子；握鞭：手握马鞭，意谓停马不前。儒士在路上相逢，各自停马回头看一看，寒暄几句，便各自奔前程了。意在说明儒士们既注意礼仪，又不过分亲近，所谓君子之交淡如水。佛家用以指即使是同道者，也是知音难觅，能够非常亲近的很少。

[20] 莫谩波波：不要白费力气地劳碌奔波。谩：通"漫"，徒然。波波：奔波忽扰之貌。《六祖坛经》曰："离道别觅道，终身不见道，波波度一生，到头还自懊。"

[21] 祇者灵锋：祇者：指祇树给孤独园，佛陀讲法之处。祇陀太子的树林，给孤独长者的园地，此园在古印度舍卫国，两人布施给佛陀讲经说法。灵锋：佛陀讲法之地。"锋"疑为"峰"，即灵峰，或称鹫峰、灵鹫山。山形似鹫头，又以山中多鹫，故名。海南版"祇者"作"只者"，有误。

[22] 俊鹞趁不及：矫健的鹞追不上。鹞，指一种凶猛的鸟，样子像鹰，比鹰小，捕食小鸟，通常称"鹞鹰""鹞子"。

[23] 险：危险。

[24] 向去事如何：《景德传灯录》作"向上事如何"。

[25] 剳（zhā）：单独一个字作为禅师的回答，往往有让对方闭嘴的意思。因为禅林不借言说，言语道断。其他场合，如"这里针剳不入"，"剳"同"扎"，针刺。

[26] 透：显露，透露，超越。

[27] 无烟之火，是甚么人向得：没有烟的火，什么人可以烤？

[28] 其僧"珍重"便下去：那僧人说"珍重"就下去了。

[29] 风头稍硬：风稍微有点大。风头：风的势头，亦泛指风。硬：指风大。

[30] 以拄丈一时趁下：用拄杖一下子把大家赶走。拄丈，即拄杖。

[31] 俱胝：僧名。参见第四章。唐代僧，属南岳怀让之系统。常诵俱胝（准胝）观音咒，世人遂称之俱胝。尝止于浙江婺州金华，后因无以答覆实际尼之质问，遂起勇猛精进之心。未久，大梅法常之法嗣天龙禅师到庵，师乃迎礼具陈其事，天龙竖一指而示之，师当下大悟。其后凡有参学僧前来问法，师皆竖一指以答之，世称"俱胝一指""一指禅"。

[32] 秖（zhǐ）：古同"祇"，只，仅仅。旧校本作"趁"，查宝祐本，本书改正为"秖"。

[33] 作么生与他拈却三行咒：怎么才能同他一起念三行咒？

[34] 瓜洲：亦作"瓜州"。镇名。在今江苏省扬州市邗（hán）江区南部、大运河分支入长江处。与镇江市隔江斜对，向为长江南北水运交通要冲。又称瓜埠洲。

[35] 廨（xiè）院：禅林食物管理之所。《禅苑清规》曰："廨院主之职，主院门收杂买卖。"

[36] 安置：治疗。

[37] 盖胆毛：胸前遮盖胆的毛，胸毛。

[38] 折脚铛子：折断了脚的锅。铛：古代的锅，有耳和足，用于烧煮饭食等，以金属或陶瓷制成。

[39] 拏（ná）云攫浪：腾云踏浪。拏云：凌云，常喻志向高远。拏：同"拿"，执持，持拿。攫：宝祐本作"爪+蒦"，字库无此字。续藏本作"攦"，同"攫"字。其他佛典常作"拏云攫雾"，即腾云驾雾的意思。旧译本译为"纷纷攘攘"，误。《禅宗大词典》"拏云攫雾"条："形容禅家之机锋施设神妙奇特。"《碧岩录》卷一"第四则"："这一喝，也有权，也有实，也有照，也有用，一等是拏云攫雾者，就中奇特。"《法演语录》卷上："举，法眼颂云：山水君居好，城隍我亦论。静闻钟角响，闲对白云屯。大众，法眼虽不拏云攫雾，争奈遍地清风。"

[40] 展钵：昔时禅林用斋前之重要行事。钵平日以复帕裹之，将食时，展开复帕以取用之，称为展钵。此处指请师开示传法。

[41] 拶：读 zā，逼，挤压。读 zǎn，施加拶指之刑。

[42] 也须仙陀去：也要善解人意吧。禅林用语有"仙陀客"，指善解人意，能速疾体会禅林师家之机法而契悟之弟子或客人。仙陀，为仙陀婆之略称。古代西印度有盐、器、马、水四种名产，"仙陀婆"之原意为"印度所产"之形容词，其后乃转指上述四种名产。据北本与南本涅槃经卷九载，昔有国王，王有一伶俐大臣。王若需要四种名产中之任何一物，皆呼"仙陀婆！仙陀婆"，该大臣即知王所欲索求者为何物。禅林乃据此而形容学人聪明伶俐、善解人意，能任运自在契入师家机法之貌为仙陀婆。仙陀客则指对主人或师家之意能适当理解之客人或弟子，及能将对方所要表达之意义，凭借其语默动静即能正确判断之才智敏慧者。《碧岩录》第九十二则："会中若有仙陀客，何必文殊下一槌！"

[43] 一拍：音乐的节拍。

[44] 石火：以石敲击，迸发出的火花。其闪现极为短暂。

[45] 朝生之子：《景德传灯录》作"朝生凤子"，以凤凰之子代佛法上根之人。

[46] 蓦：上马，骑。《文选·左思〈吴都赋〉》："蓦六驳，追飞升。"李周翰注："蓦，骑也。"

[47] 全威：于大小皆注全力也。《涅槃经》曰："如大师子杀香象时皆尽其力，杀兔亦尔，不生轻想。诸佛如来亦复如是，为诸菩萨及一阐提演说法时，功用无二。"

[48] 临岐：本为面临歧路，后亦用为赠别之辞。此处禅师比喻自己要走了，要离别人世了。《〈景德传灯录〉译注》译为"面临歧路"，有误。"临岐谁解凑吾

机"，意思是，就在我快要告别人世的时候，你们有谁理解我的想法？有谁可以迎合我的机锋？

【概要】

德谦禅师，宋代禅僧。浙江义乌人，十二岁出家。受罗山道闲禅师印记，激扬玄旨，诸老宿皆畏其敏捷，后学罕有敢当其锋者。于婺州（今浙江金华）明招院说法四十年，座下龙象辈出。

传德谦有一眼疾，时人皆称其为独眼龙。"以失左目，遂号独眼龙。"（《祖庭事苑》卷二）"德谦嗣法于福州的罗山道闲禅师，传承谱系为六祖的九世嗣。他的禅法颇为时人所赞颂："从上来唯德山、临济、罗山、明招、赵睦二州、云门辈颇似个体才，其余根器有利钝，得之有深浅矣。至于极处，固无二致，而其用处有妙不妙耳。"（《无准师范禅师语录》卷三"示觉长老"）他曾为万宁寺、崇恩寺的主持，并奉诏赴京都著述过不少经典名籍，后退隐在婺州（金华）的智者寺，居第一座。

他来明招寺后即"开山聚徒，乃复其旧"，从事禅宗经学的弘扬、传承及研究，历时达四十余年，各地僧人纷纷慕名前来此处拜师、听经、释惑。因此，当时的明招寺成为婺州、处州、衢州、福州等地六大寺院的禅宗祖庭。现在明招寺大雄宝殿有十九位贴金罗汉，那第十九尊便是德谦禅师。据传，德谦禅师佛学著作甚丰，多有流传于日本，曾名扬海内外，而隐身于浙中的这座千年古刹也由此名声大振，载入经典。20 世纪 90 年代，日本一批资深佛学研究专家专程赴武义明招山拜祭高僧遗骨、寻访遗迹，事后日本禅学院将德谦高僧编入《中国 100 个著名和尚》一书。

明招弟子有：六祖下十五世明招子卿禅师、六祖下十六世明招文慧禅师、六祖下十八世明招微禅师、明招观禅师等。

【参考文献】

《景德传灯录》卷二十三；《祖庭事苑》卷二；《无准师范禅师语录》卷三。

大宁隐微禅师

洪州大宁院[1]隐微觉寂禅师，豫章新淦[2]杨氏子。诞夕有光明贯室。年七岁，依本邑石头院道坚禅师出家受具，历参宗匠。至罗山，山导以"师子在窟出窟"之要，因而省悟。后回江表[3]，会龙泉宰[4]李孟俊请居十善[5]道场，阐扬宗旨。

上堂："还有腾空底么？出来！"众无出者，师说偈曰："腾空正是时，应须眨上眉。从兹出伦去，莫待白头儿[6]。"

僧问："如何是十善桥？"师曰："险。"曰："过者如何？"师曰："丧[7]。"

问："资福和尚迁化向甚么处去？"师曰："草鞋破。"

问："如何是黄梅一句？"师曰："即今作么生？"曰："如何通信？"师曰："九江路绝。"

问："初心后学，如何是学？"师曰："头戴天。"曰："毕竟如何？"师曰："脚踏地。"

问："如何是法王剑？"师曰："露。"曰："还杀人也无？"师曰："作么！"

问："如何是龙泉[8]剑？"师曰："不出匣。"曰："便请出匣。"师曰："星辰失位。"

问："国界安宁，为甚么珠不现？"师曰："落在甚么处？"

【注释】

[1] 洪州大宁院：位于江西南昌。

[2] 豫章新淦（gàn）：今江西新干。

[3] 江表：江外，指长江以南的地区。此指江西。

[4] 龙泉宰：龙泉县令。龙泉，今江西遂川。

[5] 十善：十种善业，即不杀生、不偷盗、不邪淫、不妄语、不两舌、不恶口、不绮语、不贪、不嗔、不痴。此处指寺名。

[6] 从兹出伦去，莫待白头儿：从此超越同伦，不要等到白了头发的时候。出伦，出众，超出同类。

[7] 丧：丧身。

[8] 龙泉：宝剑名。比喻手持龙泉宝剑的高手。

【概要】

隐微觉寂禅师（885～961年），五代禅僧。俗姓杨。新淦（今江西新干）人。年七岁，依本邑石头院道坚禅师出家受具足戒，历参宗匠，至罗山，道闲导以"师子在窟出窟"之要，因而省悟。后居龙泉（今江西遂川）十善寺，阐扬宗旨。保大九年，南唐李璟召住金陵龙光禅苑，署"觉寂禅师"。建隆二年移住洪州大宁院，旋卒。谥"玄寂禅师"。

据《景德传灯录》记载："周广顺元年辛亥金陵李氏向德，召入居龙光禅苑（后改名奉先），署觉寂禅师。暨建隆二年辛酉（961年）随江南李氏至洪井，住大宁精舍重敷玄旨。其年十月示疾，二十七日剃发澡身，升堂辞众，安坐而逝。明年二月六日归葬于吉州吉水县（今属江西），遵遗诫也。寿七十有六，腊五十六。谥'玄寂禅师'，塔曰'常寂'。"

【参考文献】

《景德传灯录》卷二十三。

衡州华光范禅师

僧问："灵台不立，还有出身处也无？"师曰："有。"曰："如何是出身处？"师曰："出。"

问："如何是西来意？"师曰："道。"

问："如何是佛法大意？"师曰："验。"

问："牛头未见四祖时如何？"师曰："自由自在。"曰："见后如何？"师曰："自由自在。"

问："如何是佛法中事。"师曰："了。"

福州罗山绍孜禅师

上堂，有数僧争出问话，师曰："但一齐出来问，待老僧一齐与汝答。"僧便问："学人一齐问，请师一齐答。"师曰："得。"

问："学人乍入丛林，祖师的的意，请师直指。"师曰："好。"

西川定慧禅师

西川定慧禅师，初参罗山。山问："甚么处来？"师曰："远离西蜀，近发开元[1]。"却近前问："即今事作么生？"山揖曰："吃茶去。"师拟议[2]，山曰："秋气稍热，去[3]！"

师出至法堂，叹曰："我在西蜀峨嵋山脚下拾得一只蓬蒿箭[4]，拟拨乱天下，今日打罗山寨，弓折箭尽也。休！休！"乃下参众。

山来日上堂，师出问："豁开户牖，当轩者谁[5]？"山便喝，师无语。山曰："毛羽未备，且去。"师因而抠衣[6]，久承印记。

后谒台州胜光，光坐次[7]，师直入身边，叉手而立。光问："甚处来？"师曰："犹待答话在。"便出。光拈得拂子，趁至僧堂前，见师乃提起拂子曰："阇黎唤这个作甚么？"师曰："敢死喘气[8]！"光低头归方丈。

【注释】

[1] 近发开元：最近从开元寺出发。

[2] 拟议：思虑，迟疑。多指事前的考虑。此处指定慧禅师思考如何回答。

[3] 秋气稍热，去："去"单独成句，旧校本无标点，有误。禅师言下之意：您看看这秋天气候还很热，快出去！一是打断"师"准备要说的话，二是截断"师"的妄念。言语道断，一"拟议"就错。

[4] 蓬蒿箭：蓬蒿草做成的箭，假箭。蓬蒿，指蓬草和蒿草。此为定慧禅师检讨自己，感到惭愧，原来自以为是禅门一支箭，没想到遇上罗山就折了，原来自己这支箭是野草做成的假箭，真上战场起不了作用。

[5] 豁开户牖，当轩者谁：豁然打开门窗，当轩而立的是谁。

[6] 抠（kōu）衣：提起衣服前襟。古人迎趋时的动作，表示恭敬。此处指定慧禅师成为了罗山的侍者。

[7] 光坐次：《景德传灯录》作"光在绳床上坐"，即胜光禅师在绳床上打坐。绳床，梵语比丘十八物之一。又作坐床、坐禅床、交椅、胡床、交床。为绳制之座具（椅子），比丘坐卧用之。佛世时即为僧众所用之具，据《十诵律》卷三十九载，给孤独长者曾以赤朱涂五百绳床之脚，施与祇洹之僧。又禅林象器笺引琅琊代醉编谓，中国古时皆席地而坐，未尝有椅，至晋代乃有绳床，即上马交床之类。在印度多为长方形，坐、卧两用。

[8] 敢死喘气：恐怕还喘不过气来吧！死，很，形容极甚。定慧禅师在罗山处开悟后，参访胜光禅师，可胜光禅师虽然每天打坐，却没有开悟，定慧禅师参访他，故意站在他打坐的床边，打扰他。胜光禅师问他从哪里来，定慧禅师说，我正在等待答话。意思是胜光禅师您醒了吗？我正要问你从哪里来。定慧禅师问的是真理的故乡。明心见性不是打打坐就行了，昏睡不是禅定。但光禅师没明白，反而在定慧禅师出去后，又拿个拂子去考验他。可谓错上加错，故还没喘过气来。

建州[1]白云令弇禅师

上堂："遣往先生门，谁云对丧主？珍重！"

僧问："己事未明[2]，以何为验？"师曰："木镜照素容。"曰："验后如何？"师曰："不争多[3]。"

问："三台[4]有请，四众临筵。既处当仁[5]，请师一唱。"师曰："要唱也不难。"曰："便请。"师曰："夜静水寒鱼不食，满船空载月明归。"

【注释】

[1] 建州：今福建建瓯。

[2] 己事未明：自己的大事（生死轮回）还没明白。旧校本作"已事未明"，查《景德传灯录》作"己事未明"，更正。

[3] 不争多：差不多。五代齐己《寄无愿上人》："六十八去七十岁，与师年鬓不争多。"

[4] 三台：古代以尚书为中台，御史为宪台，谒者为外台，合称三台。此处泛指达官显贵。

[5] 当仁：当仁不让。"既处当仁"，既然处在当仁不让之位。

天竺义澄禅师

虔州天竺[1]义澄常真禅师，在罗山数载。后因山示疾，师问："百年后忽有人问，和尚以何指示？"山乃放身[2]便倒。师从此契悟，即礼谢。

住后，僧问："如何是佛法大意？"师曰："寒暑相催。"

【注释】

[1] 虔州天竺：江西赣州天竺寺，原名为修吉寺，在赣州市章贡区水东，离城三里。唐代元和初年（806～820年），韬光禅师从杭州天竺寺携白居易《题为寄天竺韬光禅师》手迹驻锡此寺，改名为天竺寺。白居易诗云："一山门作两山门，两寺原从一寺分。东涧水流西涧水，南山云起北山云。前台花发后台见，上界钟清下界闻。遥想吾师行道处，天香桂子落纷纷。"

[2] 放身：谓不受拘束。

【拓展阅读】

问："圣皇请命，大众临筵，请师举。"师曰："领！领！"曰："恁么即人天有赖也。"师曰："汝作么生。"（《景德传灯录》卷二十三）

吉州清平惟旷真寂禅师

上堂："不动神情，便有输赢之意。还有么，出来。"时有僧出礼拜，师曰："不是作家[1]。"便归方丈。

问："如何是第一句？"师曰："要头将取去！"

问："如何是活人剑？"师曰："会么？"曰："如何是杀人刀？"师叱之。

问："如何是师子儿？"师曰："毛头排宇宙[2]。"

【注释】

[1] 不是作家：《景德传灯录》作"不是作家，出去"，多"出去"。

[2] 毛头排宇宙：毛头小子推动了宇宙。毛头，古代男子未成年者头发披垂，因用以借称男孩子，此处借指出生后还没有受到污染的人，如赤子。排，推开。《〈景德传灯录〉译注》译为"毛发头上排列着宇宙"，有误。此处毛头借指没有受到世俗污染的人，正因为有一颗赤子之心，所以他的力量可以推动宇宙。

【拓展阅读】

清平和尚嗣罗山，在吉州，师讳惟旷，福州闽清县人也。姓黄。于禅林院出家，依年具戒，而便参见罗山，密契玄关，更无他往。寻离闽岭，而住清平。于庚戌岁（950 年），征诏赴京，赐龙光住止，赐号寂照禅师矣。（《祖堂集》卷十二）

婺州金柱山[1]义昭禅师

僧问："如何是和尚家风？"师曰："开门作活计。"曰："忽遇贼来，又作么生？"师曰："然。"

新到参，师揭帘以手作除帽势。僧拟欲近前，师曰："赚杀人[2]！"因事有偈曰："虎头生角人难措[3]，石火电光[4]须密布。假饶[5]烈士[6]也应难，憕底那能解差互[7]？"

【注释】

[1] 金柱山：在浙江省金华市武义县泉溪镇境内。

[2] 赚（zuàn）杀人：又作"赚煞人"。欺骗人。赚，欺骗。杀，助词。

《〈景德传灯录〉译注》译为"骗杀人"，误。

[3] 虎头生角人难措：老虎还长了角人就更难追捕了。措：追捕。

[4] 石火电光：禅林用语。指燧石击出之火光、空中闪电，转瞬即逝。比喻生灭之迅速、时光的短促。《万善同归集》卷下："无常迅速，念念迁移。石火风灯，逝波残照，露华电影，不足为喻。"本书第七章："此事如击石火，似闪电光。"《碧岩录》第二十六则颂曰："祖域交驰天马驹，化门舒卷不同途；电光石火存机变，堪笑人来捋虎须。"

[5] 假饶：即使，纵使。

[6] 烈士：有节气有壮志的人。

[7] 懵（měng）底那能解差互：糊涂的人哪能知道错过了最好时机。宝祐本"差互"作"回互"，但《景德传灯录》作"蒙的那能解差互"。懵：昏昧无知，胡涂。蒙：也有无知、糊涂的意思。故两字区别不大。但"回互"与"差互"则意义有区别。差互：错过时机，差错。回互，词典解释为邪曲，如唐代张籍《相和歌辞·白头吟》："人心回互自无穷，眼前好恶那能定。"作为佛教语，则"回互"为石头禅之主要主张，即在禅理之基础上糅合华严宗十玄缘起之说。石头提出"回互不回互"。回互：指事物间相互涉入，相依相存，无所区别，相当于华严宗之理事无碍、事事无碍；不回互：指事物各有分位，各住自性，独立自存，相当于华严宗理事各立、事事住位。回互不回互，则显示回互中有不回互，不回互中亦含有回互，借以说明相依相存与独立自存之理。事理圆融，方为最高境界。

潭州谷山和尚

僧问："省要[1]处乞师一言。"师便起去。

问："羚羊挂角[2]时如何？"师曰："你向甚么处觅[3]？"曰："挂角后如何？"师曰："走[4]。"

【注释】

[1] 省要：简单扼要。

[2] 羚羊挂角：传说羚羊夜宿时，角挂在树上，脚不着地面，猎狗无以寻其迹。比喻禅家启发学人领悟禅道，不凭借语言文字、知识见解。

[3] 你向甚么处觅：你到什么地方找？

[4] 走：跑了。

道吾从盛禅师

湖南道吾[1]从盛禅师，初住龙回[2]。僧问："如何是觌面[3]事？"师曰："新罗国去也。"

问："如何是龙回家风？"师曰："纵横射直[4]。"

问："穷子投师，乞师拯济。"师曰："莫是屈着汝么[5]？"曰："争奈穷何！"师曰："大有人见。"

【注释】

[1] 道吾：古称白鹤山，又名赵王山，坐落在湖南省长沙市浏阳市城北6.5千米处。

[2] 龙回：江西高安龙回寺。

[3] 觌（dí）面：见面。

[4] 射直：如箭射出一样直。

[5] 莫是屈着汝么：莫是委屈你了吗？

【概要】

从盛禅师，五代禅僧，闽县（今福建福州）人。于长生山出家，受戒后游方，参罗山道闲禅师，顿契玄机，嗣其法。初居高安（今属江西）龙回寺举扬宗风，有僧问："如何是龙回家风？"答曰："纵横射直。"后迁潭州（今湖南长沙）道吾山接化众生。

【参考文献】

《祖堂集》卷十二；《景德传灯录》卷二十三。

福州罗山义因禅师

上堂，良久，曰："若是宗师门下客，必不怪于罗山。珍重！"

僧问："承古有言，自从认得曹溪路，了知生死不相关。曹溪路即不问，如何是罗山路？"师展两手。僧曰："恁么则一路得通，诸路亦然。"师曰："甚么诸路？"僧近前叉手，师曰："灵鹤烟霄外，钝鸟不离窠。"

问："教中道：'顺法身万象俱寂，随智用万象齐生。'如何是万象俱寂？”师曰：“有甚么？”曰：“如何是万象齐生？”师曰：“绳床倚子[1]。”

【注释】

[1] 倚子：即椅子。椅，宋以前多写作“倚”。《金石萃编·济渎庙北海坛祭器碑阴》：“绳床十，内四倚子。”

灌州[1]灵岩和尚

僧问：“如何是道中宝？”师曰：“地倾东南，天高西北[2]。”曰：“学人不会。”师曰：“落照机前异[3]。”师颂石巩接三平曰[4]：“解擘当胸箭[5]，因何只半人？为从途路晓，所以不全身。”

【注释】

[1] 灌州：今属四川省都江堰市。

[2] 地倾东南，天高西北：大地东南低洼，上天西北较高，天地都存在缺陷，我们还怎么能找到所谓的宝贝呢？

[3] 落照机前异：本处旧校本标点有误，项楚撰写《〈五灯会元〉点校献疑补一百例》说：“‘石巩’加专名线，本书第三章有“石巩慧藏禅师”条，即此人也。‘异’属上，师语只有‘落照机前异’一句。‘师颂石巩接’移出引号外，与‘三平曰’连读。这段文字应作师曰：‘落照机前异。’师颂石巩接三平曰云云。”旧校本专有名词均加线，“石巩”为本书第三章禅师，可参考。落照：夕阳的余晖。机前异，根基与过去的人不同，指石巩接引三平之事。机：根基。石矾经常张弓架箭接机。

[4] 师颂石巩接三平曰：灵岩和尚根据石巩接引三平的公案作颂说。旧译本因为标点错误，所以译文有误。三平，参见本书第三章“漳州三平义忠禅师”。石矾经常张弓架箭接机。义忠登门诣法，石矾高声喝声：“看箭！”义忠拨开胸膛，挺胸当箭。正符合达磨祖师的禅学：“直指人心，见性成佛，不立文字”。于是，石矾禅师就收起弓箭，称赞道：“我三年来，张一枝弓，挂两只箭，而今只射得半个圣人。”

[5] 解擘（bò）当胸箭：拨开胸膛分开当胸而来的箭。擘：分开。

吉州[1]匡山和尚

《示徒颂》曰：“匡山路，匡山路，岩崖险峻人难措。游人拟议[2]隔千山，一句分明[3]超佛祖。"

《白牛颂》曰："我有古坛真白牛[4]，父子藏来经几秋[5]。出门直往孤峰[6]顶，回来暂跨虎溪[7]头。"

【注释】

[1] 吉州：今江西省吉安市。

[2] 拟议：思虑，迟疑。多指事前的考虑。此指根机浅的人怀疑自己，不敢当下承当，那么与佛就相隔千重山。

[3] 一句分明：当下承当，一念是佛，那么就真正解脱了。如全身心念一句阿弥陀佛，清清楚楚，不怀疑，不夹杂，是心是佛，是心作佛，那么就是"一句分明超佛祖"的境界了。《〈景德传灯录〉译注》译为"说了一句话却分明超越了佛祖"，有误。

[4] 白牛：《法华经》所说三兽之一，比喻大乘佛法。《法华经》以羊车喻声闻乘，鹿车喻缘觉乘，牛车喻菩萨乘，这三乘都是权乘，大白牛车喻佛乘，这一乘才是实乘。

[5] 父子藏来经几秋：父子多年互相藏匿不见面。出自《法华经》"穷子喻"这个故事。《〈景德传灯录〉译注》将"父子"注释为"喻佛祖与禅僧"，有误。这个故事讲的是一个富翁的儿子，很小的时候就和父亲失散了，一直在外流浪做乞丐。父亲年老的时候，渴望找到自己的儿子，继承他的家产。可以当他真的找到儿子的时候，儿子却不敢认他，更不敢进那个富贵的家。实际上父亲就是自性宝藏，但儿子却不敢当下承当，所以说"父子藏来经几秋"。

[6] 孤峰：喻指一法不立的禅法境界，彻悟者的境界。

[7] 虎溪：讲的是"虎溪三笑"的典故，庐山慧远法师的故事。虎溪，丁福保《佛学大辞典》引《庐山记》曰："流泉匝寺，下入虎溪。昔远法师送客过此，虎辄号鸣，故名。"当时陶渊明与道士陆修静相携访问在庐山修行之高僧慧远，归途中三人谈笑而行，送客之慧远不觉间跨越其自我禁足之虎溪，三人因之相视大笑，此即虎溪三笑的故事。

福州兴圣重满禅师

上堂："觌面分付，不待文宣[1]。对眼投机，唤作参玄。上士若能如此，所以宗风不坠。"僧问："如何是宗风不坠底句？"师曰："老僧不忍。"

问："昔日灵山会里，今朝兴圣筵中，和尚亲传，如何举唱?"师曰："欠汝一问。"

【注释】

[1] 文宣：本处旧校本标点有错误，项楚撰写《五灯会元点校献疑三百例》说："'文宣'下专名线删。'不待文宣'即禅宗"离文字相'之旨，非谓文宣王（孔丘）也。"旧校本专有名词均加线，此处加线错误。

潭州宝应清进禅师

僧问："如何是实相?"师曰："没却汝[1]。"

问："至理无言，如何通信?"师曰："千差万别。"曰："得力处乞师指示。"师曰："瞌睡汉。"

【注释】

[1] 没却汝：没有拒绝你自己。参见本书第四章"湖南长沙景岑招贤禅师"注释。有人将"却"理解为"拒绝"。但"却"也可作助词，可理解为"了"，那么"没却汝"就是"没了你"，看不见四大组合的自己了，才能见到真我，这就是实相。如此，正好回答上面的提问。又，"没却"是否梵语"没劫"之误? 译为愚痴。丁福保《佛学大辞典》引《唯识枢要》上末曰："梵云没劫，此名为愚。"那么，禅师的回答就是直接骂问者太愚痴了，因为实相无相，一问就是错，这是禅宗的棒喝。

玄沙备禅师法嗣

罗汉桂琛禅师

漳州罗汉院桂琛禅师，常山李氏子。为童儿时，日一素食，出言有异。既冠，亲事本府万岁寺无相大师，披削[1]登戒，学毗尼[2]。一日，为众升台，宣戒本布萨[3]已，乃曰："持戒[4]但律身而已，非真解脱也。依文作解，岂发圣智乎?"于是，访南宗，初谒云居雪峰，参讯勤恪[5]，然犹未有所见。

后造玄沙，一言启发，廓尔[6]无惑。沙问："三界唯心[7]，汝作么生会？"师指倚子曰："和尚唤这个作甚么？"曰："倚子[8]。"师曰："和尚不会三界唯心？"曰："我唤这个作竹木，汝唤作甚么？"师曰："桂琛亦唤作竹木。"曰："尽大地觅一个会佛法底人不可得。"师自尔愈加激励。沙每因诱迪[9]学者，流出诸三昧，皆命师为助发。师虽处众韬晦[10]，然声誉甚远。时漳牧王公建精舍曰地藏，请师开法。

因插田次，见僧乃问："从甚处来？"曰："南州。"师曰："彼中佛法如何？"曰："商量浩浩地[11]。"师曰："争如我这里，栽田博饭[12]吃。"曰："争奈三界何！"师曰："唤甚么作三界？"

问僧："甚处来？"曰："南方来。"师曰："南方知识，有何言句示徒？"曰："彼中道，金屑[13]虽贵，眼里著不得[14]。"师曰："我道须弥[15]在汝眼里。"

一日，同中塔侍玄沙，沙打中塔一棒曰："就名就体[16]？"中塔不对。沙乃问师："作么生会？"师曰："这僧著一棒不知来处。"

僧报曰："保福已迁化也。"师曰："保福迁化，地藏入塔。"

（僧问法眼："古人意旨如何？"眼云："苍天！苍天！"）

后迁罗汉，大阐玄要。

上堂："宗门玄妙，为当只恁么也，更别有奇特？若别有奇特，汝且举将来看。若无去[17]，不可将两个字便当却宗乘[18]也。何者？两个字谓宗乘、教乘[19]也。汝才道着宗乘，便是宗乘；道着教乘，便是教乘。禅德[20]！佛法宗乘，元来由汝口里安立名字，作取说取[21]便是也。斯须[22]向这里说平说实，说圆说常。禅德！汝唤甚么作平实，把甚么作圆常？傍家行脚[23]，理须甄别，莫相埋没。得些子[24]声色名字，贮在心头，道我会解，善能拣辨。汝且会个甚么？拣个甚么？记持得底是名字，拣辨得底是声色。若不是声色名字，汝又作么生记持拣辨？风吹松树也是声，虾蟆[25]、老鸦叫也是声，何不那里听取拣择去！若那里有个意度模样，只如老师口里，又有多少意度与[26]？上座！莫错，即今声色搅搅地，为当相及不相及[27]？若相及，即汝灵性金刚秘密[28]应有坏灭去也。何以如此？为声贯破汝耳，色穿破汝眼，因缘即塞却汝，幻妄走杀汝[29]，声色体尔不可容也[30]。若不相及，又甚么处得声色来？会么？相及不相及，试裁辨[31]看。”

少间又道：“是圆、常、平、实，甚么人恁么道，未是黄夷[32]村里汉解恁么说，是他古圣垂些子相助显发[33]？今时不识好恶，便安圆实，道我别有宗风玄妙。释迦佛无舌头，不如汝些子便恁么点胸[34]？若论杀、盗、淫罪，虽重犹轻，尚有歇时。此个谤般若，瞎却众生眼，入阿鼻地狱，吞铁丸，莫将为等闲。所以，古人道，过在化主[35]，不干汝事。珍重！”

僧问：“如何是罗汉一句？”师曰：“我若向汝道，便成两句也。”

问：“不会底人来，师还接否？”师曰：“谁是不会者？”曰：“适来道了也。”师曰：“莫自屈么？”

保福僧到，师问：“彼中佛法如何？”曰：“有时示众道：塞却你眼，教你觑不见。塞却你耳，教你听不闻。坐却你意[36]，教你分别不得。”师曰：“吾问你，不塞你眼，见个甚么？不塞你耳，闻个甚么？不坐你意，作么生分别？”

（东禅齐云：“那僧闻了忽然省去，更不他游。上座如今还会么？若不会，每日见个甚么？”）

问：“以字不成，八字不是[37]，未审是甚么字？”师曰：“汝实不会那！”曰：“学人实不会。”师曰：“看取下头注脚[38]。”

问：“如何是沙门正命[39]食？”师曰：“吃得么？”曰：“欲吃此食，作何方便？”师曰：“塞却你口。”

问：“如何是罗汉家风？”师曰：“不向你道。”曰：“为甚么不道？”师曰：“是我家风。”

问：“如何是法王身？”师曰：“汝今是甚么身？”曰：“恁么即无身也。”师曰：“苦痛深。”

上堂才坐，有二僧一时礼拜，师曰：“俱错。”

问：“如何是扑不破[40]底句？”师曰：“扑。”

问：“一佛出世普为群生，和尚今日为个甚么？”师曰：“甚么处遇一佛？”曰：“恁么即学人罪过。”师曰：“谨退。”

问：“如何是诸圣玄旨？”师曰：“四楞塌地[41]。”

问：“大事未肯时如何？”师曰：“由汝。”

问：“如何是十方眼？”师曰：“眨上眉毛[42]著。”

请保福斋[43]，令人传语曰：“请和尚慈悲降重[44]。”福曰：“慈悲为阿谁？”师曰：“和尚恁么道，浑[45]是不慈悲。”

玩月[46]次，乃曰：“云动有，雨去有[47]。”僧曰：“不是云动是风动。”师曰：“我道云亦不动，风亦不动。”曰：“和尚适来又道云动。”师曰：“阿谁罪过？”

师见僧，举拂子曰：“还会么？”曰：“谢和尚慈悲示学人。”师曰：“见我竖拂子，便道示学人。汝每日见山见水，可[48]不示汝？”又见僧来，举拂子，其僧赞叹礼拜。师曰：“见我竖拂子，便礼拜赞叹。那里扫地竖起扫帚，为甚么不赞叹？”

问：“承教有言，若见诸相非相，即见如来。如何是非相？”师曰：“灯笼子[49]。”

问：“如何是出家？”师曰：“唤甚么作家？”

问僧：“甚处来？”[50]曰：“秦州[51]。”师曰：“将得甚么物来[52]？”曰：“不将得物来。”师曰：“汝为甚么对众谩语[53]？”其僧无对。师却问：“秦州岂不是出鹦鹉[54]？”曰：“鹦鹉出在陇西[55]。”师曰：“也不较多[56]。”

问僧：“甚处来？”曰：“报恩[57]。”师曰：“何不且在彼中[58]。”曰：“僧家不定。”师曰：“既是僧家，为甚么不定[59]？”僧无对。

（玄觉代云：“谢和尚顾问。”）

王太傅[60]上雪峰施众僧衣，时从夐上座不在，师弟代上名[61]受衣。夐归，弟曰：“某甲为师兄上名了。”夐曰：“汝道我名甚么？”弟无对。师代云：“师兄得恁么贪？”又曰：“甚么处是贪处？”又代云：“两度上名。”

（云居锡云：“甚么处是夐上座两度上名处？”）

师与长庆、保福入州，见牡丹障子[62]。保福曰：“好一朵牡丹花。”长庆曰：“莫眼花[63]。”师曰：“可惜许一朵花[64]。”

（玄觉云：“三尊宿语还有亲疏也无？只如罗汉恁么道，落在甚么处[65]？”）

问僧：“汝在招庆有甚么异闻底事？试举看。”曰：“不敢错举[66]。”

师曰："真实底事作么生举?"曰："和尚因甚么如此?"师曰："汝话堕[67]也。"

众僧晚参，闻角声，师曰："罗汉三日一度上堂，王太傅二时[68]相助。"

问："如何是学人本来心?"师曰："是你本来心。"

问："师居宝座，说法度人，未审度甚么人?"师曰："汝也居宝座，度甚么人?"

问："镜里看形见不难，如何是镜?"师曰："还见形么?"

问："但得本，莫愁末，如何是末?"师曰："总有也。"

师因疾，僧问："和尚尊候较否[69]?"师以杖拄地曰："汝道这个还痛否?"曰："和尚问阿谁?"师曰："问汝。"曰："还痛否?"师曰："元来共我作道理!"

天成三年秋，复届闽城旧址[70]，遍游近城梵宇[71]已，乃示寂。荼毗收舍利，建塔于院之西隅，谥"真应禅师"。

【注释】

[1] 披削：削发出家。

[2] 毗尼：又作毗奈耶，梵语，佛教经律论三藏之律藏，即有关戒律的经书。

[3] 布萨：梵语。译为净住，或长养。出家之法，每半月（十五日与廿九日或三十日）集僧说戒经，使比丘住于净戒中，能长养善法；在家之法，于六斋日持八戒以增长善法。

[4] 持戒：谓人心常念戒，忆持无忘，不作诸恶，是名持戒。

[5] 勤恪：勤勉恭谨。

[6] 廓尔：开悟貌，觉悟貌。

[7] 三界唯心：谓三界（欲界、色界、无色界）所有现象皆由一心之所变现。全称三界唯一心。即心为万物之本体，此外无别法，凡三界生死、十二缘生等诸法，实是妄想心所变作。

[8] 倚子：同"椅子"。

[9] 诱迪：诱导启迪。

[10] 韬晦：借指才能行迹隐藏不露。

[11] 商量浩浩地：讨论很热闹。商量，原指商贾买卖物品时之互相议价，于禅林中，引申为学人参禅办道时之问答审议。

[12] 栽田博饭：种田讨饭吃。栽：种植。博：获取，得到。

[13] 金屑：本指黄金的粉末、碎末，佛教谓佛经中的片言只语，佛法中的一知半解。参见本书第十一章"临济义玄禅师"条："金屑虽贵，落眼成翳。"

[14] 眼里著不得：眼睛里存不得。著：通"贮"，储存。旧译本译为"眼睛里却放不下"，有误。金屑是粉末，非常微小，不是放不下，而是不能进眼睛。金屑虽贵，落眼成翳。

[15] 须弥：梵语。即须弥山，译为妙高山，因此山是由金、银、琉璃、水晶四宝所成，所以称妙，诸山不能与之相比，所以称高。

[16] 就名就体：名字就是本体。就，此，其。呼召体者为名，为名所诠之实物为体，世间一切之事物，名不即于体，体不即于名，名体各别，是曰名体互为客。比如说你叫某某，你的名字写在墙上，但你的人还在家里。若佛菩萨之名号及真言陀罗尼等，名即于体，体即于名，是谓之名体不离。

[17] 宗门玄妙，为当只恁么也，更别有奇特？若别有奇特，汝且举将来看。若无去：禅宗的玄妙，只是如此罢了，还是另外有奇特的地方？如果另外有奇特的地方，你就举例说说看。如果没有。宗门，本为诸宗之通称，后为禅宗自赞之称，因之称余宗曰教门。为当，抑或，还是。本处旧校本标点为"宗门玄妙，为当只恁么，也更别有奇特。若别有奇特，汝且举将来看。若无，去，"有错误，项楚撰写《〈五灯会元〉点校献疑续补一百例》："第三句的'也'字改入第二句，这两句是选择问句，标点作为当怎么也，更别有奇特？'若无'句下的逗号删，与'去'字连读作'若无去'，意思则还是'若无'，'去'是句末语助词，无实义。"

[18] 宗乘：各宗所弘之宗义及教典云宗乘。多为禅门及净土门标称自家之语，此处即指禅宗。《碧岩》第五十则垂示曰："权衡佛祖，龟鉴宗乘。"

[19] 教乘：禅宗以外的佛教宗派。

[20] 禅德：禅宗大德的简称，用以尊称禅师。

[21] 作取说取：写着的说着的。取：助词，表动态，相当于"着"。

[22] 斯须：须臾，片刻。

[23] 傍家行脚：挨家挨户行乞，游走四方，参访名师。傍家：依附着每家每户的布施。行脚：出家人为修行之目的而四处求访名师，跋涉山川，参访各地，谓之行脚。

[24] 些子：亦作"些仔"。少许，一点儿。

[25] 虾（há）蟆：宝祐本作"虾蟇"，亦作"蛤蟆"，都相同。青蛙和蟾蜍的统称。

[26] 若那里有个意度模样，只如老师口里，又有多少意度与：如果那里有点

识见，才是榜样（对恶心的声色无分别心），只是你们各位老师口里所说的，又有多少真正的见解呢？意度，识见与气度。老师：对僧人的尊称。与：同"欤"，语气词，表疑问。旧校本等版本均标点为"又有多少意度与上座"，无法理解原意。

[27] <u>上座！莫错，即今声色摐（chuāng）摐地，为当相及不相及</u>：上座！不要弄错了，今天所面对的纷繁声色，与你相关还是没有关系（自性离声色，色即是空，此处禅师反问上座，启迪他不要认错了对象）？上座：指法腊高而居上位之僧人，此处仍旧是对僧人的尊称。摐摐，纷乱错综的样子。相及：相关联，相牵涉。旧校本等版本均标点为"又有多少意度与上座"，无法理解原意。

[28] 灵性金刚秘密：灵性：指佛性、自性。金刚：世间最坚硬之物，喻佛性（自性）不坏。秘密：佛性（自性）看不见，故成为秘密。

[29] 幻妄走杀汝：幻妄走进你的身体。杀：副词，用在谓语后面，表示程度之深。

[30] 声色体尔不可容也：声色与本体，你不能混为一体。

[31] 裁辨：鉴别，辨别。

[32] 黄夷：夷：贬称落后少数民族。黄夷：意指古代东夷之一种。据史籍《古本竹书纪年》，东夷有九，这九夷是畎夷、于夷、方夷、黄夷、白夷、赤夷、玄夷、凤夷、阳夷。其中的黄夷氏族，就是黄姓的最古老的族源。

[33] 是他古圣垂些子相助显发：是那些古代圣人简要垂示，相互唱和而作一些通俗的阐述。垂：指垂说示众，称垂示、垂语、垂说、示众。于禅林，师家对弟子大众开示宗要，称为垂示。又于说示法要时，先以简明语句标示所说之要谛，亦称垂示。些子：少许，一点儿。显发：显彰阐发。宝祐本"垂"作"乖"，《景德传灯录》作"垂"，符合原意，故更正为"垂"。

[34] 释迦佛无舌头，不如汝些子便怎么点胸：难道释迦牟尼佛没有舌头，不如你这一点点水平就如此胡说八道？点胸：来自禅宗公案"可真点胸"，此处指执着名相的僧人徒有一知半解，便盲目指点解说。"可真点胸"为宋代翠岩可真禅师开悟得法之公案，可真投石霜楚圆座下得楚圆指点而开悟，禅林中遂称可真为"真点胸"。《〈景德传灯录〉译注》注释"自吹自擂的样子"，无依据。

[35] 化主：一是教化之主，即指释尊。二是教化之主人，指住持。三是"街坊化主"之略称。指禅林中专司行走街坊，劝檀化越随力施与以添助寺院者。有粥街坊、米麦街坊、菜街坊、酱街坊等别。其劝化所得，称为化米、化麦、化酱等。此处为第二个含义。

[36] 坐却你意：消除你的妄想。坐：方言，削损，扣除。却：助词。

[37] 以字不成，八字不是：参见第四章"睦州陈尊宿"条注释。《〈景德传灯

录〉译注》未知这一典故，注释为《大日经》实智品说八字布字之法。

[38] 看取下头注脚：留意而不忘记下面的注脚。"看取"一词，或作语尾助词，为领会、理解之意。如本书第五章"邓州丹霞天然禅师"条："若识得释迦即老凡夫是，阿你须自看取，莫一盲引众盲，相将入火坑。"或作语首动词，为留意、持守不二之意，如"看取令行时"一语，即谓留意遵守祖师之金玉良言，而不可等闲视之。

[39] 正命：谓出家之人，当离五种邪命利养，常以乞食自活其命，是为正命。五种邪命者，一诈现异相，二自说功能，三占相吉凶，四高声现威，五说所得利以动人心也。

[40] 扑不破：颠扑不破。

[41] 四楞塌地：四方都贴紧地面，比喻稳重，不会倾倒。四楞：四方角落，四周。塌地：贴紧地面。

[42] 眨上眉毛：禅家劝诫学人振作精神顿悟禅法的习语。本书第二十章"大沩善果"条："竖起拂子曰：'眨上眉毛，速须荐取！'"又，形容领会禅义、应接禅机极为快捷。本书第十六章"法昌倚遇"条："灵利汉才闻举著，眨上眉毛，便知落处。"眨上眉毛，思考的样子，稍显犹豫不决。此处回答"如何是十方眼"，十方眼就是佛眼，若得佛眼，就在当下一念就是佛，如果稍有犹豫，眨上眉毛一思考，则佛眼就去了。所以"眨上眉毛"，是告诉我们活在当下。在宗门的机锋对决中，若眨上眉毛，则预告已经失败了。

[43] 请保福斋：邀请保福禅师来吃斋饭。

[44] 降重：屈驾光临。

[45] 浑：简直。

[46] 玩月：赏月。

[47] 云动有，雨去有：旧校本标点有误，将此作为选择问句，后面加问号。此"有"为助词，无义。

[48] 可：岂，难道。

[49] 灯笼子：灯笼。子：名词后缀。

[50] 问僧："甚处来?"：旧校本标点有误，"僧"字不能进如引号之内，下同，亦更正。

[51] 秦州：今甘肃省天水市。

[52] 将得甚么物来：带什么东西来了？将：携带。

[53] 谩语：说谎话。

[54] 莺鹉：鹦鹉。《景德传灯录》作"鹦鹉"。

[55] 陇西：甘肃陇西。秦始设陇西郡，隋改陇西县，县名沿用至今。《景德传灯录》作"陇州"，在陕西省，距离就远了，与下文意义不符。

[56] 也不较多：也差不多。禅师问秦州产鹦鹉，僧人回答鹦鹉产于陇西。因为都在甘肃，所以禅师说距离也差不多。本来禅师问鹦鹉，是在批评僧人只会鹦鹉学舌，而僧人不能领会，禅师则表面上说没多远，算是一个地方产的，实际上是批评僧人，秦州的鹦鹉也就是陇西的鹦鹉，都只会学舌，没有真修实证。

[57] 报恩：从报恩寺来。

[58] 何不且在彼中：为什么不住在那里？彼中：那里。

[59] 不定：没有禅定。上"不定"指居处不定，两个"不定"意义有区别。

[60] 太傅：官名。三公之一。周代始置，辅弼天子治理天下。《书·周官》："立太师、太傅、太保，兹惟三公，论道经邦，燮理阴阳。"历代沿置，多以他官兼领。明、清则为赠官、加衔之用，并无实职。

[61] 上名：报上名字，签名。

[62] 牡丹障子：画有牡丹的幛子。障子：幛子，上面题有文字或画有图画的整幅绸布。

[63] 莫眼花：表面说要看清楚，不要眼花，实际上是说不要眼中有"花"，示"色即是空"。

[64] 可惜许一朵花：可惜了啊一朵好花。许：啊，感叹词。暗中驳长庆禅师"莫眼花"，意思是不仅要"莫眼花"，还要眼中有"花"，这就叫作"真空妙有"。

[65] 三尊宿语还有亲疏也无？只如罗汉怎么道，落在甚么处：三位尊宿说的话还有深浅的区别吗？罗汉桂琛禅师说了这句话（可惜许一朵花），他的境界落在什么地方？

[66] 不敢错举：不敢说错。

[67] 话堕：丁福保《佛学大辞典》："自吐语而自分堕负。"对自己刚说过的话认为有偏差。堕负：失败。

[68] 二时：早晚。

[69] 尊候较否：贵体欠安吗？尊候：贵体，敬词。

[70] 复届闽城旧址：又到福州城中过去住过的地方。址：宝祐本作"止"，据其他版本更正。但项楚撰写《五灯会元点校献疑三百例》认为不要改，说是"旧曾居止之处"，此处不敢苟同。因为其他版本为"址"，说明宝祐本有误。

[71] 梵宇：佛寺。

【概要】

桂琛禅师（867～928年），五代禅僧。乃青原行思系统下之第七世。常山（位于浙江）人，俗姓李。夙有出尘之志，依万岁寺无相大师剃发受戒，专学毗尼。然以持戒束身非解脱之道，乃转志游方，参访南宗诸师。先谒雪峰义存，参讯禅要，惜无所见。至福州玄沙师备座下，得一言启发，廓尔脱落众惑。时漳州州牧于闽城西方石山建地藏院，请师演法，驻锡十八年，学徒集者二百余人。师不轻易示法，然于密学恳请者则开演之。后住漳州罗汉院，大阐玄要，南北参徒臻凑，契机开悟者不知其数，世人尊以"罗汉桂琛"之号。唐天成三年秋，至闽州之旧址，遍游近城之梵宇。已俄示疾，安坐数日告终，享年六十二，僧腊四十。谥号"真应禅师"。弟子有清凉文益、清溪洪进、清凉休复、龙济绍修、延庆传殷、南台守安、天禅院秀等。

【参考文献】

《宋高僧传》卷十三；《景德传灯录》卷二十一；《禅林僧宝传》卷四；《联灯会要》卷二十六；《释氏稽古略》卷三。

【拓展阅读】

密行累载处众韬藏，虽夜光所潜而宝器终异，遂为故漳牧太原王公诚请，于闽城西石山建莲宫而止。驻锡一纪有半，来往二百众。琛以秘重妙法，罔轻示徒。有密学恳求者，时为开演。（《宋高僧传》卷十三）

据此，可知"罗汉桂琛"不仅是青原行思系统下之第七世禅师，还是一位修密教的金刚上师。本书所记载"汝灵性金刚秘密"，正是为了说明自性无有生灭，可众生看不见，就成为秘密。而密宗三密相应，可使人融入自性而即身成佛。

天龙明真禅师

杭州天龙寺重机明真禅师，台州人也。得法玄沙，复回浙中。钱武肃王请出世开法。

上堂："若直举宗风，独唱本分事，便同于顽石。若言绝凡圣消息，无大地山河，尽十方世界，都是一只眼。此乃事不获已。怎么道还会么？若更不会，听取一颂：盲聋瘖哑是仙陀[1]，满眼时人不奈何。只向目前须体妙，身心万象与森罗。"

僧问："如何是璇玑[2]不动？"师曰："青山数重。"曰："如何是寂尔无垠[3]？"师曰："白云一带。"

问："如何是归根得旨？"师曰："兔角[4]生也。"曰："如何是随照失宗[5]？"师曰："龟毛落也。"

问："莲花未出水时如何？"师曰："谁人不知？"曰："出水后如何？"师曰："馨香目击。"

问："朗月辉空时如何？"师曰："正是分光景[6]，何消指玉楼[7]？"

【注释】

[1] 仙陀：为仙陀婆之略称。参见"婺州明招德谦禅师"章节"也须仙陀去"注释。此处指"仙陀客"，善解人意，能速疾体会禅林师家之机法而契悟之弟子或客人。《碧岩录》第九十二则："会中若有仙陀客，何必文殊下一槌！"此处称赞"盲聋瘖哑是仙陀"，因为这些人眼不能见，耳不能听，口不能言，就不会为外界事物动心，所以反而可以成为"仙陀客"。《〈景德传灯录〉译注》注释"仙陀"为"机灵，敏捷"，未知典故缘由，有误。

[2] 璇（xuán）玑（jī）：又作旋机。为古代之天文观测仪器。以其随星之运行而回转，故用以比喻人心即随着烦恼而辗转不息；禅林中，师家接引学人之方法自由无碍。此外，师家为适应修行者之根机及能力，而转其化导之方法，称为旋机电转。又一念不生以前、父母未生以前，称为璇玑不动。《〈景德传灯录〉译注》注释为星名，有误。

[3] 寂尔无垠：寂静的心中可以容纳无边无际的宇宙。寂尔：寂然，寂静的样子。此处指心清静，没有一点妄念。无垠：无边无际。《景德传灯录》作"寂尔无根"。

[4] 兔角：兔不可能生角，与下文"龟毛"（龟不可能长毛）意义相同，比喻不可能发生的事情。

[5] 随照失宗：在观照自己心中有没有妄念的时候，往往把空寂当成自己的追求，那么就随从这种执着而失去了"空有不二"的宗旨。《信心铭》："归根得旨，随照失宗。须臾返照，胜却前空。"《〈景德传灯录〉译注》译为"随从光辉却失去的宗旨"，有误。

[6] 正是分光景：正是本分风光。喻本来面目、佛性。

[7] 何消指玉楼：何须指示上玉楼去赏月？何消：何须，用不着。玉楼：华丽的高楼。

福州仙宗院契符清法禅师

开堂日，僧问："师登宝座，合谈何事？"师曰："剔开耳孔著[1]。"

曰："古人为甚么却道非耳目之所到?"师曰："金樱[2]树上不生梨。"曰："古今不到处，请师道。"师曰："汝作么生问?"

问："众手淘金，谁是得者?"师曰："举手隔千里，休功[3]任意看。"

问："飞岫岩边华子[4]秀，仙境台前事若何?"师曰："无价大宝光中现，暗客[5]惛惛[6]争奈何。"曰："优昙华拆[7]人皆睹，向上宗乘意若何?"师曰："阇黎若问宗乘意，不如静处萨婆诃[8]。"

问："如何是闽中[9]诸佛境界?"师曰："造化终难测，春风徒自轻。"

问"如何是道中宝?"师曰："云孙[10]泪亦垂。"

问："诸圣收光归源后如何?"师曰："三声猿屡断[11]，万里客愁听。"曰："未审今时人，如何凑得古人机?"师曰："好心向子道，切忌未生时。"

【注释】

[1] 剔开耳孔著：张开你的耳朵。

[2] 金樱：石榴的别名。

[3] 休功：美盛的功业。《〈景德传灯录〉译注》注释为"无所作为的意思"，有误。"举手隔千里，休功任意看"，意思是一动手就相隔千里，劳而无功，美盛的功业从自性中不求自得。"任意"指不求自得，随性而来。回答了"众手淘金，谁是得者"这个提问。

[4] 华子：花子，花儿。

[5] 暗客：没有开悟，还在黑暗中摸索的人。

[6] 惛惛：精神昏暗，神志不清。

[7] 优昙华拆：优昙华开。优昙华：亦名优昙钵华。此花为无花果类。产于喜马拉雅山麓及德干高原、锡兰等处。世称三千年开化一度，值佛出世始开。故今称不出世之物曰昙花一现，本此。拆：同"坼"，裂开，绽开。

[8] 不如静处萨婆诃：不如静处坐禅，一心不乱，可以获得圆满的成就。清净参究所达之悟道境界，称为静处萨婆诃。萨婆诃：一种咒语，如《心经》最后的结尾语，感叹词，是究竟成就、吉祥圆满之意，表达祝愿完成之意。《〈景德传灯录〉译注》将"萨婆诃"注释为"经典的通称"，有误。

[9] 闽中：古郡名，秦置，治所在冶县（今福州市），辖境相当今福建省和浙江省宁海及其以南的灵江、瓯江、飞云江流域。秦末废。后以"闽中"指福建一带。

[10] 云孙：从本身算起的第九代孙，亦泛指远孙。

[11] 三声猿屡断：《水经注·汇水》云："巴东三峡巫峡长，猿鸣三声泪沾裳。"又俗谚云："巴东三峡巫峡长，猿鸣三声断客肠。"

【概要】

契符清法禅师，五代禅僧。师事玄沙师备禅师得法，出居福州仙宗院，有僧问："如何是闽中诸佛境界？"答曰："造化终难测，春风徒自轻。"闽王署号"清法禅师"。

【参考文献】

《景德传灯录》卷二十一；《五灯严统》卷八；《五灯全书》卷十五。

婺州国泰院[1]瑫禅师

上堂："不离当处[2]，咸是妙明真心。所以，玄沙和尚道：'会我最后句，出世少人知[3]。'争似国泰有末头一句[4]？"僧问："如何是国泰末头一句？"师曰："阇黎问太迟生[5]！"便归方丈。

问："如何是毗卢[6]？"师曰："某甲与老兄是弟子[7]。"

问："达磨来时即不问，如何是未来时事？"师曰："亲遇梁王[8]。"

问："古镜未磨时如何？"师曰："古镜。"曰："磨后如何？"师曰："古镜。"

【注释】

[1] 婺州国泰院：今属浙江金华。据《景德传灯录》，国泰院在金华山，此山在浙江省金华市北。

[2] 当处：当下。

[3] 会我最后句，出世少人知：能领悟我末后一句的人，就是初出山的禅宗大德也没有多少。出世，禅师于自身修持功成后，再度归返人间教化众生，称出世。或被任命住持之职、升进高阶位之僧官等，皆称为出世。《禅苑清规》卷七尊宿住持条："传法各处一方，续佛慧命，斯曰住持；初转法轮，命为出世。"旧译本将"出世"译为"出家人"，有误。

[4] 争似国泰有末头一句：怎么能比得上国泰有末后一句？争似：怎似。末头一句，参考本书第五章"投子大同禅师"条"末后一句"。乃述佛道极妙境地之语

句。谓到达彻底大悟之极处所言之至极语，更无其他语句能超越者。

[5] 阇黎问太迟生：阇黎您问得太迟了！生：后缀，语气助词。

[6] 毗卢：毗卢舍那的简称，也是法身佛的通称。

[7] 某甲与老兄是弟子：我与老兄都是他的弟子。

[8] 梁王：南朝梁武帝（464～549年），兰陵（今江苏武进）人，姓萧名衍，字叔达。在位期间，整修文教，国势因之大盛。武帝笃信佛教，有"皇帝菩萨"之称。首都建康有大寺七百余所，僧尼讲众常聚万人。一生精研佛教教理，固持戒律，四次舍身同泰寺，著有《涅槃经》《大品经》《净名经》《三慧经》等之义记数百卷。后因侯景起兵反叛，攻陷建康，于太清三年饿死于台城。在位四十八年，世寿八十六。

白龙道希禅师

福州升山白龙院[1]道希禅师，本郡人也。

上堂："不要举足，是谁威光？还会么？若道自家去处，本自如是，且喜没交涉[2]。"

问："如何是西来意？"师曰："汝从甚处来？"

问："如何是佛法大意？"师曰："汝早礼三拜。"

问："不责上来，请师直道[3]。"师曰："得[4]。"

问："如何是正真[5]道？"师曰："骑驴觅驴[6]。"

问："请师答无宾主话[7]。"师曰："昔年曾记得。"曰："即今如何？"师曰："非但耳聋，亦兼眼暗。"

问："情忘体合[8]时如何？"师曰："别更梦见个甚么？"

问："学人拟伸一问，请师裁。"师曰："不裁。"曰："为甚么不裁？"师曰："须知好手[9]。"

问："大众云集，请师举扬宗教。"师曰："少遇听者[10]。"

问："不涉唇锋[11]，乞师指示。"师曰："不涉唇锋问将来[12]！"曰："恁么即群生有赖。"师曰："莫闲言语。"

问："请和尚生机答话。"师曰："把纸笔来录将去。"

问："如何是思大[13]口？"师曰："出来向你道。"曰："学人即今见出。"师曰："曾赚几人来？"

【注释】

[1] 升山白龙院：升山，在今福建省福州市北十里，又叫飞山。《寰宇记》卷一百："在州西北十四里，越王勾践时，一夜从会稽飞来西南地，号道士洞。旧名飞山，临海人任敦于此升仙，其迹犹存，天宝六载敕改为升山"。白龙院：五代僧人道希所建，位于升山。

[2] 且喜没交涉：《景德传灯录》作"切喜勿交涉"。交涉：关系，牵涉。

[3] 不责上来，请师直道：不责怪我上来提问，就请您直截了当说话。

[4] 得：行，可以。

[5] 正真：指佛之正道。

[6] 骑驴觅驴：犹言"骑牛觅牛"。比喻凡夫不见自心之佛性而向外觅求，犹如骑驴觅驴，不知自己座下即为所求之驴。

[7] 请师答无宾主话：请您用不分宾主的话来回答。

[8] 情忘体合：原文为"达本情亡，知心体合"，出自唐代的华严学者李通玄撰《新华严经论》卷一。《普庵印肃禅师语录》卷上："因阅《华严合论》，至'达本情忘，知心体合'处，豁然大悟，遍体汗流。喜曰'我今亲契华严法界矣'。"由此可见，普庵祖师是因这句话开悟的，其意义之深远就不言而喻了。凡夫妄计一切之境界，无理但存情，谓之情有。如果没有妄想，就是情忘，一旦情忘，自性就来了，与我们身心合一。正如佛陀说，一切众生都有佛性，只因妄想执着不能证得。《〈景德传灯录〉译注》未追溯"情忘体合"的原文，简单注释为"身心合一"，有误。

[9] 须知好手：须知我就是高手。好手：精于某种技艺的人，能力很强的人。看似比较狂妄的话，实际上是回答僧人，本性具足一切，当下就是佛，不必再去裁决别人的高谈阔论。

[10] 少遇听者：遇见会听的人很少。

[11] 不涉唇锋；不牵涉唇枪舌剑的机锋。

[12] 不涉唇锋问将来：不牵涉唇枪舌剑的机锋，请你提问。项楚撰写《五灯会元点校献疑三百例》，认为此处要作为两句问答标点。意思是：师曰："不涉唇锋。"问："将来？"那么下文还是僧人说话，则是补充。问："将来？"曰："怎么即群生有赖。"中间的"曰"重复，故存疑。因《景德传灯录》此处为：师曰："不涉唇锋问将来！"僧曰："怎么即群生有赖。"增加"僧"字，则一问一答更加分明。

[13] 思大：旧校本未识别此为禅师名，没有下画专有名词线。慧思（515～

577 年），南北朝时代之高僧。武津（河南上蔡）人，俗姓李。世称南岳尊者、思大和尚、思禅师。为我国天台宗第二代祖师（一说三祖）。传法予智顗，智顗为师之众门弟中最为杰出者。

【概要】

道希禅师，五代禅僧。福州（今属福建）人。参玄沙师备禅师，嗣其法，居本邑升山白龙院，世称"白龙祖师"。

有僧问："如何是佛法大意？"答曰："汝早礼三拜。"

问："承古人有言'髑髅常干世界，鼻孔毛触家风'，如何是'髑髅常干世界'？"师曰："近前来向尔道。"僧曰："如何是鼻孔毛触家风。"师曰："退后去，别时来。"

【参考文献】

《景德传灯录卷》卷二十一；《五灯严统》卷八；《五灯全书》卷十五。

安国慧球禅师

福州安国院慧球寂照禅师（亦曰中塔），泉州莆田人也。玄沙室中，参讯居首。因问："如何是第一月？"沙曰："用汝个月作么？"师从此悟入。

梁开平二年，玄沙将示灭，闽帅王氏遣子至，问疾，仍请密示："继踵说法者谁？"沙曰："球子得[1]。"王默记遗旨，乃问鼓山[2]："卧龙[3]法席，孰当其任？"鼓山举城下宿德具道眼者十有二人，皆堪出世[4]，王亦默之。至开堂日，官寮[5]与僧侣俱会法筵，王忽问众曰："谁是球上座！"于是众人指出师，王氏便请升座[6]。师良久曰："莫嫌寂寞，莫道不堪[7]！未详涯际[8]，作么生论量[9]？所以，寻常用其音响[10]，聊拨一两下[11]，助他发机[12]。若论来十方世界，觅一人为伴侣，不可得。"

僧问："佛法大意，从何方便顿入？"师曰："入是方便。"

问："云自何山起？风从何洞生？"师曰："尽力施为，不离中塔。"

上堂："我此间粥饭因缘，为兄弟举唱，终是不常[13]。欲得省要[14]，却是山河大地与汝发明[15]。其道既常[16]，亦能究竟。若从文殊门[17]入者，一切无为，土木瓦砾，助汝发机。若从观音门入者，一切音响，虾蟆蚯蚓，助汝发机。若从普贤门入者，不动步而到。以此三门方便示汝[18]。如将一只折箸搅大海水，令彼鱼龙知水为命[19]。会么？若无智眼而审谛之，任汝百般巧妙，不为究竟。"

问："学人近入丛林，不明己事，乞师指示。"师以杖指之曰："会么？"曰："不会。"师曰："我怎么为汝，却成抑屈[20]人。还知么？若约当人分上[21]，从来底事[22]，不论初入丛林，及过去诸佛，不曾乏少。如大地水，一切鱼龙初生及至老死，所受用水，悉皆平等。"

问："不谬正宗，请师真实。"师曰："汝替我道。"曰："或有不辨者作么生？"师曰："待不辨者来。"

问："诸佛还有师否？"师曰："有。"曰："如何是诸佛师？"师曰："一切人识不得。"

上堂，良久，有僧出礼拜，师曰："莫教髑髅拶损。"

僧参，问曰："去却仆从[23]，便请相见。"师曰："眨上眉毛看。"曰："不与么时如何？"师曰："山北去也。"

问："从上宗乘事如何？"师良久，僧拜问，师便喝出。

问："如何是大庾岭头事[24]？"师曰："料汝承当不得。"曰："重多少？"师曰："这般底论劫不奈何[25]。"

师问了院主："只如先师道，尽十方世界是真实人体，你还见僧堂么？"了曰："和尚莫眼花。"师曰："先师迁化，肉犹暖在。"

【注释】

[1] 球子得：弟子慧球可以。

[2] 王默记遗旨，乃问鼓山：旧校本此处至下文标点错误很多，均更正。项楚撰写《五灯会元点校献疑三百例》亦指出。

[3] 卧龙：山名，即卧龙山，位于福建省长汀县城北。

[4] 出世：参见本章"婺州国泰院瑫禅师"注释。

[5] 官寮：即官僚，指官员。

[6] 升座：禅林用语。即升高座之意。系指师家登高座说法。据古制，升座与上堂同义，至后世乃有所别。

[7] 不堪：不能承当，不能胜任。

[8] 涯际：边际。此处指自己要到达的彼岸。

［9］论量：讨论，商量。

［10］寻常用其音响：平时用音响这个方便法门，指观世音菩萨耳根圆通法门。《楞严经》："此方真教体，清净在音闻，欲取三摩提，实以闻中入。"用观世音菩萨耳根圆通章"反闻闻自性，性成无上道"的方法来念阿弥陀佛，求生净土。《〈景德传灯录〉译注》等书未明白"音响"的本意，故译文有误。

［11］聊拨一两下：暂且点拨一两下。

［12］助他发机：帮助他启发善根。

［13］终是不常：最终还是无常。不常，一切事物都有生灭，人也有生老病死。

［14］省要：简单扼要。

［15］山河大地与汝发明：与你们阐明，山河大地不离你一心之外。发明：阐明，启发。

［16］其道既常：知道这个道理（山河大地不离你一心之外），那么就知道什么是常住不变的真心。

［17］文殊门：后文提到观音门、普贤门，总为三大门，互为一体。在《楞严经》二十五圆通章中，普贤菩萨耳识圆通为第十三，观音菩萨耳根圆通为第二十五，文殊菩萨则最后作总结，称观音菩萨耳根圆通最好，可以说三大菩萨都是互相唱和，前中后互为呼应，把音响作为启发后学的根本法门。

［18］以此三门方便示汝：总结上面三个法门，开示我们要记住，到这里是句号。而旧译本作为逗号，与下文的比喻联系起来，则把意思弄反了。

［19］如将一只折箸搅大海水，令彼鱼龙知水为命：例如，用一根折断的筷子去搅动大海之水，让那些鱼龙知道水就是它们的命根子。这个比喻是说明不可能发生的事情。因为半截筷子能搅动大海吗？所以，怎么能够启发鱼龙知道水是它们的命根子呢？禅师的意思是，你们要记住文殊门、观音门、普贤门才能方便修行，没有这个方便，你们以为自性就是佛，不要修行了，就好像用折断的筷子搅动大海，不管你们想什么巧妙方法，都是徒劳无益的。折箸，折断的筷子。而旧译本因为标点错误，故译文亦错。

［20］抑屈：压抑委屈。

［21］若约当人分上：如果依照各人本分来说。

［22］从来底事：从来的事。指从过去以来都一样。

［23］去却仆从：把你身边的随从打发下去。仆从：跟随在身边的仆人。

［24］大庾岭头事：指慧能衣钵在大庾岭（位于江西省大庾县南，广东省南雄县北）被抢夺的事件。唐玄宗时，六祖慧能从五祖弘忍处领受心印，携密传之佛衣、佛钵，彻夜南走。同门惠明闻之，即率数十人追夺，至大庾岭，慧能遂将衣钵

掷向磐石，自己隐藏于茅草中而言："此衣表信，可力争耶？"惠明捧之而衣钵不动，逮双方问答数回后，惠明始豁然大悟，下山而去。后慧能继至广州法性寺，发扬南顿之宗风，未久归曹溪示寂。

[25] 这般底论劫不奈何：如此说下去就是多少劫也没完没了。

【概要】

慧球禅师（？~913 年），唐末五代禅僧。泉州莆田（福建莆田）人，姓氏不详。又称"中塔和尚"。于龟山出家。为玄沙师备之法嗣。师备示寂后，继之主持福州卧龙山安国院。后梁乾化三年（913 年），不疾而寂。署号"寂照禅师"。

慧球禅师为闽帅王氏所礼敬，请说法，赐紫衣。他以"若从文殊门入者""若从观音门入者""若从普贤门入者"三处方便示人，表明慧球禅师这一禅支，正向其他实修法门开拓，阻止走向口头禅的倾向。清朝雍正《御选语录》将慧球禅师有关三法门的语录全部选入，说明慧球禅师受到了统治者的重视。此外，他"寻常用其音响，聊拨一两下，助他发机"，为推广禅净双修，净土念佛起了开创作用。

【参考文献】

《景德传灯录》卷二十一；《十国春秋》卷九十九。

衡岳南台诚禅师

僧问："玄沙宗旨，请师举扬。"师曰："甚么处得此消息？"曰："垂接[1]者何？"师曰："得人[2]不迷己。"

问："潭清月现，是何境界？"师曰："不干你事。"曰："借问又何妨？"师曰："觅潭月不可得。"

问："离地四指，为甚么却有鱼纹[3]？"师曰："有圣量[4]在。"曰："此量为甚么人施？"师曰："不为圣人。"

【注释】

[1] 垂接：谓地位高的人接待地位低的人。

[2] 得人：指得悟者之境地。

[3] 离地四指，为甚么却有鱼纹：离开地面有四指远，为什么走过去地面留下网纹？《大智度论》卷三十四："'足离地四指'者，佛若常飞，众生疑怪，谓佛非是人类，则不归附；若足到地，则众生以为与常人不异，不生敬心。是故虽为行

地，四指不到而轮迹现。"鱼纹，脚下留下的网纹，又称千辐轮纹。辐即车轮中之辐，谓足下载网轮纹，众相圆满，有如千辐轮也。《〈景德传灯录〉译注》注释有误。

[4] 圣量：即圣教量，又作正教量、至教量，三量（现量、比量、圣教量）之一。意谓一切可信仰者之教示，"可信仰者"即指佛、菩萨、诸圣贤。以圣者所说之教示正确无误，依之可以量知种种义趣，故称圣教量。古因明之中，在现、比二量之外，承认有圣教量，认为圣教量能对二量之确实性给予保证。

福州螺峰[1]冲奥明法禅师

上堂："人人具足，人人成现，争怪得山僧？珍重！"

僧问："诸法寂灭相，不可以言宣，如何是寂灭相？"师曰："问答俱备[2]。"曰："恁么则真如法界[3]，无自无他。"师曰："特地令人愁[4]。"

问："牛头未见四祖时如何？"师曰："德重鬼神钦。"曰："见后如何？"师曰："通身圣莫测[5]。"

问："如何是螺峰一句？"师曰："苦。"

问："如何是本来人？"师曰："惆怅松萝境界危。"

【注释】

[1] 螺峰：山名。在福建省福州市城北，又名罗峰山。五代后晋时，闽王在此创建白龙寺。"螺峰"二字旧校本校对有误，标题作"螺峰"，正文作"螺峰"。

[2] 问答俱备：指把僧人所问"诸法寂灭相，不可以言宣，如何是寂灭相"倒过来就变成问与答了，即："如何是寂灭相？诸法寂灭相，不可以言宣。"

[3] 真如法界：指遍布于宇宙中真实之本，为一切万有之根源。真如又作法界、如如、如实、法性、实际、实相、如来藏、法身、佛性、自性清净身、一心等。如是如常不变，合真实不虚与如常不变二义，谓之真如。

[4] 特地令人愁：这样就更加使人忧愁了。特地，亦作"特底"，更加，特别，格外。这是告诉僧人，你所理解的"真如法界"什么也没有了，既没有自己，也没有他人，那就更加麻烦了。因为自他不二，色空不二，什么也没有了，那是断灭论，不是佛教的真谛。

[5] 通身圣莫测：整个人连圣人也难测他的境界。

泉州睡龙山和尚

僧问："如何是触目菩提[1]？"师以杖趁之，僧乃走。师曰："住！

住！向后遇作家举看。"

上堂，举拄杖曰："三十年住山，得他气力。"时有僧问："和尚得他甚么气力？"师曰："过溪过岭，东拄西拄。"

（招庆云："我不恁么道。"僧问："和尚作么生道？"庆以杖下地拄行。）

【注释】

[1] 触目菩提：眼光所到之处都是"道"的体现。菩提：意译觉、智、知、道。广义而言，乃断绝世间烦恼而成就涅槃之智慧。

天台山云峰光绪至德禅师

上堂："但以众生日用[1]而不知。譬如三千大千世界，日月星辰，江河淮济[2]，一切含灵，从一毛孔入一毛孔，毛孔不小，世界不大。其中众生，不觉不知。若要易会，上座日用亦复不知。"

时有僧问："日里僧驮像，夜里像驮僧。未审此意如何？"师曰："阇黎岂不是从茶堂里来？"

【注释】

[1] 日用：每天应用，日常应用。《易·系辞上》："百姓日用而不知，故君子之道鲜矣。"孔颖达疏："言万方百姓恒日日赖用此道而得生，而不知道之功力也。"此处亦指菩提之道，每天都应用在我们的身边生活工作中，但我们却不知道。

[2] 江河淮济：指长江、黄河、淮河、济水，皆是专有名词，旧校本未画线有误。

【概要】

光绪至德禅师，五代禅僧。参玄沙师备禅师得法，出居天台山云峰院，吴越王优礼之，署号"至德大师"。

【参考文献】

《景德传灯录》卷二十一。

大章契如庵主

福州大章山契如庵主，本郡人也。素蕴孤操[1]，志探祖道。预玄沙之室，颖悟幽旨。玄沙记曰："子禅已逸格[2]，则他后要一人侍立也无[3]。"师自此不务聚徒，不畜童侍，隐于小界山。刳[4]大朽杉若小庵，但容身而已。凡经游僧至，随叩而应，无定开示。

僧问："生死到来，如何回避？"师曰："符[5]到奉行。"曰："恁么则被生死拘将去也！"师曰："阿耶耶[6]！"

问："西天持锡意作么生？"师拈锡杖，卓地振之。僧曰："未审此是甚么义？"师曰："这个是张家打。"僧拟进语，师以锡撺[7]之。

僧问云台钦和尚："如何是真言钦？"曰："南无佛陀耶。"师别云："作么，作么？"

清豁、冲煦二长老向师名，未尝会遇。一旦同访之，值师采粟，豁问："道者！如庵主在何所？"师曰："从甚么处来？"曰："山下来。"师曰："因甚么得到这里？"曰："这里是甚么处所？"师揖曰："那不吃茶去！"二公方省是师，遂诣庵所，颇味高论[8]。晤坐[9]于左右，不觉及夜。睹豺虎奔至庵前，自然驯绕[10]。豁因有诗曰："行不等闲行，谁知去住情。一餐犹未饱，万户勿聊生。非道应难伏，空拳莫与争。龙吟云起处，闲啸两三声。"二公寻于大章山创庵，请师居之。两处孤坐，垂五十二载而卒。

【注释】

[1] 素蕴孤操：平常怀有高尚的节操。蕴：积聚，蓄藏。孤操：高尚的节操。

[2] 逸格：超逸的格调。本书指境界非凡的禅师，不为一般人所理解，故其与众生缘分不胜，难以出世度人。

[3] 则他后要一人侍立也无：但今后你想要收个徒弟在你身边侍候也不可能。

[4] 刳（kū）：挖，挖空。

[5] 符：古代凭证符券、符节、符传等信物的总称，此处指追命的符。

[6] 阿耶耶：啊呀呀！《景德传灯录》作"阿邪邪"，都是感叹语，无区别。

[7] 撺（cuān）：抛掷。

[8] 颇味高论：很想领略契如庵主的高论。味：体味，体会。

［9］晤坐：面对面坐着。晤：面对。

［10］驯绕：驯服地在周围环绕。

【概要】

契如庵主，五代禅僧。福州（今属福建）人。素蕴孤操，志探祖道，入玄沙师备禅师之室，顿悟幽旨。不务聚徒，不畜童侍，隐居小界山，刳大树若小庵，但容身而已。凡经游僧至，随叩而应，无定开示。清豁、冲煦二长老于大章山创庵，请迁居之。

《景德传灯录》："豁（清豁禅师）虽承指喻（得到契如庵主的指点），而后于睡龙印可乃嗣睡龙，住漳州保福。"

【参考文献】

《景德传灯录》卷二十一。

福州莲华山[1]永兴神禄禅师

闽王[2]请开堂日，未升座，先于座前立，曰："大王、大众听，已有真正举扬[3]也。此一会总是得闻，岂有不闻者？若有不闻，彼此相谩[4]去也。"方乃登座。

僧问："大王请师出世，未委今日一会何似灵山[5]？"师曰："彻古传今[6]。"

问："如何是和尚家风？"师曰："毛头显沙界[7]，日月现其中。"

【注释】

［1］莲花山：莲花山又名永福山，其龙脉起祖于北岭芙蓉山，跌宕起伏，奇峰屹立，远眺似出水芙蓉含苞欲放，晋代郭璞视此山为福州第一风水山。闽王王审知陵园就建在莲花峰的斗顶山上，是福建现存最古老的陵园。

［2］闽王：闽太祖王审知（862～925年），字信通，一字详卿，光州固始（今河南固始）人，威武军节度使王潮之弟，闽国开国国君。

［3］举扬：演说弘扬。举：言说，解说。扬：显扬，传播。

［4］相谩：互相欺骗。

［5］灵山：灵山法会，佛陀在那里讲法。

［6］彻古传今：通古传今。彻：通，贯通。

[7] 毛头显沙界：毛发尖那么的小的地方可以显现恒河沙那么多的世界。出自《楞严经》："于一毛端现宝王刹，坐微尘里转大法轮。"《华严经》卷三十九亦有相似的句子："或有见一毛端处，无量极微尘刹海。"均是指佛的世界里没有大小之分。

【概要】

神禄禅师，五代禅僧。师事玄沙师备禅师，依住多年，嗣其法。出居福州莲花山永兴院，禅侣四集。闽王曾请其开堂说法。

国清师静上座

天台国清寺师静上座[1]，始遇玄沙示众曰："汝诸人但能一生如丧考妣，吾保汝究得彻[2]去。"师蹑前语，问曰："只如教中道，不得以所知心，测度如来无上知见[3]，又作么生？"沙曰："汝道，究得彻底，所知心还测度得及否[4]？"

师从此信入。后居天台，三十余载不下山。博综三学，操行孤立。禅寂之余，常阅龙藏[5]。遐迩钦重，时谓"大静上座"。

尝有人问："弟子每当夜坐，心念纷飞，未明摄伏之方，愿垂示诲。"师曰："如或夜闲[6]安坐[7]，心念纷飞，却将纷飞之心，以究纷飞之处。究之无处，则纷飞之念何存？反究究心，则能究之心安在？又能照之智本空，所缘之境亦寂。寂而非寂者，盖无能寂之人也。照而非照者，盖无所照之境也。境智俱寂，心虑安然。外不寻枝，内不住定。二途俱泯，一性怡然。此乃还源之要道也。"

师因睹教中幻义，乃述一偈，问诸学流[8]，曰："若道法皆如幻有[9]，造诸过恶应无咎。云何所作业不忘，而藉佛慈兴接诱[10]？"时有小静上座答曰："幻人兴幻幻轮围，幻业能招幻所治。不了幻生诸幻苦，觉知如幻幻无为。"

二静[11]上座并终于本山。

【注释】

[1] 国清寺师静上座：指国清寺禅师大静上座。师静：禅师静，禅师名"大静上座"，而不是名"师静上座"。《〈景德传灯录〉译注》旧译本译为"师静上

座”有误。

[2] 究得彻：参究到开悟的境界。彻：彻底，于禅林中，特指大悟，又作彻底大悟。

[3] 不得以所知心，测度如来无上知见：不能凭凡夫的知见，猜测诸佛如来无上智慧。测度：猜测，料想。知见：指依自己之思虑分别而立之见解，与佛的智慧有别，唯作佛知见、知见波罗蜜时，则知见与智慧同义。

[4] 汝道，究得彻底，所知心还测度得及否：你说说，参究到开悟了，你的知见还能测度得了吗？针对静上座所问而作答。旧校本《〈景德传灯录〉译注》标点都有误：“汝道究得彻底所知心，还测度得及否？”如此标点，无法理解。上文有“究得彻”，此处“究得彻底”都一样，“彻”即“彻底”。上文有“不得以所知心，测度如来无上知见”，那么此处标点为“所知心还测度得及否”才能理解，而不能在“所知心”后加逗号。“所知心”在凡夫的时候就是凡夫的知见，如果开悟了就是如来的智慧，如来的智慧哪还能猜测呢？所以说“所知心还测度得及否”，玄沙禅师如此回答，以启发静上座。

[5] 龙藏：指大乘经典。传说佛陀入灭后，大乘经典藏于龙宫，故有此称。此处不是指《乾隆大藏经》，该经亦简称龙藏。

[6] 夜闲：《景德传灯录》作“夜间”，但在意义理解上都没有误会。

[7] 安坐：古时坐的一种姿势。此处指盘腿静坐。

[8] 学流：学派。

[9] 幻有：对于一切现象的描述。即以假幻无实比喻诸法。谓诸法虽存，但并无实有之体性，犹如幻化之物，虽无实性却现有诸相。

[10] 接诱：接引诱导。

[11] 二静：指大小两位上座。

长庆棱禅师法嗣

招庆道匡禅师

泉州招庆院道匡禅师，潮州人也。棱[1]和尚始居招庆，师乃入室参侍，遂作桶头[2]，常与众僧语话。

一日，庆见，乃曰：“尔每日口唠唠地作么？”师曰：“一日不作，一日不食。”庆曰：“与么则磨弓锉箭去也[3]。”师曰：“专待尉迟[4]来。”

庆曰:"尉迟来后如何?"师曰:"教伊筋骨遍地,眼睛突出。"庆便出去。泊庆被召,师继踵住持。

上堂:"声前荐得,孤负平生;句后投机,殊乖道体[5]。为甚么如此?大众且道从来合作么生?"又曰:"招庆与诸人一时道却[6],还委落处么[7]?"时有僧出曰:"大众一时散去,还称师意也无?"师曰:"好与二十拄杖。"僧礼拜,师曰:"虽有盲龟之意,且无晓月之程[8]。"曰:"如何是晓月之程?"师曰:"此是盲龟之意。"

问:"如何是沙门行?"师曰:"非行不行[9]。"

问:"如何是西来意?"师曰:"蚊子上铁牛[10]。"

问:"如何是在匣剑?"师良久,僧罔措。师曰:"也须感荷[11]招庆始得。"

问:"如何是提宗一句?"师曰:"不得昧著[12]招庆。"其僧礼拜起,师又曰:"不得昧著招庆,嘱汝作么生是提宗一句。"僧无对。

问:"文殊剑下不承当时如何?"师曰:"未是好手人。"曰:"如何是好手人?"师曰:"是汝话堕[13]也。"

问:"如何是招庆家风?"师曰:"宁可清贫自乐,不作浊富多忧。"

问:"如何是南泉一线道[14]?"师曰:"不乱[15]向汝道,恐较中更较去[16]。"

问:"如何是佛法大意?"师曰:"七颠八倒[17]。"

问:"学人根思迟回[18],乞师曲运慈悲,开一线道。"师曰:"这个是老婆心[19]。"曰:"悲华剖坼[20],以领尊慈[21],从上宗乘事如何?"师曰:"恁么须得汝亲问始得。"

问僧:"甚处去来?"曰:"劈柴来。"师曰:"还有劈不破底也无?"曰:"有。"师曰:"作么生是劈不破底?"僧无语。师曰:"汝若道不得,问我,我与汝道。"曰:"作么生是劈不破底?"师曰:"赚杀人[22]!"

师拈钵囊问僧:"你道直[23]几钱?"僧无对。

(归宗柔代云:"留与人增价。")

因地动,僧问:"还有不动者也无?"师曰:"有。"曰:"如何是不动者?"师曰:"动从东来,却归西去。"

问:"法雨普沾,还有不润处否?"师曰:"有。"曰:"如何是不润处？"师曰："水洒不着。"

问："如何是招庆深深处？"师曰："和汝没却[24]。"

问："如何是九重城[25]里人？"师曰："还共汝知闻么？"

上堂次，大众拥法座而立。师曰："这里无物，诸人苦恁么相促相拶[26]作么，拟心早没交涉，更上门上户，千里万里[27]。今既上来，各著精彩，招庆一时抛与诸人，好么？"乃曰："还接得也无？"众无对。师曰："劳而无功。"便升座。复曰："汝诸人得恁么钝，看他古人一两个得恁么快，才见便负将去，也较些子[28]。若有此个人，非但四事供养[29]，便以琉璃为地，白银为壁，亦未为贵。帝释引前，梵王随后，搅长河为酥酪，变大地为黄金，亦未为足。直得[30]如是，犹更有一级在[31]，还委得[32]么？珍重！"

【注释】

[1] 稜（léng）：今作"棱"，禅师名。

[2] 桶头：禅林掌管桶类之寺僧。管理浴桶，打扫浴室，为僧众沐浴服务的一种差使。

[3] 与么则磨弓错箭去也：那么你就磨利箭头了吗？磨弓错箭，即磨错弓箭（错箭），磨利箭头的意思。错箭，磨利箭头，如《敦煌变文集·王昭君变文》："毡裘之帐，每日调弓；孤格之军，终朝错箭。""错"也是"磨"的意思。旧译本"这样就制弓磨箭去吧"有误，弄错了"磨弓错箭"含义，"去"的含义也错了，它是助词，可译为"了"，没有实词意义。

[4] 尉（yù）迟：姓氏，此处指勇武非常的常胜将军。尉迟本不是姓氏，而是最初的于阗国名前的头衔，其意是征服者、胜利者，自第三代于阗王起，用这一头衔作为姓氏。此处借指以勇武著称的将军，如尉唐朝开国大将尉迟恭勇武善战，屡立战功，被尊为民间驱鬼避邪，祈福求安的中华门神。

[5] 声前荐得，孤负平生；句后投机，殊乖道体：如果在语言上可以领悟，那么就孤负了一生的修行；如果在文字里自以为开悟，实际上已经背离了道的本体。荐，领会，领悟。投机，谓学人彻底大悟而契合佛祖之要机。禅宗说"言语道断"，一说话"道"就没有了，真理深妙不可说，所以即使你说得天花乱坠，也没开悟，孤负了平生的修行。禅宗又说"教外别传"，开悟不由文字而得，六祖慧能是文盲却开悟了，所以遍读大藏经典，执着于文字相，也是不能与道的本体契合的。《大慧普觉禅师偈颂》卷十一："言前荐得已天涯，句后承当路转赊。"《禅宗颂古联珠

通集》卷六："直下若能亲荐得，优昙华发火中春。"其意义与此相通。旧译本等书翻译错误，均因没理解原意。

[6] 招庆与诸人一时道却：《景德传灯录》作"招庆今夜与诸人一时道却"，招庆禅师今夜给大家一起说出来了。却：助词，相当于"了"。旧校本标点错误，将"却"与下文连成一句话，即"却还委落处么"。

[7] 还委落处么：还知道落实的地方吗？委：知悉。

[8] 虽有盲龟之意，且无晓月之程：虽然你们遇到了难遇的佛法，但你们不精进而坐失良机。盲龟：佛教典故，它瞎了一只眼睛，另一只眼睛却生在腹下，所以难以见到日月之光。大海有龟，腹有一眼。随波浮游于中，遇大木之穴则乘之，偶风吹来，遂覆此木，龟仰向其腹之一眼，当于浮木之孔，见日月之光，此譬希有难逢之际遇（见《十住论》之鳖眼持头）。《法华经·庄严王品》曰："佛难得值，如优波罗华，又如一眼之龟值浮木孔。"禅师言下之意，你们虽然遇到了佛法，就如盲龟千年难遇一块浮木而看见了日月之光。晓月：指拂晓的月亮。且无晓月之程，不能顶着残月赶路。批评学人不精进。

[9] 非行不行：不该做的不做。

[10] 蚊子上铁牛：即"蚊子上铁牛，无汝下嘴处"。喻指禅法固密幽玄、超情离见，不可用语言表述，无法通过言句领会。《祖堂集》卷一六"沩山"条："云岩却问：'百丈大人相如何？'师云：'魏魏堂堂，炜炜煌煌。声前非声，色后非色。蚊子上铁牛，无你下嘴处。'"《密庵语录》："今夜如此提持，全无巴鼻，全无滋味。如蚊子上铁牛相似，直是无下嘴处。"（摘自《禅宗大词典》）

[11] 感荷：感谢。

[12] 昧著：蒙蔽。

[13] 话堕：丁福保《佛学大辞典》："自吐语而自分堕负。"对自己刚说过的话认为有偏差。堕负：失败。

[14] 一线道：禅林用语常作"放一线道"或"开一线道"。谓禅法固密难入，禅师以方便法门，放开一线之道，让学人有路可循。系禅家接引学人时的方便法门。

[15] 不乱：《景德传灯录》作"不辞"。不辞，不能，不愿。白居易《废琴》："不辞为君弹，纵弹人不听。"

[16] 恐较中更较去：恐怕你越差越远了，指错上加错。较：差。

[17] 七颠八倒：形容纷乱颠倒，神魂颠倒，又，犹言颠三倒四、懵头转向。出自佛教语言，后多形容说话或做事没有条理，杂乱无章。又形容语无伦次。

[18] 根思迟回：根机愚钝，心思迟疑不定。迟回：迟疑，犹豫，徘徊。

[19] 老婆心：指老婆禅。禅林中，师家接引学人时，一再亲切叮咛之禅风。老婆禅一语，或有轻蔑之意，以师家当依学人根性，善巧接化；若一味说示，过分关切，恐有碍学人自行探索，开发智慧之机会，实有悖禅宗"不立文字，教外别传"之宗旨。

[20] 悲华剖坼（chè）：悲华指《悲华经》赞叹释迦如来之秽土成佛，经题"悲华"，即"慈悲的白莲华"之意，喻指释迦牟尼佛而言。剖坼：即"坼剖"，亦作"坼副"。割裂，谓经剖割而分娩。古指剖腹产下婴儿，此处指世尊犹如白莲花绽开了花朵，将解脱之道普施一切众生。旧译本未弄懂原意，译错。

[21] 尊慈：即慈尊，为"大慈悲世尊"之简称。即指释迦牟尼如来。

[22] 赚（zuàn）杀人：又作"赚煞人"。欺骗人。赚：欺骗。杀：助词。

[23] 直：值，价格。

[24] 没却：淹没了。却：语气助词，用在动词后，相当于"了"。

[25] 九重城：宫禁。古制，天子之居有门九重，故称。这里以九重城人借代知道佛法秘密的人。

[26] 相促相拶：相互挤逼。

[27] 拟心早没交涉，更上门上户，千里万里：一动心就与这里（上文所说"这里无物"的境界）没关系了，还要到别人家去打听，更是远隔千里万里。拟心，即刚刚一动心，就有分别执着，然后就会因外境而攀缘。

[28] 看他古人一两个得怎么快，才见便负将去，也较些子：看那一两个古人怎么那么快，才见到就敢当下承当，那样也还不错。较些子，好一些，马马虎虎，说得过去，禅林中，常用于以一方面贬低之逆说方式来作肯定而赞叹之评语。旧校本标点有误，此处说话到"也较些子"作句号，后文"若有此个人"则另起一句。旧校本作"才见便负将去也，较些子若有此个人，非但四事供养……"，标点混乱，令人费解。

[29] 四事供养：谓供给资养佛、僧等日常生活所需之四事。四事：指衣服、饮食、卧具、医药，或指衣服、饮食、汤药、房舍。

[30] 直得：纵使，即使。

[31] 犹更有一级在：还有更高的一个级别。

[32] 委得：知悉。

【概要】

道匡禅师，五代禅僧。潮州（广东）人，俗姓李。长庆慧棱主泉州招庆院时，师入室追随，嗣其法。慧棱住长乐府西院时，师住持招庆院，继慧棱之后，宏扬教法。从他听法悟道者很多，他的法嗣载入《五灯会元》就有七人：报恩宗显、龙光澄忞、永兴可休、太平清海、慈云慧深、兴阳道钦、保福清溪，各为一方宗主，弘传道匡禅法。

据《传灯录》卷二十一、《祖堂集》卷十三、《景德传灯录》卷二十一等古籍记载，道匡一生都在泉州招庆院当住持，一直到后唐同光三年（925 年）圆寂。他是长庆慧棱门下上首高足，因他禅宗造诣精深，以及在弘传禅法上有巨大贡献，闽王赐他以紫方袍（古代最高荣誉奖），并赐号"法因大师"。成为历史上潮汕僧人受到最高统治者赐号的第一人。

【参考文献】

《祖堂集》卷十三；《景德传灯录》卷二十一；《传灯录》卷二十一。

婺州报恩院宝资晓悟禅师

僧问："学人初心[1]，请师示个入路。"师遂侧掌示之曰："还会么？"曰："不会。"师曰："独掌不浪鸣[2]。"

问："如何是报恩家风？"师曰："也知阇黎入众[3]日浅。"

问："古人拈槌竖拂[4]，意旨如何？"师曰："报恩截舌有分[5]。"僧曰："为甚么如此？"师曰："屈着作么[6]？"

问："如何是文殊剑？"师曰："不知。"曰："只如一剑下活得底人作么生[7]？"师曰："山僧只管二时斋粥。"

问："如何是触目菩提？"师曰："背后是甚么立地[8]？"曰："学人不会，乞师再示。"师提拄杖曰："汝不会，合吃多少拄杖！"

问："如何是具大惭愧底人？"师曰："开取口，合不得[9]。"曰："此人行履如何？"师曰："逢茶即茶，逢饭即饭。"

问："如何是金刚一只箭？"师曰："道甚么？"僧再问，师曰："过新罗国去也[10]。"

问："波腾鼎沸，起必全真[11]。未审古人意如何？"师乃叱之。曰[12]："恁么则非次也[13]。"师曰："你话堕[14]也。"又曰："我话亦堕，汝作么生？"僧无对。

问："去却赏罚，如何是吹毛剑[15]？"师曰："延平属剑州[16]。"曰："恁么则丧身失命去也。"师曰："钱塘江里潮[17]。"

【注释】

[1] 初心：初发心学佛。全称初发意、初发心、新发意、新发心。指初发心求菩提道而未有深行者。

[2] 独掌不浪鸣：一个巴掌拍不响。浪：徒然，无用。

[3] 入众：指得度后初入丛林，或指初出于江湖会，或指加入丛林大众之列。

[4] 拈槌竖拂：本谓高僧谈禅说理时拈起槌（捶击的器具）来或者竖起拂尘，用以难倒对方。若参问者被禅师所拿的拂、槌，引发他的不正常心思，就是禅师痛下针砭的时候。宋代陆游《即事》诗之一："君知此段神通否，竖拂能降百万魔。"

[5] 报恩截舌有分：报恩院有区别，我这里不乱说话。截舌：不乱说话。有分，有区别。

[6] 屈着作么：怎么要委屈自己呢？《〈景德传灯录〉译注》"委屈你什么啦"与旧译本"委屈你了吗"均不符合原意。此处禅师意在警醒学人当下承当自己就是佛，不要委屈了自己本有的佛性。只要管住自己的嘴巴不乱说话，观照当下一念是什么，过去的公案无师自通。作么：即"作么生"，《佛光大辞典》："禅林用语。又作怎么生、似么生、作么、作生。作么，即'何'；生，为接尾词。相当于'如何了''怎么样'。本为宋代俗语，禅宗多用于公案之感叹或疑问之词。"

[7] 作么生：参见上条注释。

[8] 背后是甚么立地：背后是什么站立着？立地：站立着。针对"触目菩提"回答，你既然说眼前看见的都是"菩提"，那么你背后看不见的是什么？警醒问者菩提不在肉眼之外，而在自己的心性。

[9] 开取口，合不得：张开口，合不拢。开取：打开。

[10] 过新罗国去也：与"鹞子过新罗"含义相同。形容禅机稍纵即逝，如鹞子疾飞，转瞬之间已飞过新罗（古朝鲜）。有时用于言句问答，指出对方迟钝失机，含讥刺之义。参见本书第十五章"金陵奉先深禅师"。

[11] 波腾鼎沸，起必全真：参考唐代法藏《修华严奥旨妄尽还源观》："良以法无分齐，起必同时，真理不碍万差，显应无非一际，用则波腾鼎沸，全真体以运行；体则镜净水澄，举随缘而会寂。若曦光之流彩，无心而朗十方；如明镜之端形，不动而呈万像。故曰随缘妙用无方德也。"若不理解这段话，则翻译必然错误。"波腾鼎沸"指现象，名叫"用"，是"真体"所起的作用。"体"的本质是寂然不动的，虽然本心不动，但不妨碍现象的"动"。犹如一块明镜，镜子本身不动，但不妨碍照见万像。纵使镜中影像波腾鼎沸，而镜子本身不动。

[12] <u>师乃叱之。曰</u>：旧校本作"师乃叱之曰"，标点错误。"师乃叱之"后是

句号，"曰"是提问者说的话，非师所说。

[13] 恁（nèn）么则非次也：这样的话就不按常规接引学人了。恁么：这样，如此。非次：泛指不按常规、惯例。

[14] 话堕：说话失误，前面多次注释过。

[15] 吹毛剑：利剑名。碧岩百则评唱曰："剑刃上吹毛试之，其毛自断乃利剑，谓之吹毛也。"

[16] 延平属剑州：延平县属于剑州（今福建南平）。

[17] 钱塘江里潮：浙江的下游，称钱塘江。江口呈喇叭状，海潮倒灌，成著名的"钱塘潮"。

处州[1]翠峰从欣禅师

上堂曰："更不展席[2]也，珍重！"便归方丈，却问侍者："还会么？"曰："不会。"师曰："将[3]谓汝到百丈来。"

【注释】

[1] 处州：今浙江丽水。

[2] 展席：开席说法。

[3] 将：以为。

【概要】

从欣禅师，五代禅僧。谒长庆慧棱禅师开悟，嗣其法，出居处州（今浙江丽水）翠岩，世称"翠岩欣"。

【参考文献】

《景德传灯录》卷二十一。

鹫岭明远禅师

襄州[1]鹫岭明远禅师，初参长庆，庆问："汝名甚么？"师曰："明远。"庆曰："那边事作么生？"师曰："明远退两步。"庆曰："汝无端[2]退两步作么？"师无语。庆曰："若不退步，争知明远？"师乃谕旨[3]。

住后，向火次[4]，僧问："'无一法当前，应用无亏'时如何？"师以手卓火[5]，其僧于此有省。

【注释】

［1］襄州：今湖北襄樊。

［2］无端：没有理由，无缘无故。

［3］谕旨：领会了旨意。

［4］向火次：坐在火炉边取暖的时候。禅家于寒月时，坐于僧堂之炉边取暖，称为向火。据《敕修百丈清规》卷六大众章日用规范条载，向火时，应先坐于炉圈上，然后转身正坐，揖上下肩，不得使弄香匙火箸，不得拨火飞灰，不得聚头说话，亦不得煨点心等物，及烘鞋、焙屦（juē，草鞋）、烘衣裳等，更不得揽起衣服露出裤口，或吐唾及丢弹垢物于火内。由此可知向火时之规定。

［5］以手卓火：用手击火。根据"卓地"之意而来。"卓地"有两个意思：一是直立于地（如唐代张祜《答僧赠柱杖》："画空疑未决，卓地计初成。"清代黄景仁《华不注》："卓地青莲忽千仞，虎牙森立羊肠纤。"）；二是叩地，击地（如宋代孔平仲《续世说·宠礼》："世宗于枢前以所执玉钺卓地恸哭者数四。"）。

【概要】

明远禅师，宋代禅僧。师事长庆慧棱禅师得法，出居襄州（今湖北襄樊）鹫岭，结茅而居，自耕而食。众感其德，为立精舍，荆郢清众，奉为楷模。

【参考文献】

《景德传灯录》卷二十一。

龙华彦球禅师

杭州龙华寺彦球实相得一禅师，开堂日，谓众曰："今日既升法座，又争解讳[1]得？只如不讳底事，此众还有人与作证明么？若有，即出来，相共作个榜样。"

僧问："此座为从天降下，为从地涌出？"师曰："是甚么？"曰："此座高广，如何升得？"师曰："今日几被汝安顿[2]着。"

问："灵山一会，迦叶亲闻；今日一会，何人得闻？"师曰："同我者击其大节[3]。"曰："灼然俊哉[4]！"师曰："去般水浆[5]茶堂里用去。"

师复曰："从前佛法付嘱国王大臣及有力檀越[6]，今日郡尊[7]及诸官僚特垂相请，不胜荷[8]。山僧更有未后一句子，贱卖与诸人。"师乃起身立，曰："还有人买么？若有人买，即出来；若无人买，即贱货自收去也。久立，珍重！"

僧问："如何是学人自己？"师曰："雪上更加霜。"

【注释】

[1] 讳：隐瞒，回避。

[2] 安顿：安排，安置。

[3] 同我者击其大节：你们跟我一起去打他的脚踝。大节：脚踝。节：骨节，人身及动物骨骼连接的部分。旧译本"同我一起击打那个大节的人"有误。

[4] 灼然俊哉：干的确实漂亮啊！

[5] 般水浆：搬茶水。般：搬运，后多作"搬"。水浆：茶水。

[6] 檀越：梵语。又作旦那、柁那、拖那、驮曩。略作檀。译为布施、施。即给予、施舍之意。梵汉并称，则为檀施、檀信。檀波罗蜜乃六波罗蜜之一。檀那波底即施主、布施者。中国、日本又将檀那、檀越引申为施主之称。此处指施主。

[7] 郡尊：州郡长官。

[8] 不胜荷：不胜感荷。《景德传灯录》作"不胜荷愧"。客气语，不胜感荷惭愧。

杭州保安连禅师

僧问："如何是保安[1]家风？"师曰："问有甚么难？"

问："如何是吹毛剑？"师曰："豫章[2]铁柱坚。"曰："学人不会。"师曰："漳江亲到来[3]。"

问："如何是沙门行？"师曰："师僧头上戴冠子。"

问："如何是西来意？"师曰："死虎足[4]人看。"

问："一问一答，彼此兴来[5]。如何是保安不惊人之句？"师曰："汝到别处作么生举？"

【注释】

[1] 保安：指保安院。据《景德传灯录》，保安院在杭州临安县。

[2] 豫章：今江西南昌。

[3] 漳江亲到来：漳江我亲自到过。漳江：原名云霄溪，是福建省南部主要独流入海河流之一。发源于福建平和县博平岭山脉东麓大峰山，自北向南流经平和县、云霄县，在云霄县南部石矾塔入漳江湾入中国东海台湾海峡。

[4] 足：可以，能够。

[5] 彼此兴来：彼此兴致就来了。

福州报慈院光云慧觉禅师

上堂："瘥病[1]之药，不假驴驮[2]。若据如今[3]，各自归堂去。珍重！"

问僧："近离甚处？"曰："卧龙。"师曰："在彼多少时？"曰："经冬过夏。"师曰："龙门无宿客，为甚在彼许多时？"曰："师子窟中无异兽。"师曰："汝试作师子吼看！"曰："若作师子吼，即无和尚。"师曰："念汝新到，放汝三十棒。"

问："承闻超觉有锁口诀[4]，如何示人？"师曰："赖我拄杖不在手[5]。"曰："恁么则深领尊慈也[6]。"师曰："待我肯，汝即得。"

闽王问："报慈与神泉[7]相去近远？"师曰："若说近远，不如亲到。"师却问："大王日应千差，是甚么心？"王曰："甚么处得心来？"师曰："岂有无心者？"王曰："那边事作么生？"师曰："请向那边问。"王曰："大师谩[8]别人即得。"

问："大众臻凑[9]，请师举扬。"师曰："更有几人未闻？"曰："恁么则不假上来也[10]。"师曰："不上来且从汝，向甚么处会[11]？"曰："若有处所，即孤负和尚去也。"师曰："只恐不辨精粗。"

问："夫说法者当如法说，此意如何？"师曰："有甚么疑讹？"

问："古人面壁意旨如何？"师便打。

问："不假言诠，请师径直[12]。"师曰："何必更待商量。"

【注释】

[1] 瘥（chài）病：使病痊愈。瘥：痊愈，使病愈。

[2] 不假驴驮：不依靠驴子驮来。

[3] 若据如今：《景德传灯录》作"若据今夜"。

[4] 超觉有锁口诀：慧棱禅师有锁口的口诀。超觉：指长庆慧棱禅师，他号"超觉大师"。

[5] 赖我拄杖不在手：幸亏我的拄杖不在手里。要是有拄杖在手就可打你，否定僧人所说"超觉大师"有口诀。赖：幸而，幸亏。

[6] 恁么则深领尊慈也：这样更好（指师说要拄杖打他），我就能深刻领会世尊的法了。尊慈：即慈尊，为"大慈悲世尊"之简称，指释迦牟尼世尊。《〈景德传灯录〉译注》将"尊慈"译为"尊言慈语"，旧译本译为"你的大慈大悲"，有误。

[7] 神泉：本指灵异之泉，多指温泉。此处依据上下问答文义，借指心。

[8] 谩：欺骗，蒙蔽。

[9] 臻凑：奔趋，汇集。

[10] 恁么则不假上来也：如此就不用上堂来了。不假：不需要。

[11] 不上来且从汝，向甚么处会：旧校本《〈景德传灯录〉译注》标点为"不上来且从，汝向甚么处会"，与原文意义不符，项楚撰写《〈五灯会元〉点校献疑续补一百例》纠正。因为上文问者说"不假上来"，即不需要上堂来听禅师开示。禅师批评他："不上来就依从你，但你从什么地方去领会呢？"

[12] 不假言诠，请师径直：不依靠语言文字来表达义旨，请禅师直说如来第一义谛。言诠：以语言文字来表达义旨，与"依言""依诠"等语同义。径直：直接。

开先绍宗禅师

庐山开先寺[1]绍宗圆智禅师，姑苏人也。江南李主[2]巡幸[3]洪井[4]，入山瞻谒，请上堂。令僧问[5]："如何是开先境？"师曰："最好是'一条界破青山色[6]'。"曰："如何是境中人？"师曰："拾枯柴，煮布水[7]。"国主益加钦重。后终于本山，灵塔存焉。

【注释】

[1] 开先寺：位于江西庐山之南麓，初为五代南唐中主的书堂，李后主舍为寺院。宋代时，云门之门下清耀曾住此，同门智寂之弟子照继之。太平兴国二年（977 年），诏改名为开先华藏寺。仁宗时，善暹开法席，其门特显。门人佛印了元承其席，后智珣、行英等云门诸德相继住之。明代天顺初年恢复旧名。

[2] 李主：即李煜（937～978 年）：五代时南唐国主，词人。南唐中主李璟第

六子，字重光，初名从嘉，号钟隐，世称李后主。961 年至 975 年在位，其间生活奢华，不理国事。宋兵破金陵，出降称臣，封违命侯，后被宋太宗毒死。工书画，精音律，尤擅词。词风疏朗，在题材上突破了晚唐五代词仅写"艳情"的藩篱。后人将其词及其父李璟（中主）的作品，合刻为《南唐二主词》。

［3］巡幸：指皇帝巡游驾幸。

［4］洪井：今江西南昌。史载，隋开皇九年平陈，置洪州，因洪崖井为名。五代南唐中主交泰二年（959 年）升洪州为南昌府。

［5］令僧问：李后主让一位僧人出来问道。

［6］一条界破青山色：出自唐代徐凝《庐山瀑布》："虚空落泉千仞直，雷奔入江不暂息。今古长如白练飞，一条界破青山色。"把瀑布比成白练，镶在青青的山色中间，所以一条白色的瀑布隔开了满山的绿色。

［7］拾枯柴，煮布水：捡来干枯的柴，烧煮瀑布之水。布：瀑布。

【概要】

绍宗圆智禅师，五代禅僧。苏州（今属江苏）人。师事长庆慧棱禅师得法，初结庵于虔州（今江西赣县）丫山二十年，德誉远播，后居庐山开先寺。南唐中主曾入山瞻谒。署号"圆智禅师"。

《景德传灯录》："庐山开先寺绍宗圆智禅师，姑苏人也。禀性朴野，不群流俗。少依本郡流水寺（在江苏苏州城内）出家受具，入长庆之室，密契真要。初结庵于虔州了山二十载，道声遐布。江南国主李氏建寺请转法轮，玄徒辐凑。暨国主巡幸洪井，躬入山瞻谒，请上堂。"

【参考文献】

《景德传灯录》卷二十一。

杭州倾心寺法瑶宗一禅师

上堂，良久曰："大众不待一句语，便归堂去。还有绍继宗风分也无？还有人酬得此问么？若有人酬得，这里与诸人为怪笑；若酬不得，诸人与这里为怪笑。珍重！"

僧问："如何朴实，免见虚头[1]？"师曰："汝问若当，众人尽鉴。"曰："有恁么来皆不丈夫，只如不恁么来，还有绍继宗风分也无？"师曰："出两头，致一问来[2]！"曰："甚么人辨得？"师曰："波斯养儿[3]。"

问："佛法去处，乞师全示。"师曰："汝但'全'致一问来[4]。"曰："为甚么却拈此问去[5]？"师曰："汝适来问甚么？"曰："若不遇于师，几成走作[6]。"师曰："贼去后关门[7]。"

问："别传一句，如何分付？"师曰："可惜许[8]！"曰："恁么则别酬亦不当去也[9]。"师曰："也是闲辞。"

问："如何是不朝天子、不羡王侯底人？"师曰："每日三条线，长年一衲衣。"曰："未审此人还绍宗风也无？"师曰："鹊来头上语，云向眼前飞。"

问："承古有言，不断烦恼，此意如何？"师曰："又是发人业[10]。"曰："如何得不发业？"师曰："你话堕也。"

问："请去赏罚，如何是吹毛剑？"师曰："如法礼三拜。"

师后住龙册寺归寂。

【注释】

[1] 虚头：弄虚作假，骗局，虚假不实的部分。

[2] 出两头，致一问来：旧校本"出，两头致一问来"，这样标点不符合原意，与上文脱节。上文僧人问，如此都不是大丈夫，但不如此，还能继承本门宗风吗？禅师就说，你超越这两边（出两头），提一个问题来。

[3] 波斯养儿：波斯匿王养出的逆子。出自佛经故事。波斯匿王欲娶迦毗罗国释种之女，被欺骗，迎娶了摩诃男家中婢女所生之女为第一夫人（即末利夫人），寻生一男儿，名叫恶生，又叫琉璃太子。后来继承王位，杀害了释种九千九百九十万人，血流成河。王又选五百端正释女为妾，彼等抵死不屈。王嗔恚，悉数切断彼等手足埋于深坑中。

[4] 汝但'全'致一问来：你只管就"全"这个方向提出一个问题来。

[5] 为甚么却拈此问去：为什么要抓住这个问题不放？《〈景德传灯录〉译注》译为"和尚为什么要回避这一个问题"，有误。

[6] 若不遇于师，几成走作：若不是遇到您，我几乎要出问题了。走作：越规，移位，引申为出岔子、出纰漏。旧译本未能理解"走作"，译为"我差点就要走了"，误。

[7] 贼去后关门：贼走了以后才关门，就没有作用了。此处以抓住提问"佛法去处，乞师全示"来开示对方，佛法若是向外求，追求所谓"全"，那是等于我们的心中进了贼，这个时候再关门就没有用了。一定要在贼还没有进来的时候就先

关门，比喻我们关住了"妄想"，如来的智慧就现前了。从上文"若不遇于师，几成走作"，可以知道僧人已经得到了启发，所以禅师让他亡羊补牢，今后不要再有"妄想"。

[8] 可惜许：可惜啊！许：语气助词。《景德传灯录》作"可惜许问"，可以了啊！你的提问。

[9] 恁么则别酬亦不当去也：这样的话则其他问答也是不当了。去：助词，相当于"啊"或"了"。

[10] 又是发人业：又是使人发怒的话。发业：发怒，恼怒。本书第七章"亡名古宿"条："小师曰：'和尚几年唤他即得，某甲才唤便发业。'"

【概要】

法瑶宗一禅师，五代禅僧。师事长庆慧棱禅师得法，居杭州倾心寺，后迁龙册寺而寂。吴越王署号"宗一禅师"。

【参考文献】

《景德传灯录》卷二十一。

福州水陆院洪俨禅师

上堂，大众集定，师下座，捧香炉巡行大众前，曰："供养十方诸佛。"便归方丈。

僧问："离却百非兼四句[1]，请师尽力与提纲。"师曰："落在甚么处?"曰："恁么则人天有赖去也[2]。"师曰："莫将恶水泼人好[3]！"

【注释】

[1] 百非兼四句：即四句百非。为泯除众生有、无对待等迷执邪见而说明真空无相不可得之理时的常用语。三论宗与禅宗均常用此一用语或概念以接引学人。所谓四句，通常指有、无、亦有亦无、非有非无四句，或指肯定、否定、部分肯定部分否定、两者均否定作为判断一般论议形式之四句。于禅林中，亦多指临济义玄之四料简：夺人不夺境，夺境不夺人，人境共夺，人境共不夺。此外，《维摩经玄疏》以为四句之说有十种之多。百非，则指百种之否定，如北本《大般涅槃经》卷二十一，就如来之金刚身举出实数之百非。四句百非均为基于一切判断与论议之立场而设立之假名概念，然佛教之究极宗旨乃在于超越此等假名概念而达到言亡虑绝之境

界，故禅林盛传"离四句，绝百非"之名言。传至今日，禅宗有关"四句百非"之公案极多，乃参禅办道之指南。"离四句，绝百非"也不是马祖说的，禅家常以"四句百非"为公案，作为参禅办道之指南。所谓"四句"，是指两个关系项作逻辑组合时所得的四个句子，如"有、无、亦有亦无、非有亦非无"及"常、无常、常亦无常、非常亦非无常"等皆言四句。所谓"百非"，即百种否定之意，亦即否定所有的执着。

[2] 恁么则人天有赖去也：这样的话则人天众生都有依靠了。去：助词，相当于"啊"或"了"。

[3] 莫将恶水泼人好：莫拿脏水泼人，好不好！恶水：污水，脏水。

【概要】

洪俨禅师，五代禅僧。谒长庆慧棱禅师得法，出居福州水陆院。

【参考文献】

《景德传灯录》卷二十一。

广严咸泽禅师

杭州灵隐山[1]广严院[2]咸泽禅师，初参保福，福问："汝名甚么？"师曰："咸泽。"福曰："忽遇枯涸者如何？"师曰："谁是枯涸者？"福曰："我是。"师曰："和尚莫谩人好！"福曰："却是汝谩我。"

师后承长庆印记，住广严道场（今法安院）。

僧问："如何是觌面相呈[3]事？"师下禅床曰："伏惟尊体起居万福[4]！"

问："不与万法为侣者是甚么人？"师曰："城中青史楼[5]，云外高峰塔。"

问："如何是佛法大意？"师曰："幽涧泉清，高峰月白。"

问："如何是广严家风？"师曰："一坞白云，三间茅屋。"曰："毕竟如何？"师曰："既无维那[6]，兼少典座[7]。"

问："如何是广严家风？"师曰："师子石[8]前灵水响，鸡笼山上白猿啼。"

【注释】

[1] 灵隐山：位于浙江杭州西湖畔。又称武林山、灵苑、仙居。为我国佛教五山之一。据寰宇记载，许由、葛洪等名士皆曾隐居于此山之西。有北高峰，为灵隐最高处，与南高峰相埒，号称"双峰插云"，为西湖十景之一。山麓有灵隐寺，为著名之古刹。

[2] 广严院：亦名韬光庵，位于浙江杭县灵隐山与北高峰之间。原名广严院。唐穆宗（821~824 年在位）时，有高僧结茅于巢枸坞，自称韬光，与当时杭州刺史白乐天邀诗唱和，自此称为韬光庵。

[3] 觌（dí）面相呈：指当面承接禅机。觌面：见面，当面。

[4] 伏惟尊体起居万福：愿贵体起居万福。伏惟：敬辞，希望，愿望。尊体：敬辞，贵体。起居，向尊者请安问候。万福：敬辞，祝福，见面时的问候语。

[5] 青史楼：五代时杭州城内楼宇名，吴越国武肃王钱镠所建，以展示其战功。钱镠作《青史楼引宾从同登》云："志壮四征平逆孽，力扶三帝有褒崇。如今分野无狼字，青史楼标定乱功。"

[6] 维那：维那二字，系梵汉兼举之词；维：纲维，统理之义；那：为梵语之略译，意译授事，即以诸杂事指授于人。为寺中统理僧众杂事之职僧。

[7] 典座：禅林中负责大众斋粥之职称。典座职掌大众之斋粥，一切供养务须净洁，物料调配适当，且节用爱惜之。此职务虽系料理饮食之杂役，然自古该职即极受重视，通常推举志行高洁之僧任之。

[8] 师子石：即狮子山，与下文鸡笼山，都是杭州西湖西面龙井附近的山岭名。

【概要】

咸泽禅师，五代禅僧。初参保福从展不契，后谒长庆慧棱禅师得法，出居杭州灵隐山广严院。有僧问："如何是广严家风？"答曰："一坞白云，三间茅屋。"能诗，所说偈颂，为诸方所钦。

【参考文献】

《景德传灯录》卷二十一。

福州报慈院慧朗禅师

上堂："从上诸圣为一大事因缘故出现于世，递相告报。是汝诸人还会么？若不会，大不容易。”

僧问："如何是一大事？"师曰："莫错相告报么！"曰："恁么则学人不疑也。"师曰："争奈一翳在目。"

问："三世诸佛尽是传语人，未审传甚么人语？"师曰："听。"曰："未审是甚么语？"师曰："你不是钟期[1]。"

问："如何是学人眼？"师曰："不可更撒沙。"

【注释】

[1] 钟期：钟子期，比喻遇到知音。春秋时楚人，伯牙鼓琴，意在高山流水，钟子期听而知之。钟子期死，伯牙谓世无知音，乃破琴绝弦，终身不复鼓琴。事见《吕氏春秋·本味》《淮南子·修务训》。汉东方朔《七谏·谬谏》："伯牙之绝弦兮，无钟子期而听之。"

【概要】

慧朗禅师，五代禅僧。参长庆慧棱得悟，嗣其法，为同门中翘楚，通称为"朗上座"。住福州报慈院。

【参考文献】

《景德传灯录》卷二十一。

福州长庆常慧禅师

僧问："王侯请命，法嗣怡山[1]，锁口之言，请师不谬。"师曰："得。"曰："恁么则深领尊慈。"师曰："莫钝置[2]人好！"

问："不犯宗风，不伤物议[3]，请师满口[4]道。"师曰："今日岂不是开堂？"

问："焰[5]续雪峰，印[6]传超觉。不违于物，不负于人。不在当头[7]，即今何道？"师曰："违负即道[8]。"曰："恁么则善副[9]来言，浅深已辨。"师曰："也须识好恶。"

【注释】

[1] 怡山：即福建福州怡山长庆院。

［2］钝置：亦作"钝致"。折腾，折磨，作弄。

［3］物议：众人的议论。

［4］满口：一口。"请师满口道"，即请师一口说。

［5］焰：灯火之焰。灯或传灯，意谓禅宗以法传人，如灯火相传，辗转不绝。

［6］印：法印。法印系指佛教之旗帜、标帜、特质，乃证明为真正佛法之标准。又印有真实、不动不变之义，例如王者之印，能为证明。

［7］当头：当时，那个时候。

［8］违负即道：违背或者辜负了再说。

［9］副：符合。

福州石佛院静禅师

上堂："若道素面相呈[1]，犹添脂粉。纵离添过，犹有负愆[2]。诸人且作么生体悉？"

僧问："学人欲见和尚本来面目。"师曰："洞上[3]有言亲体取[4]。"曰："恁么则不得见去也。"师曰："灼然[5]！客路如天远，侯门似海深[6]。"

【注释】

［1］素面相呈：素面相见。素面，不施脂粉之天然美颜。呈：显现。

［2］负愆（qiān）：负罪。

［3］洞上：乃洞山良价禅师所倡导之禅宗，亦用以指曹洞宗。因相对于末师末流而言，故称洞上。

［4］亲体取：亲自体会。体取：体会。

［5］灼然：显然。

［6］客路如天远，侯门似海深：出自唐代杜荀鹤《与友人对酒吟》："凭君满酌酒，听我醉中吟。客路如天远，侯门似海深。新坟侵古道，白发恋黄金。共有人间事，须怀济物心。"客路：指旅途。侯门：指显贵人家。"客路如天远，侯门似海深"比喻僧人离真理的彼岸还有天远。

福州枕峰[1]观音院清换禅师

上堂："诸禅德！若要论禅说道，举唱宗风，只如当人分上[2]，以一毛端上有无量诸佛转大法轮[3]，于一尘中现宝王[4]刹。佛说，众生说，山河大地一时说，未尝间断。如毗沙门王[5]，始终不求外宝。既各有如是家风，阿谁欠少[6]？不可更就别人处分也[7]。"

僧问："如何是法界性？"师曰："汝身中有万象。"曰："如何体得？"师曰："虚谷寻声，更求本末。"

【注释】

[1] 枕峰：今属福建闽侯县祥谦镇管辖，位于闽侯县东南部，系福州市南部，距福州市区很近。

[2] 当人分上：本人份上。当人：本人。

[3] 以一毛端上有无量诸佛转大法轮：旧校本标点错误，作"以一毛端上有无量诸佛转大法轮于一尘中"。根据佛经，当作"于一尘中现宝王刹"，故"于一尘中"要放在后面一句。

[4] 宝王：佛之尊称。又作宝王如来。

[5] 毗沙门王：四大天王之一，"毗沙门"译为"多闻"。此天王为阎浮提北方的守护神，是佛教的护法神；又因福德之名闻四方，故名多闻天。此外，亦被一般佛教徒视为财神或福神。

[6] 阿谁欠少：谁还有欠缺呢？因为本分自足。"阿"字乃发语词，其音为"屋"，对人亲匿之称多冠以"阿"。魏晋以后，其风尤盛，或冠于名上，或冠于字上，或冠于姓上，如三国志所载吴国吕蒙有"吴下阿蒙"之称，乃至俗呼小儿常称阿某，故"阿谁"即为"谁"，乃"何人"之意。于禅林中，常用来转指佛性，如"他是阿谁"。参见第二章"牛头山法融禅师"条注释。

[7] 不可更就别人处分也：不要再到别人那里接受什么了。

福州东禅契讷禅师

上堂："未曾暂失，全体现前，恁么道亦是分外[1]。既恁么道不得，向兄弟前合作么生道[2]？莫是无道处不受道么[3]？莫错会好！"

僧问："如何是现前三昧？"师曰："何必更待道。"

问："己事未明，乞师指示。"师曰："何不礼谢！"

问："如何是东禅[4]家风？"师曰："一人传虚，万人传实[5]。"

【注释】

[1] 分外：本分之外。

[2] 既恁么道不得，向兄弟前合作么生道：旧校本标点错误，作"既恁么道，不得向兄弟前合作么生道"。这句话的意思是：既然已经说不得，那么在兄弟们面前又应当怎么说呢？

[3] 莫是无道处不受道么：莫非是不能说话处不能说吗？莫是，莫非是，也许是。

[4] 东禅：指福州东禅院，契讷禅师主持。

[5] 一人传虚，万人传实：意思是一个人传出没有根据的事，众多的人跟着传播，就被当作实有的事了。指根本无事，因传说的人多，就使人信以为真。汉代王符《潜夫论·贤难》："一犬吠形，百犬吠声；一人传虚，万人传实。"

【概要】

契讷禅师，五代禅僧。师事长庆慧棱禅师得法，出居福州东禅院，有僧问："如何是东禅家风？"答曰："一人传虚，万人传实。"

【参考文献】

《景德传灯录》卷二十一。

福州长庆院弘辩妙果禅师

上堂，于座前侧立，曰："大众各归堂得也未，还会得么？若也未会，山僧谩诸人去也。"遂升座。

僧问："海众云臻，请师开方便门，示真实相。"师曰："这个是方便门。"曰："恁么则大众侧聆[1]去也。"师曰："空侧聆作么？"

【注释】

[1] 侧聆：侧耳而听，侧耳聆听。

福州东禅院可隆了空禅师

僧问："如何是道？"师曰："正是道。"曰："如何是道中人？"师曰："分明向汝道。"

上堂："大好省要[1]，自不仙陀[2]。若是听响之流[3]，不如归堂向火[4]。珍重！"

问："如何是普贤第一句?"师曰："落第二句也。"

【注释】

[1] 省要：简单扼要。因为禅宗直指人心，不假言语文字方便。

[2] 仙陀：禅林用语有"仙陀客"，指善解人意，能速疾体会禅林师家之机法而契悟之弟子或客人。仙陀，为仙陀婆之略称。参见本章"婺州明招德谦禅师"条注释。

[3] 听响之流：用耳朵听声音的人，执着于言语文字的人，而不知道反闻闻自性，这种人不能开悟。

[4] 向火：坐在火炉边取暖。禅家于寒月时，坐于僧堂之炉边取暖，称为向火。据《敕修百丈清规》卷六大众章日用规范条载，向火时，应先坐于炉圈上，然后转身正坐，揖上下肩，不得使弄香匙火箸，不得拨火飞灰，不得聚头说话，亦不得煨点心等物，及烘鞋、焙屫（juē，草鞋）、烘衣裳等，更不得揽起衣服露出裤口，或吐唾及丢弹垢物于火内。由此可知，向火时之规定。

仙宗守玭禅师

福州仙宗院守玭[1]禅师，久不上堂[2]，大众入方丈参。师曰："今夜与大众同请假，未审还给假也无? 若未闻给假，即先言者负[3]。珍重!"

僧问："十二时中常在底人[4]，还消得人天供养也无?"师曰："消不得。"曰："为甚么消不得?"师曰："为汝常在。"曰："只如常不在底人，还消得也无?"师曰："驴年[5]。"

问："请师答无宾主[6]话。"师曰："向无宾主处问将来!"

【注释】

[1] 玭（pín）：珍珠；蚌的别名。

[2] 久不上堂：《景德传灯录》作"一日不上堂"。

[3] 先言者负：先说话的人就输了。

[4] 十二时中常在底人：全天二十四小时都在用功的人。十二时，古代昼夜分为十二个时辰，即子、丑、寅、卯、辰、巳、午、未、申、酉、戌、亥。

[5] 驴年：禅林用语。十二地支中各有所属之生肖，其中无驴，即无驴年，故以之譬喻永无可期之日。

[6] 宾主：在禅林，临济、曹洞各立四宾主。宾：指学人、徒弟；主：指师

家。唐代临济宗开祖义玄就宾（学人）与主（师家）之关系，立宾看主、主看宾、主看主、宾看宾等四句，以提示禅机。依此，师家令学人自觉邪正，趋向真正之道。于曹洞宗，"主"为正、体、理之意，"宾"为偏、用、事之意。

永安怀烈禅师

抚州[1]永安院怀烈净悟禅师，上堂顾视左右曰："患謇[2]作么？"便归方丈。

上堂，良久曰："幸自可怜生[3]，又被污却也。"

上堂："大众！正是著力处，切莫容易[4]。"

僧问："怡山亲闻一句，请师为学人道。"师曰："向后莫错举似[5]人。"

【注释】

[1] 抚州：今属江西省抚州市。

[2] 患謇（jiǎn）：患口吃的病。謇：口吃。

[3] 幸自可怜生：本来就可怜。幸自：本自，原来。生：语气助词。

[4] 容易：轻视。

[5] 举似：告诉，奉告，说给人听。

福州闽山[1]令含禅师

上堂："还恩恩满[2]，赛愿愿圆[3]。"便归方丈。

僧问："既到妙峰[4]顶，谁人为伴侣？"师曰："到。"曰："甚么人为伴侣？"师曰："吃茶去。"

问："明明不会，乞师指示。"师曰："指示且置，作么生是你明明底事？"曰："学人不会，再乞师指。"师曰："八捧十三[5]。"

【注释】

[1] 闽山：乌石山山之支，在福州城西南角。唐天宝八载，勅赐乌石山为闽山，因名。

[2] 还恩恩满：报恩则恩已圆满。

[3] 赛愿愿圆：还愿则愿也圆满。赛，酬报，旧时祭祀酬神之称。

[4] 妙峰：即须弥山。系佛教宇宙观中，耸立于一小世界中央金轮上之高山。在禅林中，用"妙峰"一词形容超绝一切言语、思维、情识分别之绝对境界，即指本分安住之处，称为妙峰孤顶、妙峰顶、孤峰顶上。

[5] 八捧十三：古代指最轻的罪。宋朝的刑制，最轻的杖刑打十三下，最轻的笞刑打七下或八下（见《宋史·卷一九九·刑法志一》）。禅宗借用来棒喝。苏轼《南华老师示四韵，事忙，姑以一偈答之》："恶业相缠五十年，常行八棒十三禅。却著衲衣归玉局，自疑身是五通仙。"此诗说明"八捧十三"是禅林"棒喝"的代名词。《景德传灯录》作"七捧十三"，意义相同。《〈景德传灯录〉译注》注释为"夹七夹八"，有误。

新罗国龟山和尚

有人举[1]：裴相国启建法会，问僧："看甚么经？"曰："《无言童子经[2]》。"公曰："有几卷？"曰："两卷。"公曰："既是无言，为甚么却有两卷？"僧无对。

师代曰："若论无言，非唯两卷[3]。"

【注释】

[1] 有人举：有人向龟山和尚报告一个公案，即下文所说。

[2] 无言童子经：佛经名，共两卷，西晋竺法护译。《大集经十二·无言菩萨品》之异译。

[3] 若论无言，非唯两卷：如果论说"无言"，并非两卷就能说清楚的。

吉州资国院[1]道殷禅师

僧问："如何是祖师西来意？"师曰："普通八年遭梁怪[2]，直至如今不得雪[3]。"

问："千山万山，如何是龙须山？"师曰："千山万山。"曰："如何是山中人？"师曰："对面千里[4]。"

问："不落有无，请师道。"师曰："汝作么生问？"

【注释】

[1] 吉州资国院：位于江西吉安梅塘龙须山，始建于唐代（766 年），由曹溪

六祖弟子法登禅师兴建并隐居于此，后唐代宗赐长兴寺，并作为宫廷御用祈雨求福祭坛；唐德宗时建塔林于院内；宋太宗时更名为资国寺（1009 年）。自唐代道殷大师入住资国寺起，一直保持着农禅并重、自给自足的古朴道风，成为佛教禅宗为数不多的清修道场。

[2] 普通八年遭梁怪：普通八年达磨大师遇见梁武帝，却被梁武帝怪罪。指达磨抵达金陵，与梁武帝对答，话不投机，达磨渡江北去。普通八年：梁武帝的年号。普通八年即大通元年，527 年。

[3] 雪：昭雪。

[4] 对面千里：人在对面，却心隔千里。

福州祥光院澄静禅师

僧问："如何是道？"师曰："长安路上[1]。"曰："向上事如何？"师曰："谷声万籁起，松老五云披。"

问："如何是和尚家风？"师曰："门下平章事，宫闱较几重[2]？"

【注释】

[1] 长安路上：道就在眼前的大路上。《景德传灯录》作"长安鼎沸"，意义相同。道就在喧闹的城市，可是我们因为妄想执着而看不见。

[2] 门下平章事，宫闱较几重：宰相进宫大略有几重门？门下平章事，全称为"同中书门下平章事"，唐宋均为宰相之官衔。宫闱：宫廷。

【概要】

澄静禅师，五代禅僧。师事长庆慧棱禅师，嗣其法。有僧问："如何是和尚家风？"答曰："门下平章事，宫闱较几重？"

【参考文献】

《景德传灯录》卷二十一。

报慈从瓌禅师

杭州报慈院从瓌[1]禅师，福州陈氏子。

僧问："承古有言：'今人看古教，未免心中闹。欲免心中闹，应须看古教。'如何是古教？"师曰："如是我闻[2]。"曰："如何是心中闹？"师曰："那畔[3]雀儿声。"

【注释】

[1] 瓌（guī）：古同"瑰"。

[2] 如是我闻：又作我闻如是、闻如是。为佛经之开头语。释尊于入灭之际，曾对多闻第一之阿难言其一生所说之经藏，须于卷首加上"如是我闻"一语，以与外道之经典区别。如是：系指经中所叙述之释尊之言行举止；我闻，则指经藏编集者阿难自言听闻于释尊之言行。

[3] 那畔：那边。

【概要】

从瑰禅师，五代禅僧，俗姓陈，福州（今属福建）人。少出家，历参诸师不契，后谒长庆慧棱禅师，言下顿悟，嗣其法。出居越州（今浙江绍兴）称心寺，开法讲说，禅风大振。晚年迁杭州报慈院。师开宝六年癸酉六月十四日辰时，沐浴易衣，告门人付嘱讫，右胁而逝。

【参考文献】

《景德传灯录》卷二十一。

杭州龙华寺契盈广辩周智禅师

僧问："如何是龙华境？"师曰："翠竹摇风，寒松锁月。"曰："如何是境中人？"师曰："切莫唐突[1]。"

问："如何是三世诸佛道场？"师曰："莫别瞻礼[2]。"曰："恁么则亘古亘今[3]。"师曰："是甚么年中？"

【注释】

[1] 唐突：冒犯，亵渎。

[2] 莫别瞻礼：不要去瞻礼别人。瞻礼，瞻仰礼拜。

[3] 亘古亘今：贯串古今，从古至今。

【拓展阅读】

杭州龙华寺契盈广辩周智大师，本福州黄蘗山受业，于长庆领旨。（《景德传灯录》卷二十一）

问："如何是黄蘗山主？"师曰："谢仁者相访。"问："如何是黄蘗境？"师曰："龙吟瀑布水，云起翠微峰。"（《景德传灯录》卷二十一）

僧契盈，闽中人。通内外学，性尤敏速。广顺初，游戏钱塘，一旦，陪吴越王游碧浪亭，时潮水初满，舟楫辐辏，望之不见其首尾。王喜曰："吴越地去京师三千余里，而谁知一水之利有如此耶！"契盈对曰："可谓三千里外一条水，十二时中两度潮。"时人谓之佳对。时江南未通，两浙贡赋自海路而至青州，故云三千里也。（《旧五代史》卷一百三十三《钱镠传附钱俶传》案语引《五代史补》1775）

大傅王延彬居士

太傅王延彬居士，一日入招庆佛殿，指钵盂问殿主："这个是甚么钵？"主曰："药师钵。"公曰："只闻有降龙钵。"主曰："待有龙即降。"公曰："忽遇拏云攫浪[1]来时作么生？"主曰："他亦不顾。"公曰："话堕也。"

（玄沙曰："尽你神力，走向甚么处去？"保福曰："归依佛、法、僧。"百丈恒作覆钵势。云门曰："他日生天，莫孤负老僧。"）

长庆谓太傅曰："雪峰竖拂子示僧，其僧便出去。若据此僧，合唤转痛与一顿。"公曰："是甚么心行？"庆曰："泊合放过。"

公到，招庆煎茶，朗上座与明招把铫，忽翻茶铫[2]。公问："茶炉下是甚么？"朗曰："捧炉神。"公曰："既是捧炉神，为甚么翻却茶？"朗曰："事官千日，失在一朝。"公拂袖便出。明招曰："朗上座吃却招庆饭了，却向外边打野榸[3]。"朗曰："上座作么生？"招曰："非人得其便[4]。"

【注释】

[1] 拏（ná）云攫浪：腾云踏浪。又作"拏云攫雾"，腾云驾雾之意。如《续传灯录卷十三·大鉴下第十三世》："犹是湛水之波，忽遇拏云攫雾又且如何？"拏云，凌云。攫：又有版本作"㩧"，同"攫"。宝祐本作"爪+蔓"。参见本章"婆

州明招德谦禅师"条注释。

　　[2] 茶铫（diào）：烧茶的器具。铫：煮开水熬东西用的器具。

　　[3] 打野榸（zhāi）：禅林用语。禅师对行脚僧的晋斥语。榸：枯木之根。打野榸，即叩枯木根之意。原作打野堆，意指聚集众人，成堆打愃，系福州之谚语。圆悟《碧岩集》中解云："野榸，乃山上烧不过底火柴头。"本书第四章"洪州东山慧禅师"条："师喝曰：'这打野榸汉。'"贯休《秋怀赤松道士》："石罅青蛇湿，风榸白菌干。旧译本译为"打野食"，错。

　　[4] 非人得其便：出自《维摩诘所说经·文殊师利问疾品第五》："譬如人长时，非人得其便；如是弟子畏生死故，色、声、香、味、触得其便也。"譬如一个人心裡面恐怖的时候，鬼神就有机会来欺负你了。非人就是鬼神。旧译本将"非人得其便"译为"不是每人能得到那方便"，是因为不知道此文出处而译错。

【概要】

　　王延彬（886～930年），字表文，武肃王王审邦长子，祖籍河南光州固始，生于泉州。唐末五代任泉州刺史，累封至检校太傅开国候，卒赠侍中。

　　他前后执掌泉州军政大权十六年，政通人知，五谷丰登。他多发蕃舶以资公用，每遇惊涛狂飙，无有失坏，被号为"招宝侍郎"。他一生崇信佛教，好谈佛理，先后延请多位高僧来泉州开元寺弘法传经。他舍田施财，在青阳山建法云寺，在州城北山建福先招庆寺，在城南建教忠寺，在南安县为高丽僧人元衲建福清寺（今属鲤城区北峰镇），在他妻子徐氏葬地凤凰山建凤凰寺。在开元寺四周建造二十余处精舍寺院，迎纳名僧驻锡。他的妹妹出家西禅寺为比丘尼，他特地扩建泉州罗城的西北部分，把西禅寺围在城内。他对每座寺院都拨给上好寺田供养僧尼，仅招庆、招福二寺就置田租十万余担。

　　王延彬去世后，妻子在其墓边筑云台寺守候，死后也葬于云台山。

　　《居士分灯录》："又入院，见方丈门闭，问演侍者：'敢道大师在否？'演曰：'有人敢道大师不在否？'又问北院古人曰：'普现色身，遍行三昧，佛法为甚不到北俱卢州？'曰：'只为遍行，所以不到。'明招在招庆因普请，至彬宅取木佛，彬问大众曰：'忽遇丹霞，又作么生？'众无语。招当时提起，向顶上曰：'也要分付着人。'一日彬请玄沙师备禅师登楼，先语客司曰：'待我引大师到楼前，汝便异却梯。'客司禀旨。彬曰：'请大师登楼。'沙视楼，复视其人，乃曰：'佛法不是这个道理。'"

【参考文献】

　　《居士分灯录》卷上。

保福展禅师法嗣

潭州延寿寺慧轮禅师

僧问："宝剑未出匣时如何？"师曰："不在外。"曰："出匣后如何？"师曰："不在内。"

问："如何是一色？"师曰："青、黄、赤、白。"曰："大好一色。"师曰："将谓无人，也有一个半个。"

【概要】

慧轮禅师，五代禅僧。师事保福从展禅师，嗣其法。出居潭州（今湖南长沙）延寿寺。

【参考文献】

《景德传灯录》卷二十二。

漳州保福[1]可俦禅师

僧问："如何是和尚家风？"师曰："云在青天水在瓶[2]。"

问："如何是吹毛剑？"师曰："瞥落[3]也。"曰："还用也无？"师曰："莫鬼语[4]。"

【注释】

[1] 漳州保福：福建漳州保福院，可俦禅师住在此，号明辩大师。

[2] 云在青天水在瓶：出自李翱《赠药山高僧惟俨（其一）》："练得身形似鹤形，千株松下两函经。我来问道无余说，云在青天水在瓶。"在禅林中常来比喻道不远人，就在眼前万事万物之中，若有道可寻，则不能开悟。故事发生在唐朝山南东道节度使李翱身上，他多次派人请药山禅师进城供养，均被禅师拒绝。有一日，李翱亲自上山登门造访，问："什么是'道'？"药山禅师伸出手指，指上指下，然后问："懂吗？"李翱说："不懂。"药山禅师解释说："云在青天水在瓶！"原来道就在青天的云上，瓶里的水中。道在一草一木，道在一山一谷，道在眼前万事万物

当中。

[3] 瞥落：一眨眼间就落地了。禅师告诉问者，你以为吹毛就断的剑（吹毛剑）很厉害吗？但只要有这种执着，就是"有"，凡是"有"都是无常的，在宇宙的长河中，不管他曾经多么英雄，都是转瞬即逝的。《〈景德传灯录〉译注》将"瞥落"注释为"迅速的样子"，有误。

[4] 莫鬼语：莫说鬼话。鬼语：骗人的话。

舒州海会院如新禅师

上堂，良久曰："礼繁即乱[1]。"便下座。

僧问："从上宗乘，如何举唱？"师曰："转见孤独。"曰："亲切[2]处乞师一言。"师曰："不得雪也听他[3]。"

问："如何是迦叶[4]顿领[5]底事？"师曰："汝若领得，我即不吝[6]。"曰："恁么则不烦于师去也。"师曰："又须著棒，争得不烦？"

问："牛头横说竖说，犹未知向上关捩子[7]，如何是向上关捩？"师曰："赖遇娘生臂短[8]！"

问："如何是祖师意？"师曰："要道何难！"曰："便请师道。"师曰："将谓灵利，又不仙陀[9]。"

【注释】

[1] 礼繁即乱：礼多即乱《〈景德传灯录〉译注》作"礼烦即乱"。意思相同，"繁"与"烦"都是"多"的意思。

[2] 亲切：与禅法契合相应。《无门关·离却语言》："风穴和尚因僧问：'语默涉离微，如何通不犯？'穴云：'长忆江南三月里，鹧鸪啼处百花香。'无门曰：风穴机如掣电，得路便行，争奈坐前人舌头不断？若向者里见得亲切，自有出身之路。"

[3] 不得雪也听他：不能分辨就听。雪：分辨。他，虚指，如吃他一顿，打他个措手不及。海南版标点为"不得雪，也听他"，有误。

[4] 迦叶：指摩诃迦叶，佛陀十大弟子之一，禅宗西天祖师第一祖。又作摩诃迦叶波、摩诃罽叶、大迦叶、大迦叶波、大迦摄。略作迦叶、迦叶波、迦摄波。译为大饮光或大龟。在佛弟子中，有"头陀第一""上行第一"等称号。以"拈花微笑"之故事，成为西天祖师第一祖。参见第一章"释迦牟尼佛"。

[5] 顿领：顿时领会。

[6] 汝若领得，我即不吝：你若是能够领会，我就不会吝啬与你说。意思是，你是迦叶那样的人吗？不知天高地厚。《景德传灯录》译为"你如果能领会，我就不伤悲了"有误，旧译本译为"你如果能领会，我就不会舍不得"亦有误。

[7] 犹未知向上关捩（lì）子：还不知道向上的机关。关捩子，能转动的机械装置，喻物之紧要处。在禅林指无上至真的禅机妙法，悟道之关键处。亦作"关楔子"。参见第四章"洪州黄檗希运禅师"注释。

[8] 赖遇娘生臂短：幸亏娘生的臂膀短了。赖：幸亏。娘：指母亲。《景德传灯录》将"娘"理解为"姑娘"，有误。

[9] 将谓灵利，又不仙陀：要说你聪明伶俐，可你也不是仙陀客。灵利：伶俐。仙陀：禅林用语有"仙陀客"，指善解人意，能速疾体会禅林师家之机法而契悟之弟子或客人。参见本章"婺州明招德谦禅师"。

【概要】

如新禅师，五代禅僧。谒保福从展禅师得法。出居舒州（今安徽潜山）海会院。

问："羚羊挂角时如何？"师曰："恁么来又恁么去。"僧曰："为什么如此？"师曰："只见好笑，不知为什么如此。"（摘自《景德传灯录》卷二十二）

【参考文献】

《景德传灯录》卷二十二。

洪州漳江慧廉禅师

僧问："师登宝座，曲为今时。四众攀瞻，请师接引。"师曰："甚么处屈汝？"曰："恁么则垂慈方便路[1]，直下不孤人也[2]。"师曰："也须收取好。"

问："如何是漳江境？"师曰："地藏皱眉。"曰："如何是境中人？"师曰："普贤敛袂[3]。"

问："如何是漳江水？"师曰："苦。"

问："如何是漳江第一句？"师曰："到别处不得错举[4]。"

【注释】

[1] 垂慈方便路：垂语示众，大发慈悲，给大众指示一条方便路。垂：指垂语

示众。又作垂语、垂说、示众。于禅林，师家对弟子大众开示宗要，称为垂示。又于说示法要时，先以简明语句标示所说之要谛，亦称垂示。

［2］直下不孤人也：当下就不孤负人了。直下：当下，如《敦煌变文集·丑女缘起》："叉手又说寒温，直下令人失笑。"

［3］敛袂：整饬衣袖。行礼拜揖的准备动作。

［4］错举：说错。

【概要】

慧廉禅师，五代禅僧。师事保福从展禅师，嗣其法，出居洪州（今江西南昌）漳江院。

师初开堂，有僧问："昔日梵王请佛，盖为奉法之心；今日朱紫临筵，未审师如何拯济？"师曰："别不施行（没有其他做法）。"僧曰："为什么不施行？"师曰："什么处去来？"（摘自《景德传灯录》卷二十二）

【参考文献】

《景德传灯录》卷二十二。

福州报慈院文钦禅师

僧问："如何是诸佛境？"师曰："雨来云雾暗，晴乾[1]日月明。"

问："如何是妙觉[2]明心？"师曰："今冬好晚稻，出自秋雨成。"

问："如何是妙用河沙[3]？"师曰："云生碧岫[4]，雨降青天。"

问："如何是平常心合道？"师曰："吃茶吃饭随时过，看水看山实畅情。"

【注释】

［1］乾（gān）：干。干燥。

［2］妙觉：自觉觉他，觉行圆满，智德不可思议，称为妙觉，为佛果的无上正觉，证得此觉的人，被称为佛。

［3］妙用河沙：佛菩萨之妙用如恒河沙一样多。用，是与体相对的用。人是性体所表现出来的，都叫作用。就其能力上说，叫作力用；就其功业上说，叫作功用；就其活动上说，叫作作用。而本性之用，就是佛菩萨之用，这种用区别于众生之用，微妙而不可思议，故叫"妙用"，这种用随众生之心而体现，如恒河沙一

样多。

[4] 碧岫（xiù）：青色的峰峦。岫：峰峦。

【概要】

文钦禅师，五代禅僧。参保福从展禅师得悟，嗣其法。出居福州报慈院。能诗文，名动一方。

【参考文献】

《景德传灯录》卷二十二。

泉州万安院清运资化禅师

僧问："诸佛出世，震动乾坤；和尚出世，未审如何？"师曰："向汝道甚么！"曰："恁么则不异诸圣去也。"师曰："莫乱道！"

问："如何是万安家风？"师曰："苔羹仓米饭[1]。"曰："忽遇上客[2]来，将何祗待[3]？"师曰："饭后三巡茶。"

问："如何是万安境？"师曰："一塔松萝望海青[4]。"

【注释】

[1] 苔羹仓米饭：简单的饭菜。苔羹，用青苔野菜做的菜羹。仓米，本指官仓中贮藏的米，此处指出家人吃储藏在仓库中的陈米，以说明出家人生活要求之低。

[2] 上客：尊贵的宾客。

[3] 祗待：侍奉，供奉。宋代罗大经《鹤林玉露》卷九："近时赵紫芝诗云：'一瓶茶外无祗待，同上西楼看晚山。'世以为佳。然杜少陵云：'莫嫌野外无供给，乘兴还来看药栏。'即此意也。"

[4] 一塔松萝望海青：生在树上的松萝如佛塔一样高耸，远望着大海青青一色。松萝：生于深山的老树枝干或高山岩石上，成悬垂条丝状。尤其生于阴湿的林中，附生在针叶树上。在阴暗潮湿的环境中，喜附生于云杉，冷杉的树枝上。

【概要】

清运资化禅师，五代禅僧。师事保福从展禅师，嗣其法，出居泉州万安院，署"资化禅师"。

僧问："龙溪一派，晋水分灯；万安临筵，如何指示？"师曰："作么生折合

（应对）？”僧曰：“未审师还许也无？”师曰：“更作么生。”僧曰：“昔日龙溪密旨，今朝万安显扬；人天侧聆，愿垂开演。”师曰："还闻么？”僧曰：“恁么即五众（指出家五众）已蒙师指的，不异城东十眼开。”师曰："五众且置，仁者作么生。”（摘自《景德传灯录》卷二十二）

问："久处幽冥，全身不会，乞师指示。"师曰："莫屈着汝问么？"曰："恁么即礼拜，随众上下，师还许也无。"师曰："静处萨婆诃。"（摘自《景德传灯录》卷二十二）

【参考文献】

《景德传灯录》卷二十二。

报恩道熙禅师

漳州报恩院道熙禅师，初，与保福送书上泉州王太尉，尉问："漳南和尚[1]近日还为人[2]也无？"师曰："若道为人，即屈着和尚；若道不为人，又屈着太尉来问。"请太尉曰[3]："道取一句。"尉曰："待铁牛能啮草，木马解含烟[4]。"师曰："某甲惜口吃饭[5]。"尉良久，又问："驴来，马来[6]？"师曰："驴马不同途。"尉曰："争得到这里？"师曰："特谢太尉领话。"

住后，僧问："明言妙句即不问，请师真实道将来。"师曰："不阻来意。"

【注释】

[1] 漳南和尚：指保福从展禅师。

[2] 为人：接引人学佛。佛教有为人悉檀，乃佛应众生之根机与能力不同，而说各种出世实践法，令众生生起善根，故又称生善悉檀。

[3] 请太尉曰：旧校本标点有误。"请"字在《景德传灯录》中没有，其他版本，正如项楚《五灯会元点校献疑三百例》指出"清藏本、续藏本无'请'字"。此处遵从项楚的意见，这个"请"字必须有，又不能如旧校本把"请"字放入了禅师说话的最后面。这是禅师邀请王太尉说话，后面"道取一句"还是禅师说的话。如果没有"请"字，就变成了王太尉说的话了。

[4] 木马解含烟：懂得"木马奔跑如一溜烟"的含义。见后文"木马走似烟，石人趁不及"（瑞峰志端禅师）。木马奔跑如一溜烟，石人在后赶不上。木马，禅

林用语。木制之马无有思虑念度之作用，故丛林每以之比喻无心无念之解脱当相。如禅宗有"木马游春骏不羁"之语，以游春表活动之意，引申为无心之妙用。《〈景德传灯录〉译注》未弄清原意，译文有误。

[5] 某甲惜口吃饭：我闭口吃饭。惜口：少说话。

[6] 驴来，马来：骑驴来，还是骑马来？旧校本标点有误，选择文句，句中未断点。

【概要】

道熙禅师，五代禅僧。师事保福从展禅师，嗣其法，出居漳州（今福建漳浦）报恩院。泉州刺史王延彬问："驴来，马来？"答曰："驴马不同途。"其机辨多如此。

【参考文献】

《十国春秋》卷九十九；《景德传灯录》卷二十二。

泉州凤凰山从琛洪忍禅师

僧问："如何是和尚家风？"师曰："门风相似，即无阻矣。汝不是其人。"曰："忽遇其人时又如何？"师曰："不可预搔待痒[1]。"

问："学人根思迟回，方便门中乞师傍瞥[2]。"师曰："傍瞥。"曰："深领师旨，安敢言乎？"师曰："太多也。"

上堂，有僧出礼拜起，退身立。师曰："我不如汝。"僧应诺。师曰："无人处放下著。"

问："如何是学人自己事？"师曰："暗算流年事可知。"

问："如何是凤凰境？"师曰："雪夜观明月。"

问："如何是西来意？"师曰："作人丑差[3]。"曰："为人何在[4]？"师曰："莫屈着汝么！"

【注释】

[1] 不可预搔待痒：不可以提前骚挠以等待痒发生。

[2] 傍瞥：指傍瞥语。在禅林中，师家接化学人时，不以正面提示之方法，而由侧面用言语略加透露旨要。以其非直指而系傍示，故称傍瞥语。

[3] 丑差：丑陋，低劣。《敦煌变文集·丑女缘起》："心知是朕亲生女，丑差都来不似人。"

[4] 为人何在：那怎么接引人呢？

【概要】

从琛洪忍禅师，五代禅僧。师事保福从展禅师得法，出居泉州凤凰山。

问："昔日灵山会上，佛以一音演说，今日请师一音演说。"师良久，僧曰："恁么即大众顿息疑网去也。"师曰："莫涂污大众好。"（摘自《景德传灯录》卷二十二）

问："诸佛皆以大事因缘故，出现于世，未审和尚如何拯济？"师曰："大好风凉！"（摘自《景德传灯录》卷二十二）

【参考文献】

《景德传灯录》卷二十二。

福州永隆院明慧瀛禅师

上堂："谓言侵早[1]起，更有夜行人。似则似，是即不是。珍重！"

问："无为无事人，为甚么却是金锁难[2]？"师曰："为断粗纤，贵重难留[3]。"曰："为甚么道无为无事人逍遥实快乐？"师曰："为闹乱，且要断送[4]。"

僧参，师曰："不要得许多般数[5]，速道！速道！"僧无对。

上堂："日出卯，用处不须生善巧[6]。"便下座。

僧问："如何进向，得达本源？"师曰："依而行之。"

【注释】

[1] 侵早：天刚亮，拂晓。现作为地方土话，常形容起床时间特早。《增广贤文》："莫道君行早，更有早行人。"

[2] 无为无事人，为甚么却是金锁难：追求无为无事的人为什么却是金锁难。无为，不执着行善求报，佛法说"三轮体空"，这就是佛教的"无为"。它是涅槃的别名，涅槃为不生不灭，绝一切有为之相，故云无为。无事，与无为相似，因为无为，就必须无事，不要执着行善乃至开悟等有为之事而不放。通俗地说，做了好事是自己的本分，好像没事人一样。禅门有无事禅，指无所省悟亦不致力于修业求

悟之禅法。金锁难，追求无为无事的人表面上看已经很高大上了，但这种执着不放，仍旧不能解脱轮回，最多是投生三善道，离开悟的境界很远，这就好像一把金锁把修行人锁住了。与凡夫相比，众生为满足各种欲望，六根向外攀缘，追求不止，贪得无厌，最后堕落于三恶道。这种堕落与修行人比，都是在六道轮回的路上。那么众生向外求就好像一把铁锁，修行人向内求就好像一把金锁，虽然金锁好看，铁锁劣质，但在本质上没有区别。《〈景德传灯录〉译注》将"无为无事"译为"无所作为而又无所事事"，有误。

[3] 为断粗纤，贵重难留：为了断除妄念这根捆住自己的大绳，到最后连追求无念这种想法也要放下。无念的境界当然伟大，如果一味要留住它，就成了金锁了。所以禅师说"贵重难留"。粗纤，粗大的绳索。

[4] 为闹乱，且要断送：这种人（无为无事人）因为外界喧闹就渴望寻找内心的宁静，虽然压住了妄念，一时逍遥快乐，但也只是暂时度过时光。根据佛教三界二十八天的说法，即使到了非想非非想天（此天的禅定，无如下地的粗想，故曰非想，尚非无细想，故又曰非非想），寿命八万四千大劫，也有堕落的时候，最后仍旧轮回六道。闹乱，喧闹，如《敦煌变文集·伍子胥变文》："兵马浩浩澣澣，数百里之交横，金甲胧胧，银鞍焕烂，腾踏山林，奔波闹乱。"断送：度过时光，如唐代韩愈《遣兴》："断送一生惟有酒，寻思百计不如闲。"

[5] 不要得许多般数：不要那么许多的礼数。般：助词。数：礼数。

[6] 日出卯，用处不须生善巧：出自《宝志和尚十二时颂》："平旦寅，狂机内有道人身。穷苦已经无量劫，不信常擎如意珍。若捉物入迷津，但有纤豪即是尘。不住旧时无相貌，外求知识也非真。日出卯，用处不须生善巧。纵使神光照有无，起意便遭魔事挠。若施功终不了，日夜被他人我拗。不用安排只么从，何曾心地生烦恼？食时辰……"（《景德传灯录》卷二十九）此处，旧校本《〈景德传灯录〉译注》均标点错误："日出卯用处，不须生善巧。"如此标点显然是不知道这句话的出处，只要看了《宝志和尚十二时颂》就完全知道这句话的含义了。宝志，世称志公禅师，他为十二个时辰写了偈。此处引用第二段"日出卯"，太阳出来正是卯时（早晨五时至七时），世俗之人开始忙碌了，出家人用功没有善巧方便法门。善巧，佛菩萨为顺应众生之能力素质，而运用种种方便，巧妙摄取教化众生，称为善巧摄化。为适应众生，而巧妙运用种种方法以救度之，称善巧方便。但出家参禅，自己没开悟，智慧不够，心中动念就着魔。在这个时候，还想施功度众生是梦想，因为自己还没得度，其结果是日夜为世间人我是非而烦恼。所以，志公禅师说："日出卯，用处不须生善巧。纵使神光照有无，起意便遭魔事挠。若施功终不了，日夜被他人我拗。"

清泉守清禅师

洪州清泉山守清禅师，福州人也。

僧问："如何是佛？"师曰："问。"曰："如何是祖？"师曰："答。"

问："和尚见古人得个甚么，便住此山？"师曰："情知汝不肯。"曰："争知某甲不肯？"师曰："鉴貌辨色[1]。"

问："亲切处乞师一言。"师曰："莫过于此。"

问："古人面壁为何事？"师曰："屈。"曰："恁么则省心力去也。"师曰："何处有恁么人？"

问："诸余即不问，如何是向上事？"师曰："消[2]汝三拜，不消汝三拜？"

【注释】

[1] 鉴貌辨色：观察和辨识人的容颜神色。有时含贬义，指善于观察别人脸色，以求取悦于人。

[2] 消：受用。

【概要】

守清禅师，福州闽县人也，姓林氏。出家于岩背山，悟心之后受请居清泉，玄侣臻集。

【参考文献】

《景德传灯录》卷二十二。

漳州报恩院行崇禅师

僧问："如何是佛法大意？"师曰："碓捣磨磨[1]。"

问："曹溪一路，请师举扬。"师曰："莫屈着曹溪么？"曰："恁么则群生有赖。"师曰："也是老鼠吃盐[2]。"

问："不涉公私，如何言论？"师曰："吃茶去。"

问："丹霞烧木佛，意作么生？"师曰："时寒烧火向[3]。"曰："翠微[4]迎罗汉，意作么生？"师曰："别是一家春。"

【注释】

　　[1] 碓捣磨磨：碓捣：地狱中的一种酷刑，把鬼魂放在石臼里用杵春。磨磨：亦是地狱酷刑，把人放在磨盘上磨得血肉横飞。《〈景德传灯录〉译注》注释有误，未知道是地狱酷刑。

　　[2] 老鼠吃盐：歇后语"老鼠吃盐——咸（闲）"，指专管身外闲事，不去悟自心。

　　[3] 烧火向：烧火向火取暖。

　　[4] 翠微：指无学禅师，丹霞然禅师法嗣。参见"京兆府翠微无学禅师"章节。

【概要】

　　行崇禅师，宋代禅僧。谒保福从展禅师得法，出居漳州（今福建漳浦）报恩院，后迁潭州（今湖南长沙）谷山寺。有僧问："如何是佛法大意？"答曰："碓擣磨磨。"

【参考文献】

　　《景德传灯录》卷二十二。

潭州[1]岳麓山[2]和尚

　　上堂，良久曰："昔日毗卢[3]，今朝岳麓。珍重！"

　　僧问："如何是声色外句？"师曰："猿啼鸟叫。"

　　问："师唱谁家曲，宗风嗣阿谁？"师曰："五音[4]六律[5]。"

　　问："截舌之句，请师举扬。"师曰："日能热，月能凉[6]。"

【注释】

　　[1] 潭州：古代潭州包括今长沙、湘潭、株洲、岳阳南、益阳、娄底等地。

　　[2] 岳麓山，又称"麓山"，在湖南省长沙市湘江西岸。山上有麓山寺、岳麓书院、白鹤泉、爱晚亭、望湘亭等名胜古迹。麓山寺相传是西晋泰始四年（268年），将佛法首度传入湖南之竺法崇所创。初名古鹿苑，北宋元祐年间（1086～1093年）改为寺，为湖南最早的佛寺，有"汉魏最初名胜，湖湘第一道场"之称。自晋以来，寺名先后改称为岳麓寺、慧光寺、万寿寺。民国初年复称古麓山寺。

[3] 毗卢：毗卢舍那的简称，也是法身佛的通称。

[4] 五音：我国古传之五种音调。又作五声、五调子。即宫、商、角、徵、羽。《无量寿经》卷上："清风时发，出五音声；微妙宫商，自然相和。"即说极乐净土之七宝诸树，清风吹时，出五音之声。后世密教遂以五音配列五智、五佛、五部、五色等，宫表中央法界体性智，商表西方妙观察智，角表东方大圆镜智，征表南方平等性智，羽表北方成所作智。

[5] 六律：古代乐音标准名。相传黄帝时伶伦截竹为管，以管之长短分别声音的高低清浊，乐器的音调皆以此为准。乐律有十二，阴阳各六，阳为律，阴为吕。六律即黄钟、大蔟、姑洗、蕤宾、夷则、无射。

[6] 日能热，月能凉：太阳使人热，月亮使人凉快。

鼎州德山德海禅师

僧问："灵山一会，何人得闻？"师曰："阇黎得闻。"曰："未审灵山说个甚么？"师曰："即阇黎会。"

问："如何是'该天括地[1]'句？"师曰："千里摇动。"

问："从上宗乘，以何为验？"师曰："从上且置，即今作么生[2]？"曰："大众总见[3]。"师曰："话堕也。"

问："如何是祖师西来意？"师曰："擘[4]。"

【注释】

[1] 该天括地：这是禅林中禅师形容自性清净心超越了相对的界限，如巨人顶天立地，与天地同体，没有比他更大的了。禅师们常常与"亘古亘今"（《续刊古尊宿语要集》第二）、"越圣超凡"（《碧岩录》卷五十九）等语连用。"亘古亘今"是指时间上的无始无终，"该天括地"是指空间上的无边无际。《〈景德传灯录〉译注》将"如何是该天括地句"译为"什么是包括天地的句子"，有误。应译为"如何理解'该天括地'"，而"该天括地"也不是"包括天地"的含义。

[2] 即今作么生：《景德传灯录》作"即今作么生验"，与上文更能对应。

[3] 总见：都能看见。

[4] 擘（bò）：分开。

泉州后招庆和尚

僧问："末后一句，请师商量。"师曰："尘中人自老，天际月常明。"

问："如何是和尚家风？"师曰："一瓶兼一钵，到处是生涯。"

问："如何是佛法大意？"师曰："扰扰忩忩[1]，晨鸡暮锺。"

【注释】

[1] 扰扰忩（cōng）忩（cōng）：纷繁匆忙。扰扰：纷乱貌，烦乱貌。忩忩：同"匆匆"，匆忙貌。

鼎州梁山简禅师

问僧："甚处来？"曰："药山来。"

师曰："还将得药来否？"曰："和尚住山也不错。"师便休。

洪州建山澄禅师

僧问："如何是法王剑？"师曰："可惜许。"曰："如何是人王剑？"师曰："尘埋床下履[1]，风动架头巾。"

问："一代时教接引今时，未审祖宗如何示人？"师曰："一代时教已有人问了也。"曰："和尚如何示人？"师曰："惆怅庭前红苋树，年年生叶不生花。"

问："故岁已去，新岁到来。还有不受岁者也无？"师曰："作么生？"曰："恁么则不受岁也。"师曰："城上已吹新岁角，窗前犹点旧年灯。"曰："如何是旧年灯？"师曰："腊月三十日[2]。"

【注释】

[1] 尘埋床下履：宝祐本作"尘埋床下复"，显然宝祐本刻印有误。续藏本与《景德传灯录》等版本均是"尘埋床下履"。这句话的意思是"灰尘埋没了床下的鞋子"，说明床上的人都不见了，以此说明"见性"的境界。项楚先生看到旧校本"复"费解，提出"'复'当作'複'，字亦作'襆'，今写作'袱'。"虽然我百分之九十九赞叹项先生的其他观点，但此处不敢苟同。若作"複"，则是夹衣，若作"襆"，则是用以覆盖或包裹衣物等的布单、巾帕。怎么会放到床下呢？鞋子放在床下则正常。

[2] 腊月三十日：本义为中国农历年最后一日。禅家多用来喻指人生终了，死期到来。《黄龙语录》："后代儿孙忘正觉，弃本逐末尚邪言。直到腊月三十日，一

身冤债入黄泉。"《碧岩录》卷一"第九则"："到这里，人多错会，打在无事界里。佛也不礼，香也不烧。似则也似，争奈脱体不是。才问著，却是极则相似；才掺著，七花八裂，坐在空腹高心处。及到腊月三十日，换手捶胸，已是迟了也！"亦作"腊月三十夜"。（摘自《禅宗大词典》）

招庆省僜禅师

泉州招庆院省僜净修禅师，初参保福。福一日入大殿睹佛像，乃举手问师曰："佛恁么意作么生[1]？"师曰："和尚也是横身[2]。"福曰："一橛我自收取[3]。"师曰："和尚非唯横身[4]。"福然之。

后住招庆，开堂升座，良久乃曰："大众！向后到处遇道伴，作么生举似[5]他？若有人举得，试对众举看。若举得，免孤负上祖[6]，亦免埋没后来。古人道，通心君子，文外相见[7]。还有这个人么？况是曹溪门下子孙，合作么生理论[8]？合作么生提唱[9]？"

僧问："如何得不伤于己，不负于人？"师曰："莫屈着汝这问么！"曰："恁么上来[10]已蒙师指也。"师曰："汝又屈着我作么？"

问："当锋一句，请师道。"师曰："嘎[11]！"僧再问，师曰："瞌睡汉。"

问僧："近离甚处？"曰："报恩。"师曰："僧堂大小？"曰："和尚试道看。"师曰："何不待问！"

问："学人全身不会，请师指示。"师曰："还解笑得么？"乃曰："丛林先达[12]者，不敢相触忤[13]。若是初心后学，未信直须[14]信取，未省直须省取。不用掠虚[15]，诸人本分去处，未有一时不显露，未有一物解盖覆得[16]。如今若要知，不用移丝发地，不用少许工夫，但向博地凡夫[17]位中承当取，岂不省心力？既能省得，便与诸佛齐肩。依而行之。缘此事是个白净去处，今日须得白净身心合他始得。自然合古合今，脱生离死。古人云：'识心达本，解无为法，方号沙门。'如今诸官、大众，各须体取好，莫全推过师僧分上。佛法平等，上至诸佛，下至一切，共同此事。既然如此，谁有谁无？王事[18]之外，亦须努力。适来说如许多般，盖不得已而已。莫道从上宗门，合恁么语话。只如从上宗门，合作么生，还相悉么？若有人相悉，山僧今日雪得去也。久立，大众珍重！"

示《坐禅方便颂》曰："四威仪内坐为先，澄滤身心渐坦然。瞥尔有缘随浊界，当须莫续是天年。修持只学从功路，至理宁论在那边。一切时中常管带，因缘相凑豁通玄。"

示《执坐禅者》曰："大道分明绝点尘，何须长坐始相亲？遇缘悗解无非是[19]，处愦那能有故新[20]？散诞[21]肯齐支遁[22]侣，逍遥曷与慧休[23]邻！或游泉石或阛阓[24]，可谓烟霞物外人。"

【注释】

[1] 佛恁么意作么生：佛像这个样子是什么意思？根据下文，佛像是卧佛。

[2] 和尚也是横身：和尚您也有躺着的时候。暗中指和尚也有佛性，与卧佛一样。

[3] 一橛我自收取：你这一棒我收下了，意思是省僜禅师有悟性，我领教了。一橛，即"那一橛"，禅林用语。谓师家接引学人时，以灵活契当之机法打中学人之要害，令其长久以来所执所疑之障碍，霎时冰消瓦解。橛，原指断木或竖立于门中以为门限之短木；于禅林中，转指紧急处、的处、要处、要害等意。如《碧岩录》第十四则之夹注："德山、临济也须退倒三千，那一橛又作么生？"《〈景德传灯录〉译注》未领会这一本意，将"一橛我自收取"译为"这一木橛子我自己会收好的"，有误。

[4] 和尚非唯横身：和尚也有不躺着的时候。前面躺着的时候与佛一样，那么不躺着的时候与普通人没有区别，指心、佛、众生三无差别。色即是空，有即是无。

[5] 举似：告诉，说给人听。

[6] 上祖：禅宗过去的祖师。《〈景德传灯录〉译注》译为"上世祖宗"，有误。

[7] 通心君子，文外相见：觉悟本性的君子，在文字以外相见。禅宗不立文字，见性成佛。

[8] 理论：说理立论，依理评论。

[9] 提唱：又作提倡、提纲、提要。提纲唱要之意。即禅林向学徒拈提宗门之纲要。一般多就古德之语要而唱说之，故又称为拈古、拈弄。盖禅宗之宗旨为教外别传，不立文字，故虽讲说语录，亦唯提示宗门之纲要，学人欲明个事，更须勤学励参。其他宗派则称为讲释、讲义。

[10] 上来：以上，指上面所提问。

[11] 嗄（á）：叹词，表示反诘或惊讶。一般是在学人提问时，禅师一声

"嘎"，以截断对方妄想，不向外求。如本书第十一章"临济义玄禅师"条："师曰：'大善知识，岂无方便？'光瞪目曰：'嘎！'"

[12] 先达：尊高德之称。谓比我先达于道者。《法华文句》九上曰："彼诸大士，是先进先达。"《梁僧传·序》曰："博咨故老，广访先达。"

[13] 触忤（wǔ）：亦作"触近"。冒犯。

[14] 直须：应当，应。

[15] 掠虚：说大话，窃取虚名。

[16] 未有一物解盖覆得：没有什么东西能够掩盖它。解：能够。指清净自性无处不在。

[17] 博地凡夫：人间的凡夫俗子。博地：借指人间，如明代屠隆《昙花记·法眷聚会》："弟子博地凡夫，沉迷宦海，若非二师点化，菩萨钳锤，焉能证悟。"

[18] 王事：国家大事。《景德传灯录》作"勤王"，谓尽力于王事。

[19] 遇缘偶解无非是：缘分一到，偶然悟解，无是无非，自由自在。

[20] 处愦那能有故新：如果整天昏昏沉沉空坐，哪还能吐故纳新呢？愦，昏聩。

[21] 散诞：放诞不羁，逍遥自在。此指放下打坐，恢复自己的天性，在自由自在中去觉悟。

[22] 支遁（314～366 年）：东晋僧。二十五岁出家，游京师建康，每至讲肆，善标宗会，颇为名士所激赏。时尚老庄，支遁每与当世倜傥之流王蒙、孙绰、许洵、殷浩、谢安、王羲之等畅谈庄子，言说数千，才藻惊绝，为时人所叹服。师形貌丑异，而玄谈妙美，养马放鹤，优游山林，又善草隶，文翰冠世。

[23] 慧休（548～?）：唐初僧。依勖律师出家。隋末，返相州，居云门寺，逢寇乱，相州军民弃城逃隐，唯师率徒二十余人入城守护，道俗依之而幸免于难。参见《续高僧传》卷十五。

[24] 阛（huán）阓（huì）：街市，此指闹市。

【概要】

省僜禅师，五代禅僧。泉州仙游人。俗姓阮。初于本州出家，历参众禅师，未契机缘，终嗣保福从展。寻往游吴越，归住泉州招庆寺，世称福先招庆和尚。为郡守所礼，赐号"净修禅师"。曾为《祖堂集》撰序，又撰《泉州新佛新著诸师颂》一卷。

【参考文献】

《祖堂集》卷十三；《景德传灯录》卷二十二。

康山契稳禅师

福州康山契稳法宝禅师，初开堂。僧问："威音王佛[1]已后，次第相承，未审师今一会法嗣何方？"师曰："象骨举手，龙溪点头[2]。"

问："'圆明湛寂'非师意，学人因底却无明[3]？"师曰："辨得也未？"曰："恁么则识性无根去也。"师曰："隔靴搔痒[4]。"

【注释】

[1] 威音王佛：过去庄严劫最初之佛名，故以之表示无量无边的久远之前。禅林常用威音王佛出世已前指点学人自己本来面目，意同"父母未生以前""天地未开以前""空劫以前"等语。

[2] 象骨举手，龙溪点头：象骨峰举手，龙溪水点头。形容山河大地俱如来的境界。象骨，即象骨峰，位于福州市闽侯县西北雪峰凤凰山南麓，后名雪峰山。龙溪，福建龙溪县境内的一条河名，溪边的镇名叫龙溪镇。

[3] 圆明湛寂非师意，学人因底却无明："圆明湛寂"本来具足，这难道不是禅师您的意旨吗？可我后学却因为什么而有"无明"呢？"圆明湛寂"即"圆明常寂照"，六祖惠能所说。谓心性本来是圆满光明与真常不变的，虽然是寂静不动，却能够遍照一切法界，虽然是遍照一切法界，却仍旧还是寂静无动，此乃是无上涅槃之相。底，这般，如此。无明，为烦恼之别称。不如实知见之意；即闇昧事物，不通达真理与不能明白理解事相或道理之精神状态。亦即不达、不解、不了，而以愚痴为其自相。泛指无智、愚昧，特指不解佛教道理之世俗认识。《〈景德传灯录〉译注》因为未知本意，译文有误。

[4] 隔靴搔痒：比喻说话、作文不中肯，不贴切，没有抓住要害。亦比喻做事不切实际，徒劳无功。

【概要】

契稳法宝禅师，五代禅僧。师事保福从展禅师，嗣其法，出居福州康山。闽王署号"法宝禅师"。

【参考文献】

《景德传灯录》卷二十二。

泉州西明院琛禅师

僧问："如何是和尚家风?"师曰："竹箸瓦碗[1]。"曰："忽遇上客来时,如何祗待[2]?"师曰："黄齑仓米饭[3]。"

问："如何是祖师西来意?"师曰："问取露柱[4]看。"

【注释】

[1] 竹箸瓦碗:竹筷子,粗陶碗。以朴俭显自然本色。

[2] 祗待:侍奉,供奉。参见本章"泉州万安院清运资化禅师"条注释。

[3] 黄齑(jī)仓米饭:咸腌菜与陈米饭。黄齑,咸腌菜,常借指艰苦的生活。仓米,本指官仓中贮藏的米,此处指出家人吃储藏在仓库中的陈米,以说明出家人生活要求之低。

[4] 问取露柱:问露柱去。露柱:露在外面之柱,指法堂或佛殿外正面之圆柱。与瓦砾、墙壁、灯笼等俱属无生命之物,禅宗用以表示无情、非情等意。

鼓山晏国师法嗣

天竺子仪禅师

杭州天竺[1]子仪心印水月禅师,温州乐清陈氏子。

初游方,谒鼓山,问曰:"子仪三千里外远投法席,今日非时[2]上来,乞师非时答话。"山曰:"不可钝置[3]仁者。"师曰:"省力处如何?"山曰:"汝何费力!"师于此有省。

后回浙中,钱忠懿王[4]命开法于罗汉、光福二道场。

上堂:"久立!大众更待甚[5]?不辞展拓[6],却恐误于禅德[7],转迷归路。时寒,珍重!"

僧问:"如何是从上来事?"师曰:"住。"曰:"如何荐[8]?"师曰:"可惜龙头,翻成蛇尾。"

有僧礼拜起,将问话,师曰:"如何且置。"僧乃问:"只如兴圣之子[9],还有相亲分[10]也无?"师曰:"只待局终,不知柯烂[11]。"

问:"如何是维摩默[12]?"师曰:"谤。"曰:"文殊因何赞?"师曰:

"同案领过。"曰："维摩又如何？"师曰："头上三尺巾，手里一枝拂。"

问："如何是诸佛出身处？"师曰："大洋海里一星火。"曰："学人不会。"师曰："烧尽鱼龙。"

问："丹霞烧木佛，意旨如何？"师曰："寒即围炉向猛火。"曰："还有过也无？"师曰："热即竹林溪畔坐。"

问："如何是法界义宗[13]？"师曰："九月九日浙江潮。"

问："诸余即不问，如何是光福门下超毗卢、越释迦底人[14]？"师曰："诸余奉纳。"曰："恁么则平生庆幸去也。"师曰："庆幸事作么生？"僧罔措，师便喝。

将下堂，僧问："下堂一句，乞师分付。"师曰："携履已归西国去[15]，此山空有老猿啼。"

问："鼓山有掣鼓夺旗[16]之说，师且如何？"师曰："败将不忍诛。"曰："或遇良将又如何？"师曰："念子孤魂，赐汝三奠。"

问："世尊入灭，当归何所？"师曰："鹤林[17]空变色，真归无所归。"曰："未审必定何之[18]？"师曰："朱实殒劲风，繁英落素秋[19]。"曰："我师将来复归何所？"师曰："子今欲识吾归处，东西南北柳成丝。"

问："如何修行，即得与道相应？"师曰："高卷吟中箔，浓煎睡后茶[20]。"

【注释】

[1] 天竺：山峰名。亦为寺名。在浙江杭州市灵隐山飞来峰之南。唐代白居易《答客问杭州》："山名天竺堆青黛，湖号钱塘写绿油。"山上有上、中、下三天竺寺。

[2] 非时：佛教自印度始，即有正午以后不摄食之规定，故正午以后，皆称非时，于律典中规定，凡比丘须持非时食之戒。八斋戒中，亦有不过中食戒之规定。

[3] 钝置：亦作"钝致"。折腾，折磨，作弄。

[4] 钱忠懿王（929～988年）：即钱俶，又名钱弘俶，谥忠懿王。杭州临安（今浙江临安）人。吴越末代国君。即位后即奉天台德韶为国师，并从道潜受菩萨戒。又建庙弘法。宋建隆元年（960年），复兴杭州灵隐寺，请智觉延寿为中兴第一世。又迎请螺溪义寂讲《法华经》，特赐"净光大师"之号。复遣使赴日本、高丽，求取天台论疏。又于杭州建普门寺，于钱塘建兜率院等。太平兴国三年（978

年）举国归宋，封为"淮海国王"，八年改为"南汉国王"。端拱元年（988 年）封"邓王"。去世后追封"秦国王"，谥号"忠懿王"。

[5] 久立！大众更待甚么：旧校本标点错误，误将"久立"移出引号，放前面作为叙述语言。"久立"，往往是禅师慰问大家的客套话，就是让大家站久了，对不起了。类似的错误，旧校本还有很多。

[6] 展拓：施展，作为。此处指阐释弘扬禅宗。

[7] 却恐误于禅德：却恐怕耽误了在座的各位禅德。

[8] 荐：领会，领悟。参见本章"招庆道匡禅师"条注释。

[9] 兴圣之子：指鼓山兴圣国师神晏禅师的弟子。"兴圣"是专有名词，旧校本未画线有误。

[10] 相亲分：即相亲处，禅林用语。体得妙道而与之相应成一体之境地。如文偃禅师说："所以方便垂一言半句通汝入路，这般事拈放一边，独自着些子筋骨，岂不是有少许相亲处？"《〈景德传灯录〉译注》译为"亲近佛法的缘分"，有误。

[11] 柯烂：只待局终，不知柯烂：只是等待一局棋结束，没想才结束斧柄就朽烂了。柯：斧子的柄。用晋代王质伐木入石室山，看山中童子下棋的故事，比喻时间过得太快，一局棋就改朝换代了。典出南朝梁·任昉《述异记》卷上："信安郡石室山，晋时王质伐木至，见童子数人棋而歌，质因听之。童子以一物与质，如枣核。质含之，不觉饥。顷饿，童子谓曰：'何不去？'质起视，斧柯尽烂。既归，无复时人。"

[12] 维摩默：出自《维摩诘所说经·入不二法门品》，本品叙述维摩诘向文殊等八千菩萨提出"云何菩萨入不二法门"问题，法自在等三十位菩萨皆用"言说"表述，维摩诘不置可否，于是这三十人要文殊表示看法。文殊说："如我意者：于一切法，无言无说，无示无识，离诸问答，是为入不二法门。"文殊说已，又问维摩诘："何等是菩萨入不二法门？"时维摩诘默然无言。文殊赞叹说："善哉！善哉！乃至无有文字语言，是真入不二法门。"

[13] 法界义宗：法界宗的含义。法界宗，即华严宗。华严宗之教义乃阐说法界之自在无碍，故又称法界宗。或指北齐护身寺自轨所立五宗之法界宗。《华严五教章》卷一："依护身法师立五种教：三种同前衍师等，第四名真实宗教，谓涅槃等经，明佛性真理等。第五名法界宗，谓华严明法界自在无碍法门等。"

[14] 光福门下超毗卢、越释迦底人：光福院门下超越毗卢舍那佛、释迦牟尼佛的人。光福：子仪禅师所主持的寺院，前文所说"钱忠懿王命开法于罗汉、光福二道场"。毗卢：毗卢舍那的简称，也是法身佛的通称。底：助词"的"。

[15] 携履已归西国去：宝祐本作"慧理已归西国去"，查续藏本中《五灯会

元》《景德传灯录》《五灯严统》《五灯全书》均作"携履已归西国去"，故更正。"携履西归"是禅宗典故，指达磨手携只履回归西天之事。若作"慧理"，则是晋代僧，西印度人，于咸和（326～334年）初年来中国，初住杭州时，见其地山岩秀丽，遂建灵鹫、灵隐二刹。慧理常晏坐于岩中，世人称其处为理公岩。

　　[16] 掣鼓夺旗：即扯鼓夺旗。形容作战勇敢，如元代郑光祖《伊尹耕莘》第三摺："统雄兵劈面相持，驱貔虎扯鼓夺旗。"

　　[17] 鹤林：指世尊于印度拘尸那揭罗城跋提河畔入灭之娑罗树林。又称白鹤林、白林、鹄林。据《大般涅槃经》后分卷上所载，世尊入涅槃已，娑罗林乃垂覆宝床，遮盖如来，其时娑罗树惨然变白，犹如白鹤。即以世尊入灭时，娑罗树变成白色，犹如白鹤，故有此称。又因世尊于此林入灭，故"鹤林"一词亦转用为"佛涅槃"之意。

　　[18] 未审必定何之：不知道到底去了哪里。

　　[19] 朱实殒劲风，繁英落素秋：红色的果坠落在劲风之中，繁盛的花落在秋季之时。朱实：红色的果实。繁英：繁盛的花。素秋：古代五行之说，秋属金，其色白，故称素秋。此诗出自西晋刘琨的《重赠卢谌》："时哉不我与，去乎若云浮。朱实殒劲风，繁英落素秋。"禅师用此诗表达万物是无常的，而佛性是常在的。你要问佛陀涅槃去了哪里，看这朱实与繁英，不就是他的法身吗？

　　[20] 高卷吟中箔（bó），浓煎睡后茶：吟诵中高高卷起了门帘，午睡后慢慢品味着浓茶。箔：帘子，门帘。禅师告诉弟子："道"就在一颗平常心，在平常的生活中没有欲望与贪求，就是生活"道"的怀抱中。

【概要】

　　子仪禅师（？～986年），北宋禅僧。温州乐清（浙江省）人，俗姓陈，世称"心印水月禅师"。初居杭州天竺山，后游方各地。尝谒见福州鼓山的神晏国师，问曰："省力处如何？"国师答："汝何费力？"自此即承言领旨，遂为其法嗣。后前往浙中，吴越中懿王慕其道誉，令开法于罗汉、光福两寺，海众辐凑，王授与金襕衣。雍熙三年（986年），禅师回故里示寂，年寿不详。门人为之建塔。

【参考文献】

《景德传灯录》卷二十一；《上天竺寺志》卷五。

白云智作禅师

　　建州白云智作真寂禅师，永贞[1]朱氏子。容若梵僧，礼鼓山披剃。

一日，鼓山上堂，召大众，众皆回眸。山披襟示之，众罔措。唯师朗悟厥旨，入室印证。又参次，山召曰："近前来！"师近前，山曰："南泉唤院主[2]，意作么生？"师敛手端容，退身而立，山莞然[3]奇之。

住后，上堂："还有人向宗乘中致得一问来么？待山僧向宗乘中答。"时有僧出礼拜，师便归方丈。

问："如何是枯木里龙吟[4]？"师曰："火里莲生。"曰："如何是髑髅里眼睛[5]？"师曰："泥牛入海。"

问："如何是主中主[6]？"师曰："汝还具眼么？"曰："恁么则学人归堂去也。"师曰："猢狲入布袋[7]。"

问："如何是延平津[8]？"师曰："万古水溶溶[9]。"曰："如何是延平剑？"师曰："速须退步。"曰："未审津与剑是同是异？"师曰："可惜许！"

次迁奉先[10]，僧问："如何是奉先境？"师曰："一任观看。"曰："如何是境中人？"师曰："莫无礼。"

问："如何是奉先家风？"师曰："即今在甚么处？"曰："恁么则大众有赖也。"师曰："干汝甚么事[11]？"

问："如何是为人[12]一句？"师曰："不是奉先道不得。"

【注释】

[1] 永贞：古县名。五代闽龙启元年（933年）升永贞监置，治今福建省罗源县。属长乐府。北宋天禧五年（1021年）改名永昌县。

[2] 南泉唤院主：出自本书第三章"池州南泉普愿禅师"注释。师唤院主，主应诺。师曰："佛九十日在忉利天为母说法，时优填王思佛，请目连运神通三转，摄匠人往彼雕佛像，只雕得三十一相，为甚么梵音相雕不得？"主问："如何是梵音相？"师曰："赚杀人。"这个公案应当如何理解？鼓山考问智作禅师。有道曰"不该问，梵音无相，佛亦虚空，不过譬喻说法而已。"

[3] 莞（wǎn）然：同"莞尔"，形容微笑。

[4] 枯木里龙吟：禅宗公案名。又称"枯木龙吟"。意谓绝灭一切妄念妄想，至大死一番处，便苏生还来，而得大自在。

[5] 髑（dú）髅（lóu）里眼睛：禅林用语。又作"棺木里瞠眼"。髑髅：原指死人之头骨；于禅林，转喻人已断除情识分别，获得解脱。髑髅里眼睛，即比喻

由死中得活之意。盖究极之道乃非分别之"识"所能了知，若心识灭尽，即有大活处，此即髑髅无识之境界。

　　[6] 主中主：临济义玄所创四宾主之一。宾：指学人、徒弟；主：指师家。主中主，谓师家接引学人时，立于其本分之立场，展开独立、活泼、不拘常格之方法，故禅林有"师家有鼻孔"之称。反之，若师家一心欲接得学人，然不善于破除学人之执着，以令其返回本分立场，则称"主中宾"，对此类情形，则有"师家无鼻孔"之称。又，曹洞宗所立四宾主之一。主：指正、体、理等；宾：指偏、用、事等。主中主，谓理之本体并非直接显现于日常之事相上。

　　[7] 猢狲入布袋：猢狲就是猴子，好动，如果把它抓进了布袋，它也就没法动弹了。比喻放荡之性受到约束。这里比喻妄念就是猴子，只有把它禁闭在布袋里，清净心才能渐渐显露出来。

　　[8] 延平津：古代津渡名。晋时属延平县（今福建省南平市东南）。据《晋书·张华传》载，丰城令雷焕得龙泉、太阿两剑，以其一与张华。后华被诛，剑即失其所在。雷焕死，其子持剑行经延平津，剑忽跃出堕水。使人入水取之，但见两龙蟠萦，波浪惊沸。剑亦从此亡去。唐代黄滔《浙幕李端公泛建溪》："更爱延平津上过，一双神剑是龙鳞。"金代元好问《换得云台帖喜而赋诗》："世间曾有华陀帖，神物已化延平津。"此处用"延平津"借指禅师设置接引学人的津渡，而下文"延平剑"则借指禅师的机锋，最后是"津""剑"双亡，达到顿悟的最高境界。但冯国栋《〈五灯会元〉校点疏失类举》指出旧校本将"延平津"作为专有名词划线有误："'延平津'应点作'延平·津'。此处'延平'为专名，指'延平禅师'，而'延平津'并非地名，而是指延平禅师活人、度人之法，与杀人之'延平剑'相对。下文'未审津与剑是同是异'正可佐证。"

　　[9] 溶溶：水流盛大貌。

　　[10] 奉先：智作禅师主持的寺院。《景德传灯录》云："乾祐二年己酉，江南国主李氏延居奉先，赐紫衣、师名。"

　　[11] 干汝甚么事：《景德传灯录》作"关汝什么事"，意义相同。

　　[12] 为人：接引人学佛。佛教有为人悉檀，乃佛应众生之根机与能力不同，而说各种出世实践法，令众生生起善根，故又称生善悉檀。

【概要】

　　智作禅师，五代禅僧。俗姓朱。永贞（今福建罗源南）人。谒鼓山神晏国师。鼓山上堂，披襟示之，众罔措，唯智作悟其旨，入室印证。出居建州（今福建建瓯）白云院。后南唐中主迎至金陵（今江苏南京）奉先院，赐紫衣，号"真寂禅师"。

乾祐二年已酉，江南国主李氏延居奉先，赐紫衣、师名。上堂升坐，众咸侧聆。师曰："相谩去也，还知得么？可不闻昔日灵山多少士众，只道迦叶亲闻。今日叨奉恩命，俾扬宗教，不可异于灵山也。既不异灵山，诸仁者作么生相体悉？也莫泥他古今，但彼此著些精彩。大家验看是什么？僧问："灵山一会不异而今，未审亲闻底事如何？"师曰："更举。"曰："恁么即人天有赖。"师曰："阇梨且作么生？"问："贤王请命，大展法筵；祖嗣西来，如何指示？师曰："分明记取。"曰："终不敢孤负和尚。"师曰："也未在。"（摘自《景德传灯录》卷二十一）

【参考文献】

《景德传灯录》卷二十一。

鼓山智严了觉禅师

上堂："多言复多语，由来反相误。珍重！"

僧问： "石门[1]之句即不问，请师方便示来机。"师曰： "问取露柱[2]。"

问："国王出世三边静，法王出世有何恩？"师曰："还会么？"曰："幸遇明朝[3]，辄伸呈献。"师曰："吐却著[4]。"曰："若不礼拜，几成无孔铁锤。"师曰："何异无孔铁锤？"

【注释】

[1] 石门：指石门和尚。

[2] 问取露柱：问露柱去。露柱：露在外面之柱，指法堂或佛殿外正面之圆柱。与瓦砾、墙壁、灯笼等俱属无生命之物，禅宗用以表示无情、非情等意。参见本章"泉州西明院琛禅师"注释。

[3] 明朝：盛明之朝。诗文中常称本朝为"明朝"。非历史上的"明朝"。

[4] 吐却著：吐掉。

【概要】

智严了觉禅师，五代禅僧。为青原行思法系之第七世，嗣法于鼓山神晏。天福四年（939年），神晏和尚迁化，智严禅师继其法席。南唐中主赐号"了觉大师"。生卒年不详。

【参考文献】

《景德传灯录》卷二十一。

福州龙山[1]智嵩妙虚禅师

上堂："幸自分明，须作这个节目作么[2]？到这里便成节目，便成增语，便成尘玷[3]。未有如许多事时作么生[4]？"

僧问："古佛化导，今祖重兴，人天辐辏于禅庭，至理若为于开示。"师曰："亦不敢孤负大众。"曰："恁么则人天不谬殷勤请，顿使凡心作佛心[5]。"师曰："仁者作么生？"曰："退身礼拜，随众上下。"师曰："我识得汝也。"

【注释】

[1] 龙山：位于福建省福清县东二十余里，亦名瑞峰。

[2] 须作这个节目作么：节目，指条目、项目。宝祐本作"节自"，续藏本均作"节目"，故更正。旧校本这句话标点错误，将"作么"移到了下一句，有误。

[3] 尘玷：污染，玷辱。

[4] 未有如许多事时作么生：没有这么许多节目时做什么？作么生：干吗，做什么？这是禅师反问，意在警醒学人观察自己当下一念是什么，而不要去关心那些多余的节目。

[5] 恁么则人天不谬殷勤请，顿使凡心作佛心：禅师只说了两句话，但带有诗意，并且押韵。"恁么则"三个字是"如此就"的意思，不在诗句之中，下面是七言两句诗："人天不谬殷勤请，顿使凡心作佛心。"旧校本《〈景德传灯录〉译注》均标点错误，误将"请"字移到第二句前面："恁么则人天不谬殷勤，请顿使凡心作佛心。"如此标点，怎能通顺！

泉州凤凰山强[1]禅师

僧问："灯传鼓峤[2]，道化温陵[3]。不跨石门，请师通信。"师曰："若不是今日，拦胸撞出[4]！"曰："恁么则今日亲闻师子吼，他时终作凤凰儿。"师曰："又向这里涂污人！"

问："白浪滔天境，何人住太虚？"师曰："静夜思尧鼓，回头闻舜琴。"

【注释】

[1] 强：综合各种版本，此禅师名有"彊""强""疆"等字样。宝祐本作"彊"，同"强"，故本书作"强"。

[2] 鼓峤（qiáo）：即鼓山，指强禅师的法传自鼓山。峤：本指高锐的山，泛指高山或山岭。

[3] 温陵：泉州的古称。

[4] 拦胸撞出：当胸把你撞出去。拦胸：对着胸，当胸。如《祖堂集·观和尚》："师才出门，雪峰一见，拦胸把住便问：'是凡是圣？'"

福州龙山文义禅师

上堂："若举宗乘[1]，即院寂径荒[2]；若留委问[3]，更待个甚？还有人委悉[4]么？出来验看！若无人委悉，且莫掠虚[5]好！"便下座。

问："如何是人王？"师曰："威风人尽惧。"曰："如何是法王？"师曰："一句令当行[6]。"曰："二王还分不分？"师曰："适来道甚么！"

【注释】

[1] 宗乘：各宗所弘之宗义及教典云宗乘。多为禅门及净土门标称自家之语，此处即指禅宗。

[2] 院寂径荒：寺院寂静无声，路径荒芜无人。比喻禅宗不能言说，不立文字，教外别传。

[3] 委问：询问，详问。如《敦煌变文集·董永变文》："路逢女人来委问：'此个郎君住何方？'"又《降魔变文》："朕乃委问根由，察其事迹。"

[4] 委悉：详细知晓。如《魏书·韩麒麟传》："卿等之文，朕自委悉；中省之品，卿等所谓。"

[5] 掠虚：说大话，窃取虚名。

[6] 一句令当行：一句令下，立即执行。

【概要】

文义禅师，五代禅僧。师事鼓山神晏国师得法，出居福州龙山。有僧问："如何是人王？"答曰："威风人尽惧。"又问："如何是法王？"答曰："一句令当行。"

【参考文献】

《景德传灯录》卷二十一。

鼓山智岳禅师

福州鼓山智岳了宗禅师，本郡人也。

初游方至鄂州黄龙，问："久向黄龙，及乎到来，只见赤斑蛇[1]"。龙曰："汝只见赤斑蛇，且不识黄龙。"师曰："如何是黄龙？"龙曰："滔滔地[2]。"师曰："忽遇金翅鸟[3]来又作么生？"龙曰："性命难存。"师曰："恁么则被他吞却去也。"龙曰："谢阇黎供养。"师便礼拜。

住后，上堂："我若全举宗乘，汝向甚么处领会？所以道，古今常露，体用无妨[4]。不劳久立，珍重！"

问："虚空还解作用也无？"师拈起拄杖曰："这个师僧好打！"僧无语。

【注释】

[1] 赤斑蛇：又名赤链蛇、火赤链。属于无毒蛇。是一种常生活于丘陵、山地、平原、田野村舍及水域附近的蛇。此处用赤斑蛇讥讽黄龙禅师不是一条真龙。

[2] 滔滔地：此处指佛性到处都是，可我们却看不见。滔滔，盛大，普遍。如《诗·大雅·江汉》："江汉浮浮，武夫滔滔。"《新唐书·刘迅传》："天下滔滔，知我者希。"

[3] 金翅鸟：佛教天龙八部之一。翅翮金色，故名金翅鸟。两翅广三百六万里，住于须弥山下层，常取龙为食。

[4] 所以道，古今常露，体用无妨：所以说，佛性无论古今没有哪个时候不显露，它的本体与外用互不妨碍。旧校本标点为"所以道古今常露体用，无妨"，有误。

【概要】

智岳禅师，五代禅僧。福州（今属福建）人。游方参鄂州黄龙不契，返闽谒鼓山神晏国师得法，依住不去。神晏寂，继主丈席。临众慈惠，门风清严。署号"了宗大师"。

【参考文献】

《景德传灯录》卷二十一。

襄州定慧禅师

僧问："如何是佛向上事?"师曰："无人不惊。"曰："学人未委在[1]。"师曰："不妨难向。"

问："不借时机用,如何话祖宗[2]?"师曰："阇黎还具惭愧么?"僧便喝,师休去[3]。

【注释】

[1] 未委在:不知道,不理解。委:知悉。

[2] 不借时机用,如何话祖宗:不借用时机,如何谈论祖师宗旨。时机:施教法之时代(时),接受教法之对象(机),如果两者适宜,称为时机相应。又,时与机已经十分成熟者,称时机纯熟。祖宗,祖师宗旨。《〈景德传灯录〉译注》译文有误。

[3] 休去:罢休,歇止,终止。

福州鼓山清谔宗晓禅师

僧问："亡僧迁化向甚么处去也?"师曰："时寒不出手。"

【概要】

清谔宗晓禅师,五代禅僧。闽人。师事鼓山神晏国师得法,继其法席,以严肃整饬闻名。署号"宗晓禅师。"

【参考文献】

《景德传灯录》卷二十一。

净德冲煦禅师

金陵净德院冲煦慧悟禅师,福州和氏子。

僧问："如何是大道?"师曰："我无小径。"曰："如何是小径?"

曰："我不知大道。"

【概要】

冲煦禅师，五代禅僧。俗姓和，福州（今属福建）人。自幼即不吃荤腥，誓志出家，师事鼓山神晏国师得法受记，二十四岁于洪州丰城（今属江西）开法，时谓之"小长老"。后周显德年间（954～959年），应周世宗之请住持光睦寺，迁庐山开先寺。南唐中主迎至金陵（今江苏南京）净德寺，聚众说法，闻名遐迩。署号"慧悟禅师"。

《景德传灯录》："金陵净德道场冲煦慧悟禅师，福州人也，姓和氏。幼不染荤血，自誓出家，登鼓山剃度得法受记。年二十四，于洪州丰城为众开演，时谓'小长老'。周显德中，江南国主延住光睦。僧问：'如何是大道？'师曰：'我无小径。'曰：'如何是小径？'师曰：'我不知有大道。'师次住庐山开先，后居净德，并聚徒说法。开宝八年归寂。"

【参考文献】

《景德传灯录》卷二十一；《骑省集》卷三十。

报恩清护禅师

金陵报恩院清护崇因妙行禅师，福州长乐陈氏子。六岁礼鼓山披削，于国师言下发明[1]。

开堂日，僧问："诸佛出世，天花乱坠；和尚出世，有何祥瑞？"师曰："昨日新雷[2]发，今朝细雨飞。"

问："如何是诸佛玄旨？"师曰："草鞋木履。"

开宝三年示寂，茶毗收舍利三百余粒，并灵骨归于建州鸡足山卧云院，建塔。

【注释】

[1] 六岁礼鼓山披削，于国师言下发明：旧校本作"六岁礼鼓山，披削于国师，言下发明"有误，参见冯国栋《〈五灯会元〉校点疏失类举》。

[2] 新雷：最初的春雷。宋徐玑《新春喜雨》："昨夜新雷催好雨，蔬畦麦垄最先青。"

【概要】

金陵报恩院清护禅师，福州长乐人也，姓陈氏。六岁辞亲，礼鼓山披削，十五纳戒，于国师言下发明真趣。暨国师圆寂，乃之建州白云。闽帅王氏奏赐紫，号"崇因大师"。晋天福八年，金陵兴师入建城，时统军查文徽至院，师出延接。查问曰："此中相见时如何？"师曰："恼乱将军。"查后请师归金陵，国主命居长庆院摄众。周显德初，退归建州卓庵。时节度使陈海创显亲报恩禅苑，坚请住持。开宝三年五月，江南后主再请入住报恩、净德二道场，来往说法，改号"妙行禅师"。当年十一月示疾，预辞国主。二十日平旦，声钟召大众，嘱付讫，俨然坐亡。寿五十有五，腊四十。国主厚礼茶毗，收舍利三百余粒并灵骨，归葬于建州鸡足山卧云院，建塔。师风神清洒，操行孤标，二十年不服绵绢，唯衣纸布。辞藻札翰，并皆冠众。五处语要偈颂，别行于世。

【参考文献】

《景德传灯录》卷二十一。

龙华照禅师法嗣

台州瑞岩师进禅师

僧问："如何是瑞岩境？"师曰："重重叠嶂南来远，北向皇都[1]咫尺间。"曰："如何是境中人？"师曰："万里白云朝瑞岳[2]，微微细雨洒帘前。"曰："未审如何亲近此人？"师曰："将谓阇黎亲入室，元来犹隔万重关。"

【注释】

[1] 皇都：京城，国都。

[2] 瑞岳：即瑞岩。

【概要】

师进禅师，宋代禅僧。谒龙华灵照禅师得法。初居台州（今浙江临海）六通院，后迁瑞岩院，禅侣影从，门庭清肃，为诸方之冠。

师上堂，大众立久。师曰："愧诸禅德，已省提持。若是徇声听响，不如归堂向火。珍重！"

【参考文献】

《景德传灯录》卷二十二。

台州六通院志球禅师

僧问："全身佩剑时如何？"师曰："落。"曰："当者如何？"师曰："熏天炙[1]地。"

问："如何是六通境？"师曰："满目江山一任看。"曰："如何是境中人？"师曰："古今自去来。"曰："离此二途，还有向上事也无？"师曰："有。"曰："如何是向上事？"师曰："云水[2]千徒与万徒。"

问："拥毳玄徒[3]，请师指示。"师曰："红炉不坠雁门关[4]。"曰："如何是红炉不坠雁门关？"师曰："青霄岂吝众人攀！"曰："还有不知者也无？"师曰："有。"曰："如何是不知者？"师曰："金牓[5]上无名。"

问："如何是和尚家风？"师曰："万家明月朗。"

问："如何是第二月。"师曰："山河大地。"

【注释】

[1] 炙（zhì）：烤。

[2] 云水：又称云水僧、云众水众、云兄水弟、行脚僧、云衲。指为寻师求道，至各地行脚参学之出家人。以其居无定所，悠然自在，如行云流水，故以云水喻之。

[3] 拥毳（cuì）玄徒：穿着毛衣的高徒，此处泛指出家人。毳，指毛皮或毛织品所制衣服。

[4] 雁门关：位于山西省忻州市代县县城以北约二十千米处的雁门山中，是长城上的重要关隘，以"险"著称，被誉为"中华第一关"，有"天下九塞，雁门为首"之说。与宁武关、偏关合称为"外三关"。

[5] 金牓：同"金榜"。

杭州云龙院归禅师

僧问："久战沙场，为甚么功名不就？"师曰："过在这边。"曰："还有升进处[1]也无？"师曰："冰消瓦解。"

【注释】

[1] 升进处：晋升官位的地方。

杭州功臣院道闲禅师

僧问："如何是功臣家风？"师曰："俗人东畔立，僧众在西边。"

问："如何是学人自己？"师曰："如汝与我。"曰："恁么则无二[1]去也。"师曰："十万八千[2]。"

【注释】

[1] 无二：又称不二，离两边。指对一切现象应无分别，或超越各种区别。中论等总结般若思想，以"不生亦不灭"等八不表明法性之本质，并作为不执偏见、契合法性之佛教认识，此称中道观。

[2] 十万八千：相隔十万八千里。

福州报国院照禅师

上堂："我若全机[1]，汝向甚么处摸索？盖为根器不等，便成不具惭愧。还委得么？如今与诸仁者作个入底门路。"乃敲绳床两下曰："还见么？还闻么？若见便见，若闻便闻。莫向意识里卜度[2]，却成妄想颠倒，无有出期。珍重！"

佛塔被雷霹，有问："祖佛塔庙为甚么却被雷霹？"师曰："通天作用[3]。"曰："既是通天作用，为甚么却霹佛？"师曰："作用何处见有佛[4]？"曰："争奈狼籍何[5]！"师曰："见甚么[6]？"

【注释】

[1] 全机：机：机用之意。全机：即禅者自在无碍之活动。若生时，以独立绝对之机用究竟法界，死时亦以死之独立绝对之机用究竟法界，此即"生也全机现，

死也全机现"之意，称为全机全现、全机现、全机现前。若对一切机用不加取舍，不加拣择，一概受用者，称全机受用。此外，当下即是，达到解脱自在无碍之境地者，称为全机透脱。《碧岩录》第十五则："若非全机透脱得大自在底人，焉能与尔同死同生？"

[2] 卜度：推测，臆断。

[3] 通天作用：佛塔通天，与打雷联合了。通天：本来形容本领极大或权势极重，此处形容佛性无处不在，打雷难道就不是佛性吗？

[4] 作用何处见有佛：你用心想想哪里看见有佛了？

[5] 争奈狼籍何：怎么，那佛塔已经一片狼藉了！狼籍：亦作"狼藉"。纵横散乱貌。指忙乱、乱糟糟、胡乱。

[6] 见甚么：看见什么了？启发学人：难道佛就是倒塌的砖石木头吗？万物皆无常，佛塔被雷霹又有什么值得怀疑呢？

台州白云廼[1]禅师

僧问："荆山有玉[2]非为宝，囊里真金赐一言。"师曰："我家本贫。"曰："慈悲何在？"师曰："空惭道者名[3]。"

【注释】

[1] 廼（nǎi）：同"乃"。

[2] 荆山有玉：因和氏璧出自湖北省保康县荆山，故后人又称之为"荆山玉"，《山海经》中又称金玉，"金镶玉"。

[3] 空惭道者名：空自惭愧享有道者之名。

翠岩参禅师法嗣

杭州龙册寺子兴明悟禅师

僧问："正位[1]中还有人成佛否？"师曰："谁是众生？"曰："若恁么则总成佛去也。"师曰："还我正位来！"曰："如何是正位？"师曰："汝是众生。"

问："如何是无价珍？"师曰："卞和空抱璞[2]。"曰："忽遇楚王，还进也无？"师曰："凡圣相继续。"

问："古人拈布毛[3]意作么生？"师曰："阇黎举不全。"曰："如何举得全？"师乃拈起袈裟。

【注释】

[1] 正位：即达悟之位、无烦恼之境地，亦即声闻所得见证之无为涅槃。还指小乘的涅槃。但此处是禅宗术语，指法性。禅门中称普遍存在之真如为正位，乃诸法之本体；相对于现象差别之"傍位"一语。

[2] 卞和空抱璞（pú）：卞和空抱玉。卞和：春秋时楚人。相传他得玉璞，先后献给楚厉王和楚武王，都被认为欺诈，受刑砍去双脚。楚文王即位，他抱璞哭于荆山下，文王使人琢璞，得宝玉，名为"和氏璧"。璞：未雕琢过的玉石，或指包藏着玉的石头。

[3] 拈布毛：参见本书第二章"杭州鸟窠道林禅师"注释。有侍者会通，忽一日欲辞去。师问曰："汝今何往？"对曰："会通为法出家，和尚不垂慈诲，今往诸方学佛法去。"师曰："若是佛法，吾此间亦有少许。"曰："如何是和尚佛法。"师于身上拈布毛吹之，通遂领悟玄旨。"师于身上拈起布毛吹之"喻佛法无所不在，不可粘着。后亦用为开悟的典实。

【概要】

子兴明悟禅师，宋代禅僧。师事翠岩，令参禅，师得法，出住杭州龙册寺，署号"明悟禅师"。

【参考文献】

《景德传灯录》卷二十二。

温州云山佛嶼院知默禅师

僧问："如何是佛嶼[1]家风？"师曰："送客不离三步内，邀宾只在草堂前。"

上堂："山僧如今看见诸上座，恁么行脚，吃辛吃苦[2]，盘山涉涧[3]，终不为观看州县，参寻名山胜迹，莫非为此一大事？如今且要诸人于本分参问中通个消息来，云山敢与证明。非但云山证明，乃至禅林佛刹亦与证明。还有么？若无，不如散去。"便下座。

【注释】

[1] 嶴（ào）：同"坞"字。

[2] 吃辛吃苦：忍受辛苦。

[3] 盘山涉涧：形容远行的艰辛。盘：回旋，缠绕；涉：徒步过水；涧：山间流水的沟。

【概要】

知默禅师，宋代禅僧。师事翠岩令参禅师得法，出居温州（今属浙江）云山佛嶴院。有僧问："如何是佛嶴家风？"答曰："送客不离三步内，邀宾只在草堂前。"

【参考文献】

《景德传灯录》卷二十二。

镜清怤禅师法嗣

越州清化师讷禅师

僧问："十二时中如何得不疑惑去？"师曰："好。"曰："恁么则得遇于师去也。"师曰："珍重！"

僧来礼拜，师曰："子亦善问，吾亦善答。"曰："恁么则大众久立。"师曰："抑逼[1]大众作甚么？"

问："去却赏罚，如何是吹毛剑？"师曰："钱塘江里好渡船。"

问："如何是西来意？"师曰："可煞新鲜[2]！"

【注释】

[1] 抑逼：强迫。唐代韩愈《辞唱歌》："抑逼教唱歌，不解看艳词。坐中把酒人，岂有欢乐姿？"《元典章·户部五·房屋》："成交之时，初非抑逼，亦无兢意。"

[2] 可煞新鲜：（你提的问题）太新鲜了！讥讽提问的人。可煞：亦作"可杀"。表示极甚之辞，犹言非常。《祖堂集·江西马祖》："我今日可杀头痛，不能

为汝说。"

衢州南禅遇缘禅师

因有俗士谓之"铁脚"[1]，忽骑马至，僧问师[2]："既是铁脚，为甚么却骑马？"师曰："腰带不因遮腹痛，幞头岂是御天寒[3]？"

官人问师："和尚恁么后生[4]，为甚么却为尊宿[5]？"师曰："千岁只言朱顶鹤[6]，朝生便是凤凰儿。"

上堂："此个事得恁么难道？"时有僧出曰："请师道。"师曰："睦州溪苔，锦军石耳[7]。"

问："众手淘金，谁是得者？"师曰："溪畔披砂[8]徒自困，家中有宝速须还。"曰："恁么则始终不从人得去也。"师曰："饶君便有擎山力，未免肩头有担胝[9]。"

【注释】

[1] 铁脚：脚力好，走路快，不疲劳。

[2] 僧问师：此处旧校本标点错误，将"师"移入引号内，变成"师既是铁脚，为甚么却骑马"，意义就完全不同了。根据前文叙述，所谓铁脚者不是禅师，而是另外一个"俗士"。

[3] 腰带不因遮（zhē）腹痛，幞头岂是御天寒：腰带不是为了阻止腹痛，头巾难道是抵御天寒？遮：阻止。幞头：古代包头软巾，有四带，二带系脑后垂之，二带反系头上，令曲折附顶。也称四脚、折上巾。

[4] 后生：年轻。

[5] 尊宿：德尊年长者。德高曰尊，耆年曰宿。

[6] 朱顶鹤：即丹顶鹤。又称仙鹤。头顶皮肤裸露，呈朱红色，故称丹顶。

[7] 睦州溪苔，锦军石耳：睦州（今浙江建德东）的溪苔，锦军的石耳。溪苔，生长在水边的地衣，可食。锦军，古代的行政区划，即安国衣锦军。衣锦城是钱镠的故乡。五代后梁开平二年（908 年）吴越王钱镠升衣锦城置衣锦军，治所在今浙江省临安市。《宋史·地理志》杭州临安县："钱镠奏改衣锦军"。北宋太平兴国三年（978 年）吴越国纳土归宋，更名顺化军，不久废除。石耳，附着在石面的地衣类植物，可食。

[8] 披砂：淘沙提炼黄金。

[9] 担胝（zhī）：因为肩上担子太重，使肩膀都磨了一层厚厚的茧。胝：

皮厚。

【概要】

遇缘禅师，宋代禅僧。浙江人。幼年出家，师事镜清道怤禅师得法。行脚参访，不辞远近。后居衢州（今属浙江）南禅寺。

【参考文献】

《景德传灯录》卷二十一。

资福智远禅师

福州资福院智远禅师，福州人也。

参镜清，问："如何是诸佛出身处？"清曰："大家要知。"师曰："如斯则众眼难瞒去也。"清曰："理能缚豹。"师因此发悟玄旨。

住后，僧问："师唱谁家曲，宗风嗣阿谁？"师曰："雪岭峰前月，镜湖波里明。"

问："诸佛出世，天雨四华[1]，地摇六动[2]，和尚今日有何祥瑞？"师曰："一物不生全体露，目前光彩阿谁知？"

问："如何是直示一句？"师曰："是甚么？"师乃曰："还会么？会去，即今便了；不会，尘沙算劫，只据诸贤分上[3]。古佛心源，明露现前，匝天遍地，森罗万象。自己家风，佛与众生本无差别。涅槃生死，幻化所为，性地真常，不劳修证。珍重！"

【注释】

[1] 四华：即指生于天界之四种华，为显示瑞兆之华。据《法华经》序品、《法华经》文句卷二下等载，即曼陀罗华（赤华）、摩诃曼陀罗华（大赤华）、曼殊沙华（白华）、摩诃曼殊沙华（大白华）。一般将四华与六种震动合称为四华六动。

[2] 六动：谓佛将说法，故地六种震动。六种震动者，一动、二起、三涌、四震、五吼、六击也。

[3] 不会，尘沙算劫，只据诸贤分上：不领会的话，经过恒河沙劫那么长的时间，你们仍旧只在贤人（未开悟见道）的份上。尘沙算劫：形容时间极其长远。佛经常说恒河沙劫，即用恒河那么多细沙来计算时间。劫者，梵语劫簸之略，不能以

通常之年月日时计算之极长时节也。诸贤，指所有的贤人，非"你们"的敬称，《〈景德传灯录〉译注》注释有误。"贤圣"在佛教是两个不同层次的人。以有漏智修善根的人，称为贤者；起无漏智证见正理的人，名为圣者。大乘、小乘俱云见道以上者是圣，见道以前为贤。

【概要】

智远禅师，宋代禅僧。福州连江（今属福建）人。幼年从法宣出家，专心诵持。既长，参镜清道怤禅师，发悟玄旨。居福州资福院，说法二十余年而卒。

【参考文献】

《景德传灯录》卷二十一。

乌巨仪晏禅师

衢州乌巨山仪晏开明禅师，吴兴许氏子。于唐乾符三年将诞之夕，异香满室，红光如昼。光启中，随父镇信安，强为娶，师不愿。遂游历诸方，机契镜清。归省父母，乃于郭南创别舍以遂师志。舍旁陈司徒庙有凛禅师像，师往瞻礼，失师所之。后郡守展祀祠下，见师入定于庙后丛竹间。蚁蠹其衣，败叶没脬[1]。或者云："是许镇将之子也。"自此三昧，或出或入。

子湖讷禅师，未知师所造浅深，问曰："子所住定，盖小乘定耳？"时方啜茶，师呈起橐[2]曰："是大是小？"讷骇然。

寻谒栝苍[3]唐山德严禅师，严问："汝何姓？"曰："姓许。"严曰："谁许汝？"曰："不别。"严默识之，遂与剃染。尝令摘桃，浃旬[3]不归。往寻，见师攀桃倚石，泊然在定。严鸣指出之。

开运中，游江郎岩，睹石龛[4]，谓弟子慧兴曰："予入定此中，汝当垒石塞门，勿以吾为念。"兴如所戒。明年，兴意师长往，启龛视师[5]，素发被肩，胸臆尚暖。徐自定起，了无异容。

复回乌巨。侍郎慎公镇信安，馥师之道[6]，命义学[7]僧守荣，诘其定相[8]。师不与之辨，荣意轻之。时信安人竞图师像而尊事，皆获舍利。荣因愧服，礼像谢愆，亦获舍利，叹曰："此后不敢以浅解测度矣！"

钱忠懿王感师见梦，遣使图像至。适王患目疾，展像作礼，如梦所见。随雨舍利，目疾顿瘳。因锡号"开明"，及述偈赞，宝器供具千计。

端拱初，太宗皇帝闻师定力，诏本州加礼，津发赴阙。师力辞。僧再至谕旨，特令肩舆[9]，入对便殿。命坐赐茗，咨问禅定。奏对简尽，深契上旨。丐归[10]，复诏入对，得请还山，送车塞途。

淳化元年示寂，寿一百十五，腊五十七。阇维白光属天，舍利五色。邦人以骨塑像，至今州郡雨旸[11]，祷之如向斯答。

【注释】

[1] 膍（bì）：指胃或大腿。

[2] 橐（tuó）：同"橐"。

[3] 栝苍：古县名，治所在今浙江丽水东南。

[3] 浃（jiā）旬：一旬，十天。

[4] 石龛（kān）：石洞。

[5] 兴意师长往，启龛视师：弟子慧兴心想，师父应当去世了，启开石洞的门去看望师父。长往：死亡的婉词，逝世。此处旧校本标点为"兴意师长，往启龛视师"，使语句不通顺，无法理解。

[6] 馥（fù）师之道：仰慕禅师道高。

[7] 义学：即名相训义之学、理论之学。又称解学。如俱舍、唯识之学，分析法相之名目与数量，并详细规定修行因果阶位之组织与文字章句之解释；亦即有关教义理论之学问。

[8] 诘其定相：质疑他入定的真相。

[9] 肩舆：抬着轿子。谓乘坐轿子。

[10] 丐归：乞求回去。

[11] 雨旸：指风调雨顺。语本《书·洪范》："曰雨，曰旸。"谓雨天和晴天。

【概要】

仪晏（876～990年），五代禅僧。又作仪宴。吴兴湖州（浙江）人，俗姓许。父镇守信安时劝其娶妻，师不听，遂游历诸方，参访镜清道怤，并嗣其法。后归返吴兴，另创一舍居住，未久，从栝苍唐山德严出家。后晋开运年间（944～947年），游访江郎岩，入一石龛中，命弟子慧兴以石锁之。宋太宗淳化元年于衢州乌巨山示寂，世寿一百十五。

【参考文献】

《五灯严统》卷八；《禅宗正脉》卷八；《佛祖纲目》卷三十五；《指月录》卷二十一；《教外别传》卷七；《补续高僧传》卷六。

报恩岳禅师法嗣

潭州妙济院师浩传心禅师

僧问："拟[1]即第二头，不拟即第三首，如何是第一头？"师曰："收。"

问："古人断臂[2]，当为何事？"师曰："我宁可断臂。"

问："如何是学人眼？"师曰："须知我好心。"

问："如何是香山[3]剑？"师曰："异。"曰："还露也无？"师曰："不忍见。"

问："如何是松门第一句？"师曰："切不得错举[4]。"

问："如何是妙济家风？"师曰："左右人太多。"

问："如何是佛法大意？"师曰："两口一无舌。"

问："如何是香山一路？"师曰："滔滔地[5]。"曰："到者如何？"师曰："息汝平生。"

问："如何是世尊密语？"师曰："阿难亦不知。"曰："为甚么不知？"师曰："莫非仙陀。"

问："如何是香山宝？"师曰："碧眼胡人[6]不敢定。"曰："露者如何？"师曰："龙王捧不起。"

僧举圣僧塑像被虎咬，问师："既是圣僧，为甚么被大虫咬？"师曰："疑杀天下人[7]！"

问："如何是无惭愧底人？"师曰："阇黎合吃棒。"

【注释】

[1] 拟：推测，思考。

[2] 古人断臂：指二祖慧可断臂求法之事。

　　[3] 香山：师浩传心禅师曾经住湖南郴州香山，位于郴州东北郊。

　　[4] 切不得错举：切记不要说错。错举：说错。

　　[5] 滔滔地：参见本章"鼓山智岳禅师"条注释。

　　[6] 碧眼胡人：指达磨祖师。

　　[7] 疑杀天下人：让天下人太疑惑了！杀：通"煞"，极，甚。参见本章"报国院照禅师"条注释，佛塔被雷劈了，意义相同。

【概要】

　　师浩传心禅师，宋代禅僧。师事报恩怀岳禅师得法，住持潭州（今湖南长沙）香山妙济院，号"传心大师"。有僧问："如何是妙济家风？"答曰："左右人太多。"

【参考文献】

　　《景德传灯录》卷二十一。

安国瑫禅师法嗣

福州白鹿师贵禅师

　　开堂日，僧问："西峡一派，不异马头；白鹿千峰，何似鸡足[1]？"师曰："大众验看。"

　　问："如何是白鹿家风？"师曰："向汝道甚么！"曰："恁么则便知时去也。"师曰："知时底人合到甚么田地？"曰："不可更口喃喃也。"师曰："放过即不可。"

　　问："牛头[2]未见四祖时，百鸟衔花供养，见后为甚么不来？"师曰："曙色未分人尽望，及乎天晓也如常。"

【注释】

　　[1] 西峡一派，不异马头；白鹿千峰，何似鸡足：西峡一派风光，形似马头；白鹿千峰叠嶂，形似鸡足（云南鸡足山）。白鹿：师贵禅师所在的山与寺，在福州市白鹿镇。鸡足：表面上说形似鸡足，实际上是联系云南鸡足山，相传系佛陀大弟

子摩诃迦叶于此守护佛衣以待弥勒之地，故该山亦被视为摩诃迦叶之道场。此处借指白鹿师贵禅师的禅宗体系是否与摩诃迦叶一脉相承。

[2] 牛头：指牛头宗创始人法融。法融初从三论宗之炅法师出家，后入江宁牛头山幽栖寺北岩之石室枯坐，感百鸟衔花之瑞。唐贞观年间（627～649年），四祖道信闻之，前往付其法，由是法席大盛，自成一派，此为禅宗分派之始。世人乃以之与五祖弘忍之"东山宗"相对称，特称为牛头宗。

福州罗山义聪禅师

上堂，僧问："如何是出窟师子？"师曰："甚么处不震裂？"曰："作何音响？"师曰："聋者不闻。"

问："手指天地，唯我独尊[1]，为甚么却被傍观者责？"师曰："谓言胡须赤[2]。"曰："只如傍观者，有甚么长处？"师曰："路见不平，所以按剑[3]。"师乃曰："若有分付处，罗山即不具眼；若无分付处，即劳而无功。所以，维摩昔日对文殊，具问如今会也无？久立，珍重！"

【注释】

[1] 手指天地，唯我独尊：据《长阿含》卷一大本经记载，世尊由其母摩耶夫人之右胁下出生，堕地之后，独行七步，遍观四方，举手言："天上天下，唯我为尊。"据释门归敬仪卷上载，因印度当时民情风俗所重之九十六种外道皆自号为大圣人、天人师，世尊为绝邪归正，故示现此相，表示三界之中，唯佛独尊，当救度天上天下，为天人尊，断生死苦，使一切众生得大安乐；而其余皆邪道，非众生所能依怙，故有"天上天下，唯我独尊"之语。后世乃套用佛典中"唯我独尊"一语，转而形容一个人自尊自大，含有责其骄妄之意；或用以推崇某人于某方面之成就无人能及，而加以赞许。

[2] 谓言胡须赤：即谚语"将谓胡须赤，更有赤胡须"，比喻一个更比一个强。《五灯全书卷》第一百七"建宁鹫山思修琛禅师"条："婆子顶门，虽则具眼，性命却在者僧手里。虽然，这僧性命即今又在甚么人手里？将谓胡须赤，更有赤须胡。"

[3] 路见不平，所以按剑：即"路见不平，拔刀相助"。

福州安国院从贵禅师

僧问："禅宫大敞，法侣云臻；向上一路，请师决择。"师曰："素非时流[1]。”

上堂：“禅之与道，拈向一边著；佛之与祖，是甚么破草鞋[2]？恁么告报，莫屈着诸人么？若道屈着，即且须行脚；若道不屈着，也须合取口[3]始得。珍重！”

上堂：“直是不遇梁朝，安国也谩人不过[4]。珍重！”

僧问：“请师举唱宗乘。”师曰：“今日打禾，明日般柴[5]。”

问：“牛头未见四祖时如何？”师曰：“香炉对绳床。”曰：“见后如何？”师曰：“门扇对露柱。”

问：“如何是和尚家风？”师曰：“若问家风，即答家风。”曰：“学人不问家风时作么生？”师曰：“胡来汉去[6]。”

问：“诸余即不问，省要处乞师一言。”师曰：“还得省要也未？”复曰：“纯陀[7]献供。珍重！”

【注释】

[1] 素非时流：本来就不是世俗之辈。

[2] 佛之与祖，是甚么破草鞋：佛陀与祖师是什么破草鞋。旧校本标点有误，“破草鞋”移入后句，即“破草鞋恁么告报”，语义不通。

[3] 合取口：闭上你的嘴巴，禅宗还说“合取狗口”，意思是闭上你的狗嘴。

[4] 直是不遇梁朝，安国也谩人不过：达磨就是没有遇到梁朝梁武帝，也骗不了我安国。旧校本标点有误，将“安国”移入前句，即“直是不遇梁朝安国”，使语义不通。

[5] 般柴：同“搬柴”。般：搬运。

[6] 胡来汉去：参见本书第四章“赵州观音院从谂禅师”条“如明珠在掌，胡来胡现，汉来汉现”。就好像一颗明亮的宝珠在手上，胡人来了它就显现胡人的样子，汉人来了它就显现汉人的样子。一般形容宝珠或宝镜，以此比喻佛性。

[7] 纯陀：梵语。又作准陀、淳陀、周那。为佛世时中印度波婆城之铁匠，乃最后供养佛陀者。据《长阿含》卷三游行经记载，彼以旃檀树耳供养佛陀。其所供养食物之旃檀树耳，概为一种菌类，于我国称木耳。

【概要】

从贵禅师，五代禅僧。师事弘瑫禅师得法，继主福州安国院。有僧问：“请师举唱宗乘。”答曰：“今日打禾，明日搬柴。”

【参考文献】

《景德传灯录》卷二十二。

福州怡山长庆藏用禅师

上堂，众集，以扇子抛向地上曰："愚人谓金是土，智者作么生？后生可畏，不可总守愚去也。还有人道得么？出来道看。"时有僧出礼拜，退后而立。师曰："别更作么生？"曰："请和尚明鉴。"师曰："千年桃核。"

问："如何是伽蓝[1]？"师曰："长溪[2]、莆田[3]。"曰："如何是伽蓝中人？"师曰："新罗、白水[4]。"

问："如何是灵泉正主[5]？"师曰："南山、北山。"

问："如何是和尚家风？"师曰："斋前厨蒸南国饭，午后炉煎北苑茶[6]。"

问："法身还受苦也无？"师曰："地狱岂是天堂？"曰："恁么则受苦去也。"师曰："有甚么罪过？"

【注释】

[1] 伽蓝：寺院的通称。

[2] 长溪：唐武德六年（623年），析闽县原温麻县地设立长溪县（治所在今福建霞浦县岭尾庵），隶属泉州（治所在今福州市）。北宋时期长溪属福建路福州。

[3] 莆田：福建省旧县名，即今福建省莆田市市辖区。

[4] 新罗、白水：福建的两个地名。《〈景德传灯录〉译注》译为"新罗白水和尚"有误。针对上文，藏用禅师用两个地方回答学人提问，此处仍旧沿用两地回答。新罗，736年设置新罗县，742年改设龙岩县，现设龙岩市新罗区。因此，此新罗不是指古代朝鲜。白水，今龙岩市上杭县有白水村。

[5] 灵泉正主：清净心的真正主人。灵泉：对泉水的美称，此处比喻清净心。

[6] 北苑茶：古代名茶。南唐禁苑有北苑使，善制茶，人以为贵，谓之北苑茶。其后福建建州凤凰山所产之茶，亦称北苑茶。宋代沈括《梦溪补笔谈·故事》："建茶之美者，号北苑茶。"

【概要】

藏用禅师，宋代禅僧。师事安国弘瑫禅师，嗣其法，出居福州怡山长庆院。有僧问："如何是和尚家风？"答曰："斋前厨蒸南国饭，午后炉煎北苑茶。"

【参考文献】

《景德传灯录》卷二十二。

永隆彦端禅师

福州永隆院[1]彦端禅师，上堂，大众云集，师从座起作舞，谓众曰："会么？"对曰："不会。"师曰："山僧不舍道法而现凡夫事，作么生不会？"

问："本自圆成[2]，为甚么却分明晦[3]？"师曰："汝自检责[4]看。"

【注释】

[1] 永隆院：又名延祥院。在福州西南乌石山之北，闽王王延曦以邮馆置寺院。天福五年，王延曦名为永隆院。宋祥符四年（1011 年），赐名延祥院。宋代梁克家纂《三山志》记载："延祥院本闽之邮馆，王延曦以为永隆院名，以其年号也。绍兴五年，屯驻水军，改为延祥寨。"

[2] 圆成：圆满成就。

[3] 明晦：明暗。

[4] 检责：检查。

瑞峰志端禅师

福州林阳瑞峰院[1]志端禅师，本州人也。初参安国，见僧问："如何是万象之中独露身？"国举一指，其僧不荐[2]。师于是冥契玄旨，乃入室白曰："适来见那僧问话，志端有个省处。"国曰："汝见甚么道理？"师亦举一指曰："这个是甚么？"国然之，师礼谢。

住后，上堂，举拂子曰："曹溪用不尽底，时人唤作头角[3]生，山僧拈来拂蚊子，荐得乾坤陷落。"

僧问："如何是西来意？"师曰："木马走似烟，石人趁不及[4]。"

问："如何是禅?"师曰："今年旱去年[5]。"曰："如何是道?"师曰："冬田半折耗[6]。"

问："如何是学人自己?"师与一踏，僧作接势。师便与一捆，僧无语。师曰："赚杀人[7]！"

问："如何是迥绝[8]人烟处佛法?"师曰："巅山峭峙[9]碧芬芳。"曰："恁么则一真[10]之理，华野不殊[11]。"师曰："不是这个道理。"

问："如何是佛法大意?"师曰："竹箸一文一双。"

有僧夜参，师曰："阿谁?"曰："某甲。"师曰："泉州砂糖，舶上槟榔。"僧良久，师曰："会么?"曰："不会。"师曰："你若会即廓清五蕴[12]，吞尽十方。"

开宝元年八月，遗偈曰："来年二月二，别汝暂相弃。烧灰散四林，免占檀那[13]地。"

明年正月二十八日，州民竞入山瞻礼，师尚无恙，参问如常。至二月一日，州牧率诸官同至山，诘诟[14]经宵。二日斋罢，上堂辞众。时圆应长老出问："云愁雾惨，大众呜呼！请师一言，未在告别。"师垂一足，应曰："法镜[15]不临于此土，宝月又照于何方?"师曰："非君境界。"应曰："恁么则沤生沤灭还归水，师去师来是本常。"师长嘘一声，下座归方丈。安坐至亥时，问众曰："世尊灭度，是何时节?"众曰："二月十五日子时。"师曰："吾今日子时前。"言讫长往。

【注释】

[1] 瑞峰院：后改名为"林阳寺"，为福州五大禅宗丛林之一。今位于福州晋安区岭头石牌村瑞峰之麓，故又称瑞峰林阳寺、瑞峰林洋寺、瑞峰院。宋代梁克家纂《三山志》载："怀安县遵化里瑞峰林洋院，长兴二年（931年）置"。后几经兴废，明万历四十年（1612年）重建时改称"林洋寺"。清光绪年间（1875～1908年），鼓山涌泉寺高僧古月禅师来寺为方丈，兴复此寺，将寺名改为"瑞峰林阳寺"。

[2] 其僧不荐：那个僧人不能领会。荐：领会，领悟。

[3] 头角：指烦恼之念。又凡夫起有所得之心，称为头角生。《〈景德传灯录〉译注》注释有误。

[4] 木马走似烟，石人趁不及：木马奔跑如一溜烟，石人在后赶不上。木马：

禅林用语。木制之马无有思虑念度之作用，故丛林每以之比喻无心无念之解脱当相。如禅宗有"木马游春骏不羁"之语，以游春表活动之意，引申为无心之妙用。

[5] 今年旱去年：今年干旱超过去年。

[6] 冬田半折耗：冬田损失一半。折耗：损失消耗。

[7] 赚（zuàn）杀人：又作"赚煞人"。欺骗人。赚：欺骗。杀：助词。

[8] 迥绝：彻底断除，绝无。

[9] 巅山峭峙：高山之顶耸立云海。巅山：即山巅，山顶。峭峙：耸立。

[10] 一真：又名一如、一实。皆为绝待之真理也。一者无二，以平等不二之故谓之一。真者离虚妄之义，所谓真如也。

[11] 华野不殊：雅俗没有不同。

[12] 五蕴：蕴是积集的意思，五蕴就是色蕴、受蕴、想蕴、行蕴、识蕴。在此五蕴中，前一种属于物质，后四种属于精神。

[13] 檀那：施主。

[14] 诘伺：询问，侍候。《景德传灯录》作"侦伺"，指窥探，伺望，含义大致相同。

[15] 法镜：佛法能鉴照万物，犹如明镜，一一照显，丝毫不爽，故称法镜。《大智度论》卷五："法之大将持法镜，照明佛法智慧藏。"

【概要】

志端禅师，五代禅僧。俗姓俞。福州（今属福建）人。初参安国弘瑫禅师，见僧问："如何是万象之中独露身？"弘瑫举一指，志端于是冥契玄旨，入室自白，弘瑫可之。后出居林阳山瑞峰院。

【参考文献】

《景德传灯录》卷二十二；《禅林僧宝传》卷十。

福州仙宗院明禅师

上堂曰："幸有如是门风，何不烜赫地绍续取去[1]。若也绍得，不在三界[2]。若出三界，即坏三界；若在三界，即碍三界。不碍不坏，是出三界，是不出三界？恁么彻去[3]，堪为佛法种子，人天有赖。"

时有僧问："擎云不假风雷便，迅浪如何透得身？"师曰："何得弃本逐末。"

【注释】

[1] 何不烜（xuǎn）赫地绍续取去：为什么不轰轰烈烈地继承下去。烜赫：显赫，光辉照耀。绍续：继承，承嗣。

[2] 三界：佛教将世界分为欲界、色界、无色界共三界。众生均在此三界中升沉，不得解脱。

[3] 恁么彻去：如此彻悟下去。彻悟，谓通彻觉悟生命之真谛。又作悟彻。《禅林宝训》顺朱卷一："惟求大彻，若大彻悟的人，则神志调和，气息恬静，容貌恭谨，色相端庄。"

福州安国院祥禅师

上堂，良久失声[1]曰："大是无端[2]。虽然如此，事不得已。于中若有未觏[3]者，更开方便。还会么？"

时有僧问："不涉方便，乞师垂慈。"师曰："汝问我答，即是方便。"问："应物现形，如水中月，如何是月？"师提起拂子，僧曰："古人为甚么道水月无形？"师曰："见甚么？"

问："如何是宗乘中事？"师曰："淮军散后。"

问："如何是和尚家风？"师曰："众眼难谩。"

【注释】

[1] 失声：不自主地发出声音。

[2] 大是无端：确是没有理由。大是：确是。

[3] 觏（gòu）：遇见，看见。

睡龙溥禅师法嗣

保福清豁禅师

漳州保福院清豁禅师，福州人也。少而聪敏，礼鼓山国师，落发禀具[1]。后谒大章山如庵主（语具如庵主章）。后参睡龙，龙问曰："豁阇黎见何尊宿来，还悟也未？"曰："清豁尝访大章，得个信处。"龙于是上堂集众，召曰："豁阇黎出来，对众烧香说悟处，老僧与汝证明。"师出众，乃拈香曰："香已拈了，悟即不悟。"龙大悦而许之。

上堂："山僧今与诸人作个和头[2]，和者默然，不和者说。"良久曰："和与不和，切在如今。山僧带些子事[3]。珍重！"

僧问："家贫遭劫时如何？"师曰："不能尽底去[4]。"曰："为甚么不能尽底去？"师曰："贼是家亲。"曰："既是家亲，为甚么翻成家贼？"师曰："内既无应，外不能为[5]。"曰："忽然捉败[6]时如何？"师曰："内外绝消息。"曰："忽然捉败后功归何所？"师曰："赏亦未曾闻。"曰："恁么则劳而无功也。"师曰："功即不无，成而不处[7]。"曰："既是成功，为甚么不处？"师曰："不见道，太平本是将军致，不使将军见太平[8]。"

问："如何是西来意？"师曰："胡人泣，汉人悲。"

师忽舍众，欲入山待灭，乃遗偈曰："世人休说路行难，鸟道羊肠咫尺间。珍重苎溪[9]溪畔水，汝归沧海我归山。"即往贵湖卓庵[10]，未几谓门人曰："吾灭后将遗骸施诸虫蚁，勿置坟塔。"言讫，入湖头山，坐磐石，俨然长往。门人禀遗命，延留七日，竟无虫蚁之所侵食。遂就阇维，散于林野。

【注释】

[1] 禀具：接受具足戒。具足戒，又作近圆戒、近具戒、大戒。略称具戒。指比丘、比丘尼所应受持之戒律。因与沙弥、沙弥尼所受十戒相比，戒品具足，故称具足戒。依戒法规定，受持具足戒即正式取得比丘、比丘尼之资格。

[2] 和头：和事佬。

[3] 山僧带些子事：山僧还有一些事。

[4] 不能尽底去：不能全部抢光的。因为抢你的，也是抢他自己的。

[5] 内既无应，外不能为：如果我们五蕴皆空，外面的贼还从哪里来呢？

[6] 捉败：挫败，受挫。《圆悟语录》卷四："僧问：'祖师门下，水泄不通。明眼人前，固难启口。未审和尚如何为人？'师云：'无孔铁锤当面掷。'进云：'剑阁路虽险，夜行人更多。'师云：'捉败这汉。'"本书第十七章"隆庆庆闲"条："师拊掌曰：'三十年用底，今朝捉败。'"

[7] 不处：不据有，不居。《论语·里仁》："富与贵，是人之所欲也；不以其

道得之，不处也。"

[8] 太平本是将军致，不使将军见太平：又作"太平本是将军定，不许将军见太平"。乱世中武将们帮助君主打天下，太平的天下本来是他们打下来的；但是，平定天下后，君主集权，拥有权力的武将们就成为了不稳定因素，于是便不再受重用，甚至于被除掉。

[9] 苎溪：福建河流名。发源于漳州集美北部与长泰县交界的白桐岭。主流苎溪，系由东溪流至后溪长房村，与苎溪、西溪汇合后经后溪农场，注入杏林湾。清豁禅师去世前经过河边，写下了这首诗。

[10] 卓庵：建庵。

【概要】

清豁禅师（？～976年），五代禅僧。泉州（今福建泉州）人，俗姓张。年少聪颖，礼鼓山神晏国师，落发禀具。又谒大章山如庵主。后参睡龙道溥禅师得法，居漳州（今福建漳浦）保福院。晚岁将寂，嘱言勿置坟塔，乃入山坐化。太平兴国元年卒。刺史陈洪进表奏，赐号"性空禅师"。

清豁禅师留下了著名的"清豁归山"公案。他自知临终时期，于入寂前，路过苎桥，曾遗偈言："世人休说路行难，鸟道羊肠咫尺间。珍重苎溪溪畔水，汝归沧海我归山。"（收入《全唐诗》卷八八八）上引归山之"山"，即象征古来禅师本来面目，系表示诸法实相。

【参考文献】

《景德传灯录》卷二十二。

金轮观禅师法嗣

南岳金轮和尚

僧问："如何是金轮第一句？"师曰："钝汉。"

问："如何是金轮一只箭？"师曰："过也。"曰："临机一箭，谁是当者？"师曰："倒也！"

白兆圆禅师法嗣

朗州[1]大龙山智洪弘济禅师

僧问："如何是佛？"师曰："即汝便是。"曰："如何领会？"师曰："更嫌钵盂无柄那[2]。"

问："如何是微妙？"师曰："风送水声来枕畔，月移山影到床前。"

问："如何是极则处？"师曰："懊恼[3]三春月，不及九秋光。"

问："色身败坏，如何是坚固法身？"师曰："山花开似锦，涧水湛如蓝。"

【注释】

[1] 朗州：宝祐本作"鼎州"，据《景德传灯录》更正为"郎州"，今属湖南常德。

[2] 更嫌钵盂无柄那：钵盂本来就无柄，比喻多此一举。

[3] 懊恼：烦恼。

【概要】

智洪弘济禅师，宋代禅僧。师事白兆志圆禅师得法，居朗州（今湖南常德）大龙山。有僧问："如何是佛？"答曰："即汝便是。"署号"弘济大师"。

【参考文献】

《景德传灯录》卷二十三。

襄州白马山[1]行霭禅师

僧问："如何是清净法身？"师曰："井底虾蟆吞却月[2]。"

问："如何是白马正眼？"师曰："面南看北斗。"

【注释】

[1] 白马山：在湖北襄阳南。

[2] 井底虾蟆吞却月：即"井底虾蟆吞却月，三更不借夜明帘"，有时两句连用，有时单用。虾蟆：青蛙和蟾蜍的统称。夜明帘，指夜间能发光的珠帘。井底之蛙虽然眼光很浅，但它一样有佛性，这个佛性就如它吞下了月亮，即使在黑暗的井底也可以照亮四方。比喻一切众生自性光明从来不曾失去，只是藏在心中而不自觉。

【概要】

行霭禅师，宋代禅僧。师事白兆志圆禅师得法，居襄州（今湖北襄樊）白马山，世称"白马和尚"。有僧问："如何是清净法身？"答曰："井底虾蟆吞却月"。

【参考文献】

《景德传灯录》卷二十三。

安州白兆山竺乾院怀楚禅师

僧问："如何是句句须行玄路？"师曰："沿路直到湖南。"

问："如何是师子儿？"师曰："德山嗣龙潭。"

问："如何是和尚为人一句？"师曰："与汝素无冤仇，一句元在这里。"曰："未审在甚么方所？"师曰："这钝汉！"

【概要】

怀楚禅师，宋代禅僧。师事白兆志圆禅师，嗣其法。居安州（今湖北安陆）竺乾院，寂于太平兴国年间（976～983年）。

【参考文献】

《景德传灯录》卷二十三。

四祖清皎禅师

蕲州四祖山[1]清皎禅师，福州王氏子。

僧问："师唱谁家曲，宗风嗣阿谁？"师曰："楷师岩畔祥云起，宝寿峰前震法雷。"

临终遗偈曰："吾年八十八，满头垂白发。颙颙[2]镇双峰，明明千江月。黄梅扬祖教，白兆承宗诀[3]。日日告儿孙，勿令有断绝。"

【注释】

[1] 四祖山：位于湖北黄梅县西北。又称破头山、破额山。唐武德七年（624年），禅宗四祖道信住于此，改名双峰山，并就地构筑庵室，称为正觉寺，又称四祖寺。住山三十年，致力于宏扬宗风。太宗慕道信禅师之道风，欲召见之，禅师固辞不应，强之，则伸颈就戮，太宗益叹其高行，优礼有加。其后，世人以五祖弘忍住于东山，而称双峰山为西山、四祖山。

[2] 颙（yóng）颙（yóng）：肃敬貌。

[3] 白兆承宗诀：从白兆山禅师那里继承了宗门要诀。白兆：指安州白兆山（今属湖北安陆）。

【概要】

清皎禅师，宋代禅僧。俗姓王，福州（今属福建）人。师事白兆志圆禅师得法。初居大阳山（今湖北京山北），迁安州（今湖北安陆）慧日寺，后主蕲州（今湖北蕲春）四祖山。有僧问："师唱谁家曲，宗风嗣阿谁？"答曰："楷师岩畔祥云起，宝寿峰前震法雷。"

【参考文献】

《景德传灯录》卷二十三。

蕲州三角山志操禅师

僧问："教法甚多，宗归一贯。和尚为甚么说得许多周游[1]者也？"师曰："为你周游[2]者也。"曰："请和尚即古即今。"师以手敲绳床。

【注释】

[1] 周游：据《景德传灯录》改为"周游"，宝祐本作"周由"。

[2] 周游：本指到处游说，此处指责禅师说法转了很多弯，不符合宗门直指人心。

晋州兴教师普禅师

僧问："盈龙宫[1]，溢海藏，真诠[2]即不问，如何是教外别传底法？"

师曰："眼里、耳里、鼻里。"曰："只此便是否？"师曰："是甚么？"僧便喝，师亦喝。

问僧[3]："近离甚处？"曰："下寨。"

师曰："还逢着贼么？"曰："今日捉下。"师曰："放汝三十棒。"

【注释】

[1] 盈龙宫：佛经充满龙宫。据传在大海之底，龙王以神力化作宫殿，为现世佛法隐没时龙王护持财宝、经卷之所在。据《菩萨处胎经》卷七、《摩诃摩耶经》卷下、《龙树菩萨传》、《贤首华严传》卷一等记载，龙宫中藏有胜妙之经典。

[2] 真诠：又作真筌。诠：显明之意。显明真理之文句称为真诠。此处指佛经的真实含义。

[3] 问僧：旧校本标点有误，本书多处"问僧"，均将"僧"移入引号之内，有误。

蕲州三角山真鉴禅师

僧问："师唱谁家曲，宗风嗣阿谁？"师曰："忽然行正令[1]，便见下堂阶。"

【注释】

[1] 正令：在禅门中，则特指教外别传之旨。棒喝之外不立一法，谓之正令。丛林中每以"正令当行"谓佛祖之道通行于世。如《碧岩录》第六十三则以"正令当行，十方坐断"一语，喻指棒喝之外，不立一法，乃为教外别传之宗旨。

郢州大阳山行冲禅师

僧问："如何是无尽藏[1]？"师良久，僧无语。师曰："近前来！"僧才近前，师曰："去！"

【注释】

[1] 无尽藏：意谓含藏无穷之德。又作无尽藏海、无尽法藏。即真如法性之理海广阔无边，包藏一切万象。

第二节　青原下八世

黄龙机禅师法嗣

洛京紫盖善沼禅师

僧问："死中得活时如何？"师曰："抱鎌[1]刮骨薰天地，炮烈[2]棺中求托生。"

问："才生便死时如何？"师曰："赖得觉疾[3]。"

【注释】

[1] 鎌（lián）：同"镰"。镰刀。

[2] 炮烈：焚烧，炙烤。

[3] 赖得觉疾：幸亏觉悟得快。

眉州黄龙继达禅师

僧问："如何是衲[1]？"师曰："针去线不回。"曰："如何是帔[2]？"师曰："横铺四世界[3]，竖盖一乾坤。"曰："道满到来时如何？"师曰："要羹与羹，要饭与饭。"

问："黄龙出世，金翅鸟[4]满空飞时如何？"师曰："问汝金翅鸟，还得饱也无？"

【注释】

[1] 衲（nà）：比丘之粪扫衣谓之纳衣，纳俗作衲。穿衲衣者为十二头陀行之一，故以为僧衣之通名，又禅僧多着衲衣，故称曰衲僧衲子。

[2] 帔（pèi）：披肩。《释名·释衣服》："帔，披也，披之肩背，不及下也。"

[3] 四世界：佛经所说的四洲。谓于须弥山四方，七金山与大铁围山间之咸海

中，有四个大洲。又称四大部洲、四大洲、四天下、须弥四洲、四洲形量。包括东胜神洲、南赡部洲、西牛贺洲、北俱卢洲。

［4］金翅鸟：佛教天龙八部之一。翅翮金色，故名金翅鸟。两翅广三百六万里，住于须弥山下层，常取龙为食。

【概要】

眉州黄龙继达禅师，宋代禅僧。师事鄂州晦机禅师，嗣其法，居眉州（今四川眉山）黄龙，世称"黄龙达"。

【参考文献】

《景德传灯录》卷二十四。

枣树二世和尚

问僧："发足甚处[1]？"曰："闽中。"师曰："俊哉！"曰："谢师指示。"师曰："屈哉！"僧作礼。师曰："我与么道，落在甚么处？"僧无语，师曰："彼自无疮，勿伤之也。"

僧参，师乃问："未到这里时，在甚处安身立命？"僧叉手近前，师亦叉手近前，相并而立。僧曰："某甲未到此时，和尚与谁并立？"师指背后曰："莫是伊么？"僧无对，师曰："不独自谩，兼谩老僧。"僧作礼，师曰："正是自谩。"

僧钽[2]地次，见师来，乃"不审[3]"。师曰："见阿谁了？便不审。"曰："见师不问讯，礼式不全。"师曰："却是孤负老僧。"其僧归，举似首座曰："和尚近日可畏。"座曰："作么生？"僧举前语，座曰："和尚近日可谓为人切[4]。"师闻，乃打首座七捧，座曰："某甲怎么道，未有过在，乱打作么？"师曰："枉吃我多少盐酱。"又打七捧。

僧辞，师乃问："若到诸方，有人问你老僧此间法道，作么生祇对[5]？"曰："待问即道。"师曰："何处有无口底佛？"曰："只这也还难。"师竖拂子曰："还见么？"曰："何处有无眼底佛？"师曰："只这也还难。"僧绕禅床一匝而出。师曰："善能祇对。"僧便喝，师曰："老僧不识子。"曰："用识作么？"师敲禅床三下。

【注释】

[1] 发足甚处：从什么地方来？

[2] 钽（chú）：古同"锄"。

[3] 不审：见面的问候语。此处说，僧人正在锄地，见枣树禅师来了便打招呼。

[4] 和尚近日可谓为人切：枣树和尚您近日接引学人也太心急了。《景德传灯录》作"和尚近日可畏为人切"，含义相同。"畏"，甚，非常。从通常情况来看，锄地僧人给过来的枣树禅师打招呼是没问题的，但枣树禅师意在启迪僧人，不要看见人，要看见佛性，可佛性是看不见的，所以打招呼就错了。首座明白了，就责怪枣树太心急了，意思是僧人还没到那个境界，故替僧人申辩。但一申辩又错了，"空"仍旧来源于"有"，真空妙有，首座只看见了"空"，却没有看见"有"，故又被枣树一顿棒喝。

[5] 祗对：回答，应对。祗：同"祇"，"敬"的意思。祗对，用于禅林，是机锋应对，在敬意中更有针锋相对，在自我担当时毫不相让。丛林祗对，禅家的机语应对，虽奇特洒脱，但仍未超离言句之意。

兴元府玄都山澄禅师

僧问："喜得趋方丈，家风事若何？"师曰："西风开晓露[1]，明月正当天。"曰："如何拯济？"师曰："金鸡楼上一下鼓。"

问："如何是沙门行？"师曰："一切不如。"

【注释】

[1] 西风开晓露：《景德传灯录》作"熏风开晓露"。

嘉州黑水和尚

嘉州黑水和尚，初参黄龙，便问："雪覆芦花时如何？"龙曰："猛烈。"师曰："不猛烈。"龙又曰："猛烈。"师又曰："不猛烈。"龙便打，师于此有省，即便礼拜。

鄂州黄龙智颙禅师

僧问："如何是诸佛之本源？"师曰："即此一问是何源？"曰："恁

么则诸佛无异去也。"师曰："延平剑已成龙去，犹有刻舟求底人。"

眉州昌福院达禅师

僧问："学人来问，师则对；不问时，师意如何？"师曰："谢师兄指示。"

问："本来则不问，如何是今日事？"师曰："师兄这问大好。"曰："学人不会时如何？"师曰："谩得即得。"

问："国有宝刀，谁人得见？"师曰："师兄远来不易。"曰："此刀作何形状？"师曰："要也道，不要也道。"曰："请师道。"师曰："难逢难遇。"

问："石牛水上卧时如何？"师曰："异中还有异，妄计不浮沈。"曰："便恁么去时如何？"师曰："翘天日落，把土成金[1]。"

【注释】

[1] 翘天日落，把土成金：飞到天上翅膀一煽动能使太阳落下，抓住一把泥土就能把它变成金子。

吕岩洞宾真人

吕岩真人，字洞宾，京川人也。唐末三举不第，偶于长安酒肆遇钟离权[1]，授以延命术，自尔人莫之究。尝游庐山归宗，书钟楼壁曰："一日清闲自在身，六神和合报平安。丹田有宝休寻道，对境无心莫问禅。"

未几，道经黄龙山，睹紫云成盖，疑有异人，乃入谒，值龙击鼓升堂。龙见，意必吕公也，欲诱而进，厉声曰："座傍有窃法者。"吕毅然出，问："一粒粟中藏世界，半升铛[2]内煮山川，且道此意如何？"龙指曰："这守尸鬼。"吕曰："争奈囊有长生不死药。"龙曰："饶经八万劫，终是落空亡。"吕薄讶，飞剑胁之，剑不能入。遂再拜，求指归。龙诘曰："半升铛内煮山川即不问，如何是一粒粟中藏世界？"吕于言下顿契，作偈曰："弃却瓢囊[3]摵[4]碎琴，如今不恋汞中金。自从一见黄龙后，始觉从前错用心。"龙嘱令加护。

后谒潭州智度觉禅师，有曰："余游韶郴，东下湘江，今见觉公，观其禅学精明，性源淳洁，促膝静坐，收光内照。一衲之外无余衣，一钵之外无余食。达生死岸，破烦恼壳。方今佛衣寂寂兮无传，禅理悬悬兮几绝。扶而兴者，其在吾师乎？"聊作一绝奉记："达者推心方济物，圣贤传法不离真。请师开说西来意，七祖[5]如今未有人。"

【注释】

[1] 钟离权：八仙之一。钟离权在八仙之中成仙较早，名气较大，钟离权曾经十试吕洞宾，度吕成仙，还传授吕"点石成金"的道法。

[2] 铛（chēng）：平底锅。

[3] 瓢囊：瓢勺与食袋。特指行乞之具。

[4] 搣（mí）：击，打。

[5] 七祖：七代祖先。又，佛教称传法相承的七代。华严宗以马鸣、龙树、杜顺、智俨、法藏、澄观、宗密为七祖。禅宗南宗以达磨、慧可、僧璨、道信、弘忍、慧能、神会为七祖。禅宗北宗以弘忍的另一弟子神秀为六祖，普寂为七祖。

【概要】

吕岩，传说中的八仙之一。相传为唐京兆人，一说关西人。名岩（一作嵒），字洞宾，号"纯阳子"。咸通中及第，两调县令。后移家终南山修道，不知所终。一说，屡举进士不第，游江湖间，遇钟离权授以丹诀而成仙。宋以来关于他的神奇事迹的记载很多，元明小说、戏曲中亦常以他的故事为题材。元代封为纯阳演政警化尊佑帝君，通称吕祖。

南怀瑾先生说："吕纯阳是由禅宗开悟的，以后奉黄龙南祖师之命，生生世世永远为佛教的外护。吕纯阳因考不取功名，后来做了黄粱一梦，醒来以后就出家去了。他修的是道家，在唐末到五代之间非常有名。他练就很高的气功，可以在空中飞行，他有名的两句诗：'丹田有宝休寻道，对境无心莫问禅。'一般人能做到这样，健康长寿已不在话下，祛病延年，长生不老也可以做到。当然，这两句诗当中的修持方法，是有很多意义的。"黄龙慧南禅师，乃黄龙派之始祖。吕洞宾见黄龙禅师之前，虽然到达出神入化的境界，但仍然著相，追求道教的长生不老。以佛法来看，亦未出离三界。黄龙告诉他："饶君八万劫，终是落空亡。"启发他到达"一粒粟中藏世界"的境界而开悟。

【参考文献】

宋代吴曾《能改斋漫录·神仙鬼怪》；《宋史·陈抟传》；《中华续道藏初辑第

二十册·吕祖全书》。

明招谦禅师法嗣

报恩契从禅师

处州报恩契从禅师，开堂升座，乃曰："烈士[1]锋前，还有俊鹰俊鹞么？放一个出来看。"良久曰："所以道：'烈士锋前少人陪，云雷击鼓剑轮[2]开。谁是大雄[3]师子[4]种？满身锋刃但出来。'"时有僧出，师曰："好著精彩。"僧拟伸问，师曰："甚么处去也[5]？"僧乃问："师子未出窟时如何？"师曰："锋铓[6]难击。"曰："出窟后如何？"师曰："藏身无路。"曰："欲出不出时如何？"师曰："命似悬丝。"曰："向去事如何？"师曰："捝。"

问："如何是和尚家风？"师曰："还奈何么？"

问："十二时中如何即是？"师曰："金刚顶[7]上看。"曰："恁么则人天有赖。"师曰："汝又诳謼[8]人天作么？"

【注释】

[1] 烈士：有节气有壮志的人。英雄。

[2] 轮：同"抡"，挥动。

[3] 大雄：佛之德号。佛有大力，能伏四魔，故名大雄。

[4] 师子：又作狮子，兽中之王也。佛经中以譬佛之勇猛。

[5] 甚么处去也：指机锋已过，再说也没用了。宗门直指人心，迷悟就在当下。

[6] 铓（máng）：刀、剑等的尖端。

[7] 金刚顶：为密教金刚界诸经、诸会之总称。金刚界之法，有十万偈十八会，总名金刚顶。金刚有坚固利用二义，以喻实相不思议之理体坚固常住，如来之智用锐利，摧破惑障，顶者最上尊胜之义，此法于诸大乘中最胜无上，犹如人身之顶也。

[8] 诳謼（xià）：欺骗，恐吓。謼：古同"諕"，惊吓。其他版本作"诳諕"，含义相同。

【概要】

契从禅师，宋代禅僧。初参黄龙晦机禅师，久之不契。后师事明招德谦禅师得法，居处州（今浙江丽水）报恩院。

【参考文献】

《景德传灯录》卷二十四。

婺州普照瑜禅师

上堂："三十年后，大有人向这里亡锋结舌去在。"良久曰："还会么？灼然，若不是真师子儿，争识得上来[1]之机？"

时有僧问："师子未出窟时如何？"师曰："众兽徒然。"曰："出窟后如何？"师曰："孤绝万里[2]。"曰："欲出不出时如何？"师曰："当冲者丧。"曰："向去事如何？"师曰："决在临锋。"僧礼拜，师有颂曰："决在临锋处，天然师子机。嚬呻[3]出三界，非祖莫能知。"

【注释】

[1] 上来：相当于"向上一路"，禅林专有术语。即指言绝意断之正真大道，不能用语言说出的最高境界，言语道断。与"向上一著"同义。盖此言绝意断之正真大道，系千圣不传之妙道，乃释迦所不说，达磨所不传，不由口出，不须思惟，超出言语心念之上，而自证自知之无上至真之道；以其超出言语心念之上，而达本还源，归于寂静之真如本体，故称向上一路。

[2] 孤绝万里：独一无二，万里无敌。宝祐本与续藏本均作"狐绝万里"，故《〈景德传灯录〉译注》译为"万里狐狸绝迹"，与原意不符。现根据其他版本（如续藏本《禅宗正脉》）更正为"孤绝万里"。孤绝：本指孤单无伴，此处指开悟的人少有，无人能与他为伴。

[3] 嚬（pín）呻：禅录用例多谓狮子、大象等吼叫，喻宗师说法具威慑力。《汾阳语录》卷上："祖师心印，绝有言诠。唱导之机，岂无谈说？雷音震吼，谁敢当机？师子嚬呻，千狐并迹。"又卷下《叙六祖后传法正宗血脉颂》："首山一脉西河注，六七宗师四海钦。师子金毛牙爪备，嚬呻震奋象穿林。"（摘自《禅宗大辞典》）

婺州[1]双溪[2]保初禅师

上堂："未透彻，不须呈，十方世界廓然明。孤峰顶上通机照，不用看他北斗星。"

僧问："九夏灵峰剑，请师不露锋。"师曰："未拍[3]金锁前何不问？"曰："千般徒设用，难出髑髅前。"师曰："背后碍杀人[4]。"

【注释】

[1] 婺州：今属浙江金华。

[2] 双溪：金华燕尾洲地段。由于婺江源有二：一是义乌江（南），二是武义江（北）。两江合流就是婺江了。在两江会合处有一片三角洲，叫燕尾洲。这里古时候叫"双溪"。李清照为双溪作《武陵春》："风住尘香花已尽，日晚倦梳头。物是人非事事休，欲语泪先流。闻说双溪春尚好，也拟泛轻舟。只恐双溪舴艋舟，载不动、许多愁。"

[3] 拍：打造。

[4] 背后碍杀人：在背后隐藏，太妨碍人了。杀：同"煞"，极，非常。

处州涌泉究禅师

上堂，良久曰："还有虎狼禅客么？有则放出一个来。"僧才出，师曰："还知丧命处么？"曰："学人咨和尚。"师曰："甚么处去也[1]。"曰："师子未出窟时如何？"师曰："抖唞[2]地。"曰："出窟后如何？"师曰："盖天盖地。"曰："欲出不出时如何？"师曰："一切人辨不得。"曰："向去事如何？"师曰："俊鹞亦迷踪。"

【注释】

[1] 甚么处去也：指机锋已过，再说也没用了。宗门直指人心，迷悟就在当下。

[2] 唞（hǒu）：同"吼"。

衢州罗汉院义禅师

上堂，众集，僧才出，师曰："不是好底。"僧礼拜起，问："龙泉宝剑请师挥。"师曰："甚么处去也。"曰："恁么则龙溪南面尽锋鋩。"师曰："收取。"

问："不落古今请师道。"师曰："还怪得么[1]？"曰："犹落古今。"师曰："莫错。"

【注释】

[1] 还怪得么：可还怪得老僧吗？

罗汉琛禅师法嗣

清溪洪进禅师

襄州清溪山洪进禅师，在地藏时居第一座。一日，地藏上堂，二僧出礼拜。藏曰："俱错。"二僧无语，下堂，请益修山主。修曰："汝自巍巍堂堂，却礼拜拟问他人，岂不是错？"师闻之不肯[1]，修乃问："未审上座又怎生？"师曰："汝自迷暗，焉可为人？"修愤然上方丈请益，藏指廊下曰："典座[2]入库头[3]去也。"修乃省过。

又一日，师问修山主曰："明知生是不生之理，为甚么为生死之所流？"修曰："笋毕竟成竹去，如今作篾使还得么？"师曰："汝向后自悟去在。"修曰："某所见只如此，上座意旨又如何？"师指曰："这个是监院[4]房，那个是典座房？"修即礼谢。

住后，僧问："众盲摸象，各说异端，忽遇明眼人，又作么生？"师曰："汝但举似诸方。"

师经行[5]次，众僧随从，乃谓众曰："古人有甚么言句，大家商量。"时有从漪[6]上座出众，拟问次，师曰："这没毛驴[7]！"漪涣然省悟。

【注释】

[1] 不肯：不同意，不接受。

[2] 典座：禅林中负责大众斋粥之职称。典座职掌大众之斋粥，一切供养务须净洁，物料调配适当，且节用爱惜之。此职务虽系料理饮食之杂役，然自古该职即极受重视，通常推举志行高洁之僧任之。

[3] 库头：禅林中，职掌出纳者。本为东序六知事之一，后又称副寺（又称柜头、财帛），位在都寺之下，司掌寺内庶务之职，即管理日常之谷、钱、帛、米麦等之出入，职位低而任务重。

[4] 监院：即监寺，即总领众僧之职称，为一寺之监督（与寺主同）。古称监院、院主、主首、寺主，后为特尊住持而改称监寺。又一般俗称为当家。系禅宗六知事之一，位置次于都寺。禅林中，在唐代设监院一职掌理全寺之事务。至宋代，因寺广众多，将其职权分予都寺及监寺，未久，监院之名亦改为监寺，多以西堂、首座、书记等担任此职。据《祖庭事苑》卷八载，东晋以后寺主之职方盛，后世禅门中有内外知事以监寺为首者，即沿袭于此。

[5] 经行：意指在一定的场所中往复回旋之行走。通常在食后、疲倦时，或坐禅昏沉瞌睡时，即起而经行，为一种调剂身心之安静散步。

[6] 从漪：禅师名，洪进禅师的弟子。

[7] 没毛驴：出生还没长出毛的驴子，比喻什么也不懂。

【概要】

洪进禅师，宋代禅僧。师事罗汉桂琛禅师得法。桂琛居地藏时居第一座，辅弼久之。后出居襄州（今湖北襄樊）清溪山，禅侣跟踪而至，绕座千指。一日端坐说法而寂。

【参考文献】

《景德传灯录》卷二十四。

清凉休复禅师

升州清凉院休复悟空禅师，北海王氏子。幼出家，十九纳戒。尝自谓曰："苟尚能诠[1]，则为滞筏[2]；将趣凝寂[3]，复患堕空。既进退莫决，舍二何之[4]？"乃参寻宗匠[5]，依地藏，经年不契，直得成病入涅槃堂。

一夜藏去看，乃问："复上座安乐么？"师曰："某甲为和尚因缘背[6]。"藏指灯笼曰："见么？"师曰："见。"藏曰："只这个也不背[7]。"师于言下有省。

后修山主问讯地藏，乃曰："某甲百劫千生，曾与和尚违背来，此者又值和尚不安[8]。"藏遂竖起拄杖曰："只这个也不背。"师忽然契悟。

后继法眼住崇寿，江南国主创清凉道场，延请居之。

上堂："古圣才生下，便周行七步，目顾四方，云'天上天下，唯我独尊'。他便有这个方便奇特。只如诸上座初生下时，有甚么奇特？试举看。若道无，即对面讳却[9]；若道有，又作么生通得个消息？还会么。上座幸然[10]有奇特事，因甚么不知去？珍重！"

僧问："如何是佛？"师曰："汝是众生。"曰："还肯也无？"师曰："虚施此问。"

问："如何是西来意？"师曰："汝道此土还有么？"

问："省要处乞师一言。"师曰："珍重。"

问："如何是道？"师曰："本来无一物，何处有尘埃。"僧礼拜，师曰："莫错会。"

问："如何是一尘入正受[11]？"师曰："色即空。"曰："如何是诸尘三昧起？"师曰："空即色。"

问："诸余即不问，如何是悟空一句？"师曰："两句也。"

问："牛头未见四祖时，为甚么百鸟衔华？"师曰："未见四祖。"曰："见后为甚么不衔华？"师曰："见四祖。"

问："如何是自己事？"师曰："几处问人来？"

问："古人得个甚么即便休歇[12]去？"师曰："汝得个甚么，即不休歇去。"

问："如何是学人出身处？"师曰："千般比不得，万般况不及[13]。"曰："请和尚道。"师曰："古亦有，今亦有。"

问："如何是亡僧面前触目菩提？"师曰："问取髑髅后人[14]。"

问："'毒龙奋迅，万象同然'时如何？"师曰："你甚么处得这个问头？"

问："忠座主讲甚么经？"曰："《法华经》。"师曰："若有说《法华经》处，我现宝塔当为证明。大德讲，甚么人证明？"忠无对。

（法灯代云："谢和尚证明。"）

天福八年十月朔日，遣僧命法眼禅师至，嘱付讫，又致书辞国主，取三日夜子时入灭。国主令本院至时击钟，及期大众普集，师端坐警众曰："无弃光影[15]。"语绝告寂。时国主闻钟，登高台遥礼，深加哀慕，仍致祭[16]。荼毗，收舍利建塔。

【注释】

[1] 能诠："所诠"之对称。诠者，诠释经典之文句，以其能解释、显现经中之义理，故称为能诠；反之，被解释、显现之义理，则称为所诠。

[2] 滞筏：停留在船筏上。佛教有筏喻，谓结筏渡河，既至彼岸，则当舍筏；以此比喻佛之教法如筏，既至涅槃彼岸，正法亦当舍弃。故佛所说一切法，称为筏喻之法，即表示不可执着于法。《金刚经》："是故不应取法，不应取非法。以是义故，如来常说：'汝等比丘知我说法如筏喻者，法尚应舍，何况非法？'"

[3] 凝寂：端庄镇定。此指打盘入定。

[4] 舍二何之：如果舍弃这两种方法就不知道走哪条路了。

[5] 宗匠：此处指禅宗大德，一代宗师。

[6] 某甲为和尚因缘背：我与和尚的缘分恐怕要尽了。意思是我快死了。背，指去世。

[7] 只这个也不背：原来这个不会死。启发休复禅师不要执着于肉身不死。

[8] 某甲百劫千生，曾与和尚违背来，此者又值和尚不安：我百劫千生曾经与和尚因缘相违，这次相见又遇上您身体欠安。旧校本标点有误，"曾与和尚违背来此者"，如此标点，语义不通。

[9] 对面讳却：当面隐瞒，骗人。

[10] 幸然：幸亏，有幸。

[11] 正受：禅定之异名。定心，离邪乱，谓之正，无念无想，纳法在心，谓之受。如明镜之无心现物也。

[12] 休歇：停止。此处指已经完成超脱生死的大事，进入涅槃境界。

[13] 况不及：无法比喻。

[14] 问取髑（dú）髅（lóu）后人：去问变成髑髅的亡僧。髑髅，死人的头骨。髑髅后人，变成了髑髅后的人，就是死人。因为前文问及"如何是亡僧面前触目菩提"，禅师就回答，那你只有去问死了的亡僧。旧校本标点有误，将"后人"移出引号外，变成了下文"后人问"，语义不通。

[15] 无弃光影：不要浪费光阴。光影：光阴。

[16] 深加哀慕，仍致祭：旧校本标点有误。因为这是国主哀吊的连续动作，中间不能是句号。仍：因，就此。

【概要】

休复禅师，五代禅僧。俗姓王。北海（今山东潍坊）人。幼出家，十九岁受具足戒，参寻宗匠，依桂琛，经年不契，病中见桂琛指灯笼，乃有省悟。后住崇寿寺。南唐中主创升州（今江苏江宁）清凉院，延请休复居之。署号"悟空禅师"。

【参考文献】

《景德传灯录》卷二十四；《十国春秋》卷三十三。

龙济绍修禅师

抚州龙济绍修禅师，初与法眼同参地藏，所得谓已臻极[1]。暨同辞至建阳，途中谭次[2]，眼忽问："古人道，万象之中独露身，是拨万象[3]，不拨万象？"师曰："不拨。"眼曰："说甚么拨不拨？"师懵然不知。

却回地藏，藏问："子去未久，何以却来？"师曰："有事未决，岂惮[4]跋涉山川？"藏曰："汝跋涉许多山川，也还不恶[5]。"师未喻旨，乃问："古人道，万象之中独露身，意旨如何？"藏曰："汝道古人拨万象，不拨万象？"师曰："不拨。"藏曰："两个也。"师骇然沈思，而却问："未审古人拨万象，不拨万象？"藏曰："汝唤甚么作万象？"师方省悟。再辞地藏，觐于法眼，眼语意与地藏开示前后如一。

师后居龙济山，不务聚徒，而学者奔至。

上堂："具足凡夫法，凡夫不知。具足圣人法，圣人不会。圣人若会，即是凡夫。凡夫若知，即是圣人。此两语一理二义。若人辨得，不妨于佛法中有个入处。若辨不得，莫道不疑好。珍重！"

僧问："见色便见心。露柱是色，如何是心？"师曰："幸然未会，且莫诈明头[6]。"

问："如何得出三界？"师曰："是三界则一任出。"曰："不是三界又如何？"师曰："甚么处不是三界？"

问："当阳[7]举唱，谁是委[8]者？"师曰："非汝不委。"

问："如何是万法主？"师曰："把将万法来！"

问："承古有言，须弥纳芥子[9]，芥子纳须弥，如何是须弥？"师曰："穿破汝心。"曰："如何是芥子？"师曰："塞却汝眼。"曰："如何纳得？"师曰："把将须弥与芥子来！"曰："前言何在？"师曰："前有甚么言？"

问僧："甚处来?"[10]曰:"翠岩。"师曰:"翠岩有何言句示徒?"曰:"寻常道,出门逢弥勒,入门见释迦。"师曰:"与么道,又争得[11]?"曰:"和尚又如何?"师曰:"出门逢阿谁?入门见甚么?"僧于言下有省。

上堂:"声色不到处,病在见闻。言诠不及处,过在唇吻。"僧问:"离却声色,请和尚道。"师曰:"声色里问将来!"

问:"如何是学人心?"师曰:"阿谁恁么问?"

问:"劫火洞然,大千俱坏,未审这个还坏也无?"师曰:"不坏。"曰:"为甚么不坏?"师曰:"为同于大千。"

上堂:"卷帘除却障,闭户生窒碍。只这障与碍,古今无人会。会得是障碍,不会不自在。"

问:"巨夜之中,以何为眼?"师曰:"暗。"

问:"纤毫不隔,为甚么觑之不见?"师曰:"作家弄影[12]汉。"

问:"古镜未磨时如何?"师曰:"照破天地。"曰:"磨后如何?"师曰:"黑漆漆地[13]。"

问:"如何是普眼[14]?"师曰:"纤毫觑不见[15]。"曰:"为甚么觑不见?"师曰:"为伊眼太大。"

问:"如何是大败坏底人[16]?"师曰:"劫坏不曾迁。"曰:"此人还知有佛法也无?"师曰:"若知有佛法,浑成颠倒。"曰:"如何得不颠倒去?"师曰:"直须知有佛法。"曰:"如何是佛法?"师曰:"大败坏。"

问:"如何是学人常在底心?"师曰:"还曾问荷玉[17]么?"曰:"学人不会。"师曰:"若不会,夏末了,问取曹山去。"

师有颂曰:"风动心摇树,云生性起尘。若明今日事,昧却本来人。"

又:"欲识解脱道,诸法不相到。眼耳绝见闻,声色闹浩浩。"

又:"初心未入道,不得闹浩浩。钟声里荐取,鼓声里颠倒。"

又:"诸佛不出世,四十九年说。祖师不西来,少林有妙诀。"

又:"万法是心光,诸缘唯性晓。本无迷悟人,只要今日了。"

【注释】

[1] 臻极:到达极点,到达极高境界。臻:到,到达。

[2] 途中谭次:路上谈话的时候。谭:谈。次:可解释为"……的时候"。

[3] 拨万象:除去一切外物。万象:宇宙间一切事物或景象。

［4］惮（dàn）：指畏难、畏惧、敬畏等意。

［5］也还不恶：也还不错。

［6］莫诈明头：莫骗明白人。明头：明白人。

［7］当阳：当面。

［8］委：知悉。晋代王羲之《杂帖》五："白屋之人，复得迁转，极佳。未委几人？"

［9］芥子：原系芥菜之种子，颜色有白、黄、赤、青、黑之分，体积微小，故于经典中屡用以比喻极小之物，如谓"芥子容须弥，毛孔收刹海"即为常见于佛典中之譬喻。又因芥子与针锋均为极微小之物，而以"芥子投针锋"比喻极难得之事。

［10］甚处来：旧校本标点有误，将前面叙述语言"问僧"之"僧"移入引号内，变成"僧甚处来"。

［11］与么道，又争得：这么说，又怎得？与么：这么，如此。争得：怎么，怎得。旧校本标点有误，两句对话混同一句，"与么道，又争得曰和尚又如何"，这么标点，语义不通。

［12］弄影：本谓演皮影戏，喻人生如光如影，一切世事言行并皆虚幻。影戏，用纸或皮剪成人物形相，以灯光映在帷幕上表演的民间戏剧。本书第十八章，胜因咸静："后晦处涟漪之天宁，示微疾，书偈曰：'弄罢影戏，七十一载。更问如何，回来别赛。'置笔而逝。"同章，道场居慧："上堂：'百尺竿头弄影戏，不唯瞒你又瞒天。自笑平生岐路上，投老归来没一钱。'"

［13］黑漆漆地：黑漆漆的。地：助词。

［14］普眼：普遍观察一切众生的眼，亦即观世音的慈眼。

［15］纤毫觑不见：纤毫都看不见。为什么有"普眼"的菩萨纤毫不见，因为他眼中无物，即觉悟了万物皆空，所以说纤毫都看不见。

［16］大败坏底人：指与"成就菩萨"相反的"败坏菩萨"。指菩萨之败坏佛种者。据《大智度论》卷二十九载，败坏菩萨者，本发阿耨多罗三藐三菩提心，以不遇善缘，五盖覆心，行杂行，转世受大富贵，或作国王或大鬼神王、龙王等，以本造身、口、意恶业不清净，故不得生诸佛前及天上人中无罪之处。反之，成就菩萨则不失阿耨多罗三藐三菩提心，且慈愍众生。

［17］荷玉：禅师名。

【概要】

绍修禅师，五代禅僧。闽人。参罗汉桂琛禅师得法，居抚州（今属江西）龙济山。不务聚徒，而学者奔至。博学能文，有《群经略要》及偈颂六十余首传世。

【参考文献】

《景德传灯录》卷二十四。

潞府延庆院传殷禅师

僧问："见色便见心，灯笼是色，那个是心？"师曰："汝不会古人意。"曰："如何是古人意？"师曰："灯笼是心。"

问："若能转物[1]，即同如来。未审转甚么物？"师曰："道甚么！"僧拟进语，师曰："这漆桶[2]！"

【注释】

[1] 转物：不为外物所转，即不为外界一切事物动心，这是大菩萨的境界。经云："若能转物，即同如来。"古德云："转得山河归自己，转得自己归山河。"又云："老僧转得十二时，汝诸人被十二时转。"又云："拈一茎草作丈六金身，拈丈六金身作一茎草也。"皆转物之义。又依教义，罗汉得六通时，地水火风空，皆能转变自由。菩萨神通，过于罗汉。见山河大地皆如幻影，芥纳须弥，毛吞巨海，亦寻常事也。

[2] 漆桶：对愚暗不悟者的詈称，斥其心中、眼前一片漆黑。漆桶，又作黑漆桶。众生痴暗愚昧，如处"无明暗室"或"无明长夜"，见不到智慧的阳光。"黑漆桶"就如"无明暗室"或"无明长夜"。禅宗用"漆桶底脱"表示智光透入，豁然大悟的境界。对愚暗不悟者的詈称"漆桶"，斥其心中、眼前一片漆黑。丁福保《佛学大辞典》："无分别之眼闇黑，喻以漆桶。骂无眼子之词也。犹言黑漆桶，漆桶不会等。"

衡岳南台守安禅师

僧问："人人尽有长安路，如何得到？"师曰："即今在甚么处？"

问："寂寂无依时如何？"师曰："寂寂底聻[1]？"因示颂曰："南台静坐一炉香，终日凝然万虑亡。不是息心除妄想，都缘无事可思量。"

【注释】

[1] 聻（nǐ）：句末语气词，相当于"呢""哩"。

杭州天龙寺清慧秀禅师

上堂："诸上座，多少无事？十二时中在何世界安身立命？且子细[1]点检看。何不觅个歇处？因甚么却与别人点检？若恁么去，早落第二头也。"时有僧问："承师有言，恁么去早落第二头，学人总不恁么上来，如何辨白？"师曰："汝却作家。"曰："恁么则今日得遇于师也。"师曰："且莫诈明头。"

【注释】

[1] 子细：仔细。

天龙机禅师法嗣

高丽雪岳令光禅师

僧问："如何是和尚家风？"师曰："分明记取。"
问："如何是诸法之根源？"师曰："谢指示。"

仙宗符禅师法嗣

福州仙宗洞明真觉禅师

僧问："拏云[1]不假风雷便，浚浪[2]如何透得身？"师曰："何得弃本逐末。"

【注释】

[1] 拏（ná）云：凌云，常喻志向高远。参见本章前注。
[2] 浚浪：速度快的浪。浚：通"骏"，疾速。

泉州福清行钦广法禅师

上堂："还有人鉴得么？若有人鉴得，是甚么湖里破草鞋？若也鉴不出，落地作金声。无事，久立[1]！"

僧问："如何是佛法大意？"师曰："诸上座！大家道取。"

问："如何是谈真逆俗？"师曰："客作汉[2]！问甚么？"曰："如何是顺俗违真？"师曰："吃茶去。"

问："如何是然灯[3]前？"师曰："然灯后。"曰："如何是然灯后？"师曰："然灯前。"曰："如何是正然灯？"师曰："吃茶去。"

问："如何是第二月[4]？"师曰："汝问我答。"

【注释】

[1] 无事，久立：禅林客套话。旧校本标点有误，将"无事久立"移出引号外，作叙述语言。

[2] 客作汉：客于他家作业之贱人也，即本来回到富厚之家，但仍旧以为自己是客，甘心在这个家里做佣工。为《法华经》穷子喻中之语，穷子已还父家，虽受种种厚遇，尚自谓客作之贱人，无高尚之志。以喻须菩提等声闻，虽耳闻大乘之法，尚未发大乘心也。《法华经·信解品》曰："尔时穷子，虽欣此遇，犹故自谓客作贱人。由是之故，于二十年中常令除粪。"《法华义疏》七曰："未识大乘为客作，尚守小分为贱人也。"

[3] 然灯：一指点燃禅灯，薪火相传。二指然灯佛，又作然灯佛、普光佛、锭光佛。于过去世为释迦菩萨授记之佛。此处指然灯佛，旧校本未画线作专有名词，有误。

[4] 第二月：泛指似有非有之事物。犹如眼翳之人，望真月时，幻见二月，即以为天上有二个月。与"空中花"等为同类用语。于佛教教理中，诸法皆无实体，而迷执之众生每每妄认地、水等四大为"自身相"，复以相续相、执取相等六粗之相为"自心相"，如是则犹如眼翳之人误认有空中花、第二月等。《楞严经》卷二："此见虽非妙精明心，如第二月，非是月影。"

国泰瑫禅师法嗣

婺州齐云宝胜禅师

僧问："如何是齐云水？"师曰："龙潭常彻底[1]，拟问即波澜。"曰："莫只这个便是么？"师曰："古殿无香烟，谁人辨清浊？"曰："未审深

深处如何？"师曰："阇黎欲识深深处，直须脚下绝云生。"

【注释】

[1] 彻底：于禅林中，特指大悟。又作彻地、彻底大悟。本书第十章"天台德韶国师"条："诸上坐！经尘沙劫不说，亦未曾欠少半句，应须彻底会去始得。"此皆表示透彻佛祖大道之旨。此彻底乃源自"三兽渡河"之譬喻。据《优婆塞戒经》卷一载，有兔、马、香象三兽俱渡恒河之水，兔不至底，浮水而过，马或至底或不至底，而香象则尽底。恒河水喻十二因缘，声闻渡时犹如彼兔，缘觉渡时犹如彼马，如来渡时犹如香象。故"彻底"即指能拔一切烦恼习气根源。

白龙希禅师法嗣

福州广平玄旨禅师

上堂："还有人证明么？若有人证明，亦免孤负上祖，埋没后来。若是寻言数句，大藏分明。若是祖宗门中，怪及甚么处？恁么道亦是傍瞥之辞。"

僧问："如何是广平境？"师曰："地负名山秀，溪连海水清。"曰："如何是境中人？"师曰："汝问我答。"

问："如何是法身体？"师曰："廓落虚空绝玷瑕[1]。"曰："如何是体中物？"师曰："一轮明月散秋江。"曰："未审体与物分不分？"师曰："适来道甚么？"曰："恁么则不分也。"师曰："穿耳胡僧[2]笑点头。"

【注释】

[1] 玷瑕：疵点，毛病。明代谢晋《碧桃花》："轩前一树碧桃花，温润丰姿绝玷瑕。"

[2] 穿耳胡僧：此指禅宗初祖达磨。胡僧：指来自西域等地的僧人。穿耳：古代西域等地人有穿耳的风俗。

【概要】

玄旨禅师，宋代禅僧。师事白龙道希禅师得法，居福州广平寺。有僧问："如何是广平境?"答曰:"地负名山秀,溪连海水清。"又问:"如何是境中人?"答曰:"汝问我答。"后其道大行。

【参考文献】

《景德传灯录》卷二十四。

福州升山白龙清慕禅师

僧问:"如何是白龙密用一机[1]?"师曰:"汝每日用甚么?"曰:"恁么则徒劳侧聆。"师喝曰:"出去!"

问:"一切众生日用而不知,如何是日用底?"师曰:"别祇对,你争得!"

问:"不责上来,声前一句请师道?"师曰:"莫是不辨么?"

【注释】

[1] 一机:一类之机缘。谓当受同一种教之动机。《碧岩录》第四十六则评唱:"古人垂示一机一境,要接人。"

【概要】

清慕禅师,宋代禅僧。参道希禅师得悟,嗣其法绪,居福州升山白龙院。有僧问:"如何是白龙密用一机?"答曰:"汝每日用什么?"

【参考文献】

《景德传灯录》卷二十四。

福州灵峰志恩禅师

僧问:"如何是吹毛剑?"师曰:"我进前,汝退后。"曰:"恁么则学人丧身命去也。"师曰:"不打水,鱼自惊。"

问:"如何是佛?"师曰:"更是阿谁?"曰:"既然如此,为甚么迷妄有差殊?"师曰:"但自不亡羊[1],何须泣岐路[2]!"

问:"如何是灵峰境?"师曰:"万叠青山如钉[3]出,两条绿水若图成。"曰:"如何是境中人?"师曰:"明明密密,密密明明。"

【注释】

[1] 亡羊：出自成语"亡羊补牢"。《战国策·楚策四》："见菟而顾犬，未为晚也；亡羊而补牢，未为迟也。"谓走失了羊，赶快修补羊圈，还不算晚。比喻失误后及时补救。

[2] 泣岐路：出自《荀子·王霸》："杨朱哭衢途曰：'此夫过举蹞步而觉跌千里者夫！'哀哭之。"谓在十字路口错走半步，到觉悟后就已经差之千里了，杨朱为此而哭泣。

[3] 饤（dìng）：饤饾。堆放在器皿中的蔬果，一般仅供陈设。此处指青山重叠如饾饤一样美观。

【概要】

志恩禅师，宋代禅僧。参白龙道希禅师得法，居福州灵峰。有僧问："如何是灵峰境？"答曰："万叠青山如饤出，两条绿水若图成。"又问曰："如何是境中人？"答曰："明明密密、密密明明。"

【参考文献】

《景德传灯录》卷二十四。

福州东禅玄亮禅师

僧问："本无迷悟，为甚么却有佛有众生？"师曰："话堕也。"

问："祖祖相传传法印，师今继嗣嗣何人？"师曰："特谢证明。"曰："恁么则白龙当时亲授记，今日应圣度迷津。"师曰："汝莫错认定盘星[1]。"

【注释】

[1] 定盘星：原指戥子或秤杆上的第一星儿（重量为零）。多用以比喻正确的基准或一定的主意。

报劬玄应禅师

漳州报劬院玄应定慧禅师，泉州晋江吴氏子。漳州刺史陈文颢[1]创院，请师开法。

僧问："如何是第一义？"师曰："如何是第一义？"曰："学人请益，师何以倒问学人？"师曰："汝适来请益甚么？"曰："第一义。"师曰："汝谓之倒问邪？"

问："如何是古佛道场？"师曰："今夏堂中千五百僧。"

开宝八年将顺世，先七日书辞陈公，仍示偈曰："今年六十六，世寿有延促[2]。无生火炽然，有为薪不续。出谷与归源，一时俱备足。"及期，诫门人曰："吾灭后不得以丧服哭泣。"言讫而寂。

【注释】

[1] 陈文颢（942～1013年）：泉州仙游（今属福建）人。洪进次子。入宋，授房州、康州刺史。太宗端拱初知同州。后历知耀、徐、康、濮、衡等州。真宗大中祥符六年卒，年七十二。《宋史》卷四八三有传。

[2] 延促：长短。

【概要】

玄应禅师，五代禅僧。俗姓吴，晋江（今福建泉州）人。幼出家，后参白龙道希禅师，印证心地，嗣其法。归隐泉州青阳山二十余年。开宝三年（970年），漳州刺史陈文颢创报劬院，请玄应开法。开宝八年（975年），书偈而寂，谥"定慧禅师"。

【参考文献】

《景德传灯录》卷二十四。

【拓展阅读】

漳州报劬院玄应定慧禅师，泉州晋江县人也。姓吴氏。幼出家，于本州开元寺九佛院禀具。探律乘，阅大藏终秩，乃之福州谒白龙希和尚印可心地，却归本州清豁。会清豁长老罢唱保福庵，于贵湖一见。以同道相契，豁命檀信于庵之西青阳山创室，请师宴处二十余载。开宝三年，属泉州帅陈洪进仲子文颢任漳州刺史，于水南创大禅苑，曰报劬。屡请师住持，固辞不往。师之兄仁济为军校，文颢因遣仁济入山，述意勤恳，师不得已出山。时参学四集，仅千五百人随从入院，大启法筵。陈帅以师之道德闻于太祖皇帝，赐紫衣、师号。开宝八年将顺世。先七日遗书辞陈守。及期日诫诸门人："吾灭后，不得以丧服哭泣，有乱规矩。"言讫，坐化。陈守伤叹，尽礼送终。茶毗收灵骨，于院之后山建浮图。（摘自《景德传灯录》卷二十四）

招庆匡禅师法嗣

泉州报恩院宗显明慧禅师

僧问："昔日灵山一会，迦叶亲闻。未审今日谁是闻者？"师曰："却忆七叶岩[1]中尊。"

问："昔日觉城[2]东际，象王[3]回旋，五众[4]咸臻。今日太守临筵，如何提接？"师曰："眨上眉毛[5]著。"曰："恁么则一机显处，万缘丧尽。"师曰："何必繁辞？"

问："如何是西来意？"师曰："日里看鸱[6]毛。"

问："学人都致一问，请师道。"师曰："不是创住，这个师僧也难容。"

问："离四句，绝百非，请师道。"师曰："青红花满庭。"

问："不涉思量处，从上宗乘[7]，请师直道。"师良久，僧曰："恁么则听响之流，徒劳侧耳。"师曰："早是粘泥。"

问："如何是人王？"师曰："奉对不敢造次。"曰："如何是法王？"师曰："莫孤负好！"曰："未审人王与法王，对谈何事？"师曰："非汝所聆。"

【注释】

[1] 七叶岩：地名，在王舍城侧的灵鹫山上，因有七叶树生于岩窟之上，故名七叶岩，是第一次五百大阿罗汉结集经典的地方。

[2] 觉城：指印度摩揭陀国伽耶城。乃佛陀成正觉之都城，故称觉城。

[3] 象王：象中之王，以譬佛者。《涅槃经》二十三曰："是大涅槃，唯大象王能尽其底。大象王谓诸佛也。"《华严经》曰："象王行处落花红。"

[4] 五众：出家之五众有：比丘，受具足戒之男子；比丘尼，受具足戒之女子；式叉摩那，译言学法女，将受具足戒而学六法之女子；沙弥，出家受十戒之男

子；沙弥尼，出家受十戒之女子。

[5] 眨上眉毛：思考的样子，稍显犹豫不决。"眨上眉毛"，是告诉我们活在当下。在宗门的机锋对决中，若眨上眉毛，则预告已经失败了。此处禅师反其意而用之。今日太守光临，一般人认为必须热情接待，而禅师却"眨上眉毛"，因为面对的不是佛，所以可以拒绝。

[6] 鵄（chī）：古同"鸱"。猫头鹰的一种。

[7] 从上宗乘：亦作"向上宗乘"，极悟之至极宗旨。

龙光澄忟禅师

金陵龙光院澄忟[1]禅师，广州人也。

新到参，师问："甚处来？"曰："江南来。"师曰："汝还礼拜渡江船子[2]么？"曰："和尚为甚么教某礼拜渡江船子？"师曰："是汝善知识[3]。"

【注释】

[1] 忟（gǎi）：宝祐本作"忄+巳"，疑错，更正为"忟"。

[2] 渡江船子：给人驾船渡江的船夫。

[3] 善知识：与"恶知识"对称。指教示佛法之正道，令得胜益之师友。又作知识、善友、亲友、善亲友、胜友。

【概要】

澄忟禅师，五代禅僧。俗姓陈。广州（今属广东）人。幼年出家。参招庆道匡禅师，悟彻心地，居舒州（今安徽潜山）山谷寺，晚年迁金陵（今江苏南京）龙光院，寂于宋太祖末年。

【参考文献】

《景德传灯录》卷二十四。

永兴北院可休禅师

僧问："如何是西来意？"师曰："遍满天下。"曰："莫便是也无？"师曰："是即牢收取。"

问："大作业[1]底人来，师还接否？"师曰："不接。"曰："为甚么不接？"师曰："幸是好人家男女。"

【注释】

[1] 大作业：造了很大罪业。业，我们的一切善恶思想行为（包括身、语、意），都叫作业，如好的思想好的行为叫作善业，坏的思想坏的行为却叫作恶业。

郴州太平院清海禅师

僧问："古人道不从请益得[1]，祖师为甚么道谁得作佛？"师曰："悟了方知。"

问："从上宗乘次第指授，未审今日如何举唱？"师曰："透出白云深洞里[2]，名华异草岭头生。"

【注释】

[1] 古人道不从请益得：古人说不从师父那里请示受益得到开悟。请益，即学人请师示诲之意。本为《礼记》《论语》中之用语。礼记："请业则起，请益则起。"于禅林中，多指学人受教后，就尚未透彻明白之处，再进一步请教之意。旧校本标点有误，将后文"祖师"移入："古人道不从请益得祖师"，使文义不通。

[2] 透出白云深洞里：《景德传灯录》作"白云透出深洞里"。

【概要】

清海禅师，五代禅僧。师事招庆道匡禅师得法，居郴州（今属湖南）太平院。

【参考文献】

《景德传灯录》卷二十四。

连州慈云慧深普广禅师

僧问："匡王请佛[1]，既奉法于当时；我后[2]延师，盖兴宗于此日。幸施方便，无吝举扬。"师曰："不烦再问。"

问："如何是大圆镜[3]？"师曰："著。"

问："如何是向上事？"师曰："分明听取。"

【注释】

[1] 匿王请佛:《舍卫国王梦见十事经》:"舍卫国波斯匿王得十梦,以问佛:一有二瓶,一空,一满,其水往来,不入空瓶,表当来富者相送遗而不给贫者。二于马口尻置食,表大臣食于官与民。三小树生花,表后世人三十头白。四小树结实,表女子小即生子。五有羊食绳,表夫出贾贩,妇在家与他男共住,食夫之财。六有狐坐于金床,表贱人之富。七有大牛随小犊子而乳,表货女使与他男子共住,己守门,食于女之淫钱。八四牛自四面来欲斗,未斗而去,表后世人主放逸不畏天,雨师祈雨,只有云自四方来,须臾云四散。九大陂之水,中央浊,四边清,表后世阎浮国土,八方安而中土乱。十大溪水赤,表后世国王兴兵杀戮,流血赤。"

[2] 后:君主,帝王。

[3] 大圆镜:指大圆镜智。即指可如实映现一切法之佛智。此种佛智,如大圆镜之可映现一切形像,密教称为金刚智。依唯识宗所说,成佛以后,烦恼即转变为智慧。此种智慧可分四种,其第四种(即第八阿赖耶识)转变为清净智,此即大圆镜智。密教将此四智,加上法界体性智,合称五智,即东方阿閦佛所成之智。

【概要】

慧深普广禅师,五代禅僧。师事招庆道匡禅师得法,居连州(今广东连县)慈云院,赐号"普广大师"。传法周善而寂。

【参考文献】

《景德传灯录》卷二十四。

郢州兴阳山道钦禅师

僧问:"如何是兴阳境?"师曰:"松竹乍[1]栽山影绿,水流穿过院庭中。"

问:"如何是佛?"师曰:"更是甚么!"

【注释】

[1] 乍:刚刚,起初。

【概要】

道钦禅师,五代禅僧。参招庆道匡禅师得法,居郢州(今湖北京山)兴阳山。

有僧问："如何是兴阳境？"答曰："松竹乍栽山影绿，水流穿过院庭中。"

【参考文献】

《景德传灯录》卷二十四。

报恩资禅师法嗣

处州福林澄禅师

僧问："如何是伽蓝？"师曰："没幡帧[1]。"曰："如何是伽蓝中人？"师曰："瞻礼有分。"

问："下堂一句，请师不吝。"师曰："闲吟唯忆庞居士[2]，天上人间不可陪。"

【注释】

[1] 没幡帧：没有旗帜。幡：旗帜。帧：量词，幅。

[2] 庞居士：参见本书第三章"襄州居士庞蕴"注释。庞蕴（生卒不详）字道玄，又称庞居士，中唐时代的禅门居士。与梁代之傅大士并称为"东土维摩"，被誉称为达磨东来开立禅宗之后"白衣居士第一人"。

翠峰欣禅师法嗣

处州报恩守真禅师

僧问："如何是佛法大意？"师曰："闪烁[1]乌[2]飞急，奔腾兔[3]走频。"

【注释】

[1] 闪烁：光亮动摇不定，忽明忽暗。

[2] 乌：太阳。

[3] 兔：月亮。

鹫岭远禅师法嗣

襄州鹫岭通禅师

僧问："世尊得道，地神报虚空神[1]；和尚得道，未审甚么人报？"师曰："谢汝报来。"

【注释】

[1] 虚空神：梵语舜若多，译为虚空神。主空之神。

龙华球禅师法嗣

杭州仁王院俊禅师

僧问："古人道，向上一路，千圣不传。如何是不传底事？"师曰："向上问将来！"曰："恁么则上来不当去也[1]。"师曰："既知如是，踏步上来作甚么？"

【注释】

[1] 恁么则上来不当去也：这样的话，我上来问错了。

酒仙遇贤禅师

酒仙遇贤禅师，姑苏长洲林氏子。母梦吞大球而孕。生多异祥，貌伟怪，口容双拳。七岁尝沈[1]大渊，而衣不润。遂去家，师嘉禾永安可依，三十剃染圆具[2]。往参龙华，发明心印。回居明觉院，唯事饮酒，醉则成歌颂[3]，警道俗，因号酒仙。

偈曰：

"绿水红桃华，前街后巷走百余遭，张三也识我，李四也识我。识我不识我，两个拳头那个大？两个之中一个大，曾把虚空一戳破。摩挲[4]

令教却恁么，拈取须弥[5]枕头卧。”

“扬子江头浪最深，行人到此尽沈吟。他时若到无波处，还似有波时用心。”

“金斝[6]又闻泛，玉山还报颓。莫教更漏促，趁取月明回。”

“贵买朱砂画月，算来枉用工夫。醉卧绿杨阴下，起来强说真如。泥人再三叮嘱，莫教[7]失却衣珠。”

“一六二六，其事已足。一九二九，我要吃酒。长伸两脚眠一窟[8]，起来天地还依旧。门前绿树无啼鸟，庭下苍苔有落花。聊与东风论个事，十分春色属谁家？”

“秋至山寒水冷，春来柳绿花红。一点动随万变，江村烟雨濛濛。有不有，空不空，笊篱[9]捞取西北风。”

“生在阎浮世界，人情几多爱恶？只要吃些酒子[10]，所以倒街卧路。死后却产娑婆，不愿超生净土。何以故，西方净土且无酒酤[11]？”

师于祥符二年上元凌晨，浴罢就室，合拳右举，左张其口而化。

【注释】

[1] 沈：同“沉”。此处指沉入水中。

[2] 圆具：与“禀具”含义同，都是指授大戒。具足戒，又作近圆戒、近具戒、大戒。略称具戒。指比丘、比丘尼所应受持之戒律。因与沙弥、沙弥尼所受十戒相比，戒品具足，故称具足戒。依戒法规定，受持具足戒即正式取得比丘、比丘尼之资格。

[3] 成歌颂：作成歌、颂。颂：梵语作伽陀、伽他、偈佗、偈。意译讽诵、讽颂、造颂、偈颂、颂等。广义指歌谣、圣歌，狭义则指于教说之段落或经文之末，以句联结而成之韵文，内容不一定与前后文有关。

[4] 摩挲：摸索，琢磨。

[5] 须弥：山名。译为妙高山，因此山是由金、银、琉璃、水晶四宝所成，所以称妙，诸山不能与之相比，所以称高。

[6] 斝（jiǎ）：古代青铜制的酒器，圆口，三足。

[7] 莫教：明代口语中是“不要、别”的意思。如《水浒传》第四十五回：“莫教撞在石秀手里，敢替杨雄做个出场，也不见的。”又，罗竹风主编《汉语大词典》：“莫教：犹莫非。《京本通俗小说·西山一窟鬼》：‘吴教授听得外面声音，不是别人，是我浑家和锦儿，怎知道我和王七三官人在这里？莫教也是鬼？’”此词

在本书出现频率亦多，分析其出现的语境，大都是前面的含义，宋明口语亦有继承关系。此外"莫教"还要分开解释，"莫"即"不"，"教"即"使""让"，合起来是"不使""不让"的意思，如"打起黄莺儿，莫教枝上啼"中的"莫教"是"不让"的意思，再如"但使龙城飞将在，不教胡马度阴山"也是这个意思。

[8] 瞀（hū）：方言，（睡）觉。困一瞀。

[9] 笊（zhào）篱（lí）：用竹篾或铁丝、柳条编成蛛网状供捞物沥水的器具。

[10] 酒子：酒初熟时的部分稠汁。

[11] 酤（gū）：买酒。

【概要】

酒仙遇贤禅师（922～1009年），宋初禅僧。江苏长洲人，俗姓林。师事永安之可依，三十岁剃发受具足戒，为钱塘龙华彦珠（一说龙册珠）之法嗣，居于明觉院。常饮酒歌颂，以警道俗，人称酒仙。建隆年间（960～963年）建立堂宇，资金来源不明，类此奇行颇多。大中祥符二年示寂，世寿八十八。

【参考文献】

《嘉泰普灯录》卷二十四；《释氏稽古略》卷四；《吴都法乘》卷五。

延寿轮禅师法嗣

归宗道诠禅师

庐山归宗道诠禅师，吉州刘氏子。

僧问："承闻和尚亲见延寿来，是否？"师曰："山前麦熟也未？"

问："九峰山中还有佛法也无？"师曰："有。"曰："如何是九峰山中佛法？"师曰："石头大底大，小底小。"

寻属江南国绝[1]，僧徒例试经业[2]，师之众并习禅观，乃述一偈，闻于州牧曰："比拟忘言合太虚[3]，免教和气有亲疏。谁知道德全无用，今日为僧贵识书。"州牧阅之，与僚佐议曰："旃檀[4]林中，必无杂树。唯师一院，特奏免试。"南康知军张南金具疏[5]，集道俗迎请，坐[6]归宗道场。

僧问："如何是归宗境？"师曰："千邪不如一直。"

问："如何是佛？"师曰："待得雪消后，自然春到来。"

问："深山岩谷中，还有佛法也无？"师曰："无。"曰："佛法遍在一切处，为甚么却无？"师曰："无人到。"

问："古人道'不是风动、不是幡动'时，如何？"师曰："来日路口有市。"

问："如何是学人自己？"师曰："床窄先卧，粥稀后坐[7]。"

雍熙二年顺寂，塔于牛首庵。

【注释】

[1] 寻属江南国绝：不久，江南国灭亡了。

[2] 僧徒例试经业：江南国归属宋，按照宋朝新订立的规定，佛教徒都要考试佛经教义。

[3] 比拟忘言合太虚：本来打算远离语言与文字以悟入天人合一的境界。比拟，本来打算。忘言，指禅宗不立文字，教外别传。太虚，指天、天空。

[4] 旃檀：梵语，香木名。译曰"与乐"。出自南印度摩罗耶山，其山形似牛头，故名牛头旃檀。此处比喻禅林的中的大师。

[5] 疏：古代一种文体，分条说明的文字。上疏，即臣子向帝王分条陈述的意见书。

[6] 坐：指主持管理寺庙。

[7] 床窄先卧，粥稀后坐：窄床先睡，后来的就不好睡了。吃稀粥时，等待一段时间坐下来再吃，别人就把汤先喝了，后吃者就能吃到沉下的饭。比喻相机行事。

【概要】

道诠禅师，宋代禅僧。俗姓刘。吉州安福（今属江西）人。师事延寿慧轮禅师十年，得其法。南唐主请居九峰隆济院，赐号"大沙门"。入宋，居庐山归宗寺。有僧问："如何是归宗境？"答曰："千邪不如一直。"又问："如何是佛？"答曰："待得雪消后，自然春到来。"

【参考文献】

《景德传灯录》卷二十四。

【拓展阅读】

庐山归宗第十二世道诠禅师，吉州安福人也。姓刘氏。生恶荤血，髫龀礼本州思和尚受业。闻慧轮和尚化被长沙，时马氏窃据，荆楚与建康接壤，师年二十五，结友冒险远来参寻。会马氏灭，刘言有其地，以王逵代刘言领其事。逵疑师江表谍者，乃令捕执，将沈于江。师怡然无怖。逵异之，且询轮和尚。轮曰："斯皆为法忘躯之人也，闻老僧虚誉，故来决择耳。"逵悦而释之，仍加礼重。师栖泊延寿，经十稔，轮和尚归寂，乃回庐山开先驻锡。乾德初，于山东南牛首峰下，结茅为室。开宝五年，洪帅林仁肇请居筠阳九峰隆济院，阐扬宗旨，本国赐大沙门号。师雍熙二年十一月二十八日中夜跏坐，白众而顺寂。寿五十六，腊三十七。荼毗舍利，塔于牛首庵所。师颇有歌颂，流传于世。（摘自《景德传灯录》卷二十四）

潭州龙兴裕禅师

僧问："如何是学人自己？"师曰："张三李四。"曰："比来[1]问自己，为甚么却道张三李四？"师曰："汝且莫草草[2]。"

问："诸余即不问，如何是和尚家风？"师曰："家风即且置，阿那个是汝不问底诸余[3]？"

【注释】

[1] 比来：近来，近时。

[2] 草草：匆忙仓促的样子。

[3] 诸余：其他，其余。

保福俦禅师法嗣

隆寿无逸禅师

漳州隆寿无逸禅师，开堂升座，良久曰："诸上座！若是上根之士，早已掩耳，中下之流，竞头[1]侧听。虽然如此，犹是不得已而言。诸上座！他时后日到处，有人问着今日事，且作么生举似他？若也举得，舌头鼓论[2]；若也举不得，如无三寸[3]。且作么生举？"

【注释】

　　[1] 竞头：争着，争相。
　　[2] 舌头鼓论：《景德传灯录》作"舌头鼓，舌头论"，意义相同。大体相当于"鼓唇摇舌"，而意义相当于多嘴多舌，以炫耀自己。
　　[3] 三寸：舌头。

【概要】

　　无逸禅师，宋代禅僧。参保福可俦禅师得法，居漳州（今福建漳浦）隆寿院。

【参考文献】

　　《景德传灯录》卷二十四。

大龙洪禅师法嗣

鼎州大龙山景如禅师

　　僧问："如何是佛法大意？"师便喝。僧问："尊意如何？"师曰："会么？"曰："不会。"师又喝。

　　问："太阳一显人皆羡，鼓声才罢意如何？"师曰："季秋[1]凝[2]后好晴天。"

【注释】

　　[1] 季秋：秋季的最后一个月，农历九月。
　　[2] 凝：凝结，气体变为液体或液体变为固体。此处指深秋后的早晨结霜。

【概要】

　　景如禅师，宋代禅僧。至鼎州（今湖南常德）大龙山师事智洪禅师，嗣其法绪。智洪寂，以衣拂授之，使继丈席。

【参考文献】

　　《景德传灯录》卷二十四。

鼎州大龙山楚勋禅师

上堂，良久曰："大众只恁么各自散去，已是重宣此义了也。久立又奚为？然久立有久立底道理。知了，经一小劫[1]如一食顷。不知，便见茫然。还知么？有知者出来，大家相共商量。"僧出提坐具[2]，曰："展即遍周沙界，缩即丝发不存。展即是，不展即是？"师曰："你从甚么处得来？"曰："恁么则展去也。"师曰："没交涉。"

问："如何是大龙境？"师曰："诸方举似人。"曰："如何是境中人？"师曰："你为甚么谩我？"

问："亡僧迁化，向甚么处去？"师曰："阿弥陀佛！"

问："善法堂[3]中师子吼，未审法嗣嗣何人？"师曰："犹自[4]恁么问。"

【注释】

[1] 一小劫："劫"为古印度计算世间的单位，译为时分或大时，指时间很长。人寿由最初的八万四千岁起，每过一百年减一岁，减至十岁止，再由十岁起每过一百年增一岁，增至原来的八万四千岁止，这样一减一增，为一小劫。以数学方式来计算，一小劫等于一千六百七十九万八千年。

[2] 僧出提坐具：《景德传灯录》作"僧出展坐具"。

[3] 善法堂：帝释天讲堂名。在须弥山顶喜见城外之西南角。于此论人中之善恶。《俱舍论》十一曰："外西南角有善法堂，三十三天时集于彼，详论如法不如法事。"《涅槃经》十二曰："是善法堂忉利诸天常集其中，论人天事。"

[4] 犹自：尚，尚自。

【概要】

楚勋禅师，宋代禅僧。至鼎州（今湖南常德）大龙山师事智洪禅师，嗣其法绪，继其丈席，大振宗风。有僧问："如何是大龙境？"答曰："诸方举似人。"

【参考文献】

《景德传灯录》卷二十四。

兴元府普通院从善禅师

僧问："法轮再转时如何？"师曰："助上座喜。"曰："合谭何事？"师曰："异人掩耳。"曰："便怎么领会时如何？"师曰："错。"

问："佩剑叩松关时如何？"师曰："莫乱作。"曰："谁不知有。"师曰："出。"

白马霭禅师法嗣

襄州白马智伦禅师

僧问："如何是佛？"师曰："真金也须失色。"

问："如何是和尚出身处？"师曰："牛抵[1]墙。"曰："学人不会意旨如何？"师曰："已成八字[2]。"

【注释】

[1] 抵：顶撞。此处指牛以角顶撞墙。

[2] 八字：牛角分开成"八"字。

白兆楚禅师法嗣

唐州保寿匡祐禅师

僧问："如何是佛法大意？"师曰："近前来。"僧近前，师曰"会么？"曰："不会。"师曰："石火[1]电光[2]，已经尘劫[3]。"

问："如何是为人底一句？"师曰："开口入耳。"曰："如何理会？"师曰："逢人告人。"

【注释】

[1] 石火：禅林用语。指燧石击出之火光。比喻生灭之迅速。此处指时光过得很快，如燧石撞击出来的火光就在一瞬间。

［2］电光：闪电之光。与"石火"意义相同。

［3］尘劫：全称"尘点劫"。尘，指微尘；劫，为极大之时限。尘点劫，为譬喻时间甚长久远之词。略称尘劫。《法华经》卷三"化城喻品"说"三千尘点劫"，谓大通智胜如来之入灭，系久远以前之事。譬如将三千大千世界磨为微尘，东方经过千国土，方掉落一微尘；再经过千国土，掉落第二微尘；待全部微尘落尽，而所经之国土皆悉碎为微尘。如是之一微尘为一劫，即有三千尘点劫。

第三节　青原下九世

黄龙达禅师法嗣

眉州黄龙禅师

僧问："如何是密室？"师曰："斫[1]不开。"曰："如何是密室中人？"师曰："非男女相。"

问："国内按剑者是谁？"师曰："昌福[2]。"曰："忽遇尊贵时如何？"师曰："不遗。"

【注释】

［1］斫（zhuó）：大锄。引申为用刀、斧等砍。

［2］昌福：寺名，眉州有昌福院。此处借指禅师。

清溪进禅师法嗣

相州天平山从漪禅师

僧问："如何得出三界？"师曰："将三界来与汝出。"

问："如何是和尚家风？"师曰："显露地。"

问："如何是佛？"师曰："不指天地。"曰："为甚么不指天地？"师曰："唯我独尊。"

问："如何是天平[1]？"师曰："八凹九凸[2]。"

问："洞深杳杳清溪水，饮者如何不升坠？"师曰："更梦见甚么？"

问："大众云集，合谭何事？"师曰："香烟起处森罗[3]见。"

【注释】

[1] 天平：指相州天平山。

[2] 八凹九凸：虽然取名为天平，但是却凹凸不平。

[3] 森罗：眼前万事万物。指宇宙间存在之各种现象，森然罗列于前也。

【概要】

从漪禅师，宋代禅僧。师事清溪洪进禅师，嗣其法绪，居相州（今河南安阳）天平山。有僧问："如何是佛？"答曰："不指天地，唯我独尊。"

【参考文献】

《景德传灯录》卷二十六。

圆通缘德禅师

庐山圆通缘德禅师，临安黄氏子。事本邑东山勤老宿剃染，遍游诸方。江南国主于庐山建院，请师开法。

上堂："诸上座！明取道眼好[1]！是行脚本分事。道眼若未明，有甚么用处？只是移盘吃饭汉。道眼若明，有何障碍？若未明得，强说多端，也无用处。无事切须寻究！"

僧问："如何是四不迁[2]？"师曰："地水火风。"

问："如何是古佛心？"师曰："水鸟、树林。"曰："学人不会。"师曰："会取学人。"

问："久负没弦琴，请师弹一曲。"师曰："负来多少时也？"曰："未审作何音调？"师曰："话堕也，珍重！"

问："如何是佛法大意？"师曰："过去灯明佛[3]，本光瑞如是。"

本朝遣帅问罪江南，后主[4]纳土[5]矣，而胡则[6]者据守九江不降，大将军曹翰[7]部曲[8]渡江入寺，禅者惊走，师淡坐如平日。翰至，不起不揖，翰怒诃曰："长老不闻杀人不眨眼将军乎?"师熟视曰："汝安知有不惧生死和尚邪?"翰大奇，增敬而已，曰："禅者何为而散?"师曰："击鼓自集。"翰遣裨校[9]击之，禅无至者。翰曰："不至，何也?"师曰："公有杀心故尔。"师自起击之，禅者乃集。翰再拜，问决胜之策。师曰："非禅者所知也。"

太平兴国二年十月七日，升堂曰："脱离世缘，乃在今日。"嘱令门人累青石为塔，乃曰："他日塔作红色，吾再至也。"言讫而逝，谥"道济禅师"。

【注释】

[1] 明取道眼好：使道眼明亮为好。道眼，能见正道的眼。旧校本此处标点有误，将"好"移入下文，变成"好是行脚本分事"，使语义不通。

[2] 四不迁：后秦僧肇著《肇论》有"四不迁"：旋岚偃岳而常静（与这里没交涉）；江河竞注而不流（水洒不着）；野马飘鼓而不动（风吹不入），日月历天而不周（光明无背面）。

[3] 灯明佛：即日月灯明佛。此佛光明，在天如日月，在地如灯，故名。过去世有二万日月灯明佛同名相继出世而说《法华经》。见《法华经》序品。

[4] 后主：即李后主李煜（937~978年），南唐末代国君，唐元宗李璟第六子。北宋建隆二年（961年），李煜继位，尊宋为正统，岁贡以保平安。开宝四年（971年）十月，宋太祖灭南汉，李煜去除唐号，改称"江南国主"。开宝八年（975年），李煜兵败降宋，被俘至汴京（今河南开封），授右千牛卫上将军，封违命侯。太平兴国三年（978年）七月七日，李煜死于汴京，追赠太师，追封吴王。世称南唐后主、李后主。

[5] 纳土：献纳土地。谓归附。

[6] 胡则（963~1039年）：字子正，婺州永康（今浙江金华永康）人。北宋前期清官。曾受到毛泽东的赞扬，杭州西湖龙井泉附近的胡公馆便是根据他的传说而建的。

[7] 曹翰（924~992年）：大名（今河北大名东）人，北宋初年名将。

[8] 部曲：军队。部曲为古代军队编制单位。大将军营五部，校尉一人；部有曲，曲有军候一人。

[9] 裨校：古代军队官职名。

【概要】

缘德禅师，五代禅僧。俗姓黄。临安（治今浙江杭州）人。从本邑东山勤老和尚出家，遍游诸方，参清溪洪进禅师得法。南唐后主于庐山建圆通寺，请缘德开法。宋大将军曹翰入寺，缘德不起不揖，曹翰怒曰："长老不闻杀人不眨眼将军邪！"答曰："汝安知有不惧生死和尚邪！"曹翰折服。卒谥"道济禅师"。

【参考文献】

《宋高僧传》卷一三；《禅林僧宝传》卷八。

清凉复禅师法嗣

奉先慧同禅师

升州[1]奉先寺慧同净照禅师，魏府张氏子。

僧问："教中道，唯一坚密身，一切尘中见[2]。又道，佛身充满于法界，普现一切群生前[3]。于此二途，请师说。"师曰："唯一坚密身，一切尘中见。"

问："如何是古佛心？"师曰："汝疑阿那个不是？"

问："如何是常在底人？"师曰："更问阿谁？"

【注释】

［1］升州：今属江苏南京。

［2］唯一坚密身，一切尘中见：出自《大方广佛华严经》卷六："唯一坚密身，一切尘中见，无生亦无相，普现于诸国。随诸众生心，普现于其前。"

［3］佛身充满于法界，普现一切群生前：出自《大方广佛华严经》卷六："佛身充满于法界，普现一切众生前，随缘赴感靡不周，而恒处此菩提座。"

【概要】

慧同禅师，五代禅僧。俗姓张。魏府（治今河北大名）人。幼年依惟直禅师剃落，受具于希操律师。参龙济绍修禅师，嗣其法，居升州（治今江苏江宁）奉先寺。南唐后主赐号"净照"。寂于宋太平兴国年间（976~983年）。

【参考文献】

《景德传灯录》卷二六。

龙济修禅师法嗣

河东广原禅师

僧问："如何是佛法大意？"师曰："听取一偈：刹[1]刹现形仪，尘尘[2]具觉知。性源常鼓浪，不悟未曾移[3]。"

【注释】

[1] 刹：梵语，国土。

[2] 尘尘：每一细微之处，处处。

[3] 不悟未曾移：虽然是凡夫身，没有开悟，但佛性并没有离开他的身体。

南台安禅师法嗣

襄州鹫岭善美禅师

僧问："如何是鹫岭境？"师曰："岘山[1]对碧玉，江水往南流。"曰："如何是境中人？"师曰："有甚么事？"

问："百川异流，还归大海，未审大海有几滴？"师曰："汝还到海也未？"曰："到海后如何？"师曰："明日来，向汝道。"

【注释】

[1] 岘（xiàn）山：山名。在湖北襄阳县南。又名岘首山。东临汉水，为襄阳南面要塞。

归宗诠禅师法嗣

瑞州[1]九峰义诠禅师

僧问："如何是祖师西来意？"师曰："有力者负之而趋。"

【注释】

[1] 瑞州：今属江西高安。

隆寿逸禅师法嗣

隆寿法骞禅师

隆寿法骞禅师，泉州施氏子。

漳州刺史陈洪铦[1]请开法，上堂："今日隆寿出世，三世诸佛，森罗万象，同时出世，同时转法轮。诸人还见么？"

僧问："如何是隆寿境？"师曰："无汝插足处。"曰："如何是境中人？"师曰："未识境在。"

有僧来参，次日请问心要，师曰："昨日相逢序[2]起居，今朝相见事还如。如何却觅呈心要，'心要'如何特地疏[3]？"

【注释】

[1] 陈洪铦（xiān）：五代末北宋初清源军节度使、泉南等州观察使陈洪进的弟弟，初为泉州都指挥使，开宝四年（971 年）授漳州刺史。

[2] 序：叙述。

[3] 心要如何特地疏：你的"心要"怎么与你特别疏远？意思是保持一颗平常心，就是真正的"心要"，你天天都能看见它。

【概要】

法骞禅师，宋代禅僧，俗姓施，泉州（今属福建）人。至漳州（治今福建漳浦）隆寿院师事无逸禅师，嗣其法绪，继其丈席。有僧问："如何是隆寿境?"答曰："无汝插足处。"又问："如何是境中人?"答曰："未识境在。"

《景德传灯录》："隆寿法骞禅师，泉州晋江县人也，姓施氏。母廖氏，始娠，顿恶荤腥。及长，舍于本州开元寺菩提院出家纳戒，诣漳州参逸和尚得旨。刺史陈洪铦请开堂住持，隆寿第三世住。"

【参考文献】

《景德传灯录》卷二十六。

第九章　南岳下三世

——南岳下八世（沩仰宗）

动容扬古路，不堕悄然机。处处无踪迹，声色外威仪。（香严智闲禅师）

第一节　南岳下三世

百丈海禅师法嗣

沩山灵祐禅师

潭州沩山[1]灵祐禅师，福州长溪赵氏子。年十五出家，依本郡建善寺[2]法常律师剃发。于杭州龙兴寺，究大小乘教。二十三游江西，参百丈。丈一见，许之入室，遂居参学之首。

侍立次，丈问："谁？"师曰[3]："某甲。"丈曰："汝拨炉中有火否？"师拨之曰："无火。"丈躬起深拨得少火，举以示之曰："汝道无，这个聻！"师由是发悟，礼谢陈其所解。丈曰："此乃暂时岐路耳！经云：'欲识佛性义，当观时节因缘。'时节既至，如迷忽悟，如忘忽忆，方省己物不从他得。故祖师云：'悟了同未悟，无心亦无法。'只是无虚妄、凡圣等心，本来心法元自备足[4]。汝今既尔，善自护持。"

次日，同百丈入山作务。丈曰："将得火来么？"师曰："将得来。"丈曰："在甚处？"师乃拈一枝柴吹两吹，度与[5]百丈。丈曰："如虫御木[6]。"

司马头陀[7]自湖南来，谓丈曰："顷在湖南寻得一山，名大沩，是一千五百人善知识所居之处。"丈曰："老僧住得否？"陀曰："非和尚所居。"丈曰："何也？"陀曰："和尚是骨人[8]，彼是肉山[9]。设居，徒不盈千。"丈曰："吾众中莫有人住得否？"陀曰："待历观之。"

时华林觉为第一座，丈令侍者请至。问曰："此人如何？"陀请謦欬[10]一声，行数步。陀曰："不可。"丈又令唤师，师时为典座[11]。陀一见乃曰："此正是沩山主人也。"丈是夜召师入室，嘱曰："吾化缘[12]在此，沩山胜境，汝当居之，嗣续吾宗，广度后学。"而华林闻之曰："某甲乔居上首，典座何得住持？"丈曰："若能对众下得一语出格[13]，当与住持。"即指净瓶问曰："不得唤作净瓶，汝唤作甚么？"林曰："不可唤作木揆[14]也。"丈乃问师，师踢倒净瓶便出去。丈笑曰："第一座输却山子[15]也。"师遂往焉。

是山峭绝，敻[16]无人烟。猿猱为伍，橡栗[17]充食。经于五七载，绝无来者。师自念言，我本住持，为利益于人，既绝往还，自善何济？即舍庵而欲他往。行至山口，见蛇虎狼豹，交横在路。师曰："汝等诸兽，不用拦吾行路。吾若于此山有缘，汝等各自散去。吾若无缘，汝等不用动，吾从路过，一任汝吃。"言讫，虫虎四散而去。师乃回庵。

未及一载，安上座（即懒安也）同数僧从百丈来，辅佐于师。安曰："某与和尚作典座，待僧及五百人，不论时节即不造粥，便放某甲下。"自后山下居民，稍稍知之，率众共营梵宇。连帅李景让[18]奏号"同庆寺"，相国裴公休[19]尝咨玄奥，繇[20]是天下禅学辐辏焉。

上堂："夫道人之心，质直无伪，无背无面，无诈妄心。一切时中，视听寻常，更无委曲，亦不闭眼塞耳，但情不附物即得。从上诸圣，只说浊边过患。若无如许多恶觉、情见、想习之事，譬如秋水澄渟[21]，清净无为，澹泞[22]无碍。唤他作道人，亦名无事人。"

时有僧问："顿悟之人更有修否？"师曰："若真悟得本他自知时，修与不修是两头语。如今初心，虽从缘得，一念顿悟自理[23]，犹有无始旷劫习气未能顿净。须教渠净除现业流识，即是修也。不可别有法，教渠修行趣向。从闻入理，闻理深妙。心自圆明，不居惑地。纵有百千妙义，抑扬当时。此乃得坐披衣，自解作活计，始得[24]。以要言之，则实际理地，不受一尘，万行门中，不舍一法[25]。若也单刀直入[26]，则凡圣情尽，体露真常[27]。理事不二[28]，即如如佛[29]。"

仰山[30]问："如何是祖师西来意？"师指灯笼曰："大好灯笼。"仰曰："莫只这便是么？"师曰："这个是甚么？"仰曰："大好灯笼。"师曰："果然不见。"

一日，师谓众曰："如许多人，只得大机，不得大用[31]。"仰山举此语，问山下庵主曰："和尚恁么道，意旨如何？"主曰："更举看。"仰拟再举，被庵主踏倒。仰归举似师，师呵呵大笑。

师在法堂坐，库头[32]击木鱼，火头[33]掷却火抄[34]，拊掌大笑。师曰："众中也有恁么人？"遂唤来问："你作么生？"火头曰："某甲不吃粥，肚饥，所以欢喜。"师乃点头。

（后镜清怤[35]云："将知沩山众里无人。"卧龙球云："将知沩山众里有人。"）

师摘茶次，谓仰山曰："终日摘茶，只闻子声，不见子形。"仰撼茶树，师曰："子只得其用，不得其体。"仰曰："未审和尚如何？"师良久，仰曰："和尚只得其体，不得其用。"师曰："放子三十棒。"仰曰："和尚棒某甲吃，某甲棒教谁吃？"师曰："放子三十棒。"

（玄觉云："且道过在甚么处？"）

上堂，僧出曰："请和尚为众说法。"师曰："我为汝得彻困也！"僧礼拜。

（后人举似雪峰[36]，峰曰："古人得恁么老婆心切[37]。"玄沙云："山头和尚蹉过[38]古人事也。"雪峰闻之，乃问沙曰："甚么处是老僧蹉过古人事处？"沙曰："大小沩山被那僧一问，直得百杂碎[39]。"峰乃骇然。）

师坐次，仰山入来。师曰："寂子速道，莫入阴界。"仰曰："慧寂信亦不立。"师曰："子信了不立，不信不立？"仰曰："只是慧寂，更信阿谁[40]？"师曰："若恁么即是定性声闻[41]。"仰曰："慧寂佛亦不立。"

师问仰山："《涅槃经》四十卷，多少是佛说，多少是魔说？"仰曰："总是魔说。"师曰："已后无人奈子何！"仰曰："慧寂即一期[42]之事，行履[43]在甚么处？"师曰："只贵子眼正，不说子行履。"

仰山蹋衣次，提起问师曰："正恁么时，和尚作么生？"师曰："正恁么时，我这里无作么生？"仰曰："和尚有身而无用。"师良久，却拈起问曰："汝正恁么时，作么生？"仰曰："正恁么时，和尚还见伊否？"师："汝有用而无身。"师后忽问仰山："汝春间有话未圆，今试道看。"仰曰："正恁么时，切忌勃诉[44]。"师曰："停囚长智[45]。"

师一日唤院主，主便来。师曰："我唤院主，汝来作甚？"主无对。

（曹山代云："也知和尚不唤某甲。"）

又令侍者唤第一座，座便至。师曰："我唤第一座，汝来作甚？"

座亦无对。

（曹山代云："若令侍者唤，恐不来。"法眼云："适来侍者唤。"）

师问云岩："闻汝久在药山，是否？"岩曰："是。"师曰："如何是药山大人相？"岩曰："涅槃后有。"师曰："如何是涅槃后有？"岩曰："水洒不着。"岩却问师："百丈大人相如何？"师曰："巍巍堂堂，炜炜煌煌[46]。声前非声，色后非色。蚊子上铁牛，无汝下嘴处。"

师过净瓶与仰山，山拟接，师却缩手曰："是甚么？"仰曰："和尚还见个甚么？"师曰："若恁么，何用更就吾觅？"仰曰："虽然如此[47]，仁义道中与和尚提瓶挈[48]水，亦是本分事。"师乃过净瓶与仰山。

师与仰山行次，指柏树子问曰："前面是甚么？"仰曰："柏树子。"师却问耘田翁，翁亦曰："柏树子。"师曰："这耘田翁向后亦有五百众。"

师问仰山："何处来？"仰曰："田中来。"师曰："禾好刈[49]也未？"仰作刈禾势，师曰："汝适来作青见、作黄见？作不青不黄见？"仰曰："和尚背后是甚么？"师曰："子还见么？"仰拈禾穗曰："和尚何曾问这个？"师曰："此是鹅王择乳[50]。"

师问仰山："天寒人寒？"仰曰："大家在这里。"师曰："何不直说？"仰曰："适来也不曲，和尚如何？"师曰："直须随流。"

上堂："仲冬严寒年年事，晷运[51]推移事若何？"仰山进前，叉手而立。师曰："我情知汝答这话不得！"香严曰："某甲偏答得这话。"师蹙前问，严亦进前，叉手而立。师曰："赖遇寂子[52]不会。"

师一日见刘铁磨来，师曰："老牸牛[53]，汝来也！"磨曰："来日台山大会斋，和尚还去么？"师乃放身作卧势，磨便出去。

有僧来礼拜，师作起势。僧曰："请和尚不用起。"师曰："老僧未曾坐。"僧曰："某甲未曾礼。"师曰："何故无礼？"僧无对。

（同安代云："和尚不怪。"）

僧问："如何是道？"师曰："无心是道。"曰："某甲不会。"师曰："会取不会底好！"曰："如何是不会底？"师曰："只汝是，不是别人。"复曰："今时人但直下体取不会底，正是汝心，正是汝佛。若向外得一知一解，将为禅道，且没交涉。名运粪入，不名运粪出，汗[54]汝心田。所以道不是道。"

问："如何是百丈真？"师下禅床，叉手立。曰[55]："如何是和尚真？"师却坐。

师坐次，仰山从方丈前过，师曰："若是百丈先师见，子须吃痛棒始得。"仰曰："即今事作么生？"师曰："合取两片皮[56]。"仰曰："此恩难报。"师曰："非子不才，乃老僧年迈。"仰曰："今日亲见百丈师翁来。"师曰："子向甚么处见？"仰曰："不道见，只是无别。"师曰："始终作家。"

师问仰山："即今事且置，古来事作么生？"仰叉手近前，师曰："犹是即今事，古来事作么生？"仰退后立，师曰："汝屈我，我屈汝。"仰便礼拜。

仰山、香严侍立次，师举手曰："如今恁么者少，不恁么者多。"严从东过西立，仰从西过东立。师曰："这个因缘，三十年后如金掷地相似。"仰曰："亦须是和尚提唱，始得。"严曰："即今亦不少。"师曰："合取口。"

师坐次，仰山入来，师以两手相交示之。仰作女人拜。师曰："如是！如是！"

师方丈内坐次，仰山入来，师曰："寂子，近日宗门令嗣作么生？"仰曰："大有人疑着此事。"师曰："寂子作么生？"仰曰："慧寂只管困来合眼，健即坐禅，所以未曾说着在。"师曰："到这田地也难得。"仰曰："据慧寂所见，只如此一句也著不得。"师曰："汝为一人也不得。"仰曰："自古圣人，尽皆如此。"师曰："大有人笑汝恁么祇对。"仰曰："解笑者是慧寂同参。"师曰："出头事作么生？"仰绕禅床一匝，师曰："裂破古今。"

仰山、香严侍立次，师曰："过去、现在、未来，佛佛道同，人人得个解脱路。"仰曰："如何是人人解脱路？"师回顾香严曰："寂子借问，何不答伊？"严曰："若道过去、未来、现在，某甲却有个祇对处。"师曰："子作么生祇对？"严："珍重！"便出[57]。师却问仰山曰："智闲恁么祇对，还契寂子也无？"仰曰："不契。"师曰："子又作么生？"仰亦"珍重"出去。师呵呵大笑曰："如水乳合。"

一日，师翘起一足，谓仰山曰："我每日得他负载，感伊不彻。"仰曰："当时给孤园[58]中，与此无别。"师曰："更须道，始得。"仰曰："寒时与他袜著，也不为分外。"师曰："不负当初，子今已彻。"仰曰："恁么更要答话在。"师曰："道看。"仰曰："诚如是言。"师曰："如是！如是！"

师问仰山："生住异灭[59]，汝作么生会？"仰曰："一念起时，不见有生住异灭。"师曰："子何得遣法？"仰曰："和尚适来问甚么？"师曰："生住异灭。"仰曰："却唤作遣法。"

师问仰山："妙净明心[60]，汝作么生会？"仰曰："山河大地，日月星辰。"师曰："汝只得其事。"仰曰："和尚适来问甚么？"师曰："妙净明心。"仰曰："唤作事得么？"师曰："如是！如是！"

石霜会下有二禅客到，云："此间无一人会禅。"后普请般柴，仰山见二禅客歇，将一橛柴问曰[61]："还道得么？"俱无对。仰曰："莫道无人会禅好！"仰归，举似师曰："今日二禅客，被慧寂勘破。"师曰："甚么处被子勘破？"仰举前话。师曰："寂子又被吾勘破。"

（云居锡云："甚处是沩山勘破仰山处。"）

师睡次，仰山问讯，师便回面向壁。仰曰："和尚何得如此！"师起曰："我适来得一梦，你试为我原看[62]。"仰取一盆水，与师洗面。少顷，香严亦来问讯。师曰："我适来得一梦，寂子为我原了，汝更与我原看。"严乃点一碗茶来。师曰："二子见解，过于鹙子[63]。"

师因泥壁次，李军容来，具公裳[64]，直至师背后，端笏[65]而立。师回首见，便侧泥盘，作接泥势。李便转笏，作进泥势。师便抛下泥盘，同归方丈。

僧问："不作沩山一顶笠，无由得到莫傜村[66]。如何是沩山一顶笠？"师唤曰："近前来。"僧近前，师与一踏。

上堂："老僧百年后，向山下作一头水牯牛，左胁下书五字，曰：'沩山僧某甲。'当恁么时，唤作沩山僧，又是水牯牛；唤作水牯牛，又是沩山僧。毕竟唤作甚么即得？"仰山出，礼拜而退。

（云居膺代曰："师无异号。"资福宝曰[67]："当时但作此○相拓呈之。"新罗和尚作此⊕相拓呈之，又曰："同道者方知。"芭蕉彻作此✿相拓呈之，又曰："说也说了也，注也注了也，悟取好！"乃述偈曰："不是沩山不是牛，一身两号实难酬。离却两头应须道，如何道得出常流。"）

师敷扬宗教，凡四十余年，达者不可胜数。大中七年正月九日，盥漱敷坐，怡然而寂。寿八十三，腊六十四。塔于本山，谥"大圆禅师"，塔曰"清净"。

【注释】

[1] 沩山：位于湖南省长沙市宁乡县西。为衡山山脉之分支、沩水之发源地。又称大沩山。山多平地，水道便利，故古来出家人每多耕作于此，而有"罗汉田"之称。唐僧灵祐居于此，世称"沩山禅师"。大中年顷，裴休上奏为建密印寺。另有同庆寺、花果园、观音堂、莲花庵等名胜。

[2] 建善寺：位于福建霞浦县城东华峰山麓，始建于南齐永明元年（483年），初在古温麻县治，名"建福寺"，唐景云二年（711年）改名"建善寺"。贞元初年（786年），沩仰宗开山鼻祖，一代高僧灵祐禅师在此祝发出家。历代重修建，现存为清代建筑形制，为闽东名刹之一。

[3] 丈问："谁？"师曰：旧校本标点有误，将"师"移入前面引号内，变成"谁师"。

[4] 只是无虚妄、凡圣等心，本来心法元自备足：这段话旧校本与《〈景德传灯录〉译注》标点均有误，致使误解原意。

[5] 度与：给予，送予。

[6] 如虫御木：《宗门拈古汇集》卷十五："瑞岩愠云：'婆子如虫御木，偶尔成文；赵州见义勇为，翻成特地。诸人还会么？云收雨霁长空阔，一对鸳鸯画不成。'"因此，就知道"如虫御木"后面还有一句"偶尔成文"，其含义就很容易弄懂了。火种代表佛性，百丈要火种，如果沩山真的去找就错了，因为佛性不在外，而在每个人的心中，所以沩山直接拿起柴作出吹火的样子。百丈于是说"如虫御木"，这是评论（点赞）。虫子在树上咬洞，无意写成文字，或是画成一幅画，可不经意间它竟然做成了好作品。南怀瑾先生说："禅宗祖师还有一句话：'如虫御木，偶尔成文'。有一只蛀虫咬树的皮，忽然咬的形状构成了花纹，使人觉得好像是鬼神在这棵树上画了一个符咒。其实，那都是偶然撞到的，偶尔成文似锦云，有时候也蛮好看的。这就说明一切圣贤说法，以及佛的说法都是对机说法，这些都是偶尔成文，过后一切不留。"（出自南怀瑾著《金刚经说什么》）

[7] 司马头陀：为宋哲宗时南康府人，原姓刘名潜，官至司马，以之代称，头陀则为祖师出世之号。头陀是梵语，佛教里面的苦行僧，在我国主要指巡历山野而

能耐艰苦之行脚修行之意，或特指乞食之行法而言。又相传司马头陀为我国唐代著名的堪舆大师，著作有《地理铁案》《达僧问答》《水法》等。

[8] 骨人：指贫相之人。

[9] 肉山：为"骨山"之对称。指土地肥沃，草木五谷繁茂之山；于占卜而言，则指具有福德之山。僧众居于福德之山，参禅修道、弘法利生等，诸事顺遂。

[10] 馨（qǐng）欬（kài）：咳嗽。

[11] 典座：禅林中负责大众斋粥之职称。典座职掌大众之斋粥，一切供养务须净洁，物料调配适当，且节用爱惜之。此职务虽系料理饮食之杂役，然自古该职即极受重视，通常推举志行高洁之僧任之。

[12] 化缘：指教化之因缘。以众生有受教之因缘，故佛、菩萨即现世说法，待因缘尽，佛、菩萨则入灭。

[13] 出格：超出常规，异乎寻常。

[14] 木楪（tú）：树兜子，块柴。

[15] 山子：沩山之子，也就是沩山的住持。

[16] 夐（xiòng）：远，辽阔。

[17] 橡栗：栎树的果实。含淀粉，可食，味苦。也叫橡实、橡子、橡果。

[18] 李景让（约789—约860年）：字后己。并州文水（今山西文水东）人。唐朝中期大臣、书法家。唐宪宗元和十年（815年）进士，官至太子少保、分司东都，封酒泉县男，卒赠太子太保，谥号"孝"。

[19] 裴公休："公"是尊称，即裴休（791~864年），字公美，河内济源（今河南济源）人，祖籍河东闻喜（今山西运城闻喜）。唐朝中晚期名相、书法家，浙东观察使裴肃次子。唐穆宗时登进士第。历官兵部侍郎、同平章事、中书侍郎、宣武节度使、荆南节度使等职，曾主持改革漕运及茶税等积弊，颇有政绩。晚年官至吏部尚书、太子少师，封河东县子。去世后追赠太尉。

[20] 繇（yóu）：古同"由"，从，自。

[21] 澄渟（tíng）：水清而静。

[22] 瀁泞（nìng）：和舒，荡漾。多形容春天的景色。

[23] 如今初心，虽从缘得，一念顿悟自理：《〈景德传灯录〉译注》标点有误，"虽从缘得一念"变成一句，语义不通。

[24] 纵有百千妙义，抑扬当时。此乃得坐披衣自解作活计，始得：即使理解了各种妙理，当时洋洋自得，要转念想，这正是自己穿衣服要自己解开的工夫，才对。抑扬，洋洋自得的样子。坐，正，恰。活计，工夫。此处很多书标点有误，《〈景德传灯录〉译注》作"此乃得坐披衣，自解作活计"，把"披衣自解（一切

都是自己的本份，不从外而得）"拆开，语义就不通了。

[25] 实际理地，不受一尘，万行门中，不舍一法：南怀瑾先生说："第一句是说道体真空，得了道的无言境界，这个时候万缘皆空，万念放下。第二句是说起用，起用就是有，放下就空，提起就是有嘛！成了佛也是要说法、要作人的，作人做事有万行门，其中一点马虎不得的。"（《宗镜录略讲》）实际理地，指真实无二、清净无染的禅悟境界。《如净续语录》序："夫佛祖道，实际理地，本离言语相。然佛事门中，为物垂慈，则虽非有为，又非无语。"

[26] 单刀直入：禅林用语。提单刀而直入敌阵之意。指禅林师家指导学人，不用智谋策略，舍除一切缓冲之言语，而直接论及问题之核心，以开其心眼。

[27] 真常：世间之相，虚妄不实，皆是因缘相续之假。若夫圣人所得之法，则是真常。真者真实，离迷情、绝虚妄，是曰真实。常者常住，法无生灭变迁，是曰常住。真实常住，故曰真常。

[28] 理事不二：理，一真法界之性；事，一切世间之相。即观平等之理性与差别之事法炳然而存，二者能相遍、相成、相害、相即、相非而圆融无碍。华严宗所立三观有理事无碍观。

[29] 如如佛：觉悟如如理体之佛。什么叫如如？《三藏法数》："如如者，不变不异，真如之理也。谓由前正智，观察名相，皆悉如幻，非有非无，名相本空，即真如理。理因智明，智因理发；以智如理，以理如智；是为如如也。"

[30] 仰山：禅师名。本是山名，位于江西宜春县之南。山势绝高，须仰视方得见，故称仰山。又称大仰山。唐僖宗时，沩山灵祐之弟子慧寂曾于此地开创禅院，发扬沩山灵祐之宗风，此即禅宗之沩仰宗，仰山亦因此而闻名。慧寂灭后，经智齐、择扣等，至慧南之弟子行伟时，大振法道，兴盛一时。

[31] 只得大机，不得大用：只得到宗旨的境界，却不知道接引学人的方法。"大机"作为禅林用语，又作大机用、大机大用。意指具有极大之作用。与"格外玄机"同义。然若将"大机大用"一词析为大机、大用，则二者之意义有别，大机明示宗旨之境界，大用则是接化学人之方法。"大机"在《景德传灯录》作"大识"有误，《大正藏》有说明："旧本云大识，今改作大机，按《广灯》并别录，皆云只得大机。"（《大正新修大藏经》第五十一册）

[32] 库头：禅林中，职掌出纳者。本为东序六知事之一，后又称副寺（又称柜头、财帛），位在都寺之下，司掌寺内庶务之职，即管理日常之谷、钱、帛、米麦等之出入，职位低而任务重。

[33] 火头：禅林中，司掌点灯之职称。又作油头。或谓司掌造饭者亦称火头，此处即此意。

〔34〕火抄：铁制烧火器具，火钳，火夹。禅师们棒喝的工具。

〔35〕镜清怤（fū）：禅师名，参见本书第七章"镜清道怤禅师"。

〔36〕雪峰（822～908 年）：唐代禅僧，即义存真觉禅师。因曾宿于雪峰山，故号雪峰，世称雪峰义存。德山宣鉴之法嗣。参见本书第七章"雪峰义存禅师"注释。

〔37〕老婆心切："老婆心"太迫切了。老婆心，指老婆禅。禅林中，师家接引学人时，一再亲切叮咛之禅风。老婆禅一语，或有轻蔑之意，以师家当依学人根性，善巧接化；若一味说示，过分关切，恐有碍学人自行探索，开发智慧之机会，实有悖禅宗"不立文字，教外别传"之宗旨。

〔38〕蹉过：错失，错过。

〔39〕百杂碎：粉碎。丁福保《佛学大辞典》："细碎其物也。《传灯录》七'大梅章'曰：'庞居士因问大梅常和尚，久闻大梅，未审梅子熟未也？师云：何处着嘴？居士云：百杂碎。师展手云：还我核子来。居士无语。'"《禅宗大词典》："粉碎。《祖堂集》卷六'石霜'：'三世诸佛不能唱，十二分教载不起。三乘教外别传，十方老僧口，到这里百杂碎。'《景德传灯录》卷九'沩山灵祐'：'大小沩山，被那僧一问得百杂碎。'亦作'百碎'。"

〔40〕只是慧寂，更信阿谁：我信的只是我慧寂，另外我信谁？旧校本标点有误，去掉了逗号，变成一句话，则意思就是"只是我慧寂更信谁呢"，意义就变了。

〔41〕定性声闻：因果不易，名曰定性，闻佛声教而得觉悟名曰声闻，谓唯习声闻之因，而证声闻之果，更不进求佛道，是名定性声闻也。

〔42〕一期：即指一个人的一生。与一生、一世、一代、一形等同义。《〈景德传灯录〉译注》注释有误。

〔43〕行履：本指每天修行的一切的行为，此处是慧寂问自己今后修行的归宿在哪里。行履，行者进退，履者实践。指日常一切行为，即行住坐卧，语默动静，吃茶吃饭屙屎送尿。衲僧行履，佛祖不能规，外魔不能乱，头头物物，举足下足，都是道之现成。

〔44〕勃（bó）诉（sù）：类似还有勃窣（sū）、勃塑、勃素、勃愬（sù）、勃睟（suì），后面的字有很多，但音相似。疑是一个有关方言的音译词语。《汉语大辞典》解释为匍匐而行、跛行、婆娑等含义。查大藏经有"和盲勃塑瞎"之句，如《续刊古尊宿语要集》第四："丈六金身，和盲勃塑瞎"。因此，"和盲勃塑瞎"，我们可以理解，如盲人摸象，只是瞎猜罢了。这里仰山所说"切忌勃诉"，其意也就是千万不要盲说瞎猜。可参考《励耘语言学刊》总第 24 辑王长林《禅籍"勃窣"拾诂》一文。《〈景德传灯录〉译注》注释有误。

[45] 停囚长智：在停顿中思出对策。禅家讲究顿悟，故忌讳此。

[46] 炜炜煌煌：辉煌。

[47] 虽然如此：旧校本标点有误，将"如此"移入下句，使语义不符合原意。

[48] 挈（qiè）：用手提着。此处指提水。

[49] 刈（yì）：割（草或谷类）。

[50] 鹅王择乳：水乳同置一器，鹅王仅饮乳汁而留其水。比喻择其上乘精华。事见《祖庭事苑》卷五。

[51] 晷（guǐ）运：指太阳运行。晋代潘尼《三月三日洛水作诗》："晷运无穷已，时逝焉可追。"

[52] 寂子：慧寂弟子。

[53] 牸（zì）牛：母牛。牸，雌性牲畜。

[54] 汙（wū）：同"污"。

[55] 师下禅床，叉手立。曰：旧校本标点有误。"立"后无句号，与"曰"连成一句，则误为师说的话。

[56] 合取两片皮：闭嘴。两片皮，指一张嘴，常含贬义。此外，禅林还有"合取口"，意义相同，即闭上你的嘴巴。还说"合取狗口"，意思是闭上你的狗嘴。

[57] 严："珍重！"便出："珍重"是香严禅师是的话，相当于今天说再见，要使用引号。旧校本标点有误，未用引号。有关珍重的解释，丁福保《佛学大辞典》："劝自重自爱之词也。《僧史略》曰：'临去辞曰'珍重'者何？此则相见既毕情意已通，嘱曰珍重犹言善加保重，请加自爱。好将息，宜保惜，同也。'《释氏要览》中曰：'释氏相见将退，即口云'珍重'，如此方俗云安置也。言'珍重'即是嘱云善加保重也。'"

[58] 给孤园：全称"给孤独园"。给孤独，长者之名，以其仁而聪敏，积而能散，赈乏济贫，哀孤恤独，时美其德，号"给孤独"。尝侧金布地，以买祇陀太子园，遂名给孤独园。因建精舍奉佛，佛于其中说法。

[59] 生住异灭：指"生相、住相、异相、灭相"四相。生相即由无而有；住相即成长之形；异相即衰老变坏；灭相即最终灭亡。此生住异灭四相，迁流不息，此灭彼生，此生彼灭。

[60] 妙净明心：指自性清净心。妙：即无上、最上之意；净：清净之意。明：即远离无明而达于彻悟之境地。

[61] 仰山见二禅客歇，将一橛柴问曰：旧校本标点有误，"仰山见二禅客歇

将一概柴，问曰"，如此标点，不符合原意。

[62] 你试为我原看：你试试替我圆梦看。原：原梦，同"圆梦"，解释梦兆。

[63] 鹙（qiū）子：即舍利弗，佛陀十大弟子之一。有"智慧第一"之称。意译鹙鹭子，梵汉并译，则称舍利子。其母为摩揭陀国王舍城婆罗门论师摩陀罗之女，以眼似舍利鸟，乃名舍利。故舍利弗一词之语意即"舍利之子"之谓。

[64] 公裳：公服。

[65] 笏（hù）：古代大臣上朝拿着的手板，用玉、象牙或竹片制成，上面可以记事。

[66] 莫徭村：地名，在沩山，今名塔庄。

[67] 云居膺（yīng）代曰："师无异号。"资福宝曰：旧校本标点有误，将"资福宝"移入了引号内，变成"师无异号资福宝"，而"资福宝"实际上是资福宝禅师。膺，亲。后文接着错。后文实际上是三位禅师（资福宝、新罗和尚、芭蕉彻）对沩山"水牯牛"公案的评论，而旧校本标点混乱。

【概要】

沩山灵祐（771～853年），唐代禅僧。为沩仰宗初祖。福州长溪（福建霞浦县南）人，俗姓赵。法名灵祐。十五岁随建善寺法常（又称法恒）律师出家，于杭州龙兴寺受具足戒。曾先后遇寒山、拾得。二十三岁至江西参谒百丈怀海，为上首弟子，于此顿悟诸佛本怀，遂承百丈之法。宪宗元和末年，栖止潭州大沩山，山民感德，群集共营梵宇，由李景让之奏请，敕号"同庆寺"。其后（一说大中初年）相国裴休亦来咨问玄旨，声誉更隆，禅侣辐辏，海众云集。会昌法难之际，师隐于市井之间，至大中元年（847年）复教之命下，众迎返故寺，巾服说法，不复剃染。裴休闻之，亲临劝请，始归缁流。师住山凡四十年，大扬宗风，世称沩山灵祐。大中七年正月示寂，世寿八十三，法腊六十四。谥号"大圆禅师"。

有语录、警策各一卷传世。特别是《沩山大圆禅师警策》载入《禅门日诵》，影响深远。嗣法弟子有慧寂、洪諲、智闲等四十一人。。

得法弟子中有十人有传，他们分别在湖南、江西、福建、浙江、江苏、湖北、陕西、河南等广大地区弘扬禅法。其中，仰山慧寂承其后而集大成，世称沩仰宗，此外还有香严智闲、灵云志勤也很著名。从其法脉的足迹来看，可谓大江南北，都为其法雨所滋润。除了本法系的禅僧之外，历代其他的大禅师如雪峰义存、玄沙师备等对其禅法也都有所举扬。禅林中对灵祐大师的推崇程度，正如《大圆禅师碑铭并序》所说："言佛者天下以为称首！"

【参考文献】

《宋高僧传》卷十一；《景德传灯录》卷九；《宗门统要续集》卷七；《佛祖历代通载》卷二十三；《释氏稽古略》卷三；《禅宗正脉》卷五；《祖堂集》卷十六。

第二节　南岳下四世

沩山祐禅师法嗣

仰山慧寂禅师

袁州仰山[1]慧寂通智禅师，韶州怀化叶氏子。年九岁，于广州和安寺投通禅师（即不语通[2]）出家。十四岁，父母取归，欲与婚媾。师不从，遂断手二指，跪致父母前，誓求正法，以答劬劳[3]。父母乃许。再诣通处，而得披剃。未登具，即游方。初谒耽源，已悟玄旨。后参沩山，遂升堂奥。

耽源谓师曰："国师当时传得六代祖师圆相，共九十七个，授与老僧，乃曰：'吾灭后三十年，南方有一沙弥到来，大兴此教，次第传受，无令断绝。'我今付汝，汝当奉持。"遂将其本过与[4]师。师接得一览，便将火烧却。

耽源一日问："前来诸相[5]，甚宜秘惜。"师曰："当时看了便烧却也。"源曰："吾此法门，无人能会，唯先师及诸祖师、诸大圣人方可委悉，子何得焚之？"师曰："慧寂一览，已知其意。但用得，不可执本也。"源曰："然虽如此，于子即得，后人信之不及。"师曰："和尚若要，重录不难。"即重集一本呈上，更无遗失[6]。源曰："然。"

耽源上堂，师出众作此〇相，以手拓呈了，却叉手立。源以两手相交，作拳示之。师进前三步，作女人拜。源点头，师便礼拜。

师浣衲[7]次，耽源曰："正恁么时作么生？"师曰："正恁么时向甚么处见？"

后参沩山，沩问："汝是有主沙弥，无主沙弥？"师曰："有主。"曰："主在甚么处？"师从西过东立，沩异之。师问："如何是真佛住处？"沩曰："以思无思之妙，返思灵焰之无穷。思尽还源，性相常住。事理不二，真佛如如。"师于言下顿悟，自此执侍前后，盘桓[8]十五载。

后参岩头，头举起拂子，师展坐具。岩拈拂子置背后，师将坐具搭肩上而出。岩曰："我不肯汝放，只肯汝收[9]。"

扫地次，沩问："尘非扫得，空不自生，如何是尘非扫得？"师扫地一下，沩曰："如何是空不自生？"师指自身又指沩，沩曰："尘非扫得，空不自生。离此二途，又作么生？"师又扫地一下，又指自身并指沩。

沩一日指田问师："这丘田那头高，这头低。"师曰："却是这头高，那头低。"沩曰："你若不信，向中间立，看两头。"师曰："不必立中间，亦莫住两头。"沩曰："若如是，著水看，水能平物。"师曰："水亦无定，但高处高平，低处低平。"沩便休。

有施主送绢与沩山，师问："和尚受施主如是供养，将何报答？"沩敲禅床示之，师曰："和尚何得将众人物作自己用？"

师在沩山为直岁，作务归[10]。沩问："甚么处去来？"师曰："田中来。"沩曰："田中多少人？"师插锹叉手。沩曰："今日南山，大有人刈茅。"师拔锹便行。

（玄沙云："我若见，即踏倒锹子。"僧问镜清："仰山插锹，意旨如何？"清云："狗衔赦书，诸侯避道[11]。"云："只如玄沙踏倒，意旨如何？"清云："不奈船何，打破戽斗[12]？"云："南山刈茅，意旨如何？"清云："李靖[13]三兄，久经行阵。"云居锡云："且道镜清下此一判，著不著[14]？"）

师在沩山牧牛，时踢天泰上座[15]问曰："一毛头师子现[16]即不问，百亿毛头百亿师子现，又作么生？"师便骑牛归，侍立沩山次，举前话方了，却见泰来。师曰："便是这个上座。"沩遂问："百亿毛头百亿师子现，岂不是上座道？"泰曰："是。"师曰："正当现时，毛前现，毛后现？"泰曰："现时不说前后。"沩山大笑。师曰："师子腰折也。"便下去。

一日，第一座举起拂子曰：“若人作得道理，即与之。”师曰：“某甲作得道理，还得否？”座曰：“但作得道理便得。”师乃擎将[17]拂子去。

（云居锡云：“甚么处是仰山道理？”）

一日雨下，天性上座谓师曰：“好雨！”师曰：“好在甚么处？”性无语。师曰：“某甲却道得。”性曰：“好在甚么处？”师指雨，性又无语。师曰：“何得大智而默。”

师随沩山游山，到磐陀[18]石上坐。师侍立次，忽鸦衔一红柿落在面前。沩拾与师，师接得洗了度与沩。沩曰：“子甚处得来？”师曰：“此是和尚道德所感。”沩曰：“汝也不得无分。”即分半与师。

（玄沙云：“大小沩山被仰山一坐，至今起不得。”）

沩山问师：“忽有人问汝，汝作么生祇对？”师曰：“东寺师叔若在，某甲不致寂寞。”沩曰：“放汝一个不祇对罪。”师曰：“生之与杀，只在一言。”沩曰：“不负汝见，别有人不肯。”师曰：“阿谁？”沩指露柱曰：“这个。”师曰：“道甚么？”沩曰：“道甚么？”师曰：“白鼠推迁，银台不变[19]。”

师问沩山：“大用现前，请师辨白？”沩山下座归方丈，师随后入。沩问：“子适来问甚么话？”师再举，沩曰：“还记得吾答语否？”师曰：“记得。”沩曰：“你试举看。”师便：“珍重！”出去。沩曰：“错。”师回首，曰：“闲师弟若来，莫道某甲无语好！”

师问东寺曰：“借一路过那边还得否？”寺曰：“大凡沙门不可只一路，也别更有么？”师良久，寺却问：“借一路过那边得否？”师曰：“大凡沙门不可只一路，也别更有么？”寺曰：“只有此。”师曰：“大唐天子决定姓金。”

师在沩山前坡牧牛次，见一僧上山，不久便下来。师乃问：“上座何不且留山中？”僧曰：“只为因缘不契。”师曰：“有何因缘？试举看。”曰：“和尚问：‘某名甚么？’某答：‘归真。’和尚曰：‘归真何在？’某甲无对。”师曰：“上座却回向和尚，道某甲道得也。和尚问作么生道，但曰眼里耳里鼻里。”僧回，一如所教，沩曰：“脱空谩语汉，此是五百人善知识语。”

师卧次，梦入弥勒内院，众堂中诸位皆足，惟第二位空，师遂就座。有一尊者白槌曰："今当第二座说法。"师起，白槌曰："摩诃衍法，离四句，绝百非，谛听！谛听！"众皆散去。及觉，举似沩，沩曰："子已入圣位。"师便礼拜。

师侍沩行次，忽见前面尘起，沩曰："面前是甚么？"师近前看了，却作此 卐 相。沩点头。

沩山示众曰："一切众生皆无佛性。"盐官示众曰："一切众生皆有佛性。"盐官有二僧往探问，既到沩山，闻沩山举扬，莫测其涯，若生轻慢。因一日与师言话次，乃劝曰："师兄须是勤学佛法，不得容易[20]！"师乃作此○相，以手拓呈了，却抛向背后，遂展两手就二僧索；二僧罔措。师曰："吾兄直须勤学佛法，不得容易！"便起去。时二僧却回盐官，行三十里，一僧忽然有省，乃曰："当知沩山道，一切众生皆无佛性，信之不错。"便回沩山。一僧更前行数里，因过水忽然有省，自叹曰："沩山道，一切众生皆无佛性，灼然有他恁么道。"亦回沩山，久依法席。

沩山同师牧牛次，沩曰："此中还有菩萨也无？"师曰："有。"沩曰："汝见那个是？试指出看。"师曰："和尚疑那个不是？试指出看。"沩便休。

师送果子上沩山，沩接得，问："子甚么处得来？"师曰："家园底。"沩曰："堪吃也未？"师曰："未敢尝，先献和尚。"沩曰："是阿谁底？"师曰："慧寂底。"沩曰："既是子底，因甚么教我先尝？"师曰："和尚尝千尝万。"沩便吃，曰："犹带酸涩在。"师曰："酸涩莫非自知？"沩不答。

赤干行者闻钟声，乃问："有耳打钟，无耳打钟？"师曰："汝但问，莫愁我答不得。"干曰："早个问了也！"师喝曰："去！"

师夏末问讯沩山次，沩曰："子一夏不见上来，在下面作何所务？"师曰："某甲在下面，钽[21]得一片畬[22]，下得一箩种。"沩曰："子今夏不虚过。"师却问："未审和尚一夏之中作何所务？"沩曰："日中一食，夜后一寝。"师曰："和尚今夏亦不虚过。"道了乃吐舌，沩曰："寂子何得自伤己命？"

沩山一日见师来，即以两手相交过，各拨三下，却竖一指。师亦以两手相交过，各拨三下，却向胸前仰一手覆一手，以目瞻视。沩山休去[23]。

沩山倭[24]鸦生饭，回头见师，曰："今日为伊上堂一上。"师曰："某甲随例得闻。"沩曰："闻底事作么生？"师曰："鸦作鸦鸣，鹊作鹊噪。"沩曰："争奈声色何！"师曰："和尚适来道甚么？"沩曰："我只道为伊上堂一上。"师曰："为甚么唤作声色？"沩曰："虽然如此，验过也无妨。"师曰："大事因缘又作么生验？"沩竖起拳，师曰："终是指东画西。"沩曰："子适来问甚么？"师曰："问和尚大事因缘。"沩曰："为甚么唤作指东画西。"师曰："为著声色故，某甲所以问过。"沩曰："并未晓了此事。"师曰："如何得晓了此事？"沩曰："寂子声色，老僧东西。"师曰："一月千江，体不分水。"沩曰："应须与么始得。"师曰："如金与金，终无异色，岂有异名？"沩曰："作么生是无异名底道理？"师曰："瓶、盘、钗、钏、券、盂、盆。"沩曰："寂子说禅如师子吼，惊散狐狼野干[25]之属。"

师后开法[26]王莽山[27]，问僧："近离甚处？"曰："庐山。"师曰："曾到五老峰么？"曰："不曾到。"师曰："阇黎不曾游山。"

（云门云："此语皆为慈悲之故，有落草[28]之谈。"）

上堂："汝等诸人，各自回光返照[29]，莫记吾言。汝无始劫来，背明投暗，妄想根深，卒难顿拔。所以，假设方便，夺汝粗识。如将黄叶止啼[30]，有甚么是处？亦如人将百种货物，与金宝作一铺货卖，只拟轻重来机[31]。所以道，石头是真金铺，我这里是杂货铺。有人来觅鼠粪，我亦拈与他。来觅真金，我亦拈与他。"时有僧问："鼠粪即不要，请和尚真金。"师曰："囕镤[32]拟开口，驴年亦不会。"僧无对。师曰："索唤则有交易，不索唤则无。我若说禅宗[33]，身边要一人相伴亦无，岂况有五百、七百众邪？我若东说西说，则争头向前采拾。如将空拳诳小儿[34]，都无实处。我今分明向汝说圣边事，且莫将心凑泊[35]。但向自己性海，如实而修，不要三明六通[36]。何以故？此是圣末边事[37]！如今且要识心达本。但得其本，不愁其末。他时后日，自具去在。若未得本，纵饶[38]将情学他亦不得。汝岂不见沩山和尚云：'凡圣情尽，体露真常。事理不二，即如如佛。'"

问："如何是祖师意？"师以手于空作此⊕相示之，僧无语。

师谓第一座曰："不思善，不思恶，正恁么时作么生？"座曰："正恁

— 1120 —

么时是某甲放身命处。"师曰："何不问老僧？"座曰："正恁么时不见有和尚？"师曰："扶吾教不起。"

师因归沩山省觐[39]，沩问："子既称善知识，争辨得诸方来者知有不知有，有师承无师承，是义学是玄学？子试说看。"师曰："慧寂有验处，但见僧来便竖起拂子，问伊：'诸方还说这个不说？'又曰：'这个且置，诸方老宿意作么生？'"[40]沩叹曰："此是从上宗门中牙爪[41]。"

沩问："大地众生，业识[42]茫茫，无本可据，子作么生知他有之与无？"师曰："慧寂有验处。"时有一僧从面前过，师召曰："阇黎！"僧回首，师曰："和尚，这个便是业识茫茫，无本可据。"沩曰："此是师子一滴乳，迸散[43]六斛驴乳。"

师问僧："甚处来？"曰："幽州。"师曰："我恰要个幽州信，米作么价？"曰："某甲来时，无端从市中过，踏折他桥梁。"师便休。

师见僧来，竖起拂子，僧便喝。师曰："喝即不无，且道老僧过在甚么处？"曰："和尚不合将境示人。"师便打。

有梵僧从空而至，师曰："近离甚处？"曰："西天。"师曰："几时离彼？"曰："今早。"师曰："何太迟生！"曰："游山玩水。"师曰："神通游戏则不无，阇黎佛法须还老僧始得。"曰："特来东土礼文殊，却遇小释迦。"遂出梵书贝多叶[44]，与师作礼，乘空而去。自此号小释迦。

师住东平时，沩山令僧送书并镜与师。师上堂，提起示众曰："且道是沩山镜，东平镜？若道是东平镜，又是沩山送来；若道是沩山镜，又在东平手里。道得则留取，道不得则扑破去也。"众无语，师遂扑破，便下座。

僧参次，便问："和尚还识字否？"师曰："随分[45]。"僧以手画此○相拓呈，师以衣袖拂之。僧又作此○相拓呈，师以两手作背抛势。僧以目视之，师低头。僧绕师一匝，师便打，僧遂出去。

师坐次，有僧来作礼，师不顾。其僧乃问："师识字否？"师曰："随分。"僧乃右旋一匝，曰："是甚么字？"师于地上书十字酬之。僧又左旋一匝，曰："是甚字？"师改十字作卍字。僧画此○相，以两手拓，如修罗掌日月势。曰："是甚么字？"师乃画此㊉相对之。僧乃作娄至德[46]势，师曰："如是！如是！此是诸佛之所护念，汝亦如是，吾亦如是。善自护持！"其僧礼谢，腾空而去。时有一道者见，经五日后[47]，遂问师，师曰："汝还见否？"道者曰："某甲见出门腾空而去。"师曰："此是西天罗汉，故来探吾道。"道者曰："某虽睹种种三昧，不辨其理。"师曰："吾以义为汝解释，此是八种三昧，是觉海变为义海，体则同然。此义合有因有果，即时异时，总别不离隐身三昧也。"

师问僧："近离甚处？"曰："南方。"师举拄杖曰："彼中老宿还说这个么？"曰："不说。"师曰："既不说这个，还说那个否？"曰："不说。"师召："大德！"僧应诺[48]。师曰："参堂去。"僧便出。师复召曰："大德！"僧回首，师曰："近前来。"僧近前，师以拄杖头上点一下，曰："去！"

刘侍御[49]问："了心之旨，可得闻乎？"师曰："若要了心，无心可了。无了之心，是名真了。"

师一日在法堂上坐，见一僧从外来，便问讯了，向东边叉手立，以目视师，师乃垂下左足。僧却过西边叉手立，师垂下右足。僧向中间叉手立，师收双足。僧礼拜，师曰："老僧自住此，未曾打著一人。"拈拄杖便打，僧便腾空而去。

陆希声[50]相公[51]欲谒师，先作此〇相封呈。师开封于相下面书云："不思而知，落第二头；思而知之，落第三首。"遂封回。（韦宙[52]相公机语相似，兹不重出。）公见即入山，师乃门迎。公才入门，便问："三门俱开，从何门入？"师曰："从信门入。"公至法堂，又问："不出魔界，便入佛界时如何？"师以拂子倒点三下，公便设礼。又问："和尚还持戒否？"师曰："不持戒。"曰："还坐禅否？"师曰："不坐禅。"公良久，师曰："会么？"曰："不会。"师曰："听老僧一颂：滔滔不持戒，兀兀不坐禅。酽茶[53]三两碗，意在镢头边。"师却问："承闻相公看经得悟，是否？"曰："弟子因看《涅槃经》有云，不断烦恼而入涅槃，得个安乐处。"师竖起拂子，曰："只如这个作么生入？"曰："入之一字，也不消得。"师曰："入之一字，不为相公。"公便起去。

（法灯云："上座且道，入之一字为甚么人？"又云："相公且莫烦恼。"）

庞居士问："久向仰山，到来为甚么却覆？"师竖起拂子，士曰："恰是。"师曰："是仰是覆？"士乃打露柱，曰："虽然无人，也要露柱证明。"师掷拂子，曰："若到诸方，一任举似。"

师指雪师子，问众："有过得此色者么？"众无对。

（云门云："当时便好与推倒。"）

师问双峰："师弟近日见处如何？"曰："据某见处，实无一法可当情。"师曰："汝解犹在境。"曰："某只如此，师兄又如何？"师曰："汝岂不知无一法可当情[54]者？"沩山闻曰："寂子一句，疑杀天下人。"

（玄觉云："经道：'实无有法，然灯佛与我授记。'他道实无一法可当情，为甚么道'解犹在境'？且道利害在甚么处？"[55]）

师卧次，僧问："法身还解说法也无？"师曰："我说不得，别有一人说得。"曰："说得底人在甚么处？"师推出枕子。沩山闻曰："寂子用剑刃上事[56]。"

师闭目坐次，有僧潜来身边立。师开目，于地上作此⊛相，顾视其僧，僧无语。

师携拄杖行次，僧问："和尚手中是甚么？"师便拈向背后，曰："见么？"僧无对。

师问一僧："汝会甚么？"曰："会卜。"师提起拂子，曰："这个六十四卦中阿那卦收？"僧无对。师自代云："适来是雷天'大壮[57]'，如今变为地火'明夷[58]'。"

问僧："名甚么？"曰："灵通。"师曰："便请入灯笼。"曰："早个入了也。"

（法眼别云："唤甚么作灯笼？"）

问："古人道：'见色便见心。'禅床是色，请和尚离却色，指学人心。"师曰："那个是禅床？指出来看。"僧无语。

（玄觉云："忽然被伊却指禅床，作么生对伊？"有僧云："却请和尚道。"玄觉代拊掌三下。）

问："如何是毗卢师？"师乃叱之。僧曰："如何是和尚师？"师曰："莫无礼！"

师共一僧语，旁有僧曰："语底是文殊，默底是维摩。"师曰："不语不默底莫是汝否？"僧默然。师曰："何不现神通？"曰："不辞现神通，只恐和尚收作教。"师曰："鉴汝来处，未有教外底眼。"

问："天堂地狱相去几何？"师将拄杖画地一画。

师住观音[59]时，出榜云："看经次不得问事。"有僧来问讯，见师看经，旁立而待。师卷却经，问："会么？"曰："某甲不看经，争得会？"师曰："汝已后会去在。"其僧到岩头，头问："甚处来？"曰："江西观音来。"头曰："和尚有何言句？"僧举前话，头曰："这个老师，我将谓被故纸埋却，元来犹在。"

僧思邈[60]问："禅宗顿悟，毕竟入门的意如何？"师曰："此意极难。若是祖宗门下，上根上智，一闻千悟，得大总持[61]。其有根微智劣，若不安禅静虑，到这里总须茫然[62]。"曰："除此一路，别更有入处否？"师曰："有。"曰："如何即是。"师曰："汝是甚处人？"曰："幽州人。"师曰："汝还思彼处否？"曰："常思。"师曰："能思者是心，所思者是境。彼处楼台林苑，人马骈阗[63]，汝反思底还有许多般也无？"曰："某甲到这里，总不见有。"师曰："汝解犹在心，信位即得，人位未在[64]。"曰："除却这个，别更有意也无？"师曰："别有，别无即不堪也[65]。"曰："到这里作么生即是？"师曰："据汝所解，只得一玄，得坐披衣[66]，向后自看。"邈礼谢之。

师接机利物，为宗门标准。再迁东平，将顺寂，数僧侍立，师以偈示之曰："一二二三子，平目复仰视。两口一无舌，即是吾宗旨。"至日午，升座辞众，复说偈曰："年满七十七，无常在今日。日轮正当午，两手攀屈膝。"言讫，以两手抱膝而终。阅明年，南塔涌禅师迁灵骨归仰山，塔于集云峰下。谥"智通禅师""妙光"之塔。

【注释】

[1] 仰山：山名，位于江西省宜春县之南。山势绝高，须仰视方得见，故称仰山。又称大仰山。唐僖宗时，沩山灵祐之弟子慧寂曾于此地开创禅院，发扬沩山灵祐之宗风，此即禅宗之沩仰宗，仰山亦因此而闻名。

[2] 不语通：禅师名。参见第四章广州和安寺通禅师："广州和安寺通禅师，婺州双林寺受业。自幼寡言，时人谓之'不语通'。"

[3] 劬劳：劳累，劳苦。《诗·小雅·蓼莪》："哀哀父母，生我劬劳。"

[4] 过与：交给，送给。

[5] 诸相：此处指九十七个六代祖师圆相的秘本，是通禅师传给的仰山的信物。

[6] 师曰："和尚若要，重录不难。"即重集一本呈上，更无遗失：旧校本标点有误，冯国栋《〈五灯会元〉校点疏失类举》："'即重集一本呈上，更无遗失'不是仰山之语，而是叙述语，应置于引号外。"

[7] 浣（huàn）衲（nà）：洗僧衣。浣：洗。衲：僧衣，此处指仰山自己的衣服。

[8] 盘桓：徘徊，滞留。

[9] 我不肯汝放，只肯汝收：我不认同你放下，只认同你收下。

[10] 师在沩山为"直岁"，作务归：禅师在沩山担任"直岁"的职务，有一天劳动归来。旧校本标点有误，"师在沩山，为直岁作务归"，这样标点，语义不通。直：当值之义。禅宗寺院中，称一年之间担任干事之职务者为直岁。乃禅宗六知事之一。掌营缮耕耘。仰山这时就在管理和组织大家劳动。

[11] 狗衔赦书，诸侯避道：狗嘴里衔着皇帝的诏书，诸侯也只能回避。有狐假虎威的意思。《增广贤文》："狗衔赦书，君子跪受。"意义类似。赦书：皇帝颁布赦令的诏书。

[12] 不奈船何，打破戽（hù）斗：对大船没办法，就打破戽斗。比喻对强者没办法，迁怒于弱者。戽斗，一种取水灌田用的旧式农具。

[13] 李靖（571~649年）：唐初军事家。本名药师，京兆三原（今陕西三原东北）人。精熟兵法。隋末任马邑郡丞。唐高祖时任行军总管，率军随李孝恭征服萧铣，得岭南地区，任岭南道抚慰大使。太宗时，历任兵部尚书、尚书右仆射，先后击败东突厥、吐谷浑。封卫国公。谥号"景武"，陪葬昭陵。唐玄宗时配享武成王庙，位列十哲。著有《李卫公兵法》，今佚。

[14] 著不著：可不可以。著：宜。《字汇》："著，宜也。"

[15] 踢天泰上座：禅师名，上座为其职务。

[16] 一毛头师子现：一根毫毛尖出现一头狮子。

[17] 掣将：一下子就抢走。

[18] 磐陀：不平的石头。

[19] 白鼠推迁，银台不变：寿长百年的老鼠也有一天要死去，可天上的月亮还是代代不变。白鼠：传说中的百年老鼠，比喻无常的万物。银台：即月亮，比喻长住不变的自性。

[20] 容易：指轻慢、轻率、糊涂、鲁莽。

[21] 鉏（chú）：古同"锄"。

［22］畲：两个读音，意义不同。畲（shē）：刀耕火种的田地；畲（yú）：开垦过二三年的田地。

［23］以目瞻视。沩山休去：旧校本作"以目瞻视沩山，休去"，标点有误。

［24］餧（wèi）：喂养。

［25］野干：兽名。唐代玄应《一切经音义》卷二四："野干，梵言'悉伽罗'。形色青黄，如狗群行，夜鸣，声如狼也。字有作'射干'。"

［26］开法：教法开始，开始弘扬佛法。

［27］王莽山：在陕西省安康、镇安、旬阳三县市交界处。传说为东汉刘秀败王莽处，故名。主峰王莽山海拔1560米。地势险要，有王莽墓、刘秀寨遗迹。王莽（前45～23年），新王朝的建立者。字巨君，魏郡元城（今河北大名东）人。汉元帝皇后之侄。西汉末掌握朝政。公元5年毒死平帝，自称假皇帝。八年自立为帝，改国号为新，年号始建国。不久托古改制，引发农民大起义。23年绿林军攻入长安，被杀，新朝灭亡。

［28］落草：入山林与官府为敌。落草为寇。

［29］回光返照：禅林用语。又作回光反照。指蓦然回首，直下照见自心之灵性。

［30］黄叶止啼：乃譬喻如来为度众生所作之方便行。如来见众生欲造诸恶时，即为彼等说三十三天之常乐我净，使闻者心生喜乐而勤作善业，断止其恶。然此实乃生死，属无常、无乐、无我、无净，言"常乐我净"者，系如来为度众生之方便言说。此如婴儿啼哭时，父母以杨树之黄叶为金，予小儿以止其啼哭；然黄叶实非真金，乃父母之权便引设。又禅宗以"经论家"之说法，皆为"空拳黄叶"之方便说，仅得以诳欺愚钝者。（参见北本《大般涅槃经》卷二十）

［31］机：指衡量轻重。

［32］嚙（niè）镞（zú）：咬住对方射来之箭的箭头。嚙：同"啮"。镞：箭头。

［33］索唤则有交易，不索唤则无。我若说禅宗：旧校本标点为"索唤则有交易，不索唤则无我。若说禅宗"，有误。

［34］空拳诳小儿：空手作拳以诳小儿。《宝积经》九十曰："如以空拳诱小儿，示言有物令欢喜，开手拳空无所见，小儿于此复号啼。如是诸佛难思议，善巧调伏众生类，了知法性无所有，假名安立示世间。"《智度论》二十曰："我坐道场时，智慧不可得。空拳诳小儿，以度于一切。"《证道歌》曰："空拳指上生实解。"

［35］凑泊：亦作"凑拍"。一般指凝合、聚合。具体来说分为两个含义：一指投合、契悟。《大光明藏》："祖师意峻硬孤峭，有如其平生，难于凑泊。"《原妙

语录》卷下《高峰原妙禅师行状》："师之机用，不可凑泊，下语少所许可，其门户险绝如此。"二指集聚、结合。本书第二十章"参政钱端礼居士"条："盖为地水火风，因缘和合，暂时凑泊，不可错认为己有。"（摘自《禅宗大词典》）

[36] 三明六通：阿罗汉所具之德。《观无量寿经》曰："闻众音声赞叹四谛，应时即得阿罗汉道三明六通具八解脱。"三明：指宿命明、天眼明、漏尽明。宿命明是明白自己或他人一切宿世的事；天眼明是明白自己或他人一切未来世的事；漏尽明是以圣智断尽一切的烦恼。六通：六种神通，即天眼通、天耳通、他心通、宿命通、神足通、漏尽通。

[37] 圣末边事：各种神通在成为圣人后附带而来，不是追求的对象，追求的是解脱的真理。

[38] 纵饶：纵令，即使。

[39] 省觐（jìn）：探望父母或其他尊长。

[40] 师曰："慧寂有验处，但见僧来便竖起拂子，问伊：'诸方还说这个不说？'又曰：'这个且置，诸方老宿意作么生？'"：旧校本标点有误，本来是禅师一次说的话，其在又曰后重新加双引号，使语句混乱。

[41] 牙爪：即爪牙。喻勇士、卫士。《诗·小雅·祈父》："祈父！予王之爪牙。"郑玄笺："此勇力之士。"此处盛赞仰山是宗门的大护法。

[42] 业识：有业凡夫的识。凡夫有业，所以智就变成了识，圣人没有业，所以识就转成了智。

[43] 迸散：向周围扩散，四散。

[44] 贝多叶：梵语，全称贝多罗叶。印度人用来写经文，简称贝叶。《慈恩寺传》三曰："经三月安居中集三藏讫，书之贝叶，方遍流通。"

[45] 随分：谓随能力、资质之限度而行，如八十卷版本《华严经》卷三十四："余波罗蜜非不修行，但随力随分。"此处指尽自己的能力，能认多少字就认多少字。

[46] 娄至德：佛名。日僧无著道忠（1653～1744年）编《禅林象器笺》有"青叶髻如来、娄至德如来"解释："二王是法意化身，名密迹金刚，然禅录皆称青叶、楼至。此二佛，现力士形。见陆游所记。陆务观《入蜀记》云：'游二圣报恩光孝禅寺，二圣谓青叶髻如来、娄至德如来也。皆示鬼神力士之形，高二丈余，阴威凛然可畏。正殿中为释迦。右为青叶髻，号大圣。左为娄至德，号二圣。三像皆南面。'予按《藏经》驹字函，娑罗浮殊童子成道，为青叶髻如来。青叶髻如来再出世，为楼至如来。则二如来本一身耳。有碑言，邑人一夕同梦，二神人言：'我青叶髻、娄至德如来也，有二巨木在江干（江岸）。我所运者，俟鄯（shàn）行者来，令刻为我像。'已而果有人，自称鄯行者，又善肖像。邑人欣然请之，像成，人皆谓酷类所梦。

然碑无年月，不知何代也。"

[47] 时有一道者见，经五日后：旧校本从此句开始另起一段，把一件事情割为两段，有误。参见冯国栋《〈五灯会元〉校点疏失类举》。

[48] 师召："大德！"僧应诺：旧校本标点有误，参见冯国栋《〈五灯会元〉校点疏失类举》。

[49] 侍御：官名。唐代称殿中侍御史、监察御史为侍御。后世因沿袭此称。

[50] 陆希声：字鸿磬，自号君阳遁叟（一称君阳道人），唐代苏州府吴县人氏（今江苏苏州）。博学善属文，昭宗时召为给事中，历同中书门下平章事，以太子太师罢。

[51] 相公：旧时泛称官吏，或对宰相的敬称。

[52] 韦宙：唐代京兆万年（今陕西西安）人。良吏韦丹之子，以父荫入仕。曾任支郎中、太原节度副使，唐宣宗时，出任永州刺史，政绩殊异。又为大理少卿，授江西观察使，政简易。迁岭南节度使，卒。

[53] 酽（yàn）茶：浓茶。

[54] 无一法可当情：即当情现相。指于凡夫妄情之前，现种种之相。譬如于疑心之前生暗鬼。然在理上，此类物相乃属虚妄不实者，唯因凡夫迷心本来具有"实我""实法"之执情，如今在"非我""非法"之事物上，现出"实我""实法"之相貌，遂认其为"实我""实法"者，称为当情现相。

[55] "经道：'实无有法，然灯佛与我授记。'他道实无一法可当情。为甚么道'解犹在境'？且道利害在甚么处？"：此处旧校本标点错误甚多，最大失误是把出自《金刚经》的话搞错了。"实无有法，然灯佛与我授记"是《金刚经》"以实无有法得阿耨多罗三藐三菩提，是故然灯佛与我授记"的缩减。

[56] 用剑刃上事：用最厉害的手段处理公务。上事：处理公务。

[57] 大壮：《易》六十四卦之一，为阳刚盛长之象。上震下乾。震为雷，乾为天（古人认为天形似圆盖），其卦象为上有雷雨，下有御雨之圆盖。故云创建宫室、以避风雨，取象于《大壮》。后用为建筑宫室之典。

[58] 明夷：六十四卦之一。孙星衍集解引郑玄曰："夷，伤也，日出地上，其明乃光，至其入地，明则伤矣，故谓之明夷。"后因以比喻昏君在上，贤人遭受艰难或不得志。

[59] 观音：寺庙名，石亭观音院。位于江西南昌章江门外（大致位于今沿江路源江宾馆和滕王阁保育院之间的位置）。唐时，僧灵彻建。仰山慧寂禅师于此演教，初名大悲寺，又名观音院。唐时韦公丹观察西江，与寺僧灵彻为忘形交，后立韦丹遗爱碑于寺左，覆以石亭。至大中十五年，韦丹子韦宙复观察西江，奏以为石亭院，装

休题额。宋政和间废为观。明初复为寺，亦称石亭观音院。

[60] 郒（yì）：禅师名。亦是地名。

[61] 总持：总一切法和持一切义的意思，是梵语陀罗尼的译义。

[62] 到这里总须茫然：旧校本作"到这里总须莅然"有误，宝祐本亦作"茫然"，说明是旧校本校对有误。

[63] 骈（pián）阗（tián）：聚集一起。

[64] 信位即得，人位未在：信位，乃"人位"之对称。指超越纯净绝对，向上直入之悟境。反之，向下救济众生之位，则是人位。

[65] 别有，别无即不堪也：别的还有，如果没有你就更糟糕了。旧校本标点为"别有别无，即不堪也"，有误。

[66] 得坐披衣：得禅座，披佛衣。指已经悟到一定境界，在禅林具有地位了。

【概要】

仰山慧寂（807~883年），唐代禅僧。广东番禺人，俗姓叶。九岁，往依和安寺通禅师。十七岁，自断二指，立誓落发。参谒耽源应真，了悟玄旨。未久，入沩山灵祐之室，受其印可。后更往江陵受戒，深研律藏。又参礼岩头全豁。未几，复还沩山，执侍灵祐凡十五年，互相激扬宗门。唐僖宗时迁大仰山，大振沩山之法道，是为沩仰宗。后住江西观音院，再迁韶州东平山。相传一日忽有梵僧从空而至，云："特来东土礼文殊，却遇小释迦。"师遂有"仰山小释迦"之称。

禅师平时常以手势启悟学人，如以画圆相启悟学人。画圆相的作法始于南阳慧忠，沩山加以运用，仰山大力弘传，遂成沩仰宗风。后梁贞明二年迁韶州东平山后示寂，世寿七十七。又说唐中和三年（883年），或大顺二年（891年）示寂。谥号"智通禅师"，塔号"妙光"。

明代圆信、郭凝之等人编有《袁州仰山慧寂禅师语录》一卷。

【参考文献】

《宋高僧传》卷十二；《景德传灯录》卷十一；《传法正宗记》卷七。

香严智闲禅师

邓州香严[1]智闲禅师，青州人也。厌俗辞亲，观方慕道。在百丈时性识聪敏，参禅不得。洎丈迁化，遂参沩山。山问："我闻汝在百丈先师处，问一答十，问十答百。此是汝聪明灵利，意解识想，生死根本。父母未生时，试道一句看。"师被一问，直得茫然。归寮，将平日看过底文字从头要寻一句酬对，竟不能得，乃自叹曰："画饼不可充饥。"屡乞沩山说破，山曰："我若说似汝，汝已后骂我去。我说底是我底，终不干汝事。"师遂将平昔所看文字烧却，曰："此生不学佛法也，且作个长行粥饭僧[2]，免役心神。"乃泣辞沩山，直过南阳，睹忠国师遗迹，遂憩止焉。

一日，芟[3]除草木，偶抛瓦砾，击竹作声，忽然省悟。遽归，沐浴焚香，遥礼沩山，赞曰："和尚大慈，恩逾父母。当时若为我说破，何有今日之事？"乃有颂曰："一击忘所知，更不假修持。动容扬古路，不堕悄然机。处处无踪迹，声色外威仪。诸方达道者，咸言上上机。"沩山闻得，谓仰山曰："此子彻也。"仰曰："此是心机意识著述得成，待某甲亲自勘过。"

仰后见师，曰："和尚赞叹师弟发明大事，你试说看。"师举前颂，仰曰："此是夙习记持而成，若有正悟，别更说看。"师又成颂曰："去年贫未是贫，今年贫始是贫。去年贫，犹有卓锥之地；今年贫，锥也无。"仰曰："如来禅[4]许师弟会，祖师禅[5]未梦见在。"师复有颂曰："我有一机，瞬目视伊。若人不会，别唤沙弥。"仰乃报沩山，曰："且喜闲师弟会祖师禅也。"

（玄觉云："且道如来禅与祖师禅分不分？"长庆棱云："一时坐却。"）

师初开堂，沩山令僧送书并拄杖至。师接得便哭："苍天！苍天！"僧曰："和尚为甚么如此？"师曰："只为春行秋令[6]。"

上堂："道由悟达，不在语言。况是密密堂堂[7]，曾无间隔。不劳心意，暂借回光。日用全功，迷徒自背。"

僧问："如何是香严境？"师曰："华木不滋[8]。"

问："如何是仙陀婆？"师敲禅床曰："过这里来。"

问："如何是现在学？"师以扇子旋转示之，曰："见么？"僧无语。

问："如何是正命食[9]？"师以手撮而示之。

问："如何是无表戒[10]？"师曰："待阇黎作俗即说。"

问："如何是声色外相见一句？"师曰："如某甲未住香严时，且道在甚么处？"曰："恁么则亦不敢道有所在。"师曰："如幻人心心所法[11]。"

问："如何是直截根源佛所印？"师抛下拄杖，散手而去。

问："如何是佛法大意？"师曰："今年霜降早，荞麦总不收。"

问："如何是西来意？"师以手入怀作拳，展开与之。僧乃跪膝，以两手作受势。师曰："是甚么？"僧无对。

问："离四句，绝百非，请和尚道。"师曰："猎师[12]前不得说本师戒。"

上堂："若论此事，如人上树，口衔树枝，脚不蹋枝，手不攀枝，树下忽有人问：'如何是祖师西来意？'不对他，又违他所问；若对他，又丧身失命。当恁么时作么生即得？"时有虎头招上座出众云："树上即不问，未上树时请和尚道。"师乃呵呵大笑。

师问僧："甚处来？"曰："沩山来。"师曰："和尚近日有何言句？"曰："有僧问：'如何是西来意？'和尚竖起拂子。"[13]师曰："彼中兄弟作么生会？"曰："彼中商量道，即色明心，附物显理。"师曰："会即便会，著甚死[14]急！"僧却问："师意如何？"师亦竖起拂子。

（玄沙云："只这香严脚跟未点地。"云居锡云："甚么处是香严脚跟未点地处？"）

师有偈曰："子啐[15]母啄，子觉母壳。子母俱亡，应缘不错。同道唱和，妙玄独脚[16]。"

师凡示学徒，语多简直。有偈颂二百余篇，随缘对机，不拘声律，诸方盛行。后谥"袭灯禅师"。

【注释】

[1] 香严：位于河南省邓县西北之白崖山中。原为唐代一行、虎茵二师所草创。后一行示寂于长安，肃宗亲往送葬，山中突然飘香，经月余不止，遂定寺名为香严寺。其后，六祖慧能之法嗣南阳慧忠驻锡于此，其时称香严长寿寺。慧忠入寂后亦葬于寺中。后沩山灵祐之法嗣香严智闲亦住于此。

[2] 粥饭僧：本书第五章"澧州大同济禅师"条："粥饭底僧，一任检责。"本书第十五章"云门文偃禅师"条作"粥饭气"。斥责只会吃饭的僧人，相当于今人骂"饭桶"。丁福保《佛学大辞典》"粥饭僧"条："言但吃粥饭无有一用之僧也。《南部新书》曰：'清泰朝李专美除北院，甚有舟楫之叹。时韩伯裔已登庸.

因赐之诗曰：伯裔登庸汝未登，凤池鸡池冷如冰，如何且作宣徽使，免被人呼粥饭僧。’《五代史·李愚传》曰：‘废帝谓愚等无所事，常目宰相曰：此粥饭僧耳，以为饱食终日而无所用心也。’”

[3] 芟（shān）：割草，引申为除去，如芟草、芟除。

[4] 如来禅：经教里的禅法，因它是如来所说，后人因名之为如来禅。至于禅宗中的禅法，因它是祖师所倡，后人因名之为祖师禅。其实，祖师禅也是如来所传，并非祖师所发明，释尊在灵山会上，把正法眼藏，涅槃妙心，咐嘱摩诃迦叶，便是祖师禅的来源。

[5] 祖师禅：与“如来禅”相对称。又作南宗禅。特指禅宗初祖菩提达磨传来，而至六祖慧能以下五家七宗之禅。系主张教外别传，不立文字，不依言语，直接由师父传给弟子，祖祖相传，以心印心，见性成佛，故称祖师禅。宗密于《禅源诸诠集都序》卷上，将禅由浅至深，分为五等，即外道禅、凡夫禅、小乘禅、大乘禅、最上乘禅等五种。其最上乘禅又称如来禅；达磨所传之禅即为此一最上乘禅；然后世之禅徒不以宗密之如来禅为最上禅，反视之为五味交杂之禅，而谓祖师所传之真实禅方为一味清净之禅，特称为祖师禅。此一称号或始自仰山慧寂。

[6] 春行秋令：春季里出现秋季的景象，或春天里做秋天该做的事。指出现违背自然规律的现象；也比喻行为不合时宜。语本《礼记·月令》：“孟春……行秋令，则其民大疫，猋风暴雨总至，藜莠蓬蒿并兴。”令，季节。

[7] 密密堂堂：又作“堂堂密密”。禅林用语。意指绝对真理朗然呈现于一切处。同于“遍界不曾藏”一语。堂密：出自《尔雅·释山》：“山如堂者，密。”郭璞注：“形如堂室者。”邢昺疏：“言山如堂室者名密。”后因以“堂密”指堂与室。比喻距离极近。

[8] 滋：繁盛，茂盛。

[9] 正命食：谓出家之人，常乞食自资色身，清净活命，是名正命食。

[10] 无表戒：戒有两种，旧曰作戒，无作戒，新曰表戒，无表戒。受戒之时，造作受者身口而表示受戒之相于外，谓之表戒，此时身内生一种有防非止恶功用之实物，谓之无表戒。以此于外相无表示故也。表戒者，受戒时竣，即亦断绝，无表戒者，永于身内相续以护身口之恶也。而此无表戒有部以为色法，成实宗以为非色非心，法相宗以为心法。（丁福保《佛学大辞典》）

[11] 心所法：又作心所、心数、心所有法、心数法。从属于心王。乃佛教五位之一。与心相应而同时存在，为种种复杂之精神作用。以从属于心，故对心所而言，心谓“心王”。心王与心所之间，有所谓五义平等（所依平等、所缘平等、行相平等、时平等、事平等）之相应关系，故心所又称相应法、心相应法。离此心

王，是否别有心所之体，对此，有部主张别体说，其他诸派另有多种异说。

[12] 猎师：比喻破戒之僧。即指无僧戒而著僧衣者。此类人破坏僧团戒法，并以邪见挠乱正法，虽身著法衣，犹如猎师。南本《大般涅槃经》卷七邪正品："佛告迦叶：'我般涅槃七百岁后，是魔波旬渐当坏乱我之正法，譬如猎师，身服法服。'"《〈景德传灯录〉译注》注释为"对猎人的尊称"，有误。

[13] 师曰："和尚近日有何言句？"曰："有僧问：'如何是西来意？'和尚竖起拂子。"：此处旧校本标点混乱，均纠正。从"有僧问"开始，即是僧人向仰山复述在沩山处的事情，一僧人问沩山"如何是西来意"，沩山举起拂子作答。项楚《五灯会元点校献疑三百例》亦指出了这个问题。

[14] 死：极，甚。

[15] 啐（cuì）：用力从嘴里吐出来。

[16] 妙玄独脚：宝祐本作"妙云独脚"，续藏本作"妙玄独脚"。旧校本虽然有校勘记："云，续藏本作'玄'。"但却没有更正。"妙玄独脚"与天台宗的重要作品《妙法莲华经玄义》有关，它又称《法华经玄义》，简称《妙玄》。《佛光大辞典》"妙玄独脚"条："妙玄独脚，形容佛法之微妙幽玄。盖佛法道理之微妙幽玄乃独立无倚而无任何其他可堪比对之绝待关系。《碧岩录》第十六则：'不见香严道，子啐母啄，子觉无壳，子母俱忘，应缘不错，同道唱和，妙玄独脚。'"

【概要】

香严智严（？～898年），唐代僧。法号智闲。青州（山东益都）人。生年不详。初从百丈怀海出家，后谒沩山灵祐禅师，不契，泣涕辞去。偶于山中芟草，瓦砾击竹作声，廓然有省，乃悟沩山秘旨，因嗣其法。住于邓州香严山，化法大行，净侣千余人，后世称之为香严禅师。师生性严谨，语喜简直，有偈颂二百余首，诸方盛行。后敕谥"袭灯禅师"。

仰山慧寂向香严智闲提出了如来禅与祖师禅的概念。仰山慧寂说："如来禅许师弟会，祖师禅未梦见在。"一般认为这是禅宗史上正式提出了如来禅与祖师禅这个名词。很显然，作为宗门的慧根，仰山慧寂更希望其弟子得到顿悟（祖师禅），这就使后来禅者把祖师禅提到了一个前所未有的高度。实际上无论是祖师禅，还是如来禅，都来自释迦牟尼佛的教法。

宗密于《禅源诸诠集都序》卷上，将禅由浅至深，分为五等，即外道禅、凡夫禅、小乘禅、大乘禅、最上乘禅等五种。其最上乘禅又称如来禅，达磨所传之禅即为此一最上乘禅。如来禅大体上都是依佛教经典而修之禅法，所以又叫作"依教修心禅"。

祖师禅的特点，就是主张教外别传，不立文字，不依言语，直接由师父传给弟子，祖祖相传，以心印心，见性成佛，故称祖师禅。六祖后之禅徒不以宗密之如来禅为最上禅，反视之为五味交杂之禅，而谓祖师所传之真实禅方为一味清净之禅，特称为祖师禅。此一称号或始自仰山慧寂，但后来进一步分化和强调，五家七宗各有自己修行的特点，形成不同的家风。

"香严上树"，此为譬喻之公案。言人上树，口衔树枝，树下人问其"何谓祖师西来意"，此时树上人虽有手脚，却全无用处。以此比喻自己本来之姿态，即无说之说，无作之作。故《禅宗无门关》曰："纵有悬河之辨，总用不著。说得一大藏教，亦用不著。若向者里对得著，活却从前死路头，死却从前活路头。"（《大正新修大藏经》第 48 册）

再有公案"香严原梦"。原梦，占梦、解梦之意。沩山灵祐禅师一日午睡梦醒，乃以所梦询其二弟子仰山慧寂、香严智闲。仰山遂持一盆水与手巾前来，香严则奉上一杯茶水，沩山评之曰："二子见解，过于鹙子。"盖神通非关奇特玄妙，于禅者之眼目中，其要处乃在日常茶饭中之妙用。仰山、香严二子未直接解梦，而径自奉以茶水、手巾等，实以午睡梦醒者而言，解梦乃为多余之事，自不如茶水、手巾之应时妙用。（参见《禅苑蒙求》卷上）

【参考文献】

《景德传灯录》卷十一；《宋高僧传》卷十三。

径山洪湮禅师

杭州径山[1]洪湮[2]禅师，吴兴人也。

僧问："掩息如灰[3]时如何？"师曰："犹是时人功干[4]。"曰："干后如何？"师曰："耕人田不种。"曰："毕竟如何？"师曰："禾熟不临场[5]。"

问："龙门不假风雷势便透得者[6]如何？"师曰："犹是一品二品[7]。"曰："此既是阶级[8]，向上事如何？"师曰："吾不知有汝龙门。"

问："如霜如雪时如何？"师曰："犹是污染。"曰："不污染时如何？"师曰："不同色。"

许州全明上座先问石霜："一毫穿众穴时如何？"霜曰："直须万年去。"曰："万年后如何？"霜曰："登科[9]任汝登科，拔萃[10]任汝拔萃。"后问师曰："一毫穿众穴时如何？"师曰："光靴[11]任汝光靴，结果[12]任汝结果。"

问："如何是长？"师曰："千圣不能量。"曰："如何是短？"[13]师曰："蟭螟[14]眼里著不满。"其僧不肯，便去举似石霜。霜曰："只为太近实头。"僧却问霜："如何是长？"霜曰："不屈曲。"曰："如何是短？"霜曰："双陆盘中不喝彩[15]。"

佛日长老访师，师问："伏承[16]长老独化一方，何以荐游峰顶？"曰曰："朗月当空挂，冰霜不自寒。"师曰："莫是长老家风也无？"曰曰："峭峙[17]万重关，于中含宝月。"师曰："此犹是文言，作么生是长老家风？"曰曰："今日赖遇！佛日却问：隐密全真，时人知有，道不得；太省无辜，时人知有，道得。[18]于此二途，犹是时人升降处。未审和尚亲道自道如何道？"师曰："我家道处无可道。"曰曰："如来路上无私曲[19]，便请玄音和一场。"师曰："任汝二轮[20]更互照，碧潭云外不相关。"曰曰："为报白头无限客，此回年少莫归乡。"师曰："老少同轮无向背，我家玄路勿参差。"曰曰："一言定天下，四句为谁宣。"师曰："汝言有三四，我道其中一也无。"师因有偈曰："东西不相顾，南北与谁留？汝言有三四，我道一也无。"

光化四年九月二十八日，白众而化。

【注释】

[1] 径山：位于浙江余杭西北，在天目山之东北峰，因以小径通于天目山而得名。山麓之兴圣万寿禅寺，乃我国五山之一，为临济巨刹。唐代天宝元年（742年），牛头宗之道钦（法钦）禅师入此山结庵，学者辐辏。大历四年（769年），代宗慕其为人，赐"国一禅师"之号，下诏，即于其庵址建"径山寺"。其后，鉴宗、洪諲皆住此。至宋代，圆悟克勤、维林、了一等高僧亦住此山。高宗绍兴七年（1137年），圆悟之门人大慧禅师来住此寺，弟子来集者多达一千七百余人。显仁皇后（高宗之母）、高宗皇帝皆常行幸于此，孝宗皇帝亲书"兴圣万寿禅寺"，并赐圆觉经解。其后又有无准师范、虚堂智愚等临济龙象住此，可谓历代皆有名德住之，为天下丛林之冠。

[2] 諲（yīn）：敬。禅师名。

[3] 掩息如灰：火被掩住熄灭成灰。

[4] 功干：期望引来福报的修习行为。

[5] 临场：指稻子成熟后拿到场上去脱粒。

[6] 龙门不假风雷势便透得者：跳龙门不凭借风雷的威力就跳过去的人。透，跳，跳跃。

[7] 一品二品：古代官阶的等级，从一品到九品，共分九等，一品最高。

[8] 阶级：阶段，段落。此处指境界的等级。

[9] 登科：科举时代应考人被录取。唐代裴说《见王贞白》："共贺登科后，明宣入紫宸。"

[10] 拔萃：此处并非出类拔萃的意义，指唐代考选科目之一。《新唐书·选举志下》："选未满而试文三篇，谓之宏辞，试判三条，谓之拔萃，中者即授官。"

[11] 光靴：光脚。

[12] 结果：装束，打扮。果：通"裹"。《敦煌变文集·维摩诘经讲经文五》："希奇魔女，一万二千，最异珍珠，千般结果。"

[13] 问："如何是长？"师曰："千圣不能量。"曰："如何是短？"：旧校本标点有误，其标点成"如何是长师""如何是短师"。两"师"字均应移出引号外，变成"师曰"。

[14] 蟭（jiāo）螟（míng）：同"焦螟"。传说中一种微虫名。晋代葛洪《抱朴子·刺骄》："蟭螟屯蚊眉之中，而笑弥天之大鹏。"

[15] 喝彩：旧指赌博时的呼喝叫采。采：骰子上的标志。宋代张端义《贵耳集》卷下："博徒索采曰：'四''红''赤''绯'，皆一骰色也。"

[16] 伏承：敬辞。鞠躬敬奉。韩愈《与少室李拾遗书》："十二月某日，愈顿首，伏承，天恩诏河南，敦谕拾遗公。"

[17] 峭崒：耸立。

[18] 今日赖遇！佛日却问：隐密全真，时人知有，道不得；太省无辜，时人知有，道得。：此处旧校本标点混乱。旧校本标点为"今日赖遇佛日"有误，"今日赖遇"是佛日客气话，即"今日幸亏遇到您"。如果"今日幸亏遇到我佛日"，就不是客气，而是自负了。"佛日却问"，由客套后反问，"但我佛日要反问您"。

[19] 私曲：偏私阿曲，不公正。

[20] 二轮：以车之二轮譬定慧，如《止观》五曰："驰二轮而致远，鼓两翅以高飞。"又指食轮与法轮。食轮谓斋食，法轮谓说法。大会必有说法，说法即转法轮，又必行斋食，称为食轮。此二者必相属而转，犹如车之两轮，故称二轮。

【概要】

洪諲禅师（？～901年），五代禅僧。俗姓吴。吴兴（今属浙江湖州）人。十九岁于开元寺礼无上大师出家。二十二岁往嵩山会善寺受具足戒。谒云岩，机缘不契。后参沩山灵祐，言下契悟，嗣其法，为沩仰宗传人。会昌毁佛，易服而隐，居长沙信士罗晏家，执白衣比丘法。咸通七年（866年），灵祐寂，以众请，继其席。迁杭州径山院。受吴越武肃王外护，吴越王赐号"法济大师"。光化四年示寂，年寿不详。

【参考文献】

《祖堂集》卷十九；《宋高僧传》卷十二；《景德传灯录》卷十一。

【拓展阅读】

杭州径山洪諲禅师，吴兴人也，姓吴氏。年十九，礼开元寺无上大师（无上大师嗣盐官，后住径山，为第二世也）落发。二十二，往嵩岳受满足律仪，归礼本师。师问曰："汝于时中将何报四恩耶。"諲不能对，三日忘食，乃辞行脚，往谒云岩，机缘未契。后造沩山，蒙滞顿除。遭唐会昌沙汰，众皆悲恸。諲曰："大丈夫钟此厄会，岂非命也？何乃效儿女子乎？"大中初，复沙门相，还故乡西峰院。咸通六年，上径山。明年，本师迁神（圆寂），众请继躅，为径山第三世，于法即沩山之嗣。（《景德传灯录》卷十一）

定山神英禅师

滁州定山神英禅师，因椑树省和尚行脚时参问："不落数量[1]，请师道。"师提起数珠曰："是落不落？"树曰："圆珠三窍，时人知有，请师圆前话。"师便打，树拂袖便出。师曰："三十年后槌胸大哭去在！"树住后，示众曰："老僧三十年前至定山，被他热谩一上，不同小小。"

师见首座洗衣，遂问："作甚么？"座提起衣示之，师曰："洗底是甚衣？"座曰："关中使铁钱。"师唤维那："移下座挂搭著[2]。"

【注释】

[1] 数量：事物的多少和长短。

[2] 移下座挂搭著：移下衣架给僧人搭好他洗的衣服。

襄州延庆山法端禅师

僧问："蚯蚓斩为两段，两头俱动，佛性在阿那头？"师展两手。

（洞山别云："问底在阿那头。"）

师灭后，谥"绍真禅师"。

益州应天和尚

僧问："人人尽有佛性，如何是和尚佛性？"师曰："汝唤甚么作佛性？"曰："恁么则和尚无佛性也。"师乃叫："快活！快活！"

九峰慈慧禅师

福州九峰[1]慈慧禅师，初在沩山，山上堂曰："汝等诸人，只得大机，不得大用。"师便抽身出去。沩召之，师更不回顾。沩曰："此子堪为法器。"

一日，辞沩山，曰："某甲辞违和尚，千里之外不离左右。"沩动容曰："善为！"

【注释】

[1] 九峰：在今福建福州市北七十里。《清一统志·福州府一》：九峰山，"峰顶九出，峭拔若华，与芙蓉、寿山亦并称三山。有岭曰长箕岭，一名长岐岭，又名桃枝岭，路出古田、罗源二县"。

京兆府米和尚（亦谓七师）

京兆府米和尚，参学后，归受业寺。有老宿问："月中断井索，时人唤作蛇。未审七师见佛唤作甚么？"师曰："若有佛见，即同众生。"（法眼别云："此是甚么时节问？"法灯别云："唤底不是。"）老宿曰："千年桃核。"

师令僧去问仰山曰："今时还假悟也无？"仰曰："悟即不无，争奈落在第二头！"师深肯之。又令僧问洞山曰："那个究竟作么生？"洞曰："却须问他始得。"师亦肯之。

僧问："自古上贤，还达真正理也无？"师曰："达。"曰："只如真正理作么生达？"师曰："当时霍光[1]卖假银城与单于[2]，契书是甚么人做？"曰："某甲直得杜口无言。"师曰："平地教人作保。"

问："如何是衲衣下事[3]？"师曰："丑陋任君嫌，不挂云霞色。"

【注释】

[1] 霍光（？—前68年）：西汉大臣。字子孟，河东平阳（今山西临汾西南）人。汉武帝临终时，拜大将军、大司马，受命托孤辅政，封为博陆侯，辅佐年幼的昭帝。昭帝死后，迎立昌邑王刘贺为帝，不久即废，又迎立宣帝。前后执政二十年。

[2] 单（chán）于：匈奴君主的称号。

[3] 衲衣下事：禅林传衣之事。借指明悟心地、超脱生死的禅家大事。禅宗以金襕之大衣为法衣，是为表传法之信之衣，故曰传衣。于上堂升座著之。余时一切不著之。释迦佛坐四十九年，将金缕僧迦梨衣，传与摩诃迦叶。初祖达磨至六祖惠能，皆传衣。自六祖以后不传衣。

【概要】

米和尚，唐代禅僧。亦称"七师"。师事灵祐禅师，依住有年，嗣其法，为沩仰宗传人。归京兆府（今陕西西安）受业寺，有老宿问："月中断井索，时人唤作蛇。未审七师见佛唤作什么？"答曰："若有佛见，即同众生。"能讲善辩，有盛名于时。

【参考文献】

《景德传灯录》卷十一。

晋州霍山和尚

晋州霍山[1]和尚，因仰山一僧到，自称集云峰[2]下四藤条天下大禅佛[3]参，师乃唤维那："打钟著。"大禅佛骤步而去[4]。

【注释】

[1] 霍山：又名霍太山、太岳山，位于中国山西省临汾市。《尔雅》记载：西方之美者有霍山，多珠玉。

[2] 集云峰：江西仰山的主峰。宋代大诗人黄庭坚有诗《赠仰山简老太师》云："简师飞锡地，天外集云峰。拿石松根瘦，敧窗竹影浓。山寒侵破衲，涧响杂疏钟。客问西来意，无言凭短筇。"

[3] 大禅佛：参见本章"霍山景通禅师"注释。

[4]"打钟著。"大禅佛骤步而去：旧校本标点有误，将"著"移出引号，变成"着大禅佛骤步而去"。"着"是助词，相当于现在的"着"，表示祈使、命令等语气。

【拓展阅读】

师闻秘魔岩和尚凡有僧到礼拜，以木叉叉着，师一日遂往访之。才见不礼拜，便入秘魔怀里。秘魔拊师背三下，师起拍手云："师兄我一千里地来。"（一作师兄三千里外赚我来）便回。（《景德传灯录》卷十一）

元康和尚

元康和尚，因访石楼，楼才见便收足坐。师曰："得恁么威仪周足！"楼曰："汝适来见个甚？"师曰："无端被人领过。"楼曰："须是与么始为真见。"师曰："苦哉！赚杀几人来！"楼便起身，师曰："见则见矣，动则不动。"楼曰："尽力道不出定也。"师拊掌三下。后有僧举似南泉，泉曰："天下人断这两个汉是非不得。若断得，与他同参。"

三角法遇庵主

蕲州三角山法遇庵主，因荒乱，魁帅[1]入山，执刃而问："和尚有甚财宝？"师曰："僧家之宝，非君所宜。"魁曰："是何宝？"师震声一喝，魁不悟，以刃加之。

【注释】

[1]魁帅：主将，首领。常含贬义。"魁帅"不是人名，旧校本下划线有误。

常侍王敬初居士

襄州王敬初常侍[1]，视事[2]次，米和尚至，公乃举笔示之。米曰："还判[3]得虚空否？"公掷笔入宅，更不复出。米致疑，明日凭[4]鼓山供养主[5]入探其意。米亦随至，潜在屏蔽间侦伺[6]。供养主才坐，问曰："昨日米和尚有甚么言句，便不相见？"公曰："师子咬人[7]，韩獹逐块[8]。"米闻此语，即省前谬，遽出朗笑曰："我会也，我会也。"公曰："会即不无，你试道看。"米曰："请常侍举。"公乃竖起一只箸[9]，米曰：

"这野狐精[10]。"公曰："这汉彻也。"

问僧："一切众生还有佛性也无？"曰："有。"公指壁上画狗子[11]曰："这个还有也无？"僧无对。公自代曰："看咬著汝。"

【注释】

[1] 常侍：官名。皇帝的侍从近臣。秦·汉有中常侍，魏·晋以来有散骑常侍，隋·唐内侍省有内常侍，均简称常侍。

[2] 视事：就职治事。多指政事言。《左传·襄公二十五年》："飨诸北郭，崔子称疾，不视事。"

[3] 判：裁定，评判。对狱讼的审理和判决。

[4] 凭：请求，烦劳，托付。

[5] 供养主：劝募供养物者，与化主同。参见《象器笺》七。

[6] 侦伺：窥探，伺望。

[7] 师子咬人：出自《大般若波罗蜜多经》卷五百六十九："邪见外道为求解脱，但欲断死不知断生，若法不生即无有灭。譬如有人块掷师子，师子逐人而块自息，菩萨亦尔，但断其生而死自灭；犬唯逐块不知逐人，块终不息，外道亦尔，不知断生终不离死。菩萨如是行深般若波罗蜜多，善知因缘诸法生灭。"以"师子咬人"比喻抓住要害。

[8] 韩獹（lú）逐块：禅林用语。韩獹（卢），乃战国时代产于韩国之名犬。又作狂狗逐块。原意谓向犬投土块，犬竟误认土块为食物，遂盲目追逐之；于禅林中，转指禅徒并无自己真正之见解，仅于言句上诠解，或执着于事物之形迹、捕捉枝叶末节等，而欲了达事物之真相，可谓徒劳无功。

[9] 箸（zhù）：筷子。

[10] 野狐精：禅林用语。原指野狐之精魅能作变幻，以欺诳他人。比喻自称见性悟道而欺瞒他人者。

[11] 狗子：泛指狗。"狗子佛性"是禅宗公案。又作赵州狗子、赵州佛性、赵州有无、赵州无字。"狗子有无佛性？"自古为禅宗破除执着于有、无之公案。此系始自赵州从谂禅师，古来即为禅徒难以参破之问答，古德于此多下过惨澹之工夫。参见"赵州从谂禅师"章节。他系藉狗子之佛性以打破学人对于有无之执着。而赵州所指之有无，非为物之有无，乃表超越存在的佛性之实态。

第三节 南岳下五世

仰山寂禅师法嗣

袁州仰山西塔光穆禅师

僧问："如何是正闻？"师曰："不从耳入。"曰："作么生？"师曰："还闻么？"

问："祖意教意，是同是别？"师曰："同别且置，汝道瓶嘴里甚么物出来入去？"

问："如何是西来意？"师曰："汝无佛性。"

问："如何是顿？"师作圆相示之。曰："如何是渐？"师以手空中拨三下。

南塔光涌禅师

袁州仰山南塔光涌禅师，豫章丰城章氏子。母乳之夕，神光照庭，厩马[1]皆惊。因以"光涌"名之。

少甚俊敏，依仰山剃度。北游谒临济，复归侍山。山曰："汝来作甚么？"师曰："礼觐和尚。"山曰："还见和尚么？"师曰："见。"山曰："和尚何似驴？"师曰："某甲见和尚亦不似佛。"山曰："若不似佛，似个甚么？"师曰："若有所似，与驴何别？"山大惊曰："凡圣两忘，情尽体露。吾以此验人，二十年无决了者，子保任之。"山每指谓人曰："此子肉身佛也。"

僧问："文殊是七佛之师，文殊还有师否？"师曰："遇缘即有。"曰："如何是文殊师？"师竖起拂子。僧曰："莫只这便是么？"师放下拂子，叉手。

问：[2]"如何是妙用一句？"师曰："水到渠成。"

问："真佛[3]住在何处？"师曰："言下无相也，也不在别处。"

【注释】

[1] 厩（jiù）马：在马房里的马。厩：马房，或泛指牲口棚。

[2] 师放下拂子，叉手。问：旧校本标点有误。"师放下拂子，叉手"已经结束，作句号，而"问"则是另外的问答了。

[3] 真佛：指报身佛；系对于化身佛而称为真佛。又指无相之法身。

【概要】

光涌禅师，五代禅僧，俗姓章，丰城（今属江西）人。幼年习儒典，十三岁即能讲解经义。及长，游开元寺遇异僧，授以《维摩经》旨诀，遂于洪州（今江西南昌）石亭寺依仰山慧寂禅师出家，十九岁受具足戒。曾往北参临济义玄，依其指示，复还仰山随侍慧寂，后得其心印，嗣其法，为沩仰宗传人。慧寂卒，光涌燃指以报之，并居仰山南塔，发扬宗风。天祐元年（904年），至洪州住持石亭寺，十四年后辞，返仰山。

【参考文献】

《禅林僧宝传》卷八；《景德传灯录》卷十二。

霍山景通禅师

晋州霍山[1]景通禅师，初参仰山，山闭目坐，师乃翘起右足曰："如是！如是！西天二十八祖亦如是！中华六祖亦如是！和尚亦如是！景通亦如是！"仰山起来，打四藤条[2]。师因此自称"集云峰下四藤条天下大禅佛"。（归宗下，亦有大禅佛名智通。）

住后，有行者问："如何是佛法大意？"师乃礼拜，者曰："和尚为甚么礼俗人？"师曰："汝不见道'尊重弟子[3]'。"

师问僧："甚么处来？"僧提起坐具，师曰："龙头蛇尾。"

问："如何是佛？"师便打，僧亦打。师曰："汝打我有道理，我打汝无道理。"僧无语，师又打趁出。

师化缘将毕，先备薪于郊野，遍辞檀信[4]。食讫，至薪所，谓弟子曰："日午当来报。"至日午，师自执炬登积薪上，以笠置项后作圆光相[5]，手执拄杖作降魔杵势，立终于红焰中[6]。

【注释】

[1] 霍山：在山西省霍县东南。《周礼·夏官·职方氏》："河内曰冀州，其山镇曰霍山。"郑玄注："霍山在彘阳。"彘阳，后汉时改永安县，即今山西省霍县。

[2] 打四藤条：用藤条打了他四下。

[3] 尊重弟子：出自《佛说能断金刚般若波罗蜜多经》："妙生！若国土中有此法门，为他解说，乃至四句伽他，当知此地，即是制底（佛塔），一切天、人、阿苏罗等，皆应右绕而为敬礼；何况尽能受持读诵？当知是人则为最上第一希有。又此方所，即为有佛，及尊重弟子。"尊重弟子，谓普贤、文殊等大菩萨，是最受尊重的大弟子。

[4] 檀信：梵语。又作旦那、柁那、拖那、驮曩。略作檀。译为布施、施。即给与、施舍之意。梵汉并称，则为檀施、檀那。檀波罗蜜乃六波罗蜜之一。檀那波底即施主、布施者。中国、日本又将檀那、檀越引申为施主之称。本书多作施主解释。

[5] 以笠置项后，作圆光相：把斗笠放在脑后当作佛菩萨的圆光之相。

[6] 立终于红焰中：站在火红的烈焰中圆寂。

【概要】

景通禅师，五代禅僧。初参仰山慧寂，被慧寂打四藤条，因而自称"集云峰下四藤条天下大禅佛"。居晋州（今山西临汾）霍山，后自焚而寂。

【参考文献】

《景德传灯录》卷十二。

无著文喜禅师

杭州无著文喜禅师，嘉禾[1]语溪[2]人也。姓朱氏。七岁，依本邑常乐寺（今宗福也）国清出家剃染。后习律听教。属会昌澄汰[3]，反服韬晦[4]。大中初，例重忏度于盐官齐峰寺[5]。

后谒大慈山性空禅师，空曰："子何不遍参乎？"

师直往五台山华严寺，至金刚窟礼谒，遇一老翁牵牛而行，邀师入寺。翁呼均提[6]，有童子应声出迎。翁纵牛，引师升堂。堂宇皆耀金色，翁踞[7]床指绣墩[8]命坐。

翁曰："近自何来？"师曰："南方。"翁曰："南方佛法如何住持？"师曰："末法比丘，少奉戒律。"翁曰："多少众？"师曰："或三百，或五百。"

师却问："此间佛法如何住持？"翁曰："龙蛇混杂，凡圣同居。"师曰："多少众？"翁曰："前三三，后三三[9]。"

翁呼童子致茶，并进酥酪[10]。师纳其味，心意豁然。翁拈起玻璃盏，问曰："南方还有这个否？"师曰："无。"翁曰："寻常将甚么吃茶？"师无对。

师睹日色稍晚，遂问翁："拟投一宿得否？"翁曰："汝有执心在，不得宿[11]。"师曰："某甲无执心。"翁曰："汝曾受戒否？"师曰："受戒久矣。"翁曰："汝若无执心，何用受戒？"师辞退。

翁令童子相送，师问童子："前三三，后三三，是多少？"童召："大德！"师应诺，童曰："是多少？"师复问曰："此为何处？"童曰："此金刚窟般若寺也。"师悚然[12]，悟彼翁者即文殊也，不可再见。即稽首童子，愿乞一言为别。童说偈曰："面上无嗔供养具，口里无嗔吐妙香。心里无嗔是珍宝，无垢无染是真常。"

言讫，均提与寺俱隐，但见五色云中，文殊乘金毛师子往来，忽有白云自东方来，覆之不见。时有沧州菩提寺僧修政等至，尚闻山石震吼之声。师因驻锡五台。

咸通三年，至洪州观音参仰山，顿了心契，令充典座。

文殊尝现于粥镬[13]上，师以搅粥箆[14]便打，曰："文殊自文殊，文喜自文喜。"殊乃说偈曰："苦瓠连根苦，甜瓜彻蒂甜[15]。修行三大劫，却被老僧嫌。"

一日，有异僧来求斋食，师减己分馈[16]之。仰山预知，问曰："适来果位人[17]至，汝给食否？"师曰："辍己回施[18]。"仰曰："汝大利益。"

后旋浙，住龙泉寺。僧问："如何是涅槃相？"师曰："香烟尽处验。"问："如何是佛法大意？"师曰："唤院主来，这师僧患颠。"问："如何是自己？"师默然，僧罔措。再问，师曰："青天蒙昧，不向月边飞。"

钱王奏赐紫衣，署"无著禅师"。将顺寂，于子夜告众曰："三界心尽，即是涅槃。"言讫，跏趺而终。白光照室，竹树同色。塔于灵隐山之西坞。

天福二年，宣城帅田頵[19]应杭将许思叛涣[20]，纵兵大掠，发师塔，睹肉身不坏，爪发俱长。武肃钱王异之，遣裨将邵志[21]重加封瘗[22]。至皇朝嘉定庚辰，迁于净慈山智觉寿禅师塔左。

【注释】

[1] 嘉禾：今属嘉兴市。

[2] 语溪：崇福镇，古称语溪，又名御儿，语儿，因梁天监二年（503 年）建有崇福禅寺而得名。938 年置崇德县，到 1958 年崇德、桐乡二县合并，崇德县改称崇福镇。

[3] 属会昌澄汰：正遇上会昌法难淘汰僧尼还俗。属：正，恰好。澄汰：即淘汰，除去不好的或不利的。

[4] 反服韬晦：返回穿上俗家衣服，韬光养晦。反：同"返"。

[5] 例重忏度于盐官齐峰寺：按例重新在盐官（今属浙江海宁盐官镇）齐峰寺举行忏度仪式。忏度：为死者拜祷忏悔使脱离苦海。度：超度。

[6] 均提：文殊之侍者。杭州无著文喜禅师，往五台山，遇均提童子。

[7] 踞（jù）：盘腿。此指跏趺坐。

[8] 绣墩（dūn）：绣花坐具。墩：一种坐具。《宋史·丁谓传》："遂赐坐。左右欲设墩，谓顾曰：'有旨复平章事。'乃更以机进，即入中书视事如故。"

[9] 前三三，后三三：南怀瑾先生在《金刚经说什么》："这一句话，千年来也没人知道他讲什么，一般修道的人就讲，前三三与后三三，这就是要人修气脉呀！后面有三关，尾闾关、夹脊关、玉枕关。前面是印堂呀，守窍的灵门关，这里是什么关，那里是什么关，都是讲这个。其实这个可以作话头参，前三三与后三三就是禅宗的话头。"

[10] 酥（sū）酪（lào）：以牛羊乳精制成的食品。

[11] 汝有执心在，不得宿：旧校本标点有误，"在"为语气助词，应当放在句尾，而旧校本放在句前，变成"汝有执心，在不得宿"，语义不通。

[12] 悽然：凄凉悲伤貌。后悔没有珍惜与文殊菩萨见面的机会。

[13] 镬（huò）：锅子。

[14] 篦（bì）：一种齿比梳子密的梳头用具，称"篦子"。此处用来搅动粥，

当是厨房用具。

[15] 苦瓠（hù）连根苦，甜瓜彻蒂甜：禅家习语，隐喻人之真如本性天然生成，一切接引施设只是帮助学人明见此本性而已。苦瓠：即苦匏。瓜类。味苦如胆，不可食，故名。亦作"甜瓜彻蒂甜，苦瓠连根苦"。

[16] 馈：进食于人。赠送。

[17] 果位人：已经证得果位的人，如阿罗汉、菩萨、佛等。

[18] 辍己回施：我把自己的饭食减少布施给他了。辍己，舍己。回施，报效。

[19] 田頵（858~903 年）：字德臣，庐州合肥（今属安徽）人。唐末吴王杨行密部下大将，曾任宁国节度使，唐天佑初为宣州节度使，与梁太祖谋讨杨行密，后因叛乱被杀。頵（jūn）：古人名用字。

[20] 叛涣：亦作"叛换"。凶暴跋扈。

[21] 邵志：邵志是人名，但后来的重字不是人名，旧校本将"邵志重"三字下画线有误。

[22] 封瘗（yì）：埋葬，掩埋。

【概要】

无著文喜禅师，唐代禅僧，俗姓朱，嘉禾语溪（今浙江崇德东南）人。七岁依本邑常乐寺国清出家剃染，往越州（今浙江绍兴）开元寺学《法华经》。武宗毁佛时变素服，不改内秘之心。大中（847~859 年）初年，例重忏度。咸通三年（862年），至洪州（今江西南昌）观音院参仰山慧寂，顿了心契，遂嗣其法，为沩仰宗传人，充典座。光启三年（887 年），钱镠牧杭州，请文喜居龙泉廨署（慈光院）。钱镠称王后，又奏赐紫衣，署号"无著禅师"。

【参考文献】

《宋高僧传》卷十二；《景德传灯录》卷十二。

新罗国五观山顺支了悟禅师

僧问："如何是西来意？"师竖拂子。僧曰："莫这个便是？"师放下拂子。

问："以字不成，八字不是[1]，是甚么字？"师作圆相示之。

有僧于师前作五花圆相[2]，师画破作一圆相。

【注释】

［1］以字不成，八字不是：参见本书第四章"睦州陈尊宿"条注释。

［2］五花圆相：以五个小圆圈组成一个大圆圈，如五瓣花。

袁州仰山东塔和尚

僧问："如何是君王剑？"师曰："落缆不采[1]功。"曰："用者如何？"师曰："不落人手。"

问："法王与君王相见时如何？"师曰："两掌无私。"曰："见后如何？"师曰："中间绝[2]像。"

【注释】

［1］落缆不采：落下的缆绳不用理睬。落缆，落下缆绳把船拉上岸。《〈景德传灯录〉译注》注释为"同'落然'"，没有根据。此处可为比喻船上岸本来是需要缆绳拉过来的，但众生要到彼岸，不靠外力就能上岸，因为佛性人人自有。不采，同"不睬"。

［2］绝：断绝。

香严闲禅师法嗣

吉州止观和尚

僧问："如何是毗卢师？"师拦胸与一拓。问："如何是顿？"师曰："非梁、陈[1]。"

【注释】

［1］梁、陈：朝代名，指梁、陈两朝。

寿州绍宗禅师

僧问："如何是西来意？"师曰："好事不出门，恶事行千里。"

有官人谓师曰："见说江西不立宗？"师曰："遇缘即立。"曰："遇缘立个甚么？"师曰："江西不立宗。"

【概要】

绍宗禅师，五代禅僧。师事香岩智闲禅师，嗣其法，居寿州（今安徽寿县）。有僧问："如何是西来意？"答曰："好事不出门，恶事行千里。"

【参考文献】

《景德传灯录》卷十二。

益州南禅无染禅师

僧问："无句[1]之句，师还答也无？"师曰："从来只明恁么事。"曰："毕竟如何？"师曰："且问看。"

【注释】

[1] 无句："有无四句"之一。佛教以外诸派学说，有关形上学方面之见解，可分成有、无、亦、非四句。有句，如执着必有我身，此即常见。无句，如执着必无我身，此即断见。亦句，如执着我身亦有亦无，此即有无相违见。非句，如执着我身非有非无，此即戏论见。

益州长平山和尚

僧问："视瞬[1]不及处如何？"师曰："我眨眼也没工夫。"

问："如何是祖师意？"师曰："西天来，唐土去。"

【注释】

[1] 视瞬：指"扬眉瞬目"。扬眉、瞬目均系禅家示机、应机的特殊动作，泛指禅机作略。又作扬眉动目、瞬目扬眉、扬眉举目等。（参见本书第五章"澧州药山惟俨禅师"条）

益州崇福演教禅师

僧问："如何是宽廓[1]之言？"师曰："无口得道。"

问："如何是西来意？"师曰："今日、明日。"

【注释】

〔1〕宽廓：宽阔。

安州大安山[1]清干禅师

僧问："从上诸圣，从何而证?"师乃斫额[2]。

问："如何是祖师西来意?"师曰："羊头车子推明月。"

【注释】

〔1〕大安山：又名龙安山。位于湖北安陆县西六十里。

〔2〕斫（zhuó）额：手放置额前，遥望远处。禅林意在不向外攀缘，最好的风光、最珍贵的东西就在自己心中。此处禅师作"斫额"状，就是告诉学人，佛性不从外觅，如果你天天斫额看外面，永远也不能觉悟自性。本书第二章"耽源山应真禅师"条："师曰：'车在这里，牛在甚么处?'丈斫额，师乃拭目。"此处亦在说明佛性不从外觅的道理。

终南山丰德寺[1]和尚

僧问："如何是和尚家风?"师曰："触事面墙[2]。"

问："如何是本来事?"师曰："终不更问人。"

【注释】

〔1〕丰德寺：据寺碑记载，该寺创建于唐高宗李治永徽年间（650～655年）。寺内有清乾隆五十八年住持通慧法师等重修碑石，同治年间遭兵灾寺院被毁，光绪十九年重修，有住持颍川等所立碑石。据《续高僧传》和《宋高僧传》记载，丰德寺创建时代可能在唐高宗永徽年间之前，唐代高僧智藏、道宣、圆测都在丰德寺住过。寺后有道宣律师建立的戒坛遗址，也是道宣律师弘扬律宗的圣地。续《高僧传》记载，智藏法师俗姓魏，十三岁出家，隋文帝开皇三年（583年）住终南山丰德寺，唐武德八年（625年）圆寂于丰德寺，终年八十五岁。故丰德寺很可能创建于隋代，唐高宗李治永徽年间应是重建或重修。

〔2〕触事面墙：遇事像面对墙壁而立，一无所知。触事：遇事。面墙：谓静心修养。唐代唐彦谦《送樊管司业归朝》："驷马终题柱，诸生悉面墙。"唐代唐彦谦《寄蒋二十四》："禅门澹泊无心地，世事生疏欲面墙。"

均州武当山佛岩晖禅师

僧问："某甲顷年[1]有疾，又中毒药，请师医。"师曰："二宜汤[2]一碗。"

问："如何是佛向上事？"曰："螺髻子。"曰："如何是佛向下事？"师曰："莲华座。"

【注释】

[1] 顷年：近年，往年。

[2] 二宜汤：又名"黄龙汤"。唐宋时口语称大便为大宜，小便为小宜，合起来就是二宜。黄龙汤，可入药。《北齐书·和士开传》："医人云：'王伤寒极重，进药无效，应服黄龙汤。'"明代李时珍《本草纲目·人一·人屎》（释名）引陶弘景曰："近城市人以空罂塞口，纳粪中，积年得汁，甚黑而苦，名为黄龙汤，疗温病垂死者皆瘥。"

江州庐山双溪田道者

僧问："如何是啐啄[1]之机？"师以手作啄势。

问："如何是西来意？"师曰："甚么处得个问头[2]来？"

【注释】

[1] 啐（cuì）啄（zhuó）：指啐啄同时。鸡子孵化时，小鸡将出，即在壳内吮声，谓之"啐"；母鸡为助其出而同时啗壳，称为"啄"。佛家因以"啐啄同时"比喻机缘相投或两相吻合。

[2] 问头：问题。《祖堂集》卷十"镜清"："又问：'只如从上祖德岂不是以心传心？'峰云：'是。兼不立文字语句。'师曰：'只如不立文字语句，师如何传？'峰良久。遂礼谢起，峰云：'更问我一传，可不好？'对云：'就和尚请一传问头。'"《碧岩录》卷一第六则："垂个问头示众云：'十五日已前不问汝，十五日已后道将一句来。'"又，第九则："这僧致个问头，也不妨奇特。若不是赵州，也难抵对他。"（不妨：实在，很。）（摘自《禅宗大词典》）

径山逇禅师法嗣

洪州米岭和尚

常语曰："莫过于此。"僧问："未审是甚么莫过于此?"师曰："不出是。"僧后问长庆："为甚么不出是?"庆曰："汝拟唤作甚么?"

双峰和尚法嗣

双峰古禅师

福州双峰古禅师，本业讲经，因参先双峰[1]，峰问："大德甚么处住?"曰："城里。"峰曰："寻常还思老僧否?"曰："常思和尚，无由礼觐。"峰曰："只这思底便是大德。"师从此领旨。即罢讲席，侍奉数年。

后到石霜，但随众[2]而已，更不参请。众谓"古侍者尝受双峰印记"，往往闻于石霜。霜欲诘其所悟，而未得其便。师因辞去，霜将拂子送出门首，召曰："古侍者!"师回首，霜曰："拟著即差，是著即乖[3]；不拟不是，亦莫作个会[4]。除非知有，莫能知之[5]。好去! 好去!"师应喏喏，即前迈。

寻，属双峰示寂[6]，师乃继续住持。

僧问："和尚当时辞石霜，石霜怎么道，意作么生?"师曰："只教我不著是非。"

（玄觉云："且道他会石霜意不会?"）

【注释】

[1] 参先双峰：晋谒双峰老和尚。

[2] 随众：跟随僧众一起参学。

[3] 拟著即差，是著即乖：一猜测就否定不对，肯定也不对。乖：乖谬。

[4] 不拟不是，亦莫作个会：不肯定不否定，也不对。

[5] 除非知有，莫能知之：除非什么都知道了（大彻大悟），否则无法知道其中深意。知有，不要理解为"知道有"，就是知道的意思。旧校本标点有误，作"除非知有莫能知之"，中间没有逗号，语义不通。

[6] 寻，属双峰示寂：不久，正遇上双峰和尚圆寂。旧校本标点有误，将

"寻"放在前句最后，"即前迈寻"，语义不通。

第四节　南岳下六世

西塔穆禅师法嗣

吉州资福如宝禅师

僧问："如何是应机之句？"师默然。

问："如何是玄旨？"师曰："汝与我掩却门。"

问："鲁祖面壁[1]，意作么生？"师曰："没交涉。"

问："如何是从上真正眼？"师槌胸曰："苍天！苍天！"曰："借问有何妨？"师曰："困。"

问："这个还受学也无？"师曰："未曾镬地栽虚空[2]。"

问："如何是衲僧急切处？"师曰："不过此问[3]。"曰："学人未问已前，请师道。"师曰："噫！"

问："如何是一尘[4]入正受[5]？"师作入定势。曰："如何是诸尘三昧起？"师曰："汝问阿谁？"

问："如何是一路涅槃门[6]？"师弹指一声，又展开两手。曰："如何领会？"师曰："不是秋月明，子自横行八九。"

问："如何是和尚家风？"师曰："饭后三碗茶。"

师一日拈起蒲团[7]，示众曰："诸佛菩萨、入理[8]圣人，皆从这里出。"便掷下，擘[9]开胸曰："作么生？"众无对。

问："学人创入丛林，一夏将末，未蒙和尚指教，愿垂提拯。"师拓开[10]曰："老僧住持已来，未曾瞎却一人眼。"

师有时坐良久，周视左右曰："会么？"众曰："不会。"师曰："不会即谩汝去也。"

师一日将蒲团于头上，曰："汝诸人恁么时难共语。"众无对。师将坐却曰："犹较些子。"

【注释】

[1] 鲁祖面壁：参见本书第三章"池州鲁祖山宝云禅师"注释。"师寻常见僧来，便面壁"，这就是鲁祖平时接引学人的方式，这种方式太高峻，一般人不能企及，也难以模仿，所以引起后来高僧大德们的评论，成为"鲁祖面壁""鲁祖家风""古德火抄"为名的禅宗公案。此公案体现禅法超越言句诠解，后世禅林常见拈举。

[2] 未曾钁地栽虚空：未曾锄地却栽种在虚空。

[3] 不过此问：旧校本标点有误，"问"不能移出引号之外。

[4] 一尘：微尘。虽是一极小之微尘，然如开启智眼以观时，则知其中包含着全宇宙（法界），此称一尘法界。有如西谚所谓"一粒沙中见世界"。

[5] 正受：禅定之异名。定心，离邪乱，谓之正，无念无想，纳法在心，谓之受。如明镜之无心现物也。

[6] 涅槃门：入涅槃城之门户。《无量义经》曰："开涅槃门，扇解脱风。"

[7] 蒲团：用蒲草编成的圆形垫子。常为僧人坐禅和跪拜时所用。

[8] 入理：觉悟了真理，得道。

[9] 擘（bò）：分开。

[10] 拓开：张开。

【概要】

如宝禅师，五代禅僧。至袁州（治今江西宜春）仰山西塔师事光穆禅师，嗣其法，为沩仰宗传人。居吉州（治今江西吉安）资福寺。一日拿起蒲团，示众曰："诸佛菩萨、入理圣人，皆从这里出。"又掷下擘胸开曰："作么生？"众无对。有僧问："如何是和尚家风？"答曰："饭后三碗茶。"一日将蒲团放在头上曰："汝诸人恁么时难共语？"众无对，如宝坐却曰："犹较些子。"从以上机缘语句，可窥见其接化学人的家风与机略。

【参考文献】

《景德传灯录》卷十二；《联灯会要》卷十一。

南塔涌禅师法嗣

芭蕉慧清禅师

郢州芭蕉山慧清禅师，新罗国人也。

上堂，拈拄杖示众曰："你有拄杖子，我与你拄杖子。你无拄杖子，我夺却你拄杖子。"靠拄杖下座。

僧问："如何是芭蕉水？"师曰："冬温夏凉。"

问："如何是吹毛剑[1]？"师曰："进前三步。"曰："用者如何？"师曰："退后三步。"

问："如何是和尚为人一句？"师曰："只恐阇黎不问。"

上堂："会么？相悉者少，珍重！"

问："不语有问时如何？"师曰："未出三门千里程。"

问："如何是自己？"师曰："望南看北斗。"

问："光境俱亡，复是何物？"师曰："知。"曰："知个甚么？"师曰："建州九郎。"

上堂："如人行次，忽遇前面万丈深坑，背后野火来逼，两畔是荆棘丛林。若也向前，则堕在坑堑。若也退后，则野火烧身。若也转侧，则被荆棘林碍。当与么时，作么生免得？若也免得，合有出身之路。若免不得，堕身死汉。"

问："如何是提婆宗[2]？"师曰："赤幡在左。"

问僧："近离甚么？"僧曰："请师试道看。"师曰："将谓是舶上商人[3]，元来是当州小客[4]。"

问："不问二头三首[5]，请师直指本来面目。"师默然正坐。

问："贼来须打，客来须看，忽遇客、贼俱来时如何？"师曰："屋里有一緉[6]破草鞋。"曰："只如破草鞋，还堪受用也无？"师曰："汝若将去，前凶后不吉[7]。"

问："北斗藏身[8]，意旨如何？"师曰："九九八十一[9]。"乃曰："会么？"曰："不会。"师曰："一二三四五[10]。"

师谓众曰："我年二十八，到仰山参见南塔，见上堂曰：'汝等诸人，若是个汉，从娘肚里出来便作师子吼，好么？'我于言下歇得身心，便住五载。"

僧问："古佛未出兴[11]时如何？"师曰："千年茄子根。"曰："出兴后如何？"师曰："金刚努出眼[12]。"

上堂，良久曰："也大相辱。珍重！"

问："如何是祖师意？"师曰："汝问那个祖师意？"曰："达磨西来意。"师曰："独自栖栖暗渡江。"

问："牛头未见四祖时如何？"师曰："知。"曰："见后如何？"师曰："知。"

问："甚么物无两头，甚么物无背面？"师曰："我身无两头，我语无背面。"

问："如何是透法身句？"师曰："一不得问，二不得休。"曰："学人不会。"师曰："第三度来，与汝相见。"

【注释】

[1] 吹毛剑：利剑名。《碧岩百则》评唱曰："剑刃上吹毛试之，其毛自断乃利剑，谓之吹毛也。"

[2] 提婆宗：又曰龙树宗。三论之空宗也，以是为龙树、提婆二大士所显扬者也。

[3] 舶上商人：坐海船而归的大商人。

[4] 当州小客：本地一无所有的贫农。当州，本州岛，本地。小客，没有耕牛或农具的佃户。范文澜·蔡美彪等《中国通史》第四编第一章第一节："宋初……少数佃户有耕牛，称'牛客'。相当多的佃客是'小客'，即没有自己的耕牛或农具，向地主租用，又要加租。"《〈景德传灯录〉译注》译为"小客贩"，无依据。

[5] 二头三首：一乘教之外的其他三乘，即声闻乘、缘觉乘、菩萨乘。一乘教是真实教，三乘教为方便教。

[6] 緉（liǎng）：古代计算鞋的量词，犹双。

[7] 前凶后不吉：旧校本有误，作"前凶后不言"，"言"无根据，宝祐本亦作"吉"。

[8] 北斗藏身：有人问云门禅师，法身究竟是什么？他回答："北斗里藏身。"在中国人的信仰中，南极仙翁掌管人的寿命，北斗金星掌管人的死亡。北斗里藏

身，等于是说他的身体在死神的手里，也等于没有这个东西。而既然没有身体，北斗也好，南斗也好，它处处在也处处不在；即使说它在北斗，也没什么不对。云门禅师用"北斗里藏身"来回答法身，不是比喻，而是说明，是非常简洁、明白、有力的一句话。（摘自《圣严说禅》）

[9] 九九八十一：算术乘法口诀末后一句，又作"九九归原""九九归一"，中国哲学循环论的思想认为，事物不管有多少变化，最终归到一处，回归本原。佛家用此口诀，表达的也是这一思想。

[10] 一二三四五：与"九九八十一"意义相反，指进入了分别心，那就从一二三四五开始出现无数的妄念，故出离生死轮回而无期。

[11] 出兴：出世兴教。

[12] 金刚努出眼：金刚，指金刚与力士二者。据《大日经》真言藏品所载，金刚，系指不可越守护神，又称难胜金刚；力士，系指相向守护神，又称对面金刚。此二尊即一般所称之"二王尊"，为安置于寺门两侧之金刚神。金刚现怒目相，以降伏恶人，所以他的眼睛瞪得很大，努出，伸出，眼珠子都瞪出来了，形容极度愤怒的样子。佛门常言"金刚怒目，菩萨低眉"，从两个不同的角度弘法。金刚现怒目身，以降伏恶人；菩萨则现慈眉貌，以摄取善人。

【概要】

慧清禅师，五代禅僧。新罗国（今朝鲜）人。二十八岁至袁州（今江西宜春）仰山，参南塔光涌禅师，见光涌上堂曰："汝等诸人，若是个汉，从娘肚里出来便作狮子吼，好么？"慧清由此言下得悟，师事五年，嗣其法，为沩仰宗传人。居郢州（今湖北京山）芭蕉山。有僧问："古佛未出兴时如何？"答曰："千年茄子根。"又问："出兴后如何？"答曰："金刚努出眼。"

【参考文献】

《景德传灯录》卷十二。

清化全怤禅师

越州清化全怤禅师，吴郡昆山人也。

初参南塔，塔问："从何而来？"师曰："鄂州。"塔曰："鄂州使君[1]名甚么？"师曰："化下[2]不敢相触忤。"曰："此地通不畏[3]。"师曰："大丈夫何必相试？"塔朓然[4]而笑，遂乃印可。

时庐陵安福县宰建应国禅苑，迎师聚徒，本道上闻，赐名"清化"。[5]

僧问："如何是和尚急切为人处？"师曰："朝看东南，暮看西北。"曰："不会。"师曰："徒夸东阳客，不识西阳珍。"

问："如何是正法眼[6]？"师曰："我却不知。"曰："和尚为甚么不知？"师曰："不可青天白日尿床也。"

师后还故国，钱氏文穆王特加礼重。晋天福二年丁酉岁，钱氏成将辟云峰山建院，亦以"清化"为名，延师开堂。

僧问："如何是佛法大意？"师曰："华表柱头木鹤飞。"

问："路逢达道人，不将语默对，未审将甚么对？"师曰："眼里瞳人吹叫子。"

问："和尚年多少？"师曰："始见去年九月九，如今又见秋叶黄。"曰："恁么则无数也。"师曰："问取黄叶。"曰："毕竟事如何？"师曰："六只骰子[7]满盆红。"

问："亡僧迁化向甚么处去？"师曰："长江无间断，聚沫任风飘。"曰："还受祭祀也无？"师曰："祭祀即不无。"曰："如何祭祀？"师曰："渔歌举棹[8]，谷里闻声。"

忠献王赐紫方袍，师不受。王改以衲衣，仍号"纯一禅师"。师曰："吾非饰让[9]也，虑后人仿吾而逞欲耳。"

开运四年秋，示寂，时大风摧震竹木。

【注释】

[1] 使君：尊称州郡长官。

[2] 化下：治下，其管辖下。

[3] 此地通不畏：宝祐本作"此地道不畏"，依《景德传灯录》改。此地通不畏，意思是这个地方什么人都不用怕。通：指通通、全部。

[4] 冁（chǎn）然：笑的样子。

[5] 时庐陵安福县宰建应国禅苑，迎师聚徒，本道上闻，赐名"清化"：旧校本标点混乱，均纠正。本道：本地道府。道：古代行政区划名。

[6] 正法眼：佛的心眼彻见正法，名正法眼，深广而万德含藏，叫作藏。正法眼藏，是禅宗用来称其教外别传的心印。

[7] 骰（tóu）子：赌具。也用以占卜、行酒令或作游戏。多以兽骨制成，为小正方块，六面分刻一、二、三、四、五、六点，一、四涂以红色，余涂黑色。掷之视所见点数或颜色为胜负，故又称投子、色（shǎi）子。相传为三国·魏·曹植创制。

[8] 棹（zhào）：划船的一种工具，形状和桨差不多。

[9] 饰让：伪让，故为推让。南朝梁武帝《直石头》："笼鸟易为恩，屠羊无饰让。泰阶端且平，海水本无浪。"

【概要】

全怤禅师，五代禅僧。又作"全付"。昆山（今属江苏）人。幼闻禅寂之说，遂有厌世之志，至江夏（治今湖北武昌）投清平大师出家。后至袁州（治今江西宜春）仰山南塔，师事光涌禅师，应对言语，深契仰山之机，顿了直下之心，嗣其法，为沩仰宗传人。居庐陵安福（今属江西）应国禅院，后迁越州（今浙江绍兴）云峰山清化院。吴越忠献王赐紫方袍，固辞不受，改赐衲衣，并署号"纯一禅师"。

【参考文献】

《宋高僧传》卷十三；《景德传灯录》卷十二。

韶州黄连山义初明微禅师

僧问："三乘十二分教[1]即不问，请师开口不答话。"师曰："宝华[2]台上定古今。"曰："如何是宝华台上定古今。"师曰："一点墨子，轮流不移[3]。"曰："学人全体不会，请师指示。"师曰："灵觉[4]虽转，空华不坠。"

问："古路无综，如何进步[5]？"师曰："金乌[6]绕须弥[7]，元与劫同时。"曰："恁么则得达于彼岸[8]也。"师曰："黄河三千年一度清[9]。"

广主刘氏向师道化，请入府内说法。

僧问："人王与法王相见时如何？"师曰："两镜相照，万象历然。"曰："法王心要，达磨西来，五祖付与曹溪，自此不传衣钵。未审碧玉阶[10]前，将何付嘱？"师曰："石羊水上行，木马夜翻驹[11]。"曰："恁么则我王有感，万国归朝。"师曰："时人尽唱太平歌。"

问："如何是佛？"师曰："胸题卍字，背负圆光。"

问：“如何是道？”师展两手示之。僧曰：“佛之与道，相去几何！”师曰：“如水如波。”

【注释】

[1] 三乘十二分教：三乘指声闻乘、缘觉乘、菩萨乘，又叫小乘、中乘、大乘，小乘即声闻乘，中乘即缘觉乘，大乘即菩萨乘。十二分教：即十二部经，一切经分为十二种类之名。

[2] 宝华：谓至宝之妙花。《法华经·譬喻品》：“若欲行时，宝华承足。”又，宝华丛集无数，称为宝华聚。《法华经·见宝塔品》：“以天宝华聚，散多宝佛及释迦牟尼佛上。”此外，亦有称说法之高座（须弥座）为“宝华王座”。

[3] 一点墨子，轮流不移：一点墨水，流出来却不移动。

[4] 灵觉：谓众生本具灵妙觉悟之佛性。或指灵妙不可思议之智慧。又众生本具之佛性与佛之智慧无异，称为灵觉不二。

[5] 进步：向前行步。《敦煌变文集·张义潮变文》：“陈元弘进步向前，称是‘汉朝使命，北入回鹘充册立使’。”

[6] 金乌：太阳。

[7] 须弥：梵语。即须弥山，译为妙高山，因此山是由金、银、琉璃、水晶四宝所成，所以称妙，诸山不能与之相比，所以称高。

[8] 彼岸：梵语。为“此岸”之对称。迷界为此方之岸，称此岸；悟界为彼方之岸，称彼岸。即以业与烦恼为中流，生死之境界为此岸，涅槃为彼岸。

[9] 黄河三千年一度清：黄河水混浊，偶有清时，即是太平盛世的预兆。因此，古人以黄河三千年一度清，比喻不可能发生的事情。

[10] 碧玉阶：碧玉砌成的台阶，用以形容富贵人家的奢华。

[11] 石羊水上行，木马夜翻驹：凡是如此不可思议的话，禅家都称为“无义句”。石头做的羊怎么会动呢？更不会浮在水上游泳了。木头做成的马怎么会一夜之间变成一匹强壮的马呢？都是不可能发生的事情。这种无义理之语，多指超越情识知见、截断学人解心的奇特语句。

【概要】

义初明微禅师，五代禅僧。师事仰山南塔光涌禅师得悟，嗣其法，为沩仰宗传人。居韶州（今广东韶关）黄连山。有僧问：“如何是佛？”答曰：“胸题卍字，背负圆光。”又问：“如何是道？”义初展两手示之。南汉主闻其道化，请入府内说法。署号"明微大师"。

【参考文献】

《景德传灯录》卷十二。

韶州慧林鸿究妙济禅师

僧问："千圣常行此路，如何是此路?"师曰："果然不见。"

问："鲁祖面壁，意旨如何?"师曰："有甚么雪处?"

问："如何是急切事?"师曰："钝汉。"

问："如何是和尚家风?"师曰："诸方大例[1]。"

问："定慧等学，明见佛性，此理如何?"师曰："新修梵宇。"

【注释】

[1] 大例：通则，通例，常例。

第五节　南岳下七世

资福宝禅师法嗣

吉州资福贞邃禅师

僧问："和尚见古人，得何意旨便歇去?"师作此⊕相示之。

问："如何是古人歌?"师作此〇相示之。

问："如何是最初一句[1]?"师曰："未具世界时，阇黎亦在此。"

问："百丈卷席，意旨如何?"师良久。

问："古人道：'前三三，后三三[2]。'意旨如何?"师曰："汝名甚么。"曰："某甲。"师曰："吃茶去。"

上堂："隔江见资福刹竿[3]便回去，脚跟下好与三十棒，况过江来？"时有僧才出，师曰："不堪共语。"

问："如何是古佛心？"师曰："山河大地。"

【注释】

[1] 最初一句：又作"最初句"。当下契入、彻底省悟的第一句话。按禅家多有"末后句"之语，"最初句"与"末后句"说法不同，实则一致，均为达到省悟的关键一句，因为这一句本非通常言说，而是超语言、超分别的真如实相。《无门关·德山托钵》："识得最初句，便会末后句。末后与最初，不是者一句。"本书第二十章"护圣居静"条："最初句及末后句，透得过者，一生事毕。"亦作"最初一句""末上一句"等。

[2] 前三三，后三三：参见本章"无著文喜禅师"。

[3] 刹竿：刹柱。寺前的幡竿。

【概要】

贞邃禅师，五代禅僧。至吉州（今江西吉安）资福寺，谒如宝禅师，嗣其法绪，继其丈席，为沩仰宗传人。有僧问："如何是古佛心？"答曰："山河大地。"

【参考文献】

《景德传灯录》卷十三。

吉州福寿和尚

僧问："祖意教意，是同是别？"师展手。

问："文殊骑师子，普贤骑象王，未审释迦骑甚么？"师举手云："耶耶！"

潭州鹿苑和尚

僧问："余国作佛，还有异名也无？"师作此○相示之。

问："如何是鹿苑一路？"师曰："吉了[1]舌头问将来。"

问："如何是闭门造车？"师曰："南岳石桥。"曰："如何是出门合辙？"师曰："拄杖头鞋。"

上堂，展手曰："天下老和尚、诸上座命根，总在这里。"有僧出曰："还收得也无？"师曰："天台石桥[2]侧。"曰："某甲不恁么。"师曰："伏惟尚飨[3]。"

问："如何是世尊不说说？"师曰："须弥山倒。"曰："如何是迦叶不闻闻？"师曰："大海枯竭。"

【注释】

[1] 吉了：鸟名。即秦吉了。似鹦鹉，嘴脚皆红，脑后有肉冠，善效人言。唐代白居易《双鹦鹉》："始觉琵琶弦莽卤，方知吉了舌参差。"宝祐本作"吉獠"。

[2] 天台石桥：天台山石桥的飞瀑景观。宋代包恢《天台石桥》："石桥龙行甲台山，吼雷喷雪透玉关。石梁拟伦固未易，龙渊坼美犹良艰。风神凛凛耸毛骨，如在天外非人间。昔闻今见未曾有，游人何嗟行路难？"

[3] 伏惟尚飨（xiǎng）：伏在地上恭敬地请被祭者享用供品。伏惟：下对上陈述时的表敬之辞。尚：希望的意思。飨：泛指请人受用，祭祀的意思。常用在祭文的最后。本书常用在禅师的开示之后，以结束本次上堂。

芭蕉清禅师法嗣

芭蕉继彻禅师

郢州芭蕉山继彻禅师，初参风穴。穴问："如何是正法眼[1]？"师曰："泥弹子。"穴异之。

次谒先芭蕉。蕉上堂举："仰山道：'两口一无舌，此是吾宗旨。'"师豁然有省。

住后，僧问："如何是林溪境？"师曰："有山有水。"曰："如何是境中人？"师曰："三门[2]前，佛殿后。"

问："如何是深深处？"师曰："石人开石户，石锁两头摇[3]。"

上堂："昔日如来于波罗奈国，梵王请转法轮，如来不已而已，有屈宗风，随机逗教，遂有三乘名字，流传于天上人间，至今光扬不坠。若据祖宗[4]门下，天地悬殊，上上根机，顿超不异。作么生是混融一句？还有人道得么？若道得，有参学眼；若道不得，天宽地窄。"便下座。

上堂："眼中无翳，空里无花。水长船高，泥多佛大。莫将问来，我也无答。会么？问在答处，答在问处。"便下座。

问："三乘十二分教[5]即不问，如何是宗门一句？"师曰："七纵八横。"曰："如何领会？"师曰："泥里倒，泥里起。"

问："如何是祖师西来意？"师曰："著体汗衫。"

问："有一人不舍生死，不证涅槃，师还提携也无？"师曰："不提携。"曰："为甚么不提携？"师曰："林溪粗识好恶。"

问："如何是吹毛剑？"师曰："透。"曰："用者如何？"师曰："钝。"

问："寂寂无依时如何？"师曰："未是衲僧分上事。"曰："如何是衲僧分上事？"师曰："要行即行，要坐即坐。"

师有偈曰："芭蕉的旨，不挂唇齿。木童唱和，石人侧耳[6]。"

【注释】

[1] 正法眼：佛的心眼彻见正法，名正法眼，深广而万德含藏，叫作藏。正法眼藏，是禅宗用来称其教外别传的心印。

[2] 三门：又作山门。为禅宗伽蓝之正门。三门有智慧、慈悲、方便三解脱门之义，或象征信、解、行三者。

[3] 石人开石户，石锁两头摇：比喻不可能发生的事情。与上文"黄河三千年一度清""石羊水上行，木马夜翻驹"等语类似。

[4] 祖宗：祖师宗门。

[5] 三乘十二分教：三乘指声闻乘、缘觉乘、菩萨乘，又叫小乘、中乘、大乘，小乘即声闻乘，中乘即缘觉乘，大乘即菩萨乘。十二分教：即十二部经，一切经分为十二种类之名。

[6] 木童唱和，石人侧耳：同"石人开石户，石锁两头摇"。

【概要】

继彻禅师，宋代禅僧。至郢州（今湖北京山）芭蕉山，谒慧清禅师，见慧清上堂举仰山慧寂曰："两口一无舌，此是吾宗旨。"豁然省悟，嗣其法，为沩仰宗传人。后继其丈席，有偈曰："芭蕉的旨，不挂唇齿。木童唱和，石人侧耳。"

【参考文献】

《联灯会要》卷十一；《五灯严统》卷九。

郢州兴阳山清让禅师

僧问："'大通智胜佛，十劫坐道场[1]。佛法不现前，不得成佛道'时如何？"师曰："其问甚谛当[2]。"曰："既是坐道场，为甚么不得成佛道？"师曰："为伊不成佛。"

【注释】

[1] 大通智胜佛，十劫坐道场：出自《妙法莲华经》卷三："大通智胜佛，十劫坐道场，佛法不现前，不得成佛道。"这是本书常出现的一个公案。大通智胜佛：又作大通众慧如来、大通慧如来。即出现于过去三千尘点劫以前，演说《法华经》之佛名。依《法华经》卷三化城喻品所载，过去无量无边不可思议阿僧祇劫有一佛，名为大通智胜如来，此佛未出家前有十六王子，于父王成道后，十六王子亦出家为沙弥，听闻大通智胜佛宣讲《妙法莲华经》而信受奉行。诸王子中之第十六沙弥，即为释迦如来。

[2] 谛当：指确当、恰当、精当、妥帖。

【概要】

清让禅师，五代禅僧。曾至芭蕉山师事慧清禅师，嗣其法，为沩仰宗传人。居郢州（今湖北京山）兴阳山。

【参考文献】

《景德传灯录》卷十二。

洪州幽谷山法满禅师

僧问："如何是道？"师良久曰："会么？"曰："学人不会。"师曰："听取一偈：话道语下无声，举扬奥旨丁宁[1]。禅要如今会取，不须退后消停[2]。"

【注释】

[1] 丁宁：嘱咐，告诫。言语恳切貌。

[2] 消停：停止，停歇。

【概要】

法满禅师，五代禅僧。至芭蕉山师事慧清禅师，嗣其法，为沩仰宗传人。居洪州（今江西南昌）幽谷山。有僧问："如何是道？"答曰："听取一偈：话道语下无声，举扬奥旨丁宁，禅要如今会取，不须退后消停。"

【参考文献】

《景德传灯录》卷十三。

郢州芭蕉山遇禅师

僧问："如何是祖师西来意？"师曰："是星皆拱北，无水不朝东。"曰："争奈学人未会何！"师曰："逢人但恁么举。"

郢州芭蕉山圆禅师

僧问："如何是和尚接人一句？"师曰："要头截取去。"曰："岂无方便？"师口："心不负人，面无惭色。"

上堂："三千大千世界，夜来被老僧都合成一块，辊[1]向须弥顶上。帝释大怒，拈得扑成粉碎。诸上座还觉头痛也无？"良久曰："莫不识痛痒好！珍重！"

【注释】

[1] 辊（gǔn）：像车轮般很快转动。

彭州承天院辞确禅师

僧问："学人有一只箭，射即是，不射即是？"师曰："作么生是阇黎箭？"僧便喝。师曰："这个是草箭子。"曰："如何是和尚箭？"师曰："禁忌须屈指，祷祈便扣牙[1]。"

问："心随万境转，阿那个是转万境底心？"师曰："嘉州大象[2]古人镌。"

问："'众罪如霜露，慧日能消除'时如何？"师曰："亭台深夜雨，楼阁静时钟。"曰："为甚么因缘会遇时，果报还自受？"师曰："管笔[3]能书，片舌解语。"

开堂日示众："正令[4]提纲，犹是捏窠造伪。佛法祗对，特地谩蓦[5]上流。问着即参差，答着即交互。大德拟向甚么处下口？然则如是，事无一向，权柄在手，纵夺临机，有疑请问。"

僧问："如何是第一义？"师曰："群峰穿海去，滴水下岩来。"

问："师唱谁家曲，宗风嗣阿谁？"师曰："道头会尾，举意知心。"

【注释】

[1] 扣牙：即叩齿。佛教的仪式，祷告时，往往用指头敲击牙齿，这样才可以灵验。又，道家所行的祝告仪式之一。叩左齿为鸣天鼓，叩右齿为击天磬，驱祟降妖用之。当门上下八齿相叩，为鸣法鼓，通真、朝奏用之。

[2] 嘉州大象：乐山大佛像。嘉州：指乐山，今四川省辖地级市，古称嘉州。大象：指乐山大佛像。"嘉州大象古人镌"，说明乐山很早就雕凿了大型佛像，疑为现在的"乐山大佛"。

[3] 管笔：竹管做成的笔。

[4] 正令：在禅门中，则特指教外别传之旨。棒喝之外不立一法，谓之正令。丛林中每以"正令当行"谓佛祖之道通行于世。如《碧岩录》第六十三则以"正令当行，十方坐断"一语，喻指棒喝之外，不立一法，乃为教外别传之宗旨。

[5] 谩蓦：使用诡计设局骗人。《太上感应篇汇编》："所谓'谩'，就是骗人于不知不觉之中；所谓'蓦'，就是敏捷聪明的样子。凡是使用诡计设局骗人，令人堕入他的计谋之中，就叫作'谩蓦'。"（原文为："谩"者，欺人不知不见也；"蓦"者，快捷伶俐之貌。凡用诡计设骗，令人堕其术中，谓之"谩蓦"。）

【概要】

辞确禅师，五代禅僧。至芭蕉山师事慧清禅师，嗣其法，为沩仰宗传人。居彭州（今四川彭县）承天院。有僧问："如何是第一义？"答曰："群峰穿海去，滴水下岩来。"

【参考文献】

《天圣广灯录》卷二十五；《五灯严统》卷九。

兴元府牛头山精禅师

僧问："如何是古佛心？"师曰："东海浮沤[1]。"曰："如何领会？"师曰："秤锤落井。"

问："不居凡圣是甚么人？"师曰："梁朝傅大士[2]。"曰："此理如何？"师曰："楚国孟尝君[3]。"

【注释】

[1] 浮沤（ōu）：水上的泡沫。

[2] 傅大士：参见本书第二章"善慧大士"注释。

[3] 孟尝君：即田文，战国齐贵族，封于薛（今山东滕州市南），称薛公，号孟尝君。为战国四公子之一，以善养士著称。一度入秦，秦昭王要杀害他，赖门客中擅长狗盗鸡鸣者的人帮助而逃归。后卒于薛。

益州觉城院信禅师

僧问："如何是出身一路？"师曰："三门前。"曰："如何领会？"师曰："紧峭[1]草鞋。"

【注释】

[1] 紧峭：同"紧凑"。指某商品供不应求。

郢州芭蕉山闲禅师

僧问："十语九不中时如何？"师曰："闭门屋里坐，抱首哭苍天。"

郢州芭蕉山令遵禅师

僧问："直得无下口处时如何？"师曰："便须进一步。"曰："向甚么处下脚？"师曰："东山西岭上。"

【概要】

令遵禅师，五代禅僧。至郢州（今湖北京山）芭蕉山参慧清禅师，嗣其法绪，为沩仰宗传人。继主其师席。有僧问："直得无下口时如何?"答曰："便须进一步。"

【参考文献】

《天圣广灯录》卷二十五;《五灯严统》卷九。

慧林究禅师法嗣

韶州灵瑞和尚

俗士问："如何是佛?"师喝曰："汝是村里人[1]。"

僧问："如何是西来意?"师曰："十万八千里。"

问："如何是本来心?"师曰："坐却毗卢顶，出没太虚中[2]。"

问："如何是教外别传底事?"师曰："两个灵龟泥里斗，直至如今困未休。"曰："不会。"师曰："木鸡衔卵走，燕雀乘虎飞。潭中鱼不现，石安却生儿。"

【注释】

[1] 村里人：乡下人，不读书无知识，孤陋寡闻。此指禅门中无知之人。

[2] 坐却毗卢顶，出没太虚中：坐到毗卢佛头顶上，出没在太虚之中。

第六节　南岳下八世

报慈韶禅师法嗣

蕲州三角山志谦禅师

僧问：“如何是佛？”师曰：“速礼三拜。”僧礼拜，师曰：“一拨便转。”

郢州兴阳词铎禅师

僧问：“佛界与众生界相去多少？”师曰：“道不得。”曰：“真个[1]那！”师曰：“有些子。”

【注释】

[1] 真个：真的，确实，如唐代王维《酬黎居士淅川作》：“侬家真个去，公定随侬否。”

第十章　青原下八世
——青原下十二世（法眼宗）

拥毳对芳丛，由来趣不同。发从今日白，花是去年红。艳冶随朝露，馨香逐晚风。何须待零落，然后始知空？（清凉文益禅师）

第一节　青原下八世

罗汉琛禅师法嗣

清凉文益禅师

金陵清凉院[1]文益禅师，余杭鲁氏子。七岁，依新定智通院全伟禅师落发。弱龄[2]禀具于越州开元寺。属律匠[3]希觉师盛化于明州鄮山[4]育王寺[5]，师往预听习，究其微旨。复傍探儒典，游文雅之场[6]。觉师目为"我门之游、夏[7]也"。师以玄机一发，杂务俱捐，振锡南迈[8]，抵福州，参长庆[9]，不大发明[10]。

后同绍修、法进三人欲出岭，过地藏院，阻雪少憩。附炉次[11]，藏问："此行何之"。师曰："行脚去。"藏曰："作么生是行脚事？"师曰："不知。"藏曰："不知最亲切。"又同三人举《肇论》至"天地与我同根"处，藏曰："山河大地，与上座自己是同是别？"师曰："别。"藏竖起两指，师曰："同。"藏又竖起两指，便起去。

雪霁[12]辞去，藏门送之，问曰："上座寻常说三界唯心，万法唯识。"乃指庭下片石曰："且道此石在心内？在心外？"师曰："在心内。"藏曰："行脚人著甚么来由，安片石在心头？"师窘无以对，即放包依席下求决择。近一月余，日呈见解，说道理。藏语之曰："佛法不恁么。"师曰："某甲词穷理绝也。"藏曰："若论佛法，一切见成[13]。"师于言下大悟，因议留止。

进师等以江表丛林，欲期历览，命师同往。至临川，州牧请住崇寿院。

开堂日，中坐茶筵未起时，僧正[14]白师曰："四众已围绕和尚法座了也。"师曰："众人却参真善知识。"少顷升座，僧问："大众云集，请师举唱。"师曰："大众久立!"[15]乃曰："众人既尽在此,山僧不可无言,与大众举一古人方便。珍重!"便下座。

子方上座自长庆来,师举长庆偈问曰："作么生是万象之中独露身?"子方举拂子,师曰："恁么会又争得?"曰："和尚尊意如何?"师曰："唤甚么作万象?"曰："古人不拨万象。"师曰："万象之中独露身,说甚么拨不拨?"子方豁然悟解,述偈投诚。自是诸方会下,有存知解[16]者翕然[17]而至。始则行行如也[18],师微以激发,皆渐而服膺。海参之众,常不减千计。

上堂："大众立久!"乃谓之曰："只恁么便散去,还有佛法道理也无? 试说看! 若无,又来这里作么? 若有,大市里人丛处亦有,何须到这里? 诸人各曾看《还源观》[19]《百门义海》[20]《华严论》[21]《涅槃经》[22]诸多策子[23],阿那个教中有这个时节? 若有,试举看! 莫是恁么经里有恁么语,是此时节么? 有甚么交涉? 所以道:微言[24]滞于心首[25],尝为缘虑[26]之场;实际居于目前,翻为[27]名相之境。又作么生得翻去? 若也翻去,又作么生得正去[28],还会么? 莫只恁么念策子,有甚么用处?"

僧问："如何披露[29]即得与道相应?"师曰："汝几时披露即与道不相应?"

问："六处[30]不知音时如何?"师曰："汝家眷属一群子。"师又曰："作么生会,莫道恁么来问,便是不得。汝道六处不知音,眼处不知音? 耳处不知音? 若也根本是有,争解无得? 古人道:'离声色,著声色;离名字,著名字。'所以无想天[31]修得,经八万大劫[32],一朝退堕,诸事俨然[33]。盖为不知根本真实。次第修行,三生六十劫[34],四生一百劫[35],如是直到三祇果满[36];他古人犹道,不如一念缘起[37]无生,超彼三乘权[38]学等见。又道,弹指圆成八万门[39],刹那灭却三祇劫。也须体究。若如此用,多少省力[40]!"

僧问："指[41]即不问,如何是月?"师曰："阿那个是汝不问底指?"又僧问："月即不问,如何是指?"师曰："月。"曰："学人问指,和尚为甚么对月?"师曰："为汝问指。"

江南国主重师之道,迎住报恩禅院,署"净慧禅师"。

僧问："洪钟才击，大众云臻，请师如是[42]。"师曰："大众会，何似汝会?"

问："如何是古佛家风?"师曰："甚么处看不足?"

问："十二时中，如何行履，即得与道相应?"师曰："取舍之心成巧伪[43]。"

问："古人传衣，当记何人?"师曰："汝甚么处见古人传衣?"

问："十方贤圣皆入此宗，如何是此宗?"师曰："十方贤圣皆入。"

问："如何是佛向上人?"师曰："方便呼为佛。"

问："如何是学人一卷经?"师曰："题目甚分明。"

问："声、色两字，甚么人透得!"师却谓众曰："诸上座且道，这个僧还透得也未? 若会此僧问处，透声色也不难。"

问："求佛知见，何路最径?"师曰："无过此。"

问："瑞草不凋时如何?"师曰："谩语。"

问："大众云集，请师顿决疑网[44]。"师曰："寮舍[45]内商量，茶堂内商量?"

问："云开见日时如何?"师曰："谩语真个[46]。"

问："如何是沙门所重处?"师曰："若有纤毫所重，即不名沙门。"

问："千百亿化身，于中如何是清净法身?"师曰："总是。"

问："簇簇[47]上来，师意如何?"师曰："是眼不是眼?"

问："全身是义，请师一决。"师曰："汝义自破。"

问："如何是古佛心?"师曰："流出慈悲喜舍。"

问："百年暗室，一灯能破。如何是一灯?"师曰："论甚么百年?"

问："如何是正真之道?"师曰："一愿[48]也教汝行，二愿也教汝行。"

问："如何是一真之地[49]?"师曰："地则无一真。"曰："如何卓立?"师曰："转无交涉。"

问："如何是古佛?"师曰："即今也无嫌疑。"

问："十二时中，如何行履?"师曰："步步蹋着。"

问："古镜未开，如何显照?"师曰："何必再三。"

问："如何是诸佛玄旨?"师曰："是汝也有。"

问："承教有言，从无住本，立一切法[50]。如何是无住本？"师曰："形兴未质，名起未名。"

问："亡僧衣，众人唱；祖师衣，甚么人唱？"师曰："汝唱得亡僧甚么衣？"

问："荡子[51]还乡时如何？"师曰："将甚么奉献？"曰："无有一物。"师曰："日给[52]作么生？"

师后住清凉，上堂曰："出家人但随时及节便得[53]，寒即寒，热即热[54]。欲知佛性义，当观时节因缘，古今方便不少。不见石头和尚[55]因看《肇论[56]》云：'会万物为己者，其唯圣人乎！'他家便道：'圣人无己，靡所不己。'有一片言语唤作《参同契》，末上云：'竺土大仙心。'无过此语也[57]。中间也只随时说话。上坐今欲会万物为自己去，盖为大地无一法可见。他又嘱云：'光阴莫虚度。'适来向上座道，但随时及节便得。若也移时失候，即是虚度光阴，于非色中作色解。上座于非色中作色解，即是移时失候。且道色作非色解，还当不当？上座若恁么会，便是没交涉。正是痴狂两头走[58]，有甚么用处？上座但守分随时过好。珍重！"

僧问："如何是清凉家风？"师曰："汝到别处，但道到清凉来。"

问："如何得诸法无当[59]去？"师曰："甚么法当着上座？"

曰："争奈日夕[60]何！"师曰："闲言语。"

问："'观身如幻化，观内亦复然[61]'，时如何？"师曰："还得恁么也无？"

问："要急相应，唯言不二[62]。如何是不二之言？"师曰："更添些子得么？"

问："如何是法身？"师曰："这个是应身。"

问："如何是第一义？"师曰："我向你道是第二义。"

师问修山主："毫厘有差，天地悬隔。兄作么生会？"修曰："毫厘有差，天地悬隔。"师曰："恁么会又争得？"修曰："和尚如何？"师曰："毫厘有差，天地悬隔。"修便礼拜。

（东禅齐云："山主恁么祇对，为甚么不肯？及乎再请益法眼，亦只恁么道便得去。且道疑讹在甚么处？若看得透，道上座有来由[63]。"）

师与悟空禅师向火，拈起香匙[64]，问曰："不得唤作香匙，兄唤作甚么？"空曰："香匙。"师不肯。空后二十余日，方明此语。

僧参次，师指帘，时有二僧同去卷。师曰："一得一失。"

（东禅齐云："上座作么生会？有云为伊不明旨便去卷帘。亦有道指者即会，不指而去者即失。恁么会还可不可？既不许恁么会，且问上座阿那个得？阿那个失？"）

云门问僧[65]："甚处来？"曰："江西来。"门曰："江西一队老宿窠[66]语住也未？"僧无对。后僧问师："不知云门意作么生？"师曰："大小云门被这僧勘破。"

问僧："甚处来？"[67]曰："道场来。"师曰："明合暗合。"僧无语。

师令僧取土添莲盆，僧取土到。师曰："桥东取，桥西取？"曰："桥东取。"师曰："是真实，是虚妄？"

问僧："甚处来？"曰："报恩来。"师曰："众僧还安否？"曰："安。"师曰："吃茶去。"

问僧："甚处来？"曰："泗州礼拜大圣[68]来。"师曰："今年大圣出塔否？"曰："出。"师却问傍僧曰："汝道伊到泗州不到？"

师问宝资长老："古人道，山河无隔碍，光明处处透。且作么生是处处透底光明？"资曰："东畔打罗[69]声。"

（归宗柔别云："和尚拟隔碍。"）

师指竹问僧："还见么？"曰："见。"师曰："竹来眼里？眼到竹边？"曰："总不恁么。"

（法灯别云："当时但擘眼向师。"归宗柔别云："和尚只是不信某甲。"）

有俗士献画障子，师看了，问曰："汝是手巧？心巧？"曰："心巧。"师曰："那个是汝心？"士无对。

（归宗柔代云："某甲今日却成容易[70]。"）

僧问："如何是第二月？"师曰："森罗万象。"曰："如何是第一月？"师曰："万象森罗。"

上堂："尽十方世界，皎皎[71]地无一丝头。若有一丝头，即是一丝头。"

（法灯云："若有一丝头，不是一丝头。"）

师指凳子曰："识得凳子，周匝[72]有余。"

（云门云："识得凳子，天地悬殊。"）

僧问："如何是尘劫来事？"师曰："尽在于今。"

师因患脚，僧问讯次，师曰："非人来时不能动，及至人来动不得。且道佛法中下得甚么语？"曰："和尚且喜得较[73]。"师不肯[74]，自别云："和尚今日似减[75]？"

因开井被沙塞却泉眼[76]，师曰："泉眼不通被沙碍，道眼不通被甚么碍？"僧无对。师代曰："被眼碍。"

师见僧般土[77]次，乃以一块土放僧担上，曰："吾助汝。"僧曰："谢和尚慈悲。"师不肯。一僧别云："和尚是甚么心行[78]？"师便休去。

师谓小儿子[79]曰："因子识得你爷，你爷名甚么？"儿无对。（法灯代云："但将衣袖掩面。"）师却问僧："若是孝顺之子，合下得一转语。且道合下得甚么语？"僧无对，师代曰："他是孝顺之子。"

师问讲《百法论[80]》僧曰："百法是体用双陈，明门是能所兼举。座主是能，法座是所，作么生说兼举？"

（有老宿代云："某甲唤作个法座。"归宗柔云："不劳和尚如此。"）

师一日与李王论道罢，同观牡丹花。王命作偈，师即赋曰："拥毳[81]对芳丛，由来趣不同。发从今日白，花是去年红。艳冶随朝露，馨香逐晚风。何须待零落，然后始知空？"王顿悟其意。

师颂《三界唯心》曰："三界唯心，万法唯识。唯识唯心，眼声耳色。色不到耳，声何触眼？眼色耳声，万法成办。万法匪缘，岂观如幻？山河大地，谁坚谁变？"

颂《华严六相义》曰："华严六相义，同中还有异。异若异于同，全非诸佛意。诸佛意总别，何曾有同异？男子身中入定时，女子身中不留意。不留意，绝名字，万象明明无理事。"

师缘被于金陵，三坐大道场，朝夕演旨。时诸方丛林，咸遵风化[82]。异域[83]有慕其法者，涉远而至。玄沙[84]正宗，中兴于江表。师调机顺物，斥滞磨昏。凡举诸方三昧，或入室呈解，或叩激请益，皆应病与药。随根悟入者，不可胜纪。

周显德五年戊午七月十七日示疾，国主亲加礼问。闰月五日，剃发澡身，告众讫，跏趺而逝，颜貌如生。寿七十有四，腊五十四。城下诸寺院，具威仪迎引。公卿李建勋[85]以下素服，奉全身于江宁县丹阳起塔，谥"大法眼禅师"。塔曰"无相"。后李主仿报慈院，命师门人玄觉言导师开法，再谥师"大智藏大导师"。

【注释】

[1] 清凉院：即清凉寺。位于江苏省南京市石头山（清凉山）上，五代十国时（902～937 年）徐温在此创建兴教寺。南唐升元初（938 年前后）改名清凉道场。相传为李氏避暑宫，李后主（李煜）常留宿宫中。北宋太平兴国五年（980 年）移幕府山清凉广惠寺于此。南宋淳祐十二年（1252 年）在山上建翠微亭。寺建成后，休复（？～943 年）、文益（885～958 年）、泰钦（？～974 年）、文遂（生卒年不详）等均曾来住。

[2] 弱龄：弱冠之年。泛指幼年、青少年。

[3] 律匠：持戒学戒有造诣的高僧。

[4] 明州鄮（mào）山：明州，浙江宁波。鄮，古县名。秦置，汉属会稽郡，在今浙江省鄞县东。在鄮山之北，因鄮山得名。隋废。

[5] 育王寺：即阿育王寺。位于浙江鄞县东阿育王山上。据《法苑珠林》卷三十八载，西晋武帝太康二年并州离石人，名刘萨诃者，于昏迷中，梦一胡僧，告以其罪当入地狱，宜往会稽顶礼阿育王塔等，以忏悔诸罪。苏醒后即出家，改名慧达。乃往会稽鄮县寻塔，惟遍寻不获而悲痛烦闷。某夜，忽闻地下有钟声传来，历时三日而有宝塔及舍利涌出。该塔非金玉铜铁，亦非石土。呈紫乌色，其刻镂异呼寻常，四面刻有萨埵王子变、舍眼变、出脑变、救鸽变等四种。塔上无露盘，中有悬钟。慧达即于该地建精舍供奉该塔，并精勤礼忏。此为阿育王山舍利殿之由来。东晋安帝义熙元年（405 年），敕造塔、亭，及禅室，并命众僧住持守护。刘宋元嘉二年（425 年），道祐奉敕修补该寺并增建浮屠三级。梁武帝普通三年（522 年），诏建殿堂房廊，赐额"阿育王寺"，其后，历受简文帝、陈宣帝、唐中宗、宣宗、懿宗、后周世宗等之敬仰。该寺原系律院，宋真宗时，赐额"广利禅寺"，遂成十方禅刹。英宗时，大觉怀琏住之，大扬宗风，后经宗杲、介谌、德光、师范等师之经营，临济道场一时兴盛。明洪武十五年（1382 年）重修，改名"育王禅寺"，为天下禅宗五山之第五位。

[6] 文雅之场：指儒士读书之地。

[7] 游、夏：指孔子的大弟子子游与子夏。

[8] 南迈：南行，南征。

[9] 长庆：指福州长庆禅师。

[10] 发明：①揭示，阐明。《云山法会录·为霖禅师说》："虽五宗接人机用不同，无非发明世尊拈花一著子，直指人心，见性成佛而已。"②省悟，发现。本书第六章"亡名道婆"条："温州陈道婆，尝遍扣诸方名宿，后于长老山净和尚语下发明。"又，本书第二章"牛头山智岩禅师"条："师后谒融禅师，发明大事。"谓参学者明心见性，完成了领悟禅法、超脱生死的大事。

[11] 附炉次：靠在炉边烤火的时候。

[12] 雪霁（jì）：雪停，天气晴好。

[13] 见成：即"现成"。于禅语中，表示现前成就之意。即绝对真理不假造作安排，自然呈现，当体即是。此外，"现成底见"一语，为一切万法现前即存在之见解。类似"自然外道"所主张一切万物不依因缘，乃自然而生之见解。即谓日常之饮茶吃饭，或当前所有"悟"之境界，并非来自特别之修行或工夫，乃自然即有。

[14] 僧正：又称僧主。系统领教团，并匡正僧尼行为之僧官。为僧纲之一，乃僧团中之最高职官。本制始于魏晋南北朝时代，为中央僧官之职称。惟自唐宋以降，多为地方僧官，中央另设僧职机构。依大宋僧史略卷中立僧正条载，正，政之意；僧正即须先自正始得正人。盖比丘戒律渐弛，习染俗风，乃拣择僧众中有德望者为僧正，以纠举违戒失职之僧尼。

[15] 师曰："大众久立！"：旧校本标点有误，"久立"不能移出引号之外，作叙述语言。"久立"，往往是禅师慰问大家的客套话，就是让大家站久了，对不起了。下文"上堂"再次出现"大众立久"，标点失误相同，此处旧校本亦标点失误。

[16] 知解：注重多知多解，而不注重实修顿悟。但以多知多解为宗者叫知解宗。《六祖坛经》曰："汝向去有把茆盖头，也只成个知解宗徒。"法眼大师曰："古人授记人，终不错。如今立知解为宗，即荷泽是也。"黄檗曰："我此禅宗，从上相承已来，不曾教人求知求解。"

[17] 翕然：忽然，突然。

[18] 行（hàng）行（hàng）如也：出自《论语·先进》："闵子侍侧，訚訚如也；子路，行行如也；冉有、子贡，侃侃如也。子乐：'若由也，不得其死然。'"行行，刚强貌。行行，是对子路的描述，子路勇敢刚直，嫉恶如仇，孔子为此高兴，但反对他的冲动，并预测子路今后因此会死于非命。此处引用"行行如

也"比喻佛经常说的"刚强难化"的众生，但他们又有子路那些优点，所以文益禅师循循善诱把他们引入正路。《〈景德传灯录〉译注》将"行行如"注释为"心满意得的样子"，没有依据。

[19] 还源观：书名。修华严奥旨妄尽还源观之略称。一卷，唐法藏著。说华严家之观法。

[20] 百门义海：即《华严经义海百门》，亦称《华严法界义海》《义海百门》。唐法藏著述。一卷。总结《华严经》的"玄奥"，以"一尘"为例论述"法界缘起"的教义。宋净源曾遍搜古本，详细校订，改正了第六门误题的"圆明解缚"，补正了第十门的残缺。见载于日本《大正藏》。

[21] 华严论：初唐华严学者李通玄著。由实叉难陀主译，菩提流志、义净、法藏等助译的八十卷本《华严经》译成，时称《新华严经》，以别于东晋佛陀跋陀罗所译六十卷本《华严经》。李通玄携《新华严经》研习该经，撰述《新华严经论》。开元十八年（730 年），《论》成，不久即坐化于龛中。宋徽宗时赐其号曰"显教妙严长者"。《新华严经论》共四十卷，表达了作者对《华严经》的独特理解。

[22] 涅槃经：佛经名。有小乘、大乘之二部，小乘之涅槃经，有《佛般泥洹经》二卷、《大般涅槃经》三卷、《般泥洹经》三卷。大乘之涅槃经，先有散译，其全经为北凉昙无谶译《大般涅槃经》四十卷，称为北本涅槃。后刘宋慧观等再治前经为《大般涅槃经》三十六卷，称为南本涅槃。以上数本中，常称为涅槃经者，乃南北二本之大般涅槃经。

[23] 策子：连数页而成的书册。与卷轴有别。指古书。

[24] 微言：精深微妙的言辞。常指"微言大义"。汉代刘歆《移书让太常博士》："及夫子没而微言绝，七十子卒而大义乖。"

[25] 心首：心头。

[26] 缘虑：即缘虑心，为四种心之一。又作虑知心、虑知缘虑心。即攀缘境界，思虑事物之心，指眼、耳乃至阿赖耶等八种之心识。四种心指肉团心、缘虑心、积聚精要心、坚实心。

[27] 翻为：转为。

[28] 又作么生得正去：旧校本作"又作么生得正夫"，其校勘记："夫，据义应作'去'。"可实际上宝祐本本来就是"去"，旧校本校勘失误。

[29] 披露：陈述，表白。

[30] 六处：十二因缘之一。在母胎内具足眼等六根而出母胎之位也。处乃十二处之处，为六根六境之通称。根境为生识之依处，故名处。

[31] 无想天：三界二十八天之一。又作无想有情天、无想众生天、少广天、福德天。色界天之一。生此天者，念想灭尽，仅存色身及不相应行蕴，故称无想天。此天为外道婆罗门之最高涅槃处，亦为异生凡夫以"出离想"作意，修无想定，所感得的异熟之果报，称为无想果。此天众生之身长有五百由旬，寿命为五百大劫（《立世阿毗昙论》卷七谓一千大劫），寿终之时，再生念想，而堕欲界。

[32] 经八万大劫：经过八万大劫，指时间极长。若以"无想天"的境界，他们只有五百劫的福报在天上，这是禅师的夸张说法，即使他们八万大劫都保持这种无想定，但一旦堕落仍旧六道轮回。

[33] 诸事俨然：六道轮回的事实又出现在眼前，没有什么变化。

[34] 三生六十劫：为声闻乘修行所需之时间。修四谛十六行相等之观，断尽三界之烦恼，证阿罗汉果，其极速者三生，极迟者则经六十劫。

[35] 四生一百劫：指缘觉乘修行所需的时间。盖断三界烦恼证辟支佛果，依根之利钝而有别，即极速者需经四生，极迟者需经百劫的时间。

[36] 三祇果满：指"三僧祇百大劫"后获得圆满佛果，三祇即菩萨发心至佛果之修行时间。又作三祇百劫。为三阿僧祇劫和百大劫之合称。三阿僧祇，又作三劫，阿僧祇译作无数，或指数之极；劫乃时间名称，译作长远等，其中有大、中、小之别。三个阿僧祇之大劫称为三大阿僧祇劫，是菩萨积集菩提资粮之时间；百大劫则是佛果之身得相好庄严，为修福业之时间。菩萨为度他而作三阿僧祇劫之修行，更为自己成佛之身感三十二相，而于百大劫间植无量之福德。然《瑜伽师地论》卷四十八、《摄大乘论》卷下等唯举三祇，而未说百劫，故智顗、法藏等诸师皆主张三祇百劫之说为小乘所立。

[37] 缘起：事物之待缘而起也。一切之有为法，皆自缘而起者。

[38] 权：对于"实"之语。方便之异名。暂用之而终废之者。三乘佛法是"权"，一念无生是"实"，才能速得解脱。

[39] 八万门：即八万四千法门。佛陀一代教法的总称。又称八万四千法蕴、八万四千法聚、八万四千法藏、八万四千度门，或八万法蕴、八万法藏。为对治众生八万四千烦恼所施设的法门。八万四千法是表示法门之多，并非实数。

[40] 若如此用，多少省力：若如此用功，省多少力？

[41] 指：与后面"月"联系，即指月。以指譬教，以月譬法。《楞严经》卷二："如人以手指月示人，彼人因指，当应看月。若复观指，以为月体，此人岂唯亡失月轮，亦亡其指。"故诸经论多以指月一语以警示对文字名相之执着。禅宗则借此发挥其"不立文字，教外别传"之教义。

[42] 请师如是：请师说法。"如是我闻"是佛经开头第一句话，这里引用，

意在请禅师开始讲法。

[43] 取舍之心成巧伪：因为我们有取舍之心，就使我们变得虚伪不实，失去了清净心。巧伪：虚伪不实，如《庄子·盗跖》："此夫鲁国之巧伪人孔丘非邪？"

[44] 疑网：疑惑交络譬如网。《法华经·方便品》曰："无漏诸罗汉，及求涅槃者，今皆堕疑网。"《智度论》二十七曰："从诸佛闻法，断诸疑网。"

[45] 寮（liáo）舍：房舍。亦特指僧舍。

[46] 谩语真个：真的是骗人的鬼话。谩语，说谎话。真个：真的，确实，如唐代王维《酬黎居士淅川作》："侬家真个去，公定随侬否。"

[47] 簇簇：一丛丛，一堆堆。唐代白居易《开元寺东池早春》："池水暖温暾，水清波潋滟。簇簇青泥中，新蒲叶如剑。"

[48] 一愿：就是"第一"，表强调。下文，"二愿"，就是"第二"，都是禅师在强调"行"，即强调落实到行动上，不要空谈什么"道"。没有其他联系，但《〈景德传灯录〉译注》注释与阿弥陀佛四十八愿联系起来。

[49] 一真之地：指证悟一真法界妙理之阶位。《四十二章经》中即有"视平等如一真地"之语。一真，又名一如。亦曰一实。皆为绝待之真理也。一者无二，以平等不二之故谓之一。真者离虚妄之义，所谓真如也。

[50] 从无住本，立一切法：出自《维摩经·观众生品》："又问：'无住孰为本？'答曰：'无住则无本。文殊师利！从无住本，立一切法。'"无住，法无自性，无自性，故无所住着，随缘而起，故云无住。故无住者万有之本也。

[51] 荡子：指辞家远出、羁旅忘返的男子。相当于"游子"。《〈景德传灯录〉译注》注释为"行为放荡的人"，有误。

[52] 日给：一天吃用，每天供给。

[53] 随时及节便得：应随时节，平常度日就行了。这是禅家"平常心"的体现。旧校本标点有误，"便得"放在下文，即"便得寒即寒，热即热"，不符合原意。

[54] 寒即寒，热即热：随时节变化，天寒过天寒的日子，天热过天热的日子。强调无论寒暑都要有一颗平常心。

[55] 石头和尚：参见本书第五章"石头希迁禅师"注释。

[56] 肇论：全一卷。后秦僧肇（384～414年）撰。收于《大正藏》第四十五册。作者僧肇为鸠摩罗什门下四圣之一，号称解空第一。以其名冠于本论，故称肇论。

[57] 有一片言语唤作《参同契》，末上云：'竺土大仙心。'无过此语也：旧校本标点有误，石头和尚所作《参同契》只有"竺土大仙心"这句原话，而"无

过此语也"是文益禅师对这句话的评论，不能放入引号内。一片，数量值。用于文字、语言。明代王守仁《传习录》卷下："然亦多是推衍文义，自做一片文字。"

[58] 痴狂两头走：意谓痴迷不悟，执着地用分别、对立的眼光看待事理。按禅家认为万法一如，事物没有分别、对立的"两头"。

[59] 当：阻挡。

[60] 日夕：朝夕，从早到晚。

[61] 复然：也是这样。

[62] 不二：即不二法门。指显示超越相对、差别之一切绝对、平等真理之教法。即在佛教八万四千法门之上，能直见圣道者。《维摩诘经·入不二法门品》载有三十三种之不二法门。今之俗语多援引佛教"不二法门"一语，转指学习某种学问技术唯一无二之方法。

[63] 来由：指对禅法的体悟。此处指上座对禅法的体悟。《〈景德传灯录〉译注》注释为"缘由"，不贴切。

[64] 香匙：舀取香料的匙子。《宋史·舆服志六》："又有香炉、宝子、香匙、灰匙、火箸、烛台、烛刀，皆以金为之。"

[65] 云门问僧：旧校本标点有误，问僧是叙述语言，"僧"不能放入引号内。下面两处亦有相同的句子，亦出现同样的错误。

[66] 㿃（yì）：古同"呓"，梦话。《〈景德传灯录〉译注》"㿃"作"寝"有误。

[67] 问僧："甚处来？"：错误同上。

[68] 泗州礼拜大圣：泗州大圣（628～710 年）指唐代西域僧。葱岭北何国人，一说碎叶人，俗姓何。唐龙朔（661～663 年）初年，来西凉府，又游历江淮之地，居止于楚州龙兴寺。后于泗州临淮县（安徽省）信义坊得金像一尊，上有古香积之铭记及普照王佛之铭，遂建临淮寺。大圣屡次显现神异，尝现十一面观音形，人益信重，世称观音大士化身。景龙二年（708 年），受中宗之诏入内道场，被尊为国师。未久，即住京师荐福寺，因治众病、祈雨有验，蒙赐"普光王寺"之额于临淮寺。示寂于荐福寺。先后被赐以证圣大师、普照明觉大师、泗州大圣、大圣僧伽和尚、僧伽大师等号。唐代以来，泗州以外之地，亦广建僧伽大师堂。至北宋时代，天下精庐必立僧伽画像；凡遇兵难、贼乱、水难等，均向僧伽大师祷祝，以求攘除，或祈雨、求子等。

[69] 打罗：即"打锣"。

[70] 容易：指轻慢、轻率、糊涂、鲁莽。

[71] 皎皎：明白貌，分明貌。此处是明明白白的意思。

[72] 周匝：环绕。此处指做事圆融无碍。

[73] 较：痊愈。僧人说文益禅师的病喜得痊愈。

[74] 不肯：不首肯，不服，不赞同。肯：推许某人、相信某人已省悟或者赞同某禅机作略都称作"肯"。

[75] 和尚今日似减：今天和尚身体似乎欠恙？减：衰退。

[76] 因开井被沙塞却泉眼：旧校本标点有误，这句话是叙述语言，不能放在上文僧人说话的引号内。

[77] 般土：同"搬土"。般：搬运，后多作"搬"。

[78] 心行：本指品行，此处指心里的想法。

[79] 小儿子：小孩子（男性）。

[80] 百法论：即《大乘百法明门论》。全一卷。属印度大乘宗经论部。又称大乘百法明门论略录、百法明门论、百法论、略陈名数论。天亲菩萨造，唐代玄奘译。收于《大正藏》第三十一册。系摘自《瑜伽师地论·本地分》中之百法名数，为法相宗所依据重要论书之一。

[81] 拥毳（cuì）：本书前有"拥毳玄徒"，指穿着毛衣的高徒，此处亦泛指出家人。毳，指毛皮或毛织品所制衣服。

[82] 三坐大道场，朝夕演旨。时诸方丛林，咸遵风化：旧校本标点有误，"时"不能放在"朝夕演旨"末尾。

[83] 异域：外地，外国。

[84] 玄沙：指玄沙师备禅师。

[85] 李建勋：五代时南唐大臣。字致尧。陇西（今属甘肃）人。好学能诗文。李昪镇金陵，用为副使，参与谋划李昪称帝之事。后拜中书侍郎、同平章事。中主李璟时拜司空、司徒。赐号钟山公。有诗文集。

【概要】

文益禅师（885～958年），五代禅僧。法眼宗之开祖。俗姓鲁，余杭人。年七岁，依新定智通院全伟落发，弱冠于越州开元寺受具足戒。后入明州鄮山育王寺，跟随希觉学律典。不久，南游至福州，参长庆。继而与同伴一起云游，在前往湖湘途中遇暴雨，乃寓于城西地藏院，谒见桂琛。因受桂琛启发而大有省悟，并随侍多年。

其后，游方至临川，州牧请住于崇寿院。开堂之日，四方云集而来之求法僧，不下千数。南唐主李氏慕其道风，乃迎至金陵，住报恩禅院，赐号"净慧禅师"。未几迁至清凉院，力扬玄沙之禅风，诸方丛林咸仰其风。高丽、日本等国渡海来学者，相望于途。后周显德五年闰七月五日示寂，享年七十四，谥"大法眼禅师"，葬于江宁县丹阳乡，塔名"无相"。后又追谥为"大智藏大导师"。

嗣法弟子六十三人，以德韶、慧炬、文遂等十四人最胜。著作有偈颂、真赞等数万言，代表作有《宗门十规论》《大法眼文益禅师语录》各一卷。

【参考文献】

《隆兴佛教编年通论》卷二十八；《宋高僧传》卷十三；《景德传灯录》卷二十四；《禅林僧宝传》卷四。

第二节　青原下九世

清凉益禅师法嗣

天台德韶国师

天台山德韶国师，处州龙泉陈氏子也。母叶氏，梦白光触体，因而有娠。及诞，尤多奇异。年十五，有梵僧勉令出家。十七，依本州龙归寺受业[1]；十八，纳戒于信州开元寺。

后唐同光中游方，首诣投子，见同禅师。次谒龙牙，乃问："雄雄之尊[2]，为甚么近之不得？"牙曰："如火与火。"师曰："忽遇水来又作么生？"牙曰："去！汝不会我语。"师又问："天不盖，地不载。此理如何？"牙曰："道者，合如是。"师经十七次问，牙只如此答，师竟不谕旨。再请垂海，牙曰："道者，汝已后自会去。"

师后于通玄峰澡浴次，忽省前话，遂具威仪，焚香遥望龙牙礼拜曰："当时若向我说，今日决定骂也。"

又问疏山："百匝千重，是何人境界？"山曰："左搓芒绳[3]缚鬼子。"师曰："不落古今，请师说。"曰："不说。"师曰："为甚么不说？"曰："个中[4]不辨有无。"师曰："师今善说。"山骇之。

如是历参五十四员善知识，皆法缘未契，最后至临川谒法眼，眼一见深器之。师以遍涉丛林，亦倦于参问，但随众而已。

一日，法眼上堂，僧问：“如何是曹源一滴水[5]？”眼曰：“是曹源一滴水。”僧惘然而退。师于坐侧，豁然开悟。平生凝滞，涣若冰释。遂以所悟闻于法眼。眼曰：“汝向后当为国王所师，致祖道光大[6]，吾不如也。”自是诸方异唱，古今玄键[7]，与之决择，不留微迹。

寻回本道[8]，游天台山，睹智者顗[9]禅师遗踪，有若旧居[10]。师复与智者同姓，时谓之后身也。

初，止白沙。时忠懿王为王子时刺台州[11]，向师之名，延请问道。师谓曰：“他日为霸主，无忘佛恩。”汉乾祐元年戊申，王嗣国位，遣使迎之，伸弟子之礼。

有传天台智者教义寂者（即螺溪[12]也），屡言于师曰：“智者之教，年祀浸远[13]，虑多散落。今新罗国其本甚备，自非和尚慈力，其孰能致之乎？”师于是闻于王，王遣使及赍[14]师之书往彼国缮写，备足而回，迄今盛行于世矣。

住后，上堂：“古圣方便犹如河沙，祖师道‘非风幡动，仁者心动’，斯乃无上心印法门。我辈是祖师门下客，合作么生会祖师意？莫道风幡不动，汝心妄动；莫道不拨风幡，就风幡通取；莫道风幡动处是甚么？有云附物明心，不须认物；有云色即是空；有云非风幡动。应须妙会。如是解会，与祖师意旨有何交涉？既不许如是会，诸上座便合知悉。若于这里彻底悟去，何法门而不明？百千诸佛方便，一时洞了，更有甚么疑情？所以，古人道，一了千明，一迷万惑。上座岂是今日会得一则，明日又不会也[15]。莫是有一分向上事难会，有一分下劣凡夫不会？如此见解，设经尘劫，只自劳神乏思，无有是处[16]。”

僧问：“诸法寂灭相，不可以言宣。和尚如何为人师？”曰：“汝到诸方，更问一遍。”曰：“恁么则绝于言句去也。”师曰：“梦里惺惺[17]。”

问：“橹棹俱停，如何得到彼岸？”师曰：“庆汝平生。”

问：“如何是三种病人。”师曰：“恰问着。”

问：“如何是古佛心？”师曰：“此问不弱。”

问：“如何是六相[18]？”师曰：“即汝是。”

问："如何是方便？"师曰："此问甚当。"

问："亡僧迁化，向甚么处去也？"师曰："终不向汝道。"曰："为甚么不向某甲道？"师曰："恐汝不会。"

问："一华开五叶，结果自然成。如何是一华开五叶？"师曰："日出月明。"曰："如何是结果自然成？"师曰："天地皎然。"

问："如何是无忧佛[19]？"师曰："愁杀人。"

问："一切山河大地，从何而起？"师曰："此问从何而来？"

问："如何是数起底心[20]？"师曰："争讳得。"

问："如何是沙门眼？"师曰："黑如漆。"

问："绝消息时如何？"师曰："谢指示。"

问："如何是转物[21]即同如来？"师曰："汝唤甚么作物？"曰："恁么则同如来也。"师曰："莫作野干鸣[22]。"

问："那吒太子[23]析肉还母，析骨还父，然后于莲华上为父母说法。未审如何是太子身？"师曰："大家见上座问[24]！"曰："恁么则大千同一真性也。"师曰："依稀[25]似曲才堪听，又被风吹别调中。"

问："六根俱泯，为甚么理事不明？"师曰："何处不明？"曰："恁么则理事俱如也。"师曰："前言何在？"

上堂："大凡言句，应须绝渗漏[26]始得。"时有僧问："如何是绝渗漏底句？"师曰："汝口似鼻孔[27]。"

问："如何是不证一法？"师曰："待言语在。"曰："如何是证诸法？"师曰："醉作么！"乃曰："只如山僧恁么对他，诸上座作么生体会？莫是真实相为么？莫是正恁么时无一法可证么？莫是识伊来处么？莫是全体显露么？莫错会好！如此见解，唤作'依草附木[28]'，与佛法天地悬隔。假饶答话、拣辨[29]如悬河，只成得个颠倒知见。若只贵答话、拣辨，有甚么难？但恐无益于人，翻成赚误[30]。如上座从前所学拣辨、问答、记持，说道理极多，为甚么疑心不息？闻古圣方便，特地不会，只为多虚少实。上座不如从脚跟下一时觑破，看是甚么道理？有多少法门与上座作疑求解？始知从前所学底事，只是生死根源、阴界里活计。所以古人道，见闻不脱，如水里月。无事，珍重！"

师有偈曰："通玄峰[31]顶，不是人间。心外无法，满目青山。"法眼闻云："即此一偈，可起吾宗。"

师后于般若寺开堂说法十二会[32]。

上堂："毛吞巨海，海性无亏；纤芥投锋，锋利无动。见与不见，会与不会，唯我知焉。"乃有颂曰："暂下高峰已显扬，般若圆通遍十方。人天浩浩无差别，法界纵横处处彰。珍重！"

上堂，僧问："承古有言：'若人见般若，即被般若缚；若人不见般若，亦被般若缚。'既见般若，为甚么却被缚？"师曰："你道般若见甚么？"曰："不见般若，为甚么亦被缚？"师曰："你道般若甚么处不见？"乃曰："若见般若，不名般若；不见般若，亦不名般若。且作么生说见不见？所以，古人道：'若欠一法，不成法身；若剩一法，不成法身；若有一法，不成法身；若无一法，不成法身。'此是般若之真宗也。"

僧问："乍离凝峰[33]丈室，来坐般若道场。今日家风，请师一句。"师曰："亏汝甚么处！"曰："恁么则雷音震动乾坤界，人人无不尽沾恩。"师曰："幸然未会，且莫探头。"僧礼拜，师曰："探头即不中。诸上座相共证明，今法久住，国土安宁。珍重！"（以上为第一会[34]）

上堂，僧问："承教有言：'归源性无二，方便有多门[35]。'如何是归源性？"师曰："你问我答。"曰："如何是方便门？"师曰："你答我问。"曰："如何趣向？"师曰："颠倒作么？"

问："一身即无量身，无量身即一身。如何是无量身？"师曰："一身。"曰："恁么则昔日灵山，今日亲睹。"师曰："理当即行。"乃曰："三世诸佛，一时证明上座，上座且作么生会？若会时不迁，无丝毫可得移易。何以故？为过去、未来、见在[36]三际是上座，上座且非三际。泽霖大海，滴滴皆满。一尘空性，法界全收。珍重！"（以上为第二会）

上堂，僧问："四众云集，人天恭敬。目睹尊颜，愿宣般若。"师曰："分明记取[37]。"曰："师宣妙法，国王万岁，人民安乐。"师曰："谁向你道？"曰："法尔如然。"师曰："你却灵利！"

问："三世诸佛不知有，狸奴、白牯却知有[38]。既是三世诸佛，为甚么却不知有？"师曰："却是你知有。"曰："狸奴、白牯为甚么却知有？"师曰："你甚么处见三世诸佛。"

问："承教有言：'眼不见色尘，意不知诸法。'如何是眼不见色尘？"

师曰："却是耳见。"曰："如何是意不知诸法？"师曰："眼知。"曰："恁么则见闻路绝，声色喧然[39]。"师曰："谁向汝道？"乃曰："夫一切问答，如针锋相投，无纤毫参差。事无不通，理无不备。良由一切言语、一切三昧、横竖深浅，隐显去来，是诸佛实相门。只据如今一时验取。珍重！"（以上为第三会）

上堂："古者道：'如何是禅？三界绵绵，如何是道？十方浩浩。'因甚么道三界绵绵，何处是十方浩浩底道理？要会么？塞却眼，塞却耳，塞却舌、身、意，无空阙处，无转动处。上座作么生会？横亦不得，竖亦不得，纵亦不得，夺亦不得。无用心处，亦无施设处。若如是会得，始会法门绝拣择，一切言语绝渗漏。曾有僧问：'作么生是绝渗漏底语？'向他道：'口似鼻孔甚好。'上座如此会，自然不通风去。如识得，尽十方世界是金刚眼睛[40]。无事，珍重！"（以上为第四会）

上堂，僧问："天下太平，大王长寿。如何是王？"师曰："日晓月明。"曰："如何领会？"师曰："谁是学人？"乃曰："'天下太平，大王长寿，国土丰乐，无诸患难。'此是佛语，古不易今。不迁一言，可以定古定今。会取好，诸上座。"

又僧问："承古有言：'有物先天地，无形本寂寥。'如何是有物先天地？"师曰："非同非合。"曰："如何是无形本寂寥？"师曰："谁问先天地？"曰："恁么则境静林间独自游去也。"师曰："乱道作么！"乃曰："佛法不是这个道理，要会么？言发非声，色前不物，始会天下太平，大王长寿。久立，珍重！"（以上为第五会）

上堂："佛法现成，一切具足。岂不见道：'圆同太虚，无欠无余。'[41]若如是也，且谁欠谁剩，谁是谁非，谁是会者，谁是不会者？所以道：'东去亦是上座，西去亦是上座，南去亦是上座，北去亦是上座。'因甚么得成东西南北？若会得，自然见闻觉知[42]路绝，一切诸法现前。何故如此？为法身无相，触目皆形；般若无知，对缘而照。一时彻底会取好！诸上座，出家儿合作么生？此是本有之理，未为分外。识心达本源，故名为沙门。若识心皎皎地，实无丝毫障碍。上座久立，珍重！"（以上为第六会）

上堂，僧问："欲入无为海，先乘般若船。如何是般若船？"师曰：

"常无所住。"曰："如何是无为海？"师曰："且会般若船。"

问："古德道：'登天不借梯，遍地无行路。'如何是登天不借梯？"师曰："不遗丝发地。"曰："如何是遍地无行路？"师曰："适来向你道甚么？"乃曰："百千三昧门，百千神通门，百千妙用门，尽不出得般若海中。何以故？为于无住本建立诸法。所以道：'生灭去来，邪正动静，千变万化，是诸佛大定门。'无过于此[43]。诸上座！大家究取，增于佛法寿命，珍重！"（以上为第七会）

上堂，僧问："世尊以正法眼付嘱摩诃迦叶，只如迦叶在毕钵罗窟，未审付嘱何人？"师曰："教我向谁说？"曰："恁么则灵山付嘱，不异今日。"师曰："你甚么处见灵山？"

问："法眼宝印，和尚亲传。未审今日当付何人？"师曰："冬冬鼓，一头打，两头鸣。"曰："恁么则千圣同侪[44]，古今不异。"师曰："禅河浪静，寻水迷源。"

僧清遇问："帝王请命，师赴王恩[45]，般若会中，请师举唱。"师曰："分明记取。"曰："恁么则云台[46]宝网[47]，同演妙音。"师曰："清遇何在！"曰："法王法如是。"师曰："阿谁证明？"乃曰："灵山付嘱分明，诸上座一时验取。若验得，更无别理，只是如今[48]。譬如太虚，月明云暗，山河大地，一切有为世界，悉皆明现。乃至无为，亦复如是。世尊付嘱，迄至于今，并无丝毫差别，更付阿谁？所以，祖师道：'心自本来心，本心非有法。有法有本心，非心非本法。'此是灵山付嘱榜样。诸上座！彻底会取好！莫虚度时光。国王恩难报，诸佛恩难报，父母师长恩难报，十方施主恩难报。况建置如是次第，佛法兴隆，若非国王恩力，焉得如此？若要报恩，应须明彻道眼，入般若性海[49]始得。久立，珍重！"（以上为第八会）

上堂，僧问："古德道：'人空法亦空，二相本来同。'"师曰："山河大地。"曰："学人不会，乞师方便。"师曰："甚么处不是方便？"

问："名假法假，人空法空。向去诸缘，请师直指[50]。"师曰："谢此一问。"曰："不睹王居壮，焉知天子尊。"师曰："贪观天上月，失却手中桡[51]。"

问："教中道，心清净故法界清净。如何是清净心？"师曰："迦陵频伽^[52]，共命之鸟^[53]。"曰："与法界是一是二?"师曰："你自问别人^[54]。"乃曰："大道廓然，讵^[55]齐今古。无名无相，是法是修。良由法界无边，心亦无际。无事不彰，无言不显。如是会得，唤作般若现前，理同真际^[56]。一切山河大地、森罗万象、墙壁瓦砾，并无丝毫可得亏阙。无事久立，珍重!"（以上为第九会）

上堂，僧问："承师有言：'九天擎玉印，七佛兆前心。'如何是印?"师曰："不露文。"曰："如何是心?"师曰："你名安嗣。"乃曰："法界性海，如函如盖，如钩如锁，如金与金，位位皆齐，无纤毫参差，不相混滥。非一非异，非同非别。若归实地去，法法皆到底。不是上来问个如何若何便是，不问时便非。在长连床^[57]上坐时是有，不坐时是无。只如诸方老宿，言教在世，如恒河沙。如来一大藏经，卷卷皆说佛理，句句尽言佛心，因甚么得不会去? 若一向织络^[58]言教，意识解会，饶上座经尘沙劫，亦不能得彻。此唤作颠倒知见，识心^[59]话计，并无得力处。此盖为脚跟下不明。若究尽诸佛法源、河沙大藏，一时现前，不欠丝毫，不剩丝毫。诸佛时常出世，时常说法度人，未曾间歇。乃至猿啼鸟叫、草木丛林，常助上座发机，未有一时不为上座。有如是奇特处，可惜许! 诸上座! 大家究取，令法久住世间，增益人天寿命，国王安乐。无事，珍重!"（以上为第十会）

上堂，举："古者道：'吾有一言，天上人间^[60]。若人不会，绿水青山。'且作么生是一言底道理? 古人语须是晓达始得。若是将言而名，于言未有个会处。良由究尽^[61]诸法根蒂，始会一言。不是一言半句思量解会，唤作一言。若会言语道断，心行处灭，始到古人境界。亦不是闭目藏睛，暗中无所见，唤作言语道断。且莫赚会^[62]，佛法不是这个道理。要会么! 假饶经尘沙劫说，亦未曾有半句到。诸上座! 经尘沙劫不说，亦未曾欠少半句，应须彻底会去始得。若如是斟酌名言，空劳心力，并无用处。与诸上座共相证明，后学初心，速须究取。久立，珍重!"（以上为第十一会）

上堂，僧问："髑髅常干世界，鼻孔摩触家风。如何是髑髅常干世界?"师曰："更待答话在。"曰："如何是鼻孔摩触家风?"师曰："时复举一遍。"

问："一人执炬自烬[63]其身，一人抱冰横尸于路。此二人阿谁辨道[64]？"师曰："不遗者。"曰："不会，乞师指示。"师曰："你名敬新。"曰："未审还有人证明也无？"师曰："有。"曰："甚么人证明？"师曰："敬新。"

问："牛头未见四祖时如何？"师曰："异境灵踪，睹者皆羡。"曰："见后如何？"归曰："适来向你道甚么？"

问："古者道：'敲打虚空鸣䫏䫏[65]，石人、木人齐应诺。六月降雪落纷纷，此是如来大圆觉[66]。'如何是敲打虚空底？"师曰："昆仑奴[67]，著铁裤，打一棒，行一步。"曰："恁么则石人、木人齐应诺也。"师曰："你还闻么？"乃曰："诸佛法门，时常如是。譬如大海，千波万浪，未尝暂住，未尝暂有，未尝暂无，浩浩地光明自在。宗三世于毛端，圆古今于一念。应须彻底明达始得。不是问一则语，记一转话，巧作道理，风云水月，四六八对，便当佛法。莫自赚[68]！诸上座！究竟无益。若彻底会去，实无可隐藏。无刹不彰，无尘不现。直下凡夫，位齐诸佛，不用纤毫气力。一时会取好！无事，珍重！"（以上为第十二会）

师因兴教明和尚问曰："饮光[69]持释迦丈六之衣，在鸡足山候弥勒下生，将丈六之衣披在千尺之身，应量恰好。只如释迦身长丈六，弥勒身长千尺，为复是身解短邪？衣解长邪？"师曰："汝却会。"明拂袖便出去。师曰："小儿子，山僧若答汝不是，当有因果。汝若不是，吾当见之。"明归七日，吐血。浮光和尚劝曰："汝速去忏悔。"明乃至师方丈，悲泣曰："愿和尚慈悲，许某忏悔。"师曰："如人倒地，因地而起。不曾教汝起倒。"明又曰："若许忏悔，某当终身给侍。"师为出语曰："佛佛道齐，宛尔高低。释迦弥勒，如印印泥。"

开宝四年辛未，华顶[70]西峰忽摧，声震一山。师曰："吾非久矣。"明年六月，大星殒于峰顶，林木变白。师乃示疾于莲华峰，参问如常。二十八日，集众言别，跏趺而逝。

【注释】

[1] 受业：非儒生从师学习，此处指随师父剃度学佛。受业师即得度受教之师，也叫亲教师。出世师指教会自己领悟佛法大道（即成佛）之师。

[2] 雄雄之尊：大雄佛陀。雄雄：指佛高不可攀的样子，所以佛陀又名"大

雄"。因佛具有大智力，能降伏魔障，故称大雄。寺庙中心主殿叫"大雄宝殿"。《〈景德传灯录〉译注》译为"威严雄伟的尊宿"，不符合原意。"雄雄之尊，为甚么近之不得"不是"威严雄伟的尊宿，为什么不能接近"，而是"人人都有释迦牟尼那样的佛性，为什么我们却近不了"。

[3] 左搓芒绳：左手搓成粗麻绳。搓：两个手掌相对或一个手掌放在别的东西上擦。芒绳：粗麻绳。

[4] 个中：此中，其中。常指真如法界。

[5] 曹源一滴水：喻指禅法。曹源：指曹溪，因禅宗六祖慧能住于此开创南宗禅法而被称作曹源。《法演语录》卷上："曹源一滴弥满人间，衲僧一吸鼻孔辽天。"

[6] 汝向后当为国王所师，致祖道光大：旧校本标点有误，"致"不能在上句的末尾。

[7] 玄键：微妙不可思议的禅悟境界有一把钥匙锁住了它的大门。键：钥匙或门闩。

[8] 本道：本地道府。道：古代行政区划名。

[9] 顗（yǐ）：人名。指智顗，即智者大师。他在天台山创立天台宗，世称天台大师。

[10] 有若旧居：禅师参观智者大师遗迹时，好像是自己过去住过的地方一样。

[11] 时忠懿王为王子时刺台州：当时忠懿王为吴越国王子时，被任命为台州刺史。旧校本标点有误，"时"指忠懿王为王子的时候，不宜标点断开。忠懿王（929～988年），即钱俶，又名钱弘俶，谥忠懿王。

[12] 螺溪：人名。宋螺溪，传教定慧院净光法师义寂，天台荆溪尊者六世之法嗣也。《佛祖统纪》八有传。

[13] 年祀（sì）浸远：年岁渐远。年祀：年岁。浸远：《景德传灯录》作"寖（jìn）远"，意义相同，都是"渐远"的意思。

[14] 赍（jī）：携带。

[15] 上座岂是今日会得一则，明日又不会也：旧校本标点有误，"则"不能移到后一句。

[16] 无有是处：没有对的地方。

[17] 惺惺：清醒，聪明。

[18] 六相：指《华严经》《十地经》所说万有事物所具足之六种相：总相、别相、同相、异相、成相、坏相。总、别二相系于相对关系之立场，表示平等、差别之二门。同、异二相乃是辨别平等、差别之二种意义。成、坏二相乃以同、异二

相而辨总、别二相之结果，此称为平等差别之二门。

[19] 无忧佛：指无忧最胜吉祥如来。出自《药师七佛本愿功德经》中所说七佛之一：善名称吉祥王如来、宝月智严光音自在王如来、金色宝光妙行成就如来、无忧最胜吉祥如来、法海雷音如来、法海胜慧游戏神通如来、药师琉璃光如来七佛。此七佛住于东方去此四恒河沙乃至十恒河沙世界，尝于因位各各发愿拔济众生的苦恼。

[20] 数起底心：不断生起妄念的心。

[21] 转物：经云：若能转物，即同如来。古德云：转得山河归自己，转得自己归山河。又云：老僧转得十二时，汝诸人被十二时转。又云：拈一茎草作丈六金身，拈丈六金身作一茎草也。皆转物之义。又依教义，罗汉得六通时，地水火风空，皆能转变自由。菩萨神通，过于罗汉。见山河大地皆如幻影，芥纳须弥，毛吞巨海，亦寻常事也。（参见丁福保《佛学大辞典》）

[22] 野干鸣：《佛光大辞典》解释"野干鸣"："野干，梵语。音译悉伽罗。狐之一种。'狮子吼'之对称。即比喻修行未臻成熟而妄说真理。"野干，兽名。《一切经音义》卷二七："梵云悉伽罗，此言野干。色青黄，如狗群行，夜鸣声如狼。"常与狮子对称，衬托宗师说法、大机大用的威力。

[23] 那吒太子：参见本书第二章"那吒太子"注释。

[24] 大家见上座问：旧校本标点有误，将"上座问"移出引号，作为下文叙述语"上座问曰"。

[25] 依稀：隐约；不清晰。南朝宋代谢灵运《行田登海口盘屿山》："依稀采菱歌，彷佛含嚬容。"

[26] 渗漏：喻文字、语言上的破绽。《朱子语类》卷六八："《易》言'元者，善之长'，说最亲切，无渗漏。"

[27] 口似鼻孔：比喻只会出气，不会谈禅。

[28] 依草附木：本指人死后生缘未定之际，精灵无法独立自存而"依草附木"；又指神鬼能依附在草木等物体上显灵作怪，谓之"依草附木"。禅家使用此语，多喻指不能领悟禅义，只是一味地模仿他人语句，作为自己的见解。《明觉语录》卷一："若伫思停机，卒摸索不著。若言问在答处，答在问宗，个个依草附木。问不在答处，答不在问宗，罕见顶上有眼。诸人还荐得也无？"亦作"依草附叶"。

[29] 拣辨：对机语作判别评议。

[30] 赚误：耽误，贻误，欺骗。杜安世《凤栖梧》："更被闲愁相赚误，梦断高唐，回首桃源路。一饷沉吟无意绪。分明往事今何处。"

[31] 通玄峰：本为天台山山峰名，此隐喻韶国师的根脉与境界，因为相传韶

国师为天台智者大师的化身。通玄：通晓玄妙之理。唐代戴叔伦《晖上人独坐亭》："性空长入定，心悟自通玄。"

　　[32] 师后于般若寺开堂说法十二会：旧校本标点有误，"十二会上堂"不通，"上堂"属于下文。

　　[33] 凝峰：与上文"通玄峰"都是天台山九峰之一，即天台山西南峰。西南峰，即紫凝峰。明万历进士王士性在《入天台山志》云："行至紫凝山，瀑布悬流一千丈，陆羽评为天下十七水，又行数里至紫凝峰，为天台九峰之一。"清代张联《天台山全志》载："天台山茶有三品，紫凝为上，魏岭次之，小溪又次之。"又曰："陆羽品泉的西南峰名曰瀑布山，一名紫凝山，在天台县西四十里，有瀑布垂流千丈，与国清、福圣二瀑为三。"

　　[34] 以上为第一会：宝祐本无此提示，依《景德传灯录》增加。

　　[35] 归源性无二，方便有多门：出自《楞严经》："归元性无二，方便有多门。圣性无不通，顺逆皆方便；初心入三昧，迟速不同伦。"

　　[36] 见在：现在。

　　[37] 分明记取：用心记住。记取：指记住，记得。取：助词，可表示完成，获得结果。

　　[38] 三世诸佛不知有，狸（lí）奴、白牯（gǔ）却知有：三世诸佛不知道，猫与白牛却知道。狸奴，猫的别称。白牯，白牛。知有，知，知道，"有"为助词。参见本书第四章"湖南长沙景岑招贤禅师"注释。此公案重点在告诫学人，参禅应祛除情识知解，应如狸奴、白牯一样"唯思水草，别无所求"。这与南泉普愿"平常心是道"的说法旨趣相近。

　　[39] 喧然：热闹的样子。

　　[40] 如识得，尽十方世界是金刚眼睛：旧校本标点有误，"如识得"指前面的事，必须加逗号。

　　[41] 岂不见道："圆同太虚，无欠无余。"：旧校本标点有误，未明白这是一句引用语。

　　[42] 见闻觉知：泛指"六识"（眼、耳、鼻、舌、身、意）对世界万物产生的感觉认识，佛教认为这些感觉认识都是虚幻不实的。）眼识之用为见，耳识之用为闻，鼻舌身三识之用为觉，意识之用为知，又云识。

　　[43] 所以道："生灭去来，邪正动静，千变万化，是诸佛大定门。"无过于此：旧校本标点有误，"无过于此"是对所引用的话的评论，不能放入引用话内。

　　[44] 俦（chóu）：同辈，伴侣。

　　[45] 帝王请命，师赴王恩：旧校本标点有误，这不是一句话，两句话中间要

有逗号。

［46］云台：高耸入云的台阁，此指皇宫中的高台。

［47］宝网：珍宝结成的罗网。帝释宫之罗网，称为帝网，亦称因陀罗网。此指皇宫。

［48］若验得，更无别理，只是如今：旧校本标点有误，这是一句话，用句号，"只是如今"不能放入后面一句。

［49］性海：指本性（或实性）之海，以此比喻真如之理性深广如海。又称果海。乃如来法身之境。

［50］请师直指：旧校本作"诸师直指"有误。参见冯国栋《〈五灯会元〉校点疏失类举》。

［51］桡（ráo）：桨，楫。

［52］迦陵频伽：产于印度的鸟，属于雀类。是一种以音声美妙著称的鸟类。音译又作歌罗频伽、羯逻频迦、羯罗频伽、羯罗频迦、迦罗频伽、迦陵毗伽、羯陵频伽，略作迦陵频、迦娄宾、迦陵、羯毗、迦毗、频迦。意译好声鸟、美音鸟、妙声鸟。由于以音声美妙闻名，因此佛教经典中，常以此鸟之鸣声比喻佛音之胜妙。汉译《阿弥陀经》谓极乐净土有此鸟。

［53］共命之鸟：又作命命鸟，生生鸟。梵曰"耆婆耆婆"。两首一身，果报同，心识别也。

［54］你自问别人：《景德传灯录》作"你自问？别人问？"

［55］讵（jù）：岂，怎。

［56］真际：即真如实际之略称。断绝相对差别之相，呈现平等一如的真如法性之理体。《仁王护国般若波罗蜜多经》卷上观如来品："以诸法性即真实故，无来无去，无生无灭，同真际等法性，无二无别。"

［57］长连床：寺院僧堂中的大床，供僧徒们坐禅休息之用。《禅门规式》曰："僧堂设长连床，施椸架，挂搭道具。"

［58］织络：亦作"织路"。谓奔走往来，犹如穿梭织布。此处指编织文字语言不能出来。

［59］识心：执着于教说言句的诠解，对虚幻事理妄作区别，是一种受到批评的修行理念。《宗镜录》卷一："当此亲证圆明之际，入斯一法平等之时，又有何法是教而可离，何法是祖而可重？何法是顿而可取，何法是渐而可非？则知皆是识心横生分别。"

［60］吾有一言，天上人间：旧校本标点有误，这是四言一句并且押韵的句子。冯博士引用原文时有错，作"我有一言"，应是"吾有一言"。参见冯国栋《〈五灯

会元〉校点疏失类举》。

[61] 究尽：全部了解。《汉书·董仲舒传》："今陛下幸加惠，留听于承学之臣，复下明册，以切其意。而究尽圣德，非愚臣之所能具也。"

[62] 赚会：误会。

[63] 烬（jìn）：物体燃烧后剩下的东西。此处指人自焚。

[64] 辨道：辨别大道。

[65] 觳觳：打击坚硬物的声音。

[66] 圆觉：圆满的觉性。具足众德叫作圆，照破无明叫作觉。此圆觉，就是人人本具的真心。

[67] 昆仑奴：又作"昆仑子"，指昆仑国（南海诸国）之黑人，唐朝时期黑人奴仆和黑人艺人很多，当时流传的一句行话，叫作"昆仑奴，新罗婢"。又，对来自印度、西域人之蔑称为"昆仑奴"。如东晋道安法师，因其肤色黝黑，而得绰号"昆仑子"。

[68] 自赚：自欺。

[69] 饮光：既释迦牟尼佛大弟子迦叶。

[70] 华顶：天台山的主峰。亦称拜经台，相传智者大师曾在此面朝西天竺，拜读《楞严经》，故名。旧校本标点有误，"华顶"专有名词线没有"顶"字。

【概要】

天台德韶国师（891～972年），宋代禅僧。为法眼宗第二祖。处州龙泉（浙江龙泉）人，一说缙云（浙江缙云）人。俗姓陈。十五岁出家，十七岁投处州龙归寺受业，十八岁于信州开元寺受戒。尝遍访明师五十四人，后为临川法眼文益之法嗣。复游天台，访智者颙禅师遗踪，有若旧居。国师与智者同姓陈，时谓之智者大师后身。访智者大师遗迹后，止住白沙寺。后受吴越王钱弘俶迎至杭州，尊为国师。时天台山之螺溪义寂慨叹天台教籍之散佚，闻高丽存有天台教籍，与国师共议之，国师乃乞钱弘俶遣使带回。后迁天台般若寺，并兴建道场数十所。晚年归天台山，于宋太祖开宝五年寂于国清寺。世寿八十二。江浙之人咸尊称师为"大和尚"。弟子有永明延寿、长寿朋彦、大宁可弘、五云志逢、报恩法端、奉先清昱、兴教洪寿、灵隐处先、报恩德谦等百余人。著有《传灯录》。

国师历参五十四位善知识，皆法缘未契，最后至临川（今属江西）谒清凉文益禅师，见僧问："如何是曹源一滴水？"文益曰："是曹源一滴水。"德韶豁然开悟，平生凝滞，涣若冰释，遂嗣其法，为法眼宗传人。

"曹源一滴水"是中国禅宗史上著名的公案，说的是天台德韶因法眼文益之机锋而悟道，并得到法眼印证的故事。所谓"曹源一滴水"喻指禅法。曹源，指曹溪，因禅宗六祖慧能住于此开创南宗禅法而被称作曹源。

国师后有偈云："吾有一言，天上人间。若人不会，绿水青山。"后世多有拈说。

南怀瑾先生曾有评论说："现在我们六个识，这六识的这个意识，你不要认为这个意识状态就是佛经讲的'心'，心不是指这个。所以，为什么看佛经，有时候这个心是讲本体的代名词。就是我们心，身体以内，同意识、同外界的万物，综合起来那个现象、那个功能，那个叫作'心'。所以一切唯心，是这个心，'心外无法'是这个心。譬如禅宗的韶国师的有四句名言，韶国师，五代末年到宋朝初年的，在浙江天台山，永明寿禅师同他有因缘有关系，也跟他学过的，他就有四句名言：'通玄峰顶，不是人间，白云万里，满目青山。'有人问他这四句话是什么意思，他说：'心外无法。'那么，看起来他的心跟物两个分开的，心、法两样，他最后加一句注解：心外无法。那么，这四句名言，在一个出家人住山的，修道到达这个境界，那是够伟大，够美丽的。'通玄峰顶，不是人间，白云万里，满目青山。'这个境界。那么，实际上韶国师他所表达的是心物一元这个道理。"（《唯识与中观》之三十三）南怀瑾先生所引偈文稍有差别，但含义大同小异。

【参考文献】

《宋高僧传》卷十三；《禅林僧宝传》卷七；《联灯会要》卷二十七；《景德传灯录》卷二十五。

清凉泰钦禅师

金陵清凉泰钦法灯禅师，魏府人也。生而知道[1]，辩才无碍[2]。入法眼之室，海众归之，曰"敏匠"。初住洪州双林院。

开堂日，指法座曰："此山先代尊宿曾说法来，此座高广，不才[3]何升？古昔有言：'作礼须弥灯王如来[4]，乃可得坐。'且道须弥灯王如来今在何处？大众要见么？"一时礼拜，便升座，良久曰："大众只如此，也还有会处么？"

僧问："如何是双林境？"师曰："画也画不成。"曰："如何是境中人？"师曰："且去，境也未识且讨人[5]！"

又僧问："一佛出世，震动乾坤。和尚出世，震动何方？"师曰："甚么处见震动？"曰："争奈即今何！"师曰："今日有甚么事？"

有僧出礼拜，师曰："道者，前时谢汝请我，将甚么与汝好？"僧拟问次，师曰："将谓相悉，却成不委[6]。"

问："如何是西来密密意？"师曰："苦。"

问："一佛出世，普润群生。和尚出世，当为何人？"师曰："不徒然。"曰："恁么则大众有赖也。"师曰："何必！"乃曰："且住得也[7]！久立！尊官及诸大众，今日相请勤重，此个殊功，比喻何及？所以道：'未了之人听一言，只这如今谁动口[8]？'"便下座，立倚拄杖而告众曰："还会么？天龙寂听而雨华，莫作须菩提帧子画将去，且恁么信受奉行[9]？"

问："新到近离甚处[10]？"僧曰："庐山。"师拈起香合曰："庐山还有这个也无？"僧无对。师自代云："寻香来礼拜和尚。"

问："百骸[11]俱溃散，一物[12]镇长灵。未审百骸一物，相去多少！"师曰："百骸一物，一物百骸。"

次住上蓝护国院，僧问："十方俱击鼓，十处一时闻。如何是闻？"师曰："汝从那方来？"

问："善行菩萨道，不染诸法相。如何是菩萨道？"师曰："诸法相。"曰："如何得不染去？"师曰："染著甚么处？"

问："不久开选场[13]，还许学人选也无？"师曰："汝是点额[14]人。"又曰："汝是甚么科目？"

问："如何是演大法义？"师曰："我演何似汝演！"

次住金陵龙光院。上堂，维那白椎[15]云："法筵龙象众，当观第一义。"师曰："维那早是第二义，长老即今是第几义？"乃举衣袖曰："会么？大众！此是手舞足蹈，莫道五百生前曾为乐主来[16]。或有疑情，请垂见示。"时有僧问："如何是诸佛正宗？"师曰："汝是甚么宗？"曰："如何？"师曰："如何即不会。"

问："上蓝一曲师亲唱，今日龙光事若何？"师曰："汝甚么时到上蓝来？"曰："谛当[17]事如何？"师曰："不谛当即别处觅。"

问："如何是佛法大意？"师曰："且问小意，却来与汝大意。"

师后住清凉大道场。上堂，僧出礼拜次，师曰："这僧最先出，为大众答国主深恩。"僧便问："国主请命，祖席重开。学人上来，请师直指心源。"师曰："上来却下去。"

问："法眼一灯，分照天下。和尚一灯，分照何人？"师曰："法眼甚么处分照来？"师乃曰："某甲本欲居山藏拙，养病过时，奈缘先师有未了底公案，出来与他了却。"时有僧问："如何是先师未了底公案？"师便打。曰："祖祢[18]不了，殃及儿孙。"曰："过在甚么处？"师曰："过在我殃及你。"

江南国主为郑王时，受心法于法眼之室。暨法眼入灭，复尝问师曰："先师有甚么不了底公案？"师曰："见分析次。"异日，又问曰："承闻长老于先师有异闻底事。"师作起身势，国主曰："且坐。"师谓众曰："先师法席五百众，今只有十数人在诸方为导首。你道莫有错指人路底么？若错指，教他入水入火，落坑落堑。然古人又道：'我若向刀山，刀山自摧折。我若向镬汤，镬汤自消灭[19]。'且作么生商量？言语即熟，乃问着便生疏去[20]，何也？只为隔阔[21]多时。上座但会我甚么处去不得，有去不得者为眼等诸根、色等诸法。诸法且置，上座开眼[22]见甚么？所以道，不见一法即如来，方得名为观自在。珍重！"

师开宝七年六月示疾，告众曰："老僧卧疾，强牵拖与汝相见。如今随处道场，宛然化城，且道作么生是化城？不见古导师云：'宝所非遥，须且前进[23]。'及至城所，又道：'我所化作。'今汝诸人试说个道理看。是如来禅？祖师禅？还定得么？汝等虽是晚生，须知侥倖[24]我国主，凡所胜地建一道场，所须不阙。只要汝开口，如今不知阿那个是汝口，争答效他四恩[25]三有[26]？欲得会么？但识口，必无咎，纵有咎，因汝有。我今火风相逼[27]，去住是常道[28]。老僧住持，将逾一纪[29]，每承国主助发。至于檀越、十方道侣、主事、小师，皆赤心为我[30]，默而难言。或披麻带布[31]，此即顺俗，我道违真。且道顺好违好？然但顺我道，即无颠倒。我之遗骸，必于南山大智藏和尚[32]左右乞一坟冢，升沈[33]皎然[34]，不沦化[35]也。努力，珍重！"二十四日安坐而终。

【注释】

[1] 知道：谓通晓天地之道，深明人世之理。此处指禅师通晓佛道。

[2] 辩才无碍：谓菩萨获大辩才，于大小乘种种诸法，随众生机，纵辩宣扬，悉使通达，皆无疑碍，是为辩才无碍。此处指禅师慧根深厚，一出生就能说会道。

［3］不才：对自己的谦称。

［4］须弥灯王如来：出自《维摩经》。维摩诘借师子座于须弥灯王佛，《维摩经·不思议品》曰："过东方三十六恒沙国有世界，名为须弥相，其佛号须弥灯王。彼佛身长八万四千由旬，其师子座高八万四千由旬，严饰第一。于是，长者维摩诘现神通力，即时彼佛遣三万二千师子座，高广严净。使来入维摩诘室。"

［5］境也未识且讨人：境界都找不到，怎么去找人？讨：寻找。

［6］不委：不知。"委"与"悉"都是知道的意思。

［7］且住得也：暂且停止问话吧！这是针对前面僧人问话而来的，因为他问不到点子上，也回答不到点子上，禅师打住他继续说下去。《〈景德传灯录〉译注》译为"姑且住下吧"，不符合原意。

［8］未了之人听一言，只这如今谁动口：出自《志公和尚十二时歌》："鸡鸣丑，一颗圆光明已久。内外追寻觅总无，境上施为浑大有。不见头，也无手，世界坏时渠不朽。未了之人听一言，只这如今谁动口。"（《卍新纂大日本续藏经》第66册《禅门诸祖师偈颂》）因此，此处要加引号。旧校本与《〈景德传灯录〉译注》均未加引号。

［9］天龙寂听而雨华，莫作须菩提帧子画将去，且怎么信受奉行：天龙静听，洒落宝花而作供养，如果不作须菩提画像拿去，你们用什么信受奉行？须菩提，佛陀大弟子，《金刚经》中与佛问答，善解空义。禅师警示听众画须菩提，比喻空的境界非语言所能诠释。帧子，指画幅。信受奉行，谓信受如来所说之法而奉行之，多于佛经文末用之。泰钦禅师没说法，却说天龙静听而且还落花，还要听众画下须菩提回去供养，是禅宗离文字、言语的开示。问不到点子上，说得天花乱坠，也没有任何作用。所谓画须菩提回去信受奉行，也只是告诉听众，真正的修行是当下一念有没有空，是不是还妄念纷纷？这是反问句。旧校本与《〈景德传灯录〉译注》都没有问号，使其意义完全相反，不符合原意。旧校本还把"天龙寂听而雨华"与"莫作"连成一句话，亦失误。

［10］新到近离甚处：刚到的人最近从哪里离开。

［11］百骸：指人的各种骨骼或全身。《庄子·齐物论》："百骸、九窍、六藏，赅而存焉，吾谁与为亲？"成玄英疏："百骸，百骨节也。"唐代白居易《何处堪避暑》："从心至百骸，无一不自由。"

［12］一物：佛性，自性。

［13］选场：又作"选佛""选佛场"。《禅宗大词典》："指丛林，禅家法会。"《佛光大辞典》："原指选出可成佛成祖之师，后引申为坐禅修行之意。"丁福保《佛学大辞典》："释氏开堂设戒之地，曰选佛场。"

[14] 点额：以笔点头额，吉祥之兆。事本《北齐书·文宣帝纪》："既为王，梦人以笔点已额。旦以告馆客王昙哲曰：'吾其退乎？'昙哲再拜贺曰：'王上加点，便成主字，乃当进也。'"此处禅师预测僧人会在选佛场金榜题名。但也许是反语。

[15] 白椎（zhuī）：亦作"白槌"。办佛事时由长老持白杖以宣示始终。

[16] 此是手舞足蹈，莫道五百生前曾为乐主来：如此手舞足蹈，难道说是五百世前曾经做过礼乐总指挥。依《景德传灯录》作"山呼舞蹈"，则是皇家音乐舞蹈。山呼，旧时代对皇帝的祝颂仪式，叩头高呼"万岁"三次。

[17] 谛当：指确当、恰当、精当、妥帖。本书出现多次，均是此意。《〈景德传灯录〉译注》注释为"承当"，没有依据。《汉语大词典》："确当；恰当。《景德传灯录·清让禅师》："僧问：'大通智胜佛十劫坐道场，佛法不现前，不得成佛道时如何？'师曰：'其问甚谛当。'"《禅宗大词典》："精当，妥帖。本书第十三章"云居道膺"条：'一种学，大须子细研究，直须谛当，的的无差。'"谛当事，指与禅门有关"谛当"典故，如本书第三章"南岳西园兰若昙藏禅师"章："俱胝一指头禅，盖为承当处不谛当。"再如本书第四章"福州灵云志勤禅师"条："谛当甚谛当，敢保老兄未彻在。"《〈景德传灯录〉译注》译为"承当的事"，一错再错。

[18] 祖祢（nǐ）：先祖和先父。亦泛指祖先。

[19] 我若向刀山，刀山自摧折。我若向镬汤，镬汤自消灭：出自《千手千眼观世音菩萨广大圆满无碍大悲心陀罗尼经》："我若向刀山，刀山自摧折。我若向火汤，火汤自消灭。我若向地狱，地狱自枯竭。我若向饿鬼，饿鬼自饱满。我若向修罗，恶心自调伏。我若向畜生，自得大智慧。"

[20] 言语即熟，乃问着便生疏去：这些言语（指上面大悲咒经文）已经滚瓜烂熟了，可一问起来却很生疏。意思是平时早晚功课虽然念得滚瓜烂熟，可仔细检查每一天落实了多少呢？问起来它的真正含义我们理解了吗？

[21] 隔阔：别离，阻隔，阔别。

[22] 开眼：不要解释得那么复杂（如《〈景德传灯录〉译注》），这里就是张开眼睛、睁眼的意思。禅师问上座，你一睁眼看到的是什么，形形色色让你迷惑的世界也，若睁眼不见色，才能悟自性。故禅师说："不见一法（一切事物）即如来，方得名为观自在。"

[23] 宝所非遥，须且前进：出自《妙法莲华经》："尔时导师，知此人众既得止息，无复疲倦，即灭化城，语众人言：'汝等去来，宝处在近。向者大城，我所化作，为止息耳。'"宝所，为"化城"之对称。谓珍宝之所在，比喻究竟之涅槃。化城，比喻小乘之涅槃，在近而非实；宝所，即比喻大乘之涅槃，指真正证悟安住

之场所。（详见《法华经·化城喻品》）

[24] 儌（jiǎo）忝（tiǎn）：谦辞。谓儌幸愧居其列。

[25] 四恩：指父母恩（家庭）、众生恩（社会）、国土恩（国家）、三宝恩（宗教）。

[26] 三有：指三界众生。三有指欲有、色有、无色有，义同三界，即欲界、色界、无色界。

[27] 火风相逼：四大不调，临近死亡。佛教认为，世上万物（包括人体）均由地、水、火、风四种基本原素（略称"四大"）组成，以此说明人身无常、不实、受苦。《临济语录》："光阴可惜，念念无常。粗则被地水火风、细则被生住异灭四相所逼。"

[28] 去住是常道：有生必有死，这是千古不变的规律。去：指死亡。住：指住世。

[29] 一纪：岁星（木星）绕地球一周约需十二年，故古称十二年为一纪。

[30] 至于檀越、十方道侣、主事、小师，皆赤心为我：檀越、十方道侣、主事（指寺院主行事务者）、小师（指弟子，系相对于师父而言）等都是不同的对象，中间需要加顿号，旧校本标点有误。

[31] 披麻带布：俗家办理丧事的穿着。

[32] 大智藏和尚：文益禅师的谥号。

[33] 升沈：生死。

[34] 皎然：分明。

[35] 沦化：变化。

【概要】

清凉泰钦禅师（？ ~974 年），五代南唐时禅宗僧人，世称法灯禅师。魏府（河北大名）人。入法眼文益门下参禅，为法眼宗传人。初住洪州（江西）双林院，迁上蓝护国院。又应南唐后主李煜之请，住持金陵（今江苏南京）清凉大道场。辩才无碍，海内禅众归之，皆曰敏匠。署号"法灯禅师"。传法于云居道齐。太祖开宝七年示寂，寿不详，谥号"法灯禅师"。世人多称师金陵法灯、清凉泰钦。今存《古镜歌》三首、《拟寒山诗》十首。

【参考文献】

《景德传灯录》卷二十五；《联灯会要》卷二十七。

灵隐清耸禅师

杭州灵隐清耸禅师，福州人也。

初参法眼，眼指雨谓师曰：“滴滴落在上座眼里。”师初不喻旨，后因阅《华严》感悟，承眼印可。回止明州四明山卓庵，节度使钱亿[1]执事师之礼，忠懿王命于临安两处开法。后居灵隐上寺，署“了悟禅师”。

上堂曰：“十方诸佛常在汝前，还见么？若言见，将心见，将眼见？所以道，一切法不生，一切法不灭。若能如是解，诸佛常现前。”又曰：“见色便见心，且唤甚么作心？山河大地、万象森罗、青黄赤白、男女等相，是心不是心？若是心，为甚么却成物象去？若不是心，又道见色便见心。还会么？只为迷此而成颠倒，种种不同，于无同异中强生同异。且如今直下承当，顿豁本心，皎然[2]无一物可作见闻。若离心别求解脱者，古人唤作迷波讨源[3]，卒难晓悟。”

僧问：“根尘俱泯，为甚么事理不明？”师曰：“事理且从，唤甚么作俱泯底根尘？”

问：“如何是观音第一义？”师曰：“错。”

问：“无明实性即佛性，如何是佛性？”师曰：“唤甚么作无明？”

问：“如何是和尚家风？”师曰：“亘古亘今。”

问：“不问不答时如何？”师曰：“寐语[4]作么？”

问：“牛头未见四祖时如何？”师曰：“青山绿水。”曰：“见后如何？”师曰：“绿水青山。”

师问僧：“汝会佛法么？”曰：“不会。”师曰：“汝端的不会！”曰：“是。”师曰：“且去，待别时来。”其僧珍重[5]，师曰：“不是这个道理。”

问：“如何是摩诃般若[6]。”师曰：“雪落茫茫。”僧无语。师曰：“会么？”曰：“不会。”师示偈曰：“摩诃般若，非取非舍。若人不会，风寒雪下。”

【注释】

[1] 钱亿：即钱弘亿（929～967年），字延世，小字和尚，临安（今浙江省杭州市）人。吴越国国王钱元瓘第十子。忠懿王钱俶立，乾祐元年（948年），以弘

亿为丞相，坐事出为明州（今浙江宁波）刺史。宋建隆初，迁奉国军节度使、检校太保。其天资俊拔，善属文。谏忠献王弘佐铸铁钱。

[2] 皎然：分明。

[3] 迷波讨源：迷失自心本源，企图另外寻找本源。是错误的参禅方法。讨：寻找。

[4] 寐语：梦话，说梦话，胡说。宋代梅尧臣《和元之述梦见寄诗》："始知端正心，寐语尚不诳。"

[5] 其僧珍重：那僧人道别。珍重有两个含义，一是道别语，有时相当于"保重"。二是道别，告辞，作动词用。此处属于第二个含义。

[6] 摩诃般若：译为大智慧，即佛照了诸法实相的智慧。

【概要】

灵隐清耸，五代禅僧。俗姓蔡。福州福清（今属福建）人。初参清凉文益禅师，文益指雨曰："滴滴落在上座眼里。"清耸初不喻旨，后阅《华严经》感悟，承文益印可，嗣其法，为法眼宗传人。回止明州（治今浙江宁波）四明山草庵，节度使钱亿执事之礼，吴越忠懿王命于杭州两处开法。有僧问："牛头未见四祖时如何？"答曰："青山绿水"。后居灵隐寺，署"了悟禅师"。

【参考文献】

《景德传灯录》卷二十五。

归宗义柔禅师

庐山归宗义柔禅师，开堂升座，维那白槌[1]曰："法筵龙象众，当观第一义。"师曰："若是第一义，且作么生观？恁么道，落在甚么处。为复是观，为复不许人观？先德上座，共相证明。后学初心，莫唤作返问语、倒靠语，有疑请问。"

僧问："诸佛出世，说法度人，感天动地。和尚出世，有何祥瑞？"师曰："人天大众前寐语作么？"

问："优昙华[2]折人皆睹，达本无心事若何？"师曰："谩语。"曰："恁么则南能[3]别有深深旨，不是心心[4]人不知。"师曰："事须饱丛林[5]。"

问："昔日余峰[6]，今日归宗，未审是一是二？"师曰："谢汝证明。"

问："法眼一箭，直射归宗。归宗一箭，当射何人？"师曰："莫谤我法眼。"

问："此日知军[7]亲证，法师于何处答深恩？"师曰："教我道甚么即得。"乃曰："一问一答，也无了期，佛法也不是恁么道理。大众！此日之事，故非本心，实谓只个住山宁有意，向来成佛亦无心[8]。盖缘是知军请命，寺众诚心，既到这里，且说个甚么即得？还相悉么？若信不及，古人便道：'相逢欲相唤，脉脉不能语[9]。'作么生会？若会，堪报不报之恩，足助无为之化。若也不会，莫道长老开堂只举古人语。此之盛事，天高海深，况喻不及，更不敢赞祝皇风[10]，回向清列[11]。何以故？古人道：'吾祷久矣[12]！'岂况当今圣明者哉？珍重！"

僧问："如何是空王庙？"师曰："莫少神。"曰："如何是庙中人？"师曰："适来不谩道[13]。"

问："灵龟未兆时如何？"师曰："是吉是凶？"

问："未达其源，乞师方便。"师曰："达也。"曰："达后如何？"师曰："终不恁么问。"

问僧："看甚么经？"曰："《宝积经》。"师曰："既是沙门，为甚么看《宝积经》？"僧无语。师代云："古今用无极。"

【注释】

[1] 白椎（zhuī）：亦作"白槌"。办佛事时由长老持白杖以宣示始终。

[2] 优昙华：又名优昙钵华，译为灵瑞，或瑞应，是多年生草，茎高四五尺，花作红黄色，产于喜马拉雅山麓及锡兰等处，二千年开花一次，开时仅一现，故人们对于难见而易灭的事，称为昙花一现。

[3] 南能：指六祖慧能，他出生岭南新州（今广东省新兴县），后又在此地区长期传播禅法，故称。

[4] 心心：指心心相印。禅法传承不依靠语言文字，而是直指人心，师生之间以心印心。昔时，佛陀于灵山会上，手拈一花，于八万大众之中，唯有摩诃迦叶一人独会其意，乃破颜微笑。此一"拈花微笑"之故事乃成为师徒之间两相契合之典型代表；于禅宗，历代祖师之相传亦多强调超越语言文字之教外别传，此种师徒相契、以心传心之情形，称为传心印、心印，后亦称心心相印。然今所用"心心相

印"一语，仅系套用佛家"心印"二字，讹转其意为男女情意相投、心灵彼此感通。《〈景德传灯录〉译注》注释有误。

［5］饱丛林：谓禅人精于道法且僧龄较长、经历丰富。

［6］余峰：宝祐本作"金峰"，依《景德传灯录》等其他版本改。余峰，庐山诸峰之一。

［7］知军：宋代官名。军的长官，一般由中央派员，全称"权知军州事"（意谓暂时主持地方军队和民政事务）。知军实际是宋朝时以朝臣身份任知州，并掌管当地军队。

［8］实谓只个住山宁有意，向来成佛亦无心：旧校本标点有误，使文义完全违背原意，均纠正。

［9］相逢欲相唤，脉脉不能语：出自寒山诗作："昨日何悠悠，场中可怜许。上为桃李径，下作兰荪渚。复有绮罗人，舍中翠毛羽。相逢欲相唤，脉脉不能语。"（《大藏经补编》第14册《合订天台三圣二和诗集》）

［10］皇风：皇帝的教化。汉代班固《东都赋》："觐明堂，临辟雍；扬缉熙，宣皇风。"

［11］清列：高贵的官位。《宋书·殷琰传》："贤兄长史，阶升清列。"

［12］吾祷久矣：出自《论语·述而》："子疾病，子路请祷。子曰：'有诸?'子路对曰："有之，诔曰：'祷尔于上下神祇。'子曰：'丘之祷久矣!'"

［13］谩道：休说，别说。

【概要】

义柔禅师，宋代禅僧，师事清凉文益禅师，嗣其法，为法眼宗传人。居庐山归宗寺。一日，有僧看《宝积经》，义柔曰："既是沙门，为什么看《宝积经》?"僧无语，义柔曰："古今用无极。"

【参考文献】

《景德传灯录》卷二十六。

百丈道恒禅师

洪州百丈道恒禅师，参法眼，因请益："外道问佛[1]，不问有言，不问无言。"叙语未终，眼曰："住! 住! 汝拟向世尊良久处会那。"师从此悟入。

住后，上堂："乘此宝乘[2]，直至道场。每日劳诸上座访及，无可祗延[3]。时寒，不用久立，却请回车。珍重！"

僧问："如何是学人行脚事？"师曰："拗折拄杖得也未？"

问："古人有言：'释迦与我同参[4]。'未审参见何人？"师曰："唯有同参方知。"曰："未审此人如何亲近？"师曰："恁么则你不解参也。"

问："如何是祖师西来意？"师曰："往往问不着。"

问："还乡曲子作么生唱？"师曰："设使唱，落汝后。"

问："如何是百丈境？"师曰："何似云居？"问："如何是百丈为人一句？"师曰："若到诸方，总须问过。"乃曰："实是无事，诸人各各是佛，更有何疑得到这里？古人道：'十方同聚会，个个学无为。此是选佛场，心空及第归[5]。'且作么生是心空？不是那里闭目冷坐是心空，此正是意识想解。上座要会心空么？但且识心，便见心空。所以道：'过去已过去，未来更莫算。兀然无事坐，何曾有人唤[6]？'设有人唤，上座应他好，不应他好？若应他，阿谁唤上座？若不应他，又不患聋也。三世体空，且不是木头也。所以古人道：'心空得见法王。'还见法王么？也只是老病僧。又莫道，渠自伐好[7]？珍重。"

问："如何是佛？"师曰："汝有多少事不问。"

僧举："人问玄沙：'三乘十二分教即不问，如何是祖师西来意？'沙曰：'三乘十二分教不要。'某甲不会，请师为说。"师曰："汝实不会？"曰："实不会。"师示偈曰："不要三乘要祖宗，三乘不要与君同。君今欲会通宗旨，后夜猿啼在乱峰。"

上堂："诸上座适来从僧堂里出来，脚未跨门限便回去，已是重说偈言了也。更来这里，不可重重下切脚也。古人云：'参他不如自参。'所以道：'森罗万象，是善财之宗师；业感尘劳，乃普贤之境界。'若恁么参，得与善财同参。若不肯与么参，却归堂向火，参取胜热婆罗门[8]。珍重！"

上堂，众才集，便曰："吃茶去。"或时众集，便曰："珍重。"或时众集，便曰："歇。"后有颂曰："百丈有三诀：吃茶、珍重、歇。直下便承当，敢保君未彻。"师终于本山。

【注释】

[1] 因请益：“外道问佛：旧校本标点有误，“外道问佛”是引号以内的，不属于叙述语言。

[2] 宝乘：譬喻。又云宝车，大白牛车，以譬《法华经》所说一乘之法。《法华经·譬喻品》曰：“乘此宝乘，直至道场。”

[3] 祇延：恭敬地接待。祇，敬。延，迎接。

[4] 释迦与我同参：出自唐末五代禅僧玄沙师（835～908年）开示：“如今相绍继尽道承释迦，我道释迦与我同参，汝道参阿谁？会么？”（《大正新修大藏经》第49册《佛祖历代通载》）

[5] 十方同聚会，个个学无为。此是选佛场，心空及第归：查阅资料，此话最早出自庞居士（？～808年），唐代著名在家禅者。参见本书第三章“襄州居士庞蕴”注释。

[6] 过去已过去，未来更莫算。兀然无事坐，何曾有人唤：出自唐代禅僧南岳懒瓒（明瓒）和尚《乐道歌》：“兀然无事无改换，无事何须论一段。真心无散乱，他事不须断。过去已过去，未来更莫算。兀然无事坐，何曾有人唤？向外觅功夫，总是痴顽汉。”（《祖堂集》卷三）

[7] 渠自伐好：他自夸吗？渠：方言“他”。自伐，自夸。好：助词，表述反问语气。

[8] 胜热婆罗门：出自善财童子五十三参第九参：“善财承教，至伊沙那（译为长直）聚落，参胜热婆罗门。见彼胜热，修诸苦行，求一切智；四面火聚，犹如大山，中有刀山，高峻无极，登彼山上，投身入火。语善财言：‘汝今若能上此刀山，投身火聚，诸菩萨行，悉得清净。’”

【概要】

百丈道恒禅师（？～991年），宋代法眼宗僧。又称道常。出家于洪州（江西）百丈山，礼照明剃度。复参谒清凉文益而悟入，并嗣其法。后住持百丈山大智院，为第十一世，接化学人，大振宗风。于淳化二年入寂，世寿不详。

【参考文献】

《景德传灯录》卷二十五；《联灯会要》卷二十七。

永明道潜禅师

杭州永明寺道潜禅师，河中府武氏子。

初谒法眼，眼问曰："子于参请外，看甚么经？"师曰："《华严经》。"眼曰："总别、同异、成坏六相，是何门摄属？"师曰："文在《十地品》中。据理则世出世间一切法，皆具六相也。"眼曰："空还具六相也无？"师懵然无对。眼曰："汝问我，我向汝道。"师乃问："空还具六相也无？"眼曰："空。"师于是开悟，踊跃礼谢。眼曰："子作么生会？"师曰："空。"眼然之。

异日，因四众[1]士女[2]入院，眼问师曰："律中道，隔壁闻钗钏声[3]，即名破戒。见睹金银合杂[4]、朱紫骈阗[5]，是破戒不是破戒？"师曰："好个入路。"眼曰："子向后有五百毳徒[6]，为王侯所重在。"

师寻礼辞，驻锡于衢州古寺，阅《大藏经》。忠懿王命入府受[7]菩萨戒[8]，署"慈化定慧禅师"，建大伽蓝，号"慧日永明"，请居之。师欲请塔下罗汉铜像，过新寺供养。王曰："善矣！予昨夜梦十六尊者[9]，乞随禅师入寺，何昭应之若是？"仍于师号加"应真"二字。师坐永明，常五百众。

上堂："佛法显然[10]，因甚么却不会？诸上座欲会佛法，但问取张三李四[11]。欲会世法，则参取古佛丛林[12]。无事，久立！"

僧问："如何是永明的的意？"师曰："今日十五，明朝十六。"曰："觅师的的意。"师曰："何处觅？"

问："如何是永明家风？"师曰："早被上座答了也。"

问："三种病人如何接？"师曰："汝是聋人。"曰："请师方便。"师曰："是方便。"

问："牛头未见四祖时，为甚么百鸟衔华？"师曰："见东见西。"曰："见后为甚么不衔华？"师曰："见南见北。"曰："昔日作么生？"师曰："且会今日。"

问："达磨西来传个甚么？"师曰："传个册子。"曰："恁么则心外有法去也。"师曰："心内无法。"

问："如何是第二月？"师曰："月。"

问："如何是觌面事？"师曰："背后是甚么？"

问："文殊仗剑[13]，拟杀何人？"师曰："止！止！"曰："如何是剑？"师曰："眼是。"

问："诸余即不问，向上宗乘亦且置，请师不答。"师曰："好个师僧子[14]。"曰："恁么则礼拜去也。"师曰："不要三拜，尽汝一生去。"

众参次，师指香炉曰："汝诸人还见么？若见，一时礼拜，各自归堂。"

僧问："至道无言，借言显道。如何是显道之言？"师曰："切忌拣择。"曰："如何是不拣择？"师曰："元帅大王，太保令公[15]。"

问："如何是慧日祥光？"师曰："此去报慈不远。"曰："恁么则亲蒙照烛。"师曰："且喜没交涉。"

【注释】

[1] 四众：僧俗四众，即比丘、比丘尼、优婆塞（男居士）、优婆夷（女居士）。

[2] 士女：青年男女，又作"仕女"，旧称贵族妇女。

[3] 隔壁闻钗钏声：听到隔壁女人佩戴饰物走动的声音。钗钏：钗簪与臂镯，泛指妇人的饰物。

[4] 合杂：混杂，交错。

[5] 朱紫骈阗：穿着红色、紫色等各种衣服的女人都聚集过来。朱紫：红色与紫色。骈阗：同"骈田"，聚会，连属，形容多。

[6] 毳（cuì）徒：僧徒。毳：指毛皮或毛织品所制衣服。

[7] 受：同"授"，即授戒。就能授而言，称为授戒；就所授而言，则称受戒。受戒得戒体，称为得戒。授五戒、十戒、菩萨戒、具足戒等仪式，称为戒仪。

[8] 菩萨戒：修大乘菩萨道者所应受持之戒律。近世以来，我国佛教界所传的三坛大戒中，第三坛所授者即为菩萨戒。这是僧俗皆可受的戒律，所用戒本为《梵网经菩萨戒本》。菩萨戒之内容为三聚净戒，即摄律仪戒、摄善法戒、饶益有情戒等三项，亦即聚集了持律仪、修善法、度众生三大门之一切佛法，作为禁戒以持守之。说菩萨戒之大乘典籍甚多，可综合为梵网与瑜伽二类律典。梵网戒本受戒之作法出于《梵网经·律藏品》，其戒相为十重禁戒、四十八轻戒。不论出家、在家，皆可受持。瑜伽戒本出于《瑜伽师地论》卷四十、卷四十一，以三聚净戒、四种他胜处法为基准。虽亦道俗通摄，然必先受小乘七众戒而久已成就无犯者，方能受

持。古代以瑜伽戒为主，今则盛行梵网戒。

[9] 十六尊者：指永住世间护持正法的十六位大阿罗汉。据经典所载，十六罗汉受佛付嘱，不入涅槃，常住世间，受世人供养而为众生作福田。他们是宾度啰跋啰惰阇尊者（旧称宾头卢颇罗堕誓）、迦诺迦伐蹉尊者、迦诺迦跋厘惰阇尊者、苏频陀尊者、诺距罗尊者、跋陀罗尊者、迦理迦尊者、伐阇罗弗多罗尊者、戍博迦尊者、半托迦尊者、啰怙罗尊者（旧称罗云）、那伽犀那尊者、因揭陀尊者、伐那婆斯尊者、阿氏多尊者、注茶半托迦尊者。

[10] 显然：明白易晓。

[11] 张三李四：俗家人士。指佛法不离开众生，要想领会佛法，就要与众生打成一片。

[12] 古佛丛林：古代高僧大德。

[13] 文殊仗剑：佛教典故，亦是公案。出自《大宝积经·神通证说品》："尔时世尊为欲除彼五百菩萨分别心故，即以威神觉悟文殊师利。文殊师利承佛神力从座而起，整理衣服偏袒右髀，手执利剑直趣世尊。欲行逆害时，佛遽告文殊师利言："汝住汝住。不应造逆，勿得害我。我必被害，为善被害。何以故？文殊师利！从本已来无我无人无有丈夫，但是内心见有我人。内心起时，彼已害我，即名为害。"（《大宝积经》卷一百五）《〈景德传灯录〉译注》未明典故，注释有误。

[14] 师僧子：对僧人之敬称。

[15] 太保令公：指高官显贵。太保：古三公之一，位次太傅。令公：对中书令的尊称。中唐以后，节度使多加中书令，使用渐滥。

【概要】

道潜（？~961年），五代法眼宗僧。河中府（山西）人，俗姓武。幼年出家，参谒法眼文益，参究多年，遂开悟，受印可。后离法眼座下，遍访诸方，止住衢州古寺阅藏。时受五代忠懿王钱氏之命，入府中授王菩萨戒，赐号"慈化定慧禅师"，王又建慧日永明寺，延师住持，加赐"应真"，僧众不下五百。建隆二年示寂，世寿不详。

此外，历史上还有一位道潜禅师，宋代云门宗僧。号参寥子。大觉怀琏之法嗣。生前哲宗赐"妙总禅师"之号。著有《参寥子诗集》十二卷。

【参考文献】

《景德传灯录》卷二十五；《联灯会要》卷二十七。

报恩慧明禅师

杭州报恩慧明禅师，姓蒋氏。幼岁出家，三学[1]精练。志探玄旨，乃南游于闽、越间，历诸禅会，莫契本心。后至临川谒法眼，师资道合。寻回鄞水[2]大梅山庵居。

吴越部内，禅学者虽盛，而以玄沙正宗置之阃外[3]，师欲整而导之。

一日，有新到参，师问："近离甚处？"曰："都城。"师曰："上座离都城到此山，则都城少上座，此间剩上座。剩则心外有法，少则心法不周。说得道理即住，不会即去。"僧无对。

僧问："如何是大梅主？"师曰："阇黎今日离甚么处？"僧无对。

师寻迁天台山白沙卓庵[4]，有朋彦上座，博学强记，来访师，敌论[5]宗乘。师曰："言多去道转远。今有事借问，只如从上诸圣及诸先德，还有不悟者也无？"彦曰："若是诸圣先德，岂有不悟者哉！"师曰："一人发真归源，十方虚空悉皆消殒。今天台山巍然，如何得消殒去！"彦不知所措。自是，他宗泛学来者皆服膺矣。

汉乾祐中，忠懿王延入府中问法，命住资崇院。师盛谈玄沙及地藏法眼宗旨臻极[6]，王因命翠岩令参等诸禅匠及城下名公定其胜负。

天龙禅师问曰："一切诸佛及诸佛法，皆从此经出，未审此经从何而出？"师曰："道甚么！"天龙拟进语，师曰："过也。"

资严长老问："如何是现前三昧？"师曰："还闻么？"严曰："某甲不患聋。"师曰："果然患聋。"

师复举《雪峰塔铭》问诸老宿："夫从缘有者，始终而成坏；非从缘有者，历劫而长坚。坚之与坏即且置，雪峰即今在甚么处？"（法眼别云："只今是成是坏？"）宿无对。设有对者，亦不能当其征诘。

时群彦弭伏[7]，王大喜悦，署"圆通普照禅师"。

上堂："诸人还委悉么？莫道语默动静无非佛事好！且莫错会。"

僧问："如何是祖师西来意？"师曰："汝还见香台么？"曰："某甲未会，乞师指示。"师曰："香台也不识。"

问："离却目前机，如何是西来意？"师曰："汝何不问？"曰："恁么则委是去也。"师曰："也是虚施。"

问："如何是佛法大意？"师曰："我见灯明佛[8]，本光瑞如此。"

问："如何是学人自己？"师曰："特地伸问是甚么意[9]？"

问："如何是西来意？"师曰："十万八千真跋涉，直下西来不到东。"

问："如何是第二月？"师曰："捏目看花[10]花数朵，见精明树几枝枝。"

【注释】

[1] 三学：戒学、定学、慧学。

[2] 鄞（yín）水：即甬江。在今浙江东部。上源奉化江和姚江，流至今浙江宁波市城区汇合后始称甬江，东北流经鄞县、宁波市镇海区、北仑区而注入东海。

[2] 阃（kǔn）外：家庭之外。阃：门槛。阃内：指家庭、内室。

[3] 卓庵：建庵，建庙。卓：建立。

[4] 敌论：辩论。

[5] 臻极：到达极点，到达极高境界。臻，到，到达。

[6] 群彦：众英才。汉代蔡邕《答元式》："济济群彦，如云如龙。"

[7] 弭伏：驯伏，顺服。唐代元稹《和李校书新题乐府》之五："吾闻黄帝鼓清角，弭伏熊罴舞玄鹤。"弭，顺从。

[8] 灯明佛：即日月灯明佛。此佛光明，在天如日，在地如灯，故名。过去世有二万日月灯明佛同名相继出世而说《法华经》。见《法华经》序品。

[9] 特地伸问是甚么意：旧校本标点有误，使禅师回答的话分裂，将"问"作为叙述语言，然后将"是甚么意"视为另一个提问。

[10] 捏目看花：挤捏眼睛而产生幻视，似乎有花出现，比喻制造幻象，自欺欺人。

【概要】

慧明禅师，又作惠明禅师。五代禅僧。俗姓蒋。钱塘（今浙江杭州）人。幼年出家，初习经教，长而慕禅，历访闽、越诸尊宿。至临川（今属江西）谒清凉文益禅师，深符正理，遂嗣其法，为法眼宗传人。出居鄞县（今浙江省宁波市鄞州区）大梅山。时禅学虽盛，多不符古德遗范，慧明整而导之。又迁居天台白沙，立草庵，有雪峰、长庆之风，说法飨众，他宗泛学来者皆崩角摧锋，服膺其说。吴越忠懿王闻其道风，请入府中与之论道，深得玄旨，两度命师驻锡资崇院、杭州报恩院。与杭州诸禅师辩诘，皆折服。署"圆通普照禅师"。后周世宗显德年间

（954—959 年）示寂，世寿七十余。

【参考文献】

《宋高僧传》卷二十三；《景德传灯录》卷二十五。

报慈行言道师

金陵报慈行言玄觉导师，泉州人也。

上堂：“凡行脚人参善知识，到一丛林，放下瓶钵，可谓行菩萨道能事毕矣，何用更来这里举论真如涅槃[1]？此是非时之说[2]。然古人有言，譬如披沙识宝，沙砾若除，真金自现，便唤作常住世间具足僧宝[3]。亦如一味之雨、一般之地，生长万物，大小不同，甘辛有异。不可道，地与雨有大小之名也。所以道，方即现方，圆即现圆。何以故？法尔无偏正，随相应现，唤作对现色身。还见么？若不见也，莫闲坐地。”

僧问：“如何是祖师西来意？”师曰：“此问不当。”

问：“坐却[4]是非，如何合得本来人？”师曰：“汝作么生坐？”

师闻鸠子叫，问僧：“甚么声？”曰：“鸠子声。”师曰：“欲得不招无间业[5]，莫谤如来正法轮。”

江南国主建报慈院，命师大阐宗猷[6]，海会二千余众，别署“导师”之号。

上堂：“此日英贤共会，海众同臻，谅惟佛法之趣无不备矣。若是英鉴之者，不须待言也。然言之本无，何以默矣！是以森罗万象，诸佛洪源。显明则海印[7]光澄，冥昧则情迷自惑。苟非通心上士、逸格高人，则何以于诸尘中发扬妙极，卷舒物象，纵夺森罗，示生非生，应灭非灭[8]？生灭洞已，乃曰“真常”。言假则影散千途，论真则一空绝迹。岂可以有无生灭而计之者哉！”

僧问：“国王再请，特荐先朝，和尚今日如何举唱？”师曰：“汝不是问再唱人？”曰：“恁么则天上人间，无过此也。”师曰：“没交涉。”

问：“远远投师，请垂一接。”师曰：“却依旧处去。”

【注释】

[1] 可谓行菩萨道能事毕矣，何用更来这里举论真如涅槃：可以说行菩萨道的

本事就算结束了，何必再来这里辩论什么真如涅槃？能事：擅长的本领。旧校本标点有误，两句中间不是句号，并且最后是问号。正因为标点错误，致使有些书译注亦出错。

［2］非时之说：不按常规说话，指胡言乱语。非时：原意为不适当的时机。

［3］便唤作常住世间具足僧宝：就叫作常住世间的具足僧宝。具足，指圆满而没有缺陷。僧宝，佛法僧三宝之一。旧校本标点有误。"便唤作常住世间"是修饰"具足僧宝"的定语，不能当成两句话。正因为标点错误，致使有些书译注亦出错。

［4］坐却：截断，截除。

［5］无间业：指犯五逆罪者所作之业，导致受无间地狱苦果。盖犯五逆罪者，临命终之际，必定堕入地狱而无间隔，故称无间业。又地狱称为无间，以五逆罪业能招受无间地狱之果报，故称无间业，此乃"从果"立名。又，《地藏菩萨本愿经》卷上"观众生业缘品"以五义解释无间：无时间歇绝、身形遍满无间、苦楚无间断、众生悉同受之、万死万生无间断。

［6］宗猷：禅法。

［7］海印：佛所得之三昧名，又作海印三昧。如于大海中印象一切之事物，湛然于佛之智海印现一切之法也。《祖庭事苑》卷七："海印者，真如本觉也。妄尽心澄，万象齐现。犹如大海，因风起浪，若风止息，海水澄清，无象不现。"《大集经》十五曰："譬如阎浮提一切众生身及余外色，如是等色，海中皆有印像。以是故，为大海印。"《宝积经》二十五曰："如大海，一切众流悉入其中，一切诸法入法印中，亦复如是，故名海印。"

［8］<u>苟非通心上士、逸格高人，则何以于诸尘中发扬妙极，卷舒物象，纵夺森罗，示生非生，应灭非灭</u>：如果不是明心见性的上等人士，有超逸格调的高人，又怎么能在充满五欲的尘世中开发微妙不可思议的最高境界，卷舒万物之象，泯灭眼前的一切事物，在世间示现有生死，而实际上没有生死。通心，内心通达，明悟道法。诸尘，指色、声、香、味、触五尘。卷舒，卷起与展开。森罗，指森罗万象，谓宇宙间存在之各种现象森然罗列于前。旧校本标点有误。"卷舒物象"之后不是句号，因为此句与后面的"纵夺森罗，示生非生，应灭非灭"都是对"上士""高人"所达到境界的描述。整个句子是假设复句，并且是反问语气，所以最后是问号。

【概要】

行言禅师，五代禅僧。谒清凉文益禅师开悟，嗣其法，为法眼宗传人。南唐主于金陵（今江苏南京）建报慈院，命行言住持，开堂说法，大阐禅道，署号"玄觉导师"。

【参考文献】

《十国春秋》卷三十三。

崇寿契稠禅师

抚州崇寿院契稠禅师，泉州人也。

上堂，僧问："四众谛观第一义，如何是第一义？"师曰："何劳更问！"乃曰："大众欲知佛性义，当观时节因缘。作么生是时节因缘？上座如今便散去，且道有也未？若无，因甚么便散去？若有，作么生是第一义？上座，第一义现成，何劳更观？恁么显明，得佛性常照，一切法常住。若见有法常住，犹未是法之真源。作么生是法之真源？上座不见古人道：'一人发真归源，十方虚空悉皆消殒[1]。'还有一法为意解么？古人有如是大事因缘[2]，依而行之即是，何劳长老多说！众中有未知者，便请相示。"

僧问："法眼之灯，亲然汝水[3]。今日王侯请命，如何是法眼之灯？"师曰："更请一问。"

问："古人见不齐处，请师方便。"师曰："古人见甚么处不齐？"

问："如何是佛？"师曰："如何是佛？"曰："如何领解？"师曰："领解即不是。"

问："的的[4]西来意，师当第几人？"师曰："年年八月半中秋。"

问："如何是和尚为人一句？"师曰："观音举，上蓝举。"

【注释】

[1] 一人发真归源，十方虚空悉皆消殒：出自《大佛顶如来密因修证了义诸菩萨万行首楞严经》（简称楞严经》）卷九："当知虚空生汝心内，犹如片云点太清里，况诸世界在虚空耶？汝等一人发真归元，此十方空皆悉销殒，云何空中所有国土而不振裂？"

[2] 大事因缘：即"一大事之因缘"。言佛出现于世而说法者，为因一大事之因缘。云何为一大事？总言之，则转迷开悟也。别论之，则《法华》为佛知见，《涅槃》为佛性，乃至《无量寿经》为往生极乐等。

[3] 亲然汝水：在汝水亲自点燃。然：同"燃"。汝水：古称旴水。又名武阳水、建昌江、临川江。即今江西临川市东之抚河。源出江西广昌县南驿前镇，北流经临川市，到王家洲分为两支：一从南昌入赣江，一从八字脑入鄱阳湖。后抚河堵口，主流改道，经青岚湖入鄱阳湖。

[4] 的（dí）的（dí）：的确，实在，真实，确实。

【概要】

崇寿契稠，五代禅僧。泉州（今属福建）人。参清凉文益禅师得悟，嗣其法，为法眼宗传人。居抚州（今属江西）崇寿院。有僧问："如何是和尚为人一句？"答曰："观音举，上蓝举。"淳化三年（992年），传法资国圆进而寂。

【参考文献】

《景德传灯录》卷二十五。

报恩法安禅师

金陵报恩院法安慧济禅师，太和人也。

初住曹山，上堂："'知幻即离，不作方便；离幻即觉，亦无渐次[1]。'诸上座且作么生会？不作方便，又无渐次，古人意在甚处？若会得，诸佛常现前；若未会，莫向《圆觉经》里讨。夫佛法亘古亘今，未尝不现前。诸上座！一切时中，咸承此威光，须具大信根，荷担得起始得。不见佛赞猛利[2]底人堪为器用？亦不赏他向善、久修净业者，要似他广额凶屠[3]，抛下操刀[4]，便证阿罗汉果。直须恁么始得。所以，长者道：'如将梵位，直授凡庸[5]。'"

僧问："大众既临于法会，请师不吝句中玄。"师曰："谩得大众么！"曰："恁么则全因此问也。"师曰："不用得。"

问："古人有言：'一切法以不生为宗[6]。'如何是不生宗？"师曰："好个问处。"

问："佛法中请师方便。"师曰："方便了也。"

问："如何是古佛心？"师曰："何待问？"

江南国主请居报恩，署号，摄众[7]。上堂，谓众曰："此日奉命令住持当院，为众演法。适来见维那白槌了，多少好！令教当观第一义，且作么生是第一义？若这里参得，多少省要？如今别更说个甚么即得？然承恩旨，不可杜默[8]去也。夫禅宗示要，法尔常规，圆明显露，亘古亘今。至于达磨西来，也只与诸人证明，亦无法可得与人。只道直下是，便教立地构[9]取。古人虽则道'立地构取'，如今坐地还构得也无？有疑请问。"

僧问："三德[10]奥枢[11]从佛演，一音玄路请师明。"师曰："汝道有也未？"

问："如何是报恩境？"师曰："大家见汝问。"

开宝中，示灭于本院。

【注释】

[1] 知幻即离，不作方便；离幻即觉，亦无渐次：出自《大方广圆觉修多罗了义经》（简称《圆觉经》）："善男子！知幻即离，不作方便；离幻即觉，亦无渐次。一切菩萨及末世众生依此修行，如是乃能永离诸幻。"

[2] 猛利：佛家称信仰坚定不移、修行勤奋、勇猛精进为"猛利"。

[3] 广额凶屠：出自《大般涅槃经》卷十七："大王！波罗㮈国有屠儿，名曰'广额'，于日日中杀无量羊。见舍利弗即受八戒，经一日夜。以是因缘，命终得为北方天王毗沙门子。如来弟子尚有如是大功德果，况复佛也？"

[4] 抛下操刀：抛下所执的屠刀。

[5] 如将梵位，直授凡庸：如把梵天的高位，直接授给了凡夫庸人。梵天，色界之初禅天名。因此，天无欲界的淫欲，寂静清净，故名梵天。此天共有三天，即梵众天、梵辅天、大梵天，通常所说的梵天是指大梵天王，名叫尸弃，他深信正法，每逢有佛出世，必定前来请转法轮，此梵天与外道所说的梵天不同。

[6] 一切法以不生为宗：出自东晋高僧僧肇《宝藏论·广照空有品第一》："若有修有证者，非性本无为也。故经云，一切法以不生为宗。宗若不生即无无生，无生不生不可为证。""一切法以不生为宗"也只是僧肇对佛经含义的概括，很多般若经典都说到这个。

[7] 署号，摄众：给禅师署号，让禅师摄受徒众，主持报恩院。旧校本标点有误，中间没有标点，因此一些书就翻译为"赐法号曰摄众"，把"摄众"变成了禅师的法号，把两件事情理解为一件事情。摄众，谓能摄受一切众生，此处指报恩法安禅师领众收徒，弘扬佛法。因为此处标点错误，致使很多工具书介绍禅师生平时，以把"摄众"作为禅师名字之一。例如《禅宗大词典》："南唐主请居金陵

（治今江苏南京）报恩院，署号'摄众'。又署号'慧济禅师'。"

[8] 杜默：沉默。

[9] 构：《景德传灯录》等书作"覯"，而"覯"通"构"。构：明了，领悟。

[10] 三德：指佛有法身德、般若德、解脱德。又指智德、恩德、断德等。

[11] 奥枢：犹枢机、关键。

【概要】

报恩法安禅师，五代法眼宗禅僧。太和（今江西泰和）人。参清凉文益禅师得法，成为法眼宗传人。初居抚州（今江西临川）曹山崇寿院，禅侣四集，倾动一方。江南国主请居金陵（今江苏南京）报恩院。赐号"慧济禅师"。开宝（968～975 年）中寂于该院。法嗣为庐山栖贤道坚。

【参考文献】

《景德传灯录》卷二十五；《五灯严统》卷十。

庐州长安院延规禅师

僧问："如何是庵中主？"师曰："汝到诸方，但道从长安来。"

【概要】

庐州长安院延规禅师，五代禅僧。参清凉文益禅师得悟，嗣其法，为法眼宗传人。居庐州（今安徽合肥）长安院。后传法辨实而寂。

【参考文献】

《景德传灯录》卷二十五。

云居清锡禅师

南康军[1]云居山清锡禅师，泉州人也。

僧问："如何是云居境？"师曰："汝唤甚么作境？"曰："如何是境中人？"师曰："适来向汝道甚么！"

后住泉州西明院。有廖天使[2]入院，见供养法眼和尚真[3]，乃问曰："真前是甚么果子？"师曰："假果子。"天使曰："既是假果子，为甚么将供养真?"师曰："也只要天使识假。"

僧问："如何是佛?"师曰："容颜甚奇妙。"

【注释】

[1] 南康军：宋太宗太平兴国七年（982 年），置南康军，隶属江南东道，把江州的都昌、洪州的建昌（明析安义县）、江州的星子，统一管辖，以星子县（今江西省庐山市）为军治，隶江南路。宋真宗天禧四年（1020 年），江南路分东西两路，南康军属江南东路。

[2] 天使：天子的使者。

[3] 真：肖像。此指法眼和尚肖像。

【概要】

云居清锡禅师，宋代禅僧。泉州（今属福建）人。参清凉文益禅师得悟，嗣其法，为法眼宗传人。初主龙须山广平院，迁南康军（今江西永修）云居山，后住持泉州西明院。

【参考文献】

《景德传灯录》卷二十五。

正勤希奉禅师

常州正勤院希奉禅师，苏州谢氏子。

上堂："古圣道：'圆同太虚，无欠无余。'又道：'一一[1]法，一一宗；众多法，一法宗。'又道：'起唯法起，灭唯法灭[2]。'又道：'起时不言我起，灭时不言我灭[3]。'据此说话，屈滞久在丛林上座。若是初心兄弟，且须体道[4]。人身难得，正法难闻，莫同等闲。施主衣食，不易消遣。若不明道，个个尽须还他。上座要会道么? 珍重!"

僧问："如何是祖师西来意?"师曰："甚么处得这个消息?"

问："如何是诸法空相?"师曰："山河大地。"

问："僧众云集，请师举唱宗乘。"师曰："举来久矣。"

问："佛法付嘱国王大臣，今日正勤将何付嘱?"师曰："万岁!万岁!"

问："古人有言：'山河大地是汝真善知识。'如何得山河大地为善知识去？"师曰："汝唤甚么作山河大地？"

问："如何是合道之言？"师曰："汝问我答。"

问："灵山会上，迦叶亲闻，未审今日谁人得闻？"师曰："迦叶亲闻个甚么？"

问："古佛道场，学人如何得到？"师曰："汝今在甚么处？"

问："如何是和尚圆通[5]？"师敲禅床三下。

问："如何是脱却根尘？"师曰："莫妄想。"

问："人王法王，是一是二？"师曰："人王法王。"

问："如何是诸法寂灭相？"师曰："起唯法起，灭唯法灭。"

问："如何是未曾生底法？"师曰："汝争得知！"

问："无著见文殊[6]，为甚么不识？"师曰："汝道文殊还识无著么？"

问："得意谁家新曲妙，正勤一句[7]请师宣。"师曰："道甚么？"曰："岂无方便也？"师曰："汝不会我语。"

【注释】

[1] 一一：含有每一、逐一、各各、任一等意。《梵网经》开题："一一句句，一一字字，皆是诸尊法曼陀罗身。"《观无量寿经》："一一宝珠有八万四千光，一一光作八万四千异种金色，一一金色遍其宝土。"

[2] 起唯法起，灭唯法灭：出自《维摩诘所说经·文殊师利问疾品第五》："但以众法合成此身。起唯法起，灭唯法灭。又此法者各不相知，起时不言我起，灭时不言我灭。"

[3] 起时不言我起，灭时不言我灭：同上注。

[4] 若是初心兄弟，且须体道：如果是新发心学道的兄弟，还需要认真领会道理。旧校本标点有误，"兄弟"属于前句，不能标点为"兄弟且须体道"。

[5] 圆通：谓遍满一切，融通无碍，即指圣者妙智所证的实相之理。由智慧所悟之真如，其存在之本质圆满周遍，其作用自在，且周行于一切，故称为圆通。又，以智慧通达真如之道理或实践，亦可称圆通。

[6] 无著见文殊：唐杭州无著禅师，往五台山礼文殊菩萨，遇文殊化为老翁。参见本书第三章"无著禅师"注释。

[7] 正勤一句：正勤院接引学人一句话。

【概要】

正勤希奉禅师，宋代禅僧，俗姓谢，苏州（今属江苏）人。参清凉文益禅师得悟，嗣其法，为法眼宗传人。居常州（今属江苏）正勤院。

【参考文献】

《景德传灯录》卷二十五。

漳州罗汉智依宣法禅师

上堂："尽十方世界，无一微尘许法与汝作见闻觉知，还信么？然虽如此，也须悟始得，莫将为等闲。不见道：'单明自己，不悟目前，此人只具一只眼。'还会么？"

僧问："纤尘不立，为甚么好丑现前？"师曰："分明记取，别处问人。"

问："大众云集，谁是得者？"师曰："还曾失么！"

问："如何是佛？"师曰："汝是行脚僧。"

问："如何是宝寿家风？"师曰："一任观看。"曰："恁么则大众有赖。"师曰："汝作么生！"曰："终不敢谩大众。"师曰："嫌少作么！"

问僧："受业在甚么处？"曰："在佛迹。"师曰："佛在甚么处？"曰："甚么处不是？"师举起拳曰："作么生？"曰："和尚收取。"师曰："放阇黎七棒。"

问僧："今夏在甚么处？"僧曰："在无言上座[1]处。"师曰："还曾问讯他否？"僧曰："也曾问讯。"师曰："无言作么生问得？"僧曰："若得无言，甚么处不问得？"师喝曰："恰似问老兄！"

师与彦端长老吃饼馂[2]，端曰："百种千般，其体不二。"师曰："作么生是不二体？"端拈起饼馂。师曰："只守[3]百种千般。"端曰："也是和尚见处。"师曰："汝也是罗公咏梳头样[4]。"

师将示灭，乃谓众曰："今晚四大不和畅，云腾鸟飞，风动尘起，浩浩[5]地还有人治得么？若治得，永劫不相识；若治不得，时时常见我。"言讫告寂。

【注释】

[1] 无言上座：指无言童子或无言菩萨，出自《无言童子经》与《大集经·无言菩萨品》。佛陀说无言童子乃大菩萨化身。《梁武金刚般若经忏文》曰："无言童子，妙得不言之妙。不说菩萨，深见无说之深。"

[2] 餤（dàn）：饼。

[3] 只守：同"只首"。诚然；实在。唐代寒山《诗》："弃本却逐末，只守一场呆。"

[4] 罗公咏梳头样：旧校本标点有误。"罗公咏"不是名字，不能在下划线。"罗公"是尊称，指室罗城中演若达多，简称"罗公"。"咏"是罗公咏叹。据《大佛顶首楞严经》卷四载，室罗城中演若达多，一日于晨朝以镜照面，于镜中得见己头之眉目而喜，欲返观己头却不见眉目，因生大嗔恨，以为乃魑魅所作，遂无状狂走。此系以自己之本头比喻真性，镜中之头比喻妄相。喜见镜中之头有眉目，比喻妄取幻境为真性而坚执不舍；嗔责己头不见眉目，则比喻迷背真性。《楞严经》："当知凡夫爱妄有而不见真空，二乘爱偏空而不见妙有，菩萨爱万行而不见中道，别教爱但中而不见法界，皆狂走也。"

[5] 浩浩：风势强劲貌。

【概要】

罗汉智依禅师，五代禅僧。师事清凉文益禅师，嗣其法，为法眼宗传人。居漳州（今福建漳浦）罗汉院，署号"宣法大师"。

【参考文献】

《景德传灯录》卷二十五。

章义道钦禅师

金陵钟山章义院道钦禅师，太原人也。

初住庐山栖贤。上堂："道远乎哉？触事而真；圣远乎哉？体之则神。我寻常示汝，何不向衣钵下[1]坐地[2]直下参取？须要[3]上来，讨个甚么？既上来，我即事不获已[4]，便举古德少许方便，抖擞[5]些子龟毛兔角[6]，解落[7]向汝。诸上座欲得省要，僧堂里、三门下、寮舍里参取好！还有会处也未？若有会处，试说看，与上座证明。"

僧问："如何是栖贤境？"师曰："栖贤有甚么境？"

问："古人拈椎竖拂[8]，还当宗乘中事也无？"师曰："古人道了也。"

问："学人乍入丛林，乞和尚指示。"师曰："一手指天，一手指地。"

后江南国主请居章义道场。上堂："总来这里立，作甚么？善知识如河沙数，常与汝为伴，行住坐卧不相舍离。但长连床[9]上稳坐地[10]，十方善知识自来参。上座何不信取？作得如许多难易[11]？他古圣嗟见今时人不奈何！"乃曰："伤夫，人情之惑久矣[12]！目对真而不觉，此乃嗟汝诸人看却不知，且道看却甚么不知？何不体察古人方便，只为信之不及，致得如此。诸上座！但于佛法中留心，无不得者。无事，体道去！"便下座。

僧问："'百年暗室，一灯能破'时如何？"师曰："莫谩语。"

问："佛法还受变异也无？"师曰："上座是。"

僧问："大众云集，请师举扬宗旨。"师曰："久矣！"

问："如何是玄旨？"师曰："玄有甚么旨？"

【注释】

[1] 衣钵下：指僧堂中的坐禅之处。

[2] 坐地：坐：坐着。地：后缀。再如《密庵语录》："庞居士在遮（这）里坐地，是汝诸人还见么？"

[3] 须要：定要，需要。

[4] 事不获已：无可奈何，迫不得已。是禅师说法时的习惯语，谓禅法本不立语言文字，如今宣说，只是情势所迫，开方便法门而已。

[5] 抖擞：抖落，叙说。《禅宗大词典》如此解释，并例举了本文"抖擞些子龟毛兔角"，又例举了《密庵语录》："平生败阙处，尽情抖擞了也。"《续传灯录》卷三五："山僧既老且病，无力得与诸人东语西话。今日勉强出来，从前所说不到底，尽情向诸人面前抖擞去也。"

[6] 龟毛兔角：用现实中不存在的事物，来说明万事万物虚幻不实。龟本无毛，兔亦无角，然龟游水中，身沾水藻，人视之则误认水藻为龟毛，又如误认直竖之兔耳为兔角。故诸经论每以"龟毛兔角"比喻有名无实，或现实中全然不存在之事物。亦即凡夫对实我实法之妄执。

[7] 解落：解散，散落。《吕氏春秋·决胜》："义则敌孤独，敌孤独，则上下虚，民解落。"高诱注："解，散。"

[8] 拈椎竖拂：提起椎棒、竖起拂子。是禅家示机、应机的常用动作，泛指禅机作略。椎，亦作"槌"，是鱼鼓敲棒；拂，是掸尘之具。均系寺院常见器物。《大慧语录》卷三："玄沙示众云：'诸方老宿尽道，接物利生。或遇三种病人来，作么生接？患盲者，拈椎竖拂他又不见；患聋者，语言三昧他又不闻；患哑者，教伊说又说不得。且作么生接？'"本书第十六章"中际可遵"条："拈椎竖拂泥洗泥，扬眉瞬目笼中鸡。"亦作"拈槌举拂"。（参见《禅宗大词典》）

[9] 长连床：寺院僧堂中的大床，供僧徒们坐禅休息之用。《禅门规式》曰："僧堂设长连床，施椸架，挂搭道具。"

[10] 坐地：同上注。

[11] 难易：本指"难"与"易"，但此处偏"难"，只有"难"的意义。

[12] 伤夫，人情之惑久矣：旧校本标点有误，"伤夫"后没有标点，而"人情之惑久矣"中间不用标点。

【概要】

章义道钦禅师，五代禅僧。太原（今属山西）人。参清凉文益禅师得悟，嗣其法，为法眼宗传人。初居庐山栖贤寺，有僧问："学人乍入丛林，乞和尚指示。"答曰："一手指天，一手指地。"后南唐中主请居金陵（今江苏南京）钟山章义院，有僧问："如何是玄旨？"答曰："玄有什么旨？"

【参考文献】

《景德传灯录》卷二十五。

报恩匡逸禅师

金陵报恩匡逸禅师，明州人也。江南国主请居上院[1]，署"凝密禅师"。

上堂，顾视大众曰："依而行之，即无累矣。还信么？如太阳赫奕[2]皎然[3]地，更莫思量，思量不及。设尔思量得及，唤作分限智慧[4]。不见先德云：'人无心合道，道无心合人。'人道既合，是名无事人。且自何而凡，自何而圣？于此若未会，可谓为迷情[5]所覆，便去离不得[6]。迷时即有窒碍，为对为待[7]，种种不同。忽然惺[8]去，亦无所得。譬如演若达多[9]认影迷头，岂不担头觅头？然正迷之时，头且不失；及乎悟去，亦不为得。何以故？人迷谓之失，人悟谓之得。得失在于人，何关于动静。"

僧问："诸佛说法，普润群机。和尚说法，甚么人得闻？"师曰："只有汝不闻。"

问："如何是报恩一句？"师曰："道不是得么？"

问："十二时中思量不到处，如何行履？"师曰："汝如今在甚么处？"

问："祖嗣西来，如何举唱？"师曰："不违所请。"

问："如何是一句？"师曰："我答争似汝举？"

问："佛为一大事因缘出世，未审和尚出世如何？"师曰："恰好。"曰："恁么则大众有赖。"师曰："莫错会。"

【注释】

[1] 上院：指报恩院。

[2] 赫（hè）奕（yì）：光辉炫耀貌。

[3] 皎然：明亮洁白貌。

[4] 分限智慧：有限度的智慧（区别于佛的大智慧）。分限：界限，限度。

[5] 迷情：指迷惑之心。与迷心同。凡夫不知万有之实相，而执着客观界之事物，因此妄念不绝，故凡夫之心称为迷情。

[6] 便去离不得：就不能离开。

[7] 为对为待：用区别对立的眼光，即俗世通常的眼光看待万物世界。

[8] 惺：醒悟，苏醒。

[9] 演若达多：参见本章"罗汉智依禅师"条注释。

【概要】

报恩匡逸禅师，五代禅僧。明州（今浙江宁波）人。参清凉文益禅师得悟，嗣其法，为法眼宗传人。初居润州（今江苏镇江）慈云院。南唐主请居金陵（今江苏南京）报恩寺，署号"凝密禅师"。

【参考文献】

《景德传灯录》卷二十五；《十国春秋》卷三十三。

报慈文遂导师

金陵报慈文遂导师[1]，杭州陆氏子。尝究《首楞严》，甄会[2]真妄缘起，本末精博。于是节科注释[3]，文句交络[4]。厥功既就，谒于法眼，述己所业，深符经旨。眼曰："《楞严》岂不是有八还[5]义？"师曰："是。"曰："明还甚么？"师曰："明还日轮。"曰："日还甚么？"师懵然无对。眼诚令焚其所注之文。师自此服膺请益，始忘知解。金陵国主署"雷音觉海大导师"。

上堂："天人群生类，皆承此恩力[6]。威权三界[7]，德被四方。共禀灵光，咸称妙义。十方诸佛常顶戴汝，谁敢是非及乎？向这里唤作开方便门[8]。对根设教，便有如此如彼，流出无穷。若能依而奉行，有何不可？所以，清凉先师道：'佛是无事人[9]。'且如今觅个无事人也不可得。"

僧问："巅山岩崖[10]还有佛法也无？"师曰："汝唤甚么作巅山岩崖？"

问："如何是道？"师曰："妄想颠倒。"乃曰："老僧平生，百无所解，日日一般。虽住此间，随缘任运。今日诸上座与本无异。珍重！"

僧问："如何是无异底事？"师曰："千差万别。"僧再问，师曰："止！止！不须说，且会取千差万别。"

问："如何是和尚家风？"师曰："方丈板门扇[11]。"

问："如何是无相道场？"师曰："四郎、五郎庙。"

问："如何是吹毛剑？"师曰："擀面杖[12]。"

问："如何是正直一路？"师曰："远远近近。"曰："便怎么去时如何？"师曰："咄哉！痴人！此是险路。"

问僧："从甚么处来？"曰："曹山来。"师曰："几程到此？"曰："七程。"师曰："行却许多山林溪涧，何者是汝自己？"曰："总是。"师曰："众生颠倒，认物为己。"曰："如何是学人自己？"师曰："总是。"乃曰："诸上座，各在此经冬过夏，还有人悟自己也无？山僧与汝证明，令汝真见不被邪魔所惑。"问："如何是学人自己？"师曰："好个师僧，眼目甚分明。"

【注释】

[1] 导师：导人入佛道者。佛菩萨之通称。又，法会之式，表白者谓之导师。观音忏法式，有导师、香华、自归之三职。《僧史略》曰："导师之名而含二义：

若《法华经》中商人白导师言，此即引路指迷也。若唱导之师，此即表白也。"
（参见丁福保《佛学大辞典》）此处文遂禅师被金陵国主署名为"大导师"，指他是
高僧。

[2] 甄会：鉴别领会。

[3] 节科注释：分章节注释。

[4] 文句交络：文句纵横交织，圆融无碍。

[5] 八还：诸变化相，各还本所因处，有八种也。《楞严经》曰："佛告阿难：
'汝咸看此诸变化相，吾今各还本所因处。云何本因？阿难！此诸变化，明还日轮。
何以故？无日不明，明因属日，是故还日。暗还黑月，通还户牖，壅还墙宇，缘还
分别，顽虚还空，郁鞞还尘，清明还霁，则诸世间一切所有，不出斯类。汝见八
种，见精明性，当欲谁还？'"郁鞞（bó）还尘：郁者，滞之义；鞞者，气盛貌，
指尘土飞扬。

[6] 天人群生类，皆承此恩力：旧校本标点有误，"类"不属于下句。例如
《法华经》："又诸大圣主，知一切世间，天人群生类，深心之所欲，更以异方便，
助显第一义。"足以证明"天人群生类"是一个完整的句子。"天人群生类"，指
天、人等各种众生种类。《〈景德传灯录〉译注》依从旧校本标点，将"类"注释
为"大都，大体"，有误。

[7] 威权三界：佛的威神之力平均分布三界众生。威：指佛的威神，他灭绝凡
念俗虑，有为凡夫之智所无法测知、不可思议之德行。威：即威德，对外能令人敬
畏；神：即神力，对内难以测度。权：平均，佛平等对待一切众生。三界众生均蒙
佛的威身之力加被。

[8] 十方诸佛常顶戴汝，谁敢是非及乎？向这里唤作开方便门：十方诸佛常拥
戴你，谁敢把是非推及你身上呢？到这里就叫作开方便门。旧校本标点有误，标点
比较乱，均更正。

[9] 无事人：指无为超脱、任运随缘、除尽俗情妄为的彻悟者。《黄檗传心法
要》："尔情量知解但销熔，表里情尽，都无依执，是无事人。"《沩山语录》："从
上诸圣只说浊边过患。若无如许多恶觉情见想习之事，譬如秋水澄渟，清净无为，
澹泞无碍，唤他作道人，亦名无事人。"《临济语录》："尔诸方言道，有修有证。
莫错！设有修得者，皆是生死业。尔言六度万行齐修，我见皆是造业。求佛求法求
菩萨亦是造业，看经看教亦是造业。佛与祖师是无事人。"（见《禅宗大词典》）

[10] 巅山岩崖：指深山老林隐居处。巅山：山顶。岩崖：山崖。"巅山岩崖
还有佛法也无"，意思是：住在深山老林隐修，还可得佛法否？

[11] 板门扇：木板门。

[12] 擀（gǎn）面杖：用来压碾面团使之薄而平的圆棒，用来制作面食的工具。佛家比喻平常之物。

【概要】

报慈文遂导师，五代法眼宗禅僧，俗姓陆，杭州（今属浙江）人。幼年出家，禅教俱修。尝注《首楞严》，以其谒清凉文益禅师求正。文益以"八还"义勘之，文遂憣然无对，遂焚其所注之文，自此服膺请益，始忘知解，嗣其法，为法眼宗传人。初居吉州（今江西吉安）止观院，乾德二年（964 年），迁长庆寺，后迁金陵（今江苏南京）报慈寺。南唐主署"雷音觉海大导师"。年寿不详。

文遂导师接引学人有其鲜明的特点，为了去除学人的分别心，他的回答往往与众不同。僧问："巅山岩崖还有佛法也无？"师曰："汝唤甚么作巅山岩崖？"僧人提问，住在深山老林隐修，还可得佛法否？文遂禅师不像其他人常说"大隐闹市，小隐山野"之类的话，他反问僧人，你为什么要把它叫作"巅山岩崖"呢？显然在于开示对方不要有分别心，你如果没有分别心，怎么还会区分山野与闹市的区别呢？文遂禅师告诉僧人，隐修处何止是巅山岩崖，一切处都可以，何必妄生分别？与此类似的问答还有，如问："如何是吹毛剑？"师曰："擀面杖。"擀面杖是每个家庭最寻常不过的制作面食的工具，禅师把它比喻成最好的宝剑（吹毛剑），意在开示一切事物本无分别，若有一颗无分别的平常心，怎么会区分高低贵贱？

【参考文献】

《景德传灯录》卷二十五；《联灯会要》卷二十七。

罗汉守仁禅师

漳州罗汉院守仁禅师，泉州人也。

上堂："只据如今，谁欠谁剩？然虽如此，犹是第二义门。上座若明达得去也，且是一是二？更须子细[1]看。"

僧问："如何是祖师西来的的意？"师曰："即今是甚么意？"

问："如何是涅槃？"师曰："生死。"曰："如何是生死？"师曰："适来道甚么！"

僧众晚参，师曰："物物本来无处所，一轮明月印心池。"便归方丈。

次住报恩，上堂："报恩这里不曾与人拣话[2]，今日与诸上座拣一两则话，还愿乐么？诸上座！鹤胫长，凫胫短[3]；甘草甜，黄檗[4]苦。恁么拣辨，还惬雅意么？诸上座，莫是血脉不通，泥水有隔么？且莫错会。珍重！"

僧问："如何是西来意？"师曰："唤甚么作西来意？"曰："恁么则无西来也。"师曰："由汝口头道。"

问："如何是报恩家风？"师曰："无汝著眼处。"

问："学人未委禀承，请师方便。"师曰："莫相孤负么？"曰："恁么则有师资之分也。"师曰："丛林见多。"

问："如何是佛法大意？"师曰："向汝道甚么？"

问："如何是无生之相？"师曰："舍身，受身[5]。"曰："恁么则生死无过也。"师曰："料汝恁么会。"又曰："人人皆备理，一一尽圆常[6]。"僧便问："如何是圆常之理？"师曰："无事不参差。"曰："恁么则纵横法界也。"师曰："巧道有何难！"

问："如何是不到三寸[7]？"师曰："你问我答。"

问僧："甚么处来？"曰："福州来。"师曰："跋涉如许多山岭，阿那个是上座自己？"曰："某甲亲离福州。"师曰："只恁么，别更有商量？"曰："更作甚么商量？"师曰："汝话堕也。"

问："不昧[8]缘尘[9]，请师一接。"师曰："唤甚么作缘尘？"曰："若不伸问，焉息疑情？"师曰："若不是今日，便作官方。"

【注释】

[1] 子细：仔细。

[2] 拣话：判别、评议机锋言句。是禅家说法、问答的一种形式。本书第十章"瑞鹿本先"："大凡参学，未必学问话是参学，未必学拣话是参学，未必学代语是参学，未必学别语是参学。"（参见《禅宗大词典》）《景德传灯录》作"简话"，意义相同，"简"，即拣择。

[3] 鹤胫长，凫（fú）胫短：动物长短不齐皆系天性，不能违背。出自《庄子·外篇·骈拇》："是故凫胫虽短，续之则忧；鹤胫虽长，断之则悲。"胫：腿。凫：野鸭。野鸭的腿虽然很短，给它接上一截，它就要忧郁；仙鹤的腿虽然很长，给它截去一段，它就要悲痛。

[4] 黄檗（bò）：古名檗，又名黄柏、黄波椤，产于我国东北、华北，以及华中、西北部分省区，生于山间林中、山谷河岸。色黄作染料，味苦入药方。

［5］舍身，受身：舍去肉身，获得真身（无生之相）。

［6］圆常：谓破除偏执，归于常道。南朝梁简文帝《大法颂》："我有无碍，共向圆常。"唐代李邕《楚州淮阴县婆罗树碑》："皆妙觉圆常，释门上首。"

［7］如何是不到三寸：什么是不能用舌头说出的？指顿悟境界，言语道断。

［8］不昧：此处指不湮灭。此外还有不忘、不晦暗、明亮等义。

［9］缘尘：缘色声等之六尘。《楞严经》二曰："念无始来，失却本心。妄认缘尘，分别影事。"长水之义疏曰："悟知缘尘之心是影事。"（见丁福保《佛学大辞典》）

【概要】

守仁禅师，五代禅僧，泉州（今属福建）人。参清凉文益禅师得悟，嗣其法，为法眼宗传人。初居泉州东安兴教寺上方院，后迁漳州（今福建漳浦）罗汉院，又迁报恩寺。有僧问："如何是报恩家风？"答曰："无汝著眼处。"

【参考文献】

《景德传灯录》卷二十五。

·黄山良匡禅师

抚州黄山良匡禅师，吉州人也。

僧问："如何是黄山家风？"师曰："筑着汝鼻孔。"

问："如何是不迁义？"师曰："春夏秋冬。"

问："如何是一路涅槃门[1]？"师曰："汝问宗乘中一句，岂不是？"曰："恁么则不哆哆[2]！"师曰："莫哆哆好！"

问："众星攒月[3]时如何？"师曰："唤甚么作月？"曰："莫只这个便是也无？"师曰："这个是甚么？"

问："明镜当台，森罗为甚么不现？"师曰："那里当台？"曰："争奈即今何！"师曰："又道不现。"

【注释】

［1］涅槃门：入涅槃城之门户。《无量义经》曰："开涅槃门，扇解脱风。"《般舟赞》曰："念佛即是涅槃门。"又，葬所四门之一，北方为涅槃门。北方为阴

之极，故以配于寂静之涅槃。

［2］哆哆：犹喋喋不休，说话没完没了。又，指口张大貌。此处意义指前者，说的是不要再啰唆，符合禅宗特点。《〈景德传灯录〉译注》注释为"张口结舌貌"，不符合原意。

［3］众星攒月：许多星星聚集、环绕着月亮。比喻众人拥戴一人或众物围绕一物。亦作"众星捧月""众星拱月"。

【概要】

良匡禅师，五代禅僧。吉州（今江西吉安）人。师事清凉文益禅师得法，为法眼宗传人。住抚州（今属江西）黄山。有僧问："如何是黄山家风？"答曰："筑著汝鼻孔。"

【参考文献】

《景德传灯录》卷二十五。

报恩玄则禅师

金陵报恩院玄则禅师，滑州卫南人也。

初问青峰："如何是学人自己？"峰曰："丙丁童子来求火[1]。"

后谒法眼，眼问："甚处来？"师曰："青峰。"眼曰："青峰有何言句？"师举前话，眼曰："上座作么生会？"师曰："丙丁属火而更求火，如将自己求自己。"眼曰："与么[2]会又争得！"师曰："某甲只与么，未审和尚如何？"眼曰："你问我，我与你道。"师问："如何是学人自己？"眼曰："丙丁童子来求火。"师于言下顿悟。

开堂日，李王与法眼俱在会。僧问："龙吟雾起，虎啸风生。学人知是出世边事，到此为甚么不会？"师曰："会取好！"僧举头看师，又看法眼，乃抽身入众。法眼与李王当时失色。眼归方丈，令侍者唤问话僧至。眼曰："上座适来问底话，许你具眼[3]。人天众前，何不礼拜盖覆却[4]？"眼搣一坐具[5]，其僧三日后吐光而终。

僧问："了了见佛性，如何是佛性？"师曰："不欲便道。"

问："如何是金刚大士？"师曰："见也未？"

问："如何是诸圣密密处[6]？"师曰："却须会取自己。"曰："如何是和尚密密处?"师曰:"待汝会始得。"

上堂:"诸上座,尽有常圆之月[7],各怀无价之珍。所以,月在云中[8],虽明而不照;智隐惑内[9],虽真而不通。无事,久立!"

问:"如何是不动尊?"师曰:"飞飞扬扬[10]。"

问:"如何是了然一句?"师曰:"对汝又何难!"曰:"恁么道莫便是也无?"师曰:"不对又何难!"曰:"深领和尚恁么道。"师曰:"汝道我道甚么?"

问:"亡僧迁化向甚么处去也?"师曰:"待汝生即道。"曰:"宾主历然。"师曰:"汝立地见亡僧。"

问:"如何是学人本来心?"师曰:"汝还曾道着也未?"曰:"只如道着,如何体会?"师曰:"待汝问始得。"

问:"教中道:'树能生果,作玻璃色。'未审此果何人得吃?"师曰:"树从何来?"曰:"学人有分。"师曰:"去果八万四千[11]。"

问:"如何是不迁义?"师曰:"江河竞注,日月旋流?"

问:"宗乘中玄要处,请师一言。"师曰:"汝行脚来多少时也。"曰:"不曾逢伴侣。"师曰:"少瞌睡!"

【注释】

[1] 丙丁童子来求火:古以"丙丁"为火日,后即以之代称火,"丙丁童子"系专管火的童子。此语意为以火求火,比喻自身是佛,却向外求佛。《碧岩录》卷一,第七则:"(则监院)便问:'如何是佛?'法眼云:'丙丁童子来求火。'则于言下大悟。"(参见《禅宗大词典》)

[2] 与么:这么,如此。

[3] 具眼:具备法眼,能够用禅悟者特有的智慧眼光观照事物。《无门关·清税孤贫》:"曹山具眼,深辨来机。"《祖堂集》卷十,长庆:"你若择不出,敢保你未具眼在。"(参见《禅宗大词典》)

[4] 盖覆却:用话头转过来,把前面的翻过去。却:助词,用在动词后,相当于"了"或"掉"。

[5] 搣(mí):击,打。

[6] 密密处:最隐秘而无法用语言诠释的地方,也就是佛性、真如等名词的另外一种说法。或说"密密心""密密意"等,皆相似。

[7] 常圆之月：自然界的月亮没有常圆的时候，但人人自心却都有一个常圆的月亮，这是比喻佛学，它常住不变。

[8] 月在云中：同上注，月亮比喻佛性，但它被乌云遮住了，佛光就出不来。乌云指无明烦恼等凡夫习气。

[9] 智隐惑内：如来的智慧被凡夫的贪嗔痴等烦恼所淹没。惑：迷惑错误，是贪嗔痴等烦恼的总称。

[10] 飞飞扬扬：飞扬在天上。与僧人所说"不动尊"相对立。

[11] 去果八万四千：离你想要吃的果子远的很。旧校本标点有误，"去"后不能加逗号。

【概要】

玄则禅师，五代禅僧。滑州卫南（今河南滑县东北）人。初参青峰未契，后谒清凉文益禅师，言下顿悟，嗣其法，为法眼宗传人。依住文益座下，德誉远闻。南唐后主命于金陵（今江苏南京）开堂说法。

【参考文献】

《景德传灯录》卷二十五。

【拓展阅读】

师上堂，顾视大众曰："好个话头，只是无人解问得，所以劳他古人三度唤之。诸人即不劳他唤也。此即且从，古人意作么生？还说得么？千佛出世，亦不增一丝毫，六道轮回也不减一丝毫，皎皎地现无丝头翳碍。古人道：'但有纤毫即是尘。'且如今物象巍然地，作么生消遣？得汝若于此消遣不得，便是凡夫境界。然也莫嫌朴实说话，也莫嫌说着祖佛。何以故？见说祖佛，便拟超越去。若恁么会，大没交涉。也须子细详究看，不见他古德究离生死，亦无剃头剪爪工夫。如今看见，大难继续。"（《景德传灯录》卷二十五）

净德智筠禅师

金陵净德院智筠达观禅师，河中府王氏子。

初住栖贤。上堂："从上诸圣方便门不少，大抵只要诸仁者有个见处。然虽未见，且不参差[1]一丝发许，诸仁者亦未尝违背一丝发许。何以故？炟赫[2]地显露，如今便会取，更不费一毫气力。还省要么？设道毗卢有师，法身有主，斯乃抑扬对机施设。诸仁者作么生会对底道理？若也会，且莫嫌他佛语，莫重祖师，直下是自己眼明始得。"

僧问："如何是的的之言？"师曰："道甚么！"

问："纷然觅不得时如何？"师曰："觅个甚么不得？"

问："如何是祖师意？"师曰："用祖师意作甚么？"

问："今朝呈远瑞，正意[3]为谁来？"师曰："大众尽见汝恁么问。"

江南国主创净德院，延请居之，署"达观禅师"。

上堂："夫欲慕道，也须上上根器始得。造次[4]中、下，不易承当。何以故？佛法非心、意、识境界。上座莫恁么懱猰[5]地。他古人道，沙门眼，把定世界，函盖乾坤，绵绵不漏丝发。所以，诸佛赞叹，赞叹不及；比喻，比喻不及。道上座威光赫奕，亘古亘今。幸有如是家风，何不绍续取[6]？为甚么自生卑劣，枉受辛勤，不能晓悟？只为如此，所以诸佛出兴于世。只为如此，所以诸佛唱入涅槃。只为如此，所以祖师特地西来。"

僧问："诸圣皆入不二法门，如何是不二法门？"曰："但恁么入。"曰："恁么则今古同然去也。"师曰："汝道甚么处是同？"

问："如何是佛法大意？"师曰："恰问着。"曰："恁么则学人礼拜也。"师曰："汝作么生会？"

问："如何是佛？"师曰："如何不是？"乃曰："吾不能投身岩谷，灭迹市廛，而出入禁庭，以重烦世主，吾之过也。"遂屡辞归故山，国主锡[7]以五峰[8]栖玄兰若[9]。

【注释】

[1] 参差：有差错。

[2] 烜赫：光辉闪耀的样子。又指声势威猛、显赫。

[3] 正意：意无邪念。《无量寿经》曰："正心正意，斋戒清净。"

[4] 造次：轻率，随便。

[5] 懱（miè）猰（qiè）：形容猥琐自卑。轻侮；蔑视。猰：不仁，不顺。又读 yà，古代传说中的一种吃人凶兽，像貙，虎爪，奔跑迅速。

[6] 绍续取：参见本书第八章"仙宗院明禅师"："何不烜（xuǎn）赫地绍续取去？"为什么不轰轰烈烈地继承下去。烜赫：显赫，光辉照耀。绍续：继承，

承嗣。

［7］锡：赐予。

［8］五峰：即庐山五老峰，地处江西省九江市庐山东南，因山的绝顶被垭口所断，分成并列的五个山峰，仰望俨若席地而坐的五位老翁，故人们便把这原出一山的五个山峰统称为"五老峰"。

［9］兰若：梵语。阿兰若之略称。僧人所居处也。其义即空净闲静之处。

【概要】

智筠禅师，五代禅僧。俗姓王。河中（今山西永济）人。师事清凉文益禅师，嗣其法，为法眼宗传人。初住庐山栖贤寺，南唐主于金陵（今江苏南京）创净德院，延请智筠住持，署号"达观禅师"。后辞归故山而寂。

【参考文献】

《景德传灯录》卷二十五；《十国春秋》卷三十三。

高丽慧炬国师

高丽国道峰山[1]慧炬国师，始发机于法眼之室。本国主思慕，遣使来请，遂回故地。国主受心诀，礼待弥厚。

一日，请入王府，上堂，师指威凤楼示众曰："威凤楼为诸上座举扬了也，还会么？傥若会，且作么生会？若道不会，威凤楼作么生不会？珍重！"

【注释】

［1］道峰山：位于韩国首尔北汉山国立公园的东北部。

宝塔绍岩禅师

杭州真身宝塔寺绍岩禅师，雍州刘氏子。吴越王命师开法，署"了空大智常照禅师"。

上堂："山僧素寡知见，本期闲放，念经待死，岂谓今日大王勤重？苦勉山僧[1]效诸方宿德，施张法筵。然大王致请，也只图诸仁者明心，此外别无道理。诸仁者！还明心也未？莫不是语言谭笑时，凝然杜默时，参寻知识时，道伴商略[2]时，观山玩水时，耳目绝对[3]时，是汝心否？如上所解，尽为魔魅[4]所摄，岂曰明心？更有一类人，离身中妄想外，别认遍十方世界，含日月，包太虚，谓是本来真心。斯亦外道所计，非明心也。诸仁者要会么？心无是者，亦无不是者。汝拟执认，其可得乎？"

僧问："六合[5]澄清时如何？"师曰："大众谁信汝。"

师开宝四年七月示疾，谓门弟子曰："诸行无常，即常住相。"言讫，跏趺而逝。

【注释】

[1] 山僧：旧校本作"公僧"，校对失误。参见冯国栋《〈五灯会元〉校点疏失类举》。

[2] 商略：商谈，商量。

[3] 绝对：又作绝待。与"相对""相待"对称。绝：泯绝、断绝之意；对：对立、对待之意。一切万法，自现象界之观点而言，存在著长与短、大与小、东与西、有与无、是与非，乃至净与秽、迷与悟、生与死等之对立状态，佛教称之为相对、相待；然若自至极平等之绝对立场观之，则诸法实相，自然法尔，不虚不妄，而真实一际。世间本无千差万别之相对性质，法性、法相既同为一实义，有无、真俗亦两两平等不二。此一真如平等之法界，自是超越、泯绝各种两端相对立场之分别见解，故称绝对。

[4] 魔魅：魔鬼。

[5] 六合：古人指天、地以及四方为"六合"。

【概要】

绍岩禅师，五代禅僧。俗姓刘。雍州（今陕西凤翔）人。七岁依高安禅师出家，十八岁进具（受大戒）于怀晖律师。游方谒清凉文益禅师，嗣其法，为法眼宗传人。住杭州真身宝塔寺，吴越王命开法，署"了空大智常照禅师"。临终前谓弟子曰："诸行无常，即常住相。"

【参考文献】

《宋高僧传》卷二十三；《景德传灯录》卷二十五。

台州般若寺敬遵通慧禅师

上堂："皎皎炟赫地，亘古亘今，也未曾有纤毫间断相。无时无节，长时挣定上座无通气处。所以道，山河大地是上座善知识。放光动地，触处[1]露现，实无丝头许法可作隔碍。如今因甚么却不会，特地生疑去？无事，不用久立！"

僧问："优昙花拆人皆睹，般若家风赐一言。"师曰："不因上座问，不曾举似人。"曰："恁么则般若雄峰讵齐今古？"师曰："也莫错会。"

问："牛头未见四祖时，为甚么百鸟衔华？"师曰："汝甚么处见？"曰："见后为甚么不衔华？"师曰："且领话好！"

问："灵山一会，迦叶亲闻；未审今日一会，何人得闻？"师曰："试举迦叶闻底看。"曰："恁么则迦叶亲闻去也。"师曰："乱道作么？"

师自述真赞曰："真兮寥廓[2]，郢人图镬[3]。岳耸云空，澄潭月跃。"

【注释】

[1] 触处：到处，随处。极言其多。《南史·循吏传序》："凡百户之乡，有市之邑，歌谣舞蹈，触处成群，盖宋世之极盛也。"

[2] 真兮寥廓：真如啊！是那么空旷深远，无边无际。寥廓，空旷深远，无边无际。

[3] 郢（yǐng）人图镬（huò）：出自《庄子·徐无鬼》。春秋时一个楚国人在刷墙，一点颜料掉到了他的鼻尖上，他让匠石削去。《庄子·徐无鬼》："匠石运斤成风，听而斫之，尽垩（白色的土，可用来粉饰墙壁）而鼻不伤，郢人立不失容"一个敢动用大斧去削他的鼻子，一个敢让他这么做，形容知音难觅。禅师借此指在禅林心心相印的人很少。郢人：借指楚国人。郢，春秋战国时期楚国都城。镬：可作颜料的矿物，古代用作颜料。

【概要】

敬遵禅师，宋代禅僧。参清凉文益禅师得悟，嗣其法，为法眼宗传人。居台州（今浙江临海）般若寺。有僧问："优昙花拆人皆睹，般若家风赐一言。"答曰："不因上座问，不曾举似人。"署号"通慧禅师"。

【参考文献】

《景德传灯录》卷二十五。

归宗策真禅师

庐山归宗策真法施禅师，曹州魏氏子也。初名慧超。谒法眼，问曰："慧超咨和尚，如何是佛？"眼曰："汝是慧超。"师从此悟入。

住后，上堂："诸上座！见闻觉知[1]，只可一度。只如会了，是见闻觉知，不是见闻觉知？要会么？与诸上座说破了也，待汝悟始得。久立，珍重！"

僧问："如何是佛？"师曰："我向汝道即别有也。"

问："如何是归宗境？"师曰："是汝见甚么？"曰："如何是境中人？"师曰："出去。"

问："国王请命，大启法筵。不落见闻，请师速道。"师曰："闲言语[2]。"曰："师意如何？"师曰："又乱说。"

问："承教有言：'将此深心奉尘刹，是则名为报佛恩[3]。'尘刹即不问，如何是报佛恩？"师曰："汝若是，则报佛恩。"

问："'无情说法，大地得闻师子吼'时如何？"师曰："汝还闻么？"曰："恁么则同无情也。"师曰："汝不妨会得好！"

问："古人以不离见闻为宗，未审和尚以何为宗？"师曰："此问甚好。"曰："犹是三缘[4]、四缘[5]？"师曰："莫乱道。"

【注释】

[1] 见闻觉知：泛指"六识"（眼、耳、鼻、舌、身、意）对世界万物产生的感觉认识，佛教认为这些感觉认识都是虚幻不实的。眼识之用为见，耳识之用为闻，鼻舌身三识之用为觉，意识之用为知，又云识。

[2] 闲言语：多余、无用的话语。后亦指古宿言句。有时用作动词，谓说多余之语。（参见《禅宗大词典》）

[3] 将此深心奉尘刹，是则名为报佛恩：出自《楞严经》："妙湛总持不动尊，首楞严王世希有，销我亿劫颠倒想，不历僧祇获法身；愿今得果成宝王，还度如是恒沙众，将此深心奉尘刹，是则名为报佛恩。"尘刹：刹为梵语国土之意，尘刹谓

微尘数的无量世界。将此深心奉尘刹，指将自己的一切乃至宝贵的生命，全部奉献给微尘数世界的一切众生，如此才算真正报答佛恩。

［4］三缘：净土门所立，说念佛有三缘之功力：一是亲缘，众生起行口常称佛名，佛即闻之，身常礼敬佛，佛即见之，心常念佛佛即知之，谓众生之三业与佛之三业不相舍离也。二是近缘，众生愿见佛，佛即应念而现至目前也。三是增上缘，众生称念佛，则念念除多劫之罪，命终之时，佛圣众皆来迎，不为诸邪业所系。此语出自善导之《观经疏·定善义》卷三。

［5］四缘：旧译因缘、次第缘、缘缘、增上缘，新译因缘、等无间缘、所缘缘、增上缘。一因缘，谓六根为因，六尘为缘也。如眼根对于色尘时，识即随生，余根亦然，是名因缘。二次第缘，谓心心所法，次第无间，相续而起，名次第缘。三缘缘，谓心心所法，由托缘而生还，是自心之所缘虑，名为缘缘。四增上缘，谓六根能照境发识，有增上力用，诸法生时，不生障碍，名增上缘。

【概要】

策真禅师，五代禅僧。俗姓魏。曹州（今山东定陶西）人。初名慧超，谒清凉文益禅师，问："慧超咨和尚，如何是佛？"文益曰："汝是慧超。"策真从此悟入，遂嗣其法，为法眼宗传人。住庐山归宗寺，有僧问："如何是归宗境？"答曰："是汝见什么？"又问："如何是境中人？"答曰："出去。"后迁奉先、报恩等寺。署号"法施禅师"。

【参考文献】

《景德传灯录》卷二十五。

洪州同安院绍显禅师

僧问："王恩降旨师亲受，熊耳[1]家风乞一言。"师曰："已道了也。"

问："千里投师，请师一接。"师曰："好入处。"

云盖山乞瓦造殿，有官人问："既是云盖，何用乞[2]瓦？"僧无对，师代曰："罕遇其人。"

【注释】

［1］熊耳：此处代指达磨祖师。熊耳山，位于河南卢氏南方，与永宁（今洛宁县）为界。山之两峰并峙如熊耳，故称熊耳山。乃禅宗初祖菩提达磨之塔所。

［2］乞：化缘。

【概要】

绍显禅师，五代禅僧。参清凉文益禅师得悟，嗣其法，为法眼宗传人。住洪州（今江西南昌）凤栖山同安院。

【参考文献】

《景德传灯录》卷二十五。

庐山栖贤慧圆禅师

上堂："出得僧堂门，见五老峰[1]，一生参学事毕，何用更到这里来？虽然如此，也劳上座一转了也。珍重！"

僧问："不是风动，不是幡动，未审古人意旨如何？"师曰："大众一时会取。"

上堂，有僧拟问，师乃指其僧曰："住！住！"其僧进步，问："从上宗乘，请师举唱。"师曰："前言不构[2]，后语难追。"曰："未审今日事如何？"师曰："不会人言语。"

问："如何是佛法大意？"师曰："好。"

问："如何是栖贤境？"师曰："入得三门便合知。"

问："如何是祖师西来意？"师曰："此土不欠少。"

【注释】

［1］五老峰：地处江西省九江市庐山东南，因山的绝顶被垭口所断，分成并列的五个山峰，仰望俨若席地而坐的五位老翁，故人们便把这原出一山的五个山峰统称为"五老峰"。

［2］构：构思，此处指领会。

【概要】

慧圆禅师，五代禅僧。师事清凉文益禅师得法，为法眼宗传人。住庐山栖贤寺。有僧问："如何是栖贤境？"师曰："入得三门便合知。"问："如何是祖师西来意？"师曰："此土不欠少。"

【参考文献】

《景德传灯录》卷二十五。

观音从显禅师

洪州观音院从显禅师，泉州人也。

上堂，众集，良久曰："文殊深赞居士，未审居士受赞也无？若受赞，何处有居士邪？若不受赞，文殊不可虚发言也。大众作么生会？若会，真个衲僧。"僧问："居士默然，文殊深赞，此意如何？"师曰："汝问我答。"曰："忽遇恁么人出头[1]来，又作么生？"师曰："行到水穷处，坐看云起时[2]。"

问："如何是观音家风？"师曰："眼前看取。"曰："忽遇作者[3]来，作么生见待？"师曰："贫家只如此，未必便言归。"

问："久负没弦琴，请师弹一曲。"师曰："作么生听？"其僧侧耳，师曰："赚杀人！"乃曰："卢行者当时大庾岭头谓明上座言：'莫思善，莫思恶，还我明上座本来面目来。'观音今日不恁么道，'还我明上座来'，恁么道是曹溪子孙也无？若是曹溪子孙，又争除却四字？[4]若不是，又过在甚么处？试出来商量看。"良久曰："此一众真行脚人也。"便下座。

太平兴国八年九月中，师谓檀那袁长史[5]曰："老僧三两日间归乡去。"袁曰："和尚年尊，何更思乡？"师曰："归乡图得好盐吃。"袁不测其言。翌日，师不疾，坐亡。袁建塔于西山。

【注释】

[1] 出头：出现，露面。

[2] 行到水穷处，坐看云起时：出自唐代王维《终南别业》："中岁颇好道，晚家南山陲。兴来每独往，胜事空自知。行到水穷处，坐看云起时。偶然值林叟，谈笑无还期。"

[3] 作者：指行家里手、高手。

[4] 观音今日不恁么道，'还我明上座来'，恁么道是曹溪子孙也无？若是曹溪子孙，又争除却四字：观音院我从显今天不这么说，如果我说"还我慧明上座

来"，这么说还是曹溪子孙吗？若是曹溪子孙，又怎么能除却"本来面目"这四字？旧校本标点有误，均纠正。

　　[5] 长史：官名。秦置。汉相国、丞相，后汉太尉、司徒、司空、将军府各有长史。唐制，上州刺史别驾下，有长史一人，从五品。至清，亲王府、郡王府置长史，理府事。

【概要】

　　从显禅师，宋代禅僧，泉州莆田（今属福建）人。师事清凉文益禅师得法，为法眼宗传人。住洪州（今属江西南昌）观音院。有僧问："如何是观音家风？"答曰："眼前看取。"

【参考文献】

　　《景德传灯录》卷二十五。

洛京兴善栖伦禅师

　　僧问："如何是佛？"师曰："向汝道甚么即得。"

　　问："如何是西来意？"师曰："适来犹记得。"

洪州严阳新兴院齐禅师

　　僧问："如何得出三界去？"师曰："汝还信么？"曰："信则深信，乞和尚慈悲。"师曰："只此信心，亘古亘今。快须究取，何必沈吟。要出三界，三界唯心。"

　　师因雪谓众曰："诸上座还见雪么？见即有眼，不见无眼。有眼即常，无眼即断。怎么会得，佛身充满。"

　　问："学人辞去沤潭[1]，乞和尚示个入路。"师曰："好个入路，道心坚固。随众参请，随众作务。要去便去，要住便住。去之与住，更无他故。若到沤潭，不审[2] 马祖。"

【注释】

　　[1] 沤（lè）潭：山名，今属江西南昌市境内。

　　[2] 不审：问候，请安。

润州慈云匡达禅师

僧问："佛以一大事因缘故出现于世，未审和尚出世如何？"师曰："恰好。"曰："作么生？"师曰："不好。"

荐福绍明禅师

苏州荐福院绍明禅师，州将钱仁奉请住持，乃问："如何是和尚家风？"师曰："一切处看取。"

古贤谨禅师

泽州古贤院谨禅师，侍立法眼次，眼问一僧曰："自离此间，甚么处去来？"曰："入岭来。"眼曰："不易。"曰："虚涉他如许多山水。"眼曰："如许多山水也不恶。"其僧无语，师于此有省。

住后，僧问："如何是佛？"师曰："筑着你鼻孔。"

问僧曰："唯一坚密身，一切尘中现。如何是坚密身？"僧竖指，师曰："现则现，你作么生会？"僧无语。

兴福可勋禅师

宣州兴福院可勋禅师，建州朱氏子。

僧问："如何是兴福正主？"师曰："阇黎不识。"曰："莫只这便是么？"师曰："纵未歇狂，头亦何失[1]？"

问："如何是道？"师曰："勤而行之。"

问："何云法空？"师曰："不空。"

有偈示众曰："秋江烟岛晴，鸥鹭行行立。不念观世音，争知普门[2]入？"

【注释】

[1] 纵未歇狂，头亦何失：即使没有歇灭妄心，头也没有丢失。据《大佛顶首楞严经》卷四载，室罗城中演若达多，一日于晨朝以镜照面，于镜中得见己头之眉目而喜，欲返观己头却不见眉目，因生大嗔恨，以为乃魑魅所作，遂无状狂走。此系以自己之本头比喻真性，镜中之头比喻妄相。喜见镜中之头有眉目，比喻妄取

幻境为真性而坚执不舍；嗔责己头不见眉目，则比喻迷背真性。《楞严经》："当知凡夫爱妄有而不见真空，二乘爱偏空而不见妙有，菩萨爱万行而不见中道，别教爱但中而不见法界，皆狂走也。"

[2] 普门：又作无量门。意指普及于一切之门。天台宗认为，《法华经》所说之中道、实相之理，即遍通于一切，无所壅塞，故诸佛菩萨乘此理，能开无量之门，示现种种身，以拔众生苦，成就菩提。又以此为根据而有"十普门"之说，即：慈悲普、弘誓普、修行普、断惑普、入法门普、神通普、方便普、说法普、成就众生普、供养诸佛普十普门。依此可顺序完成自行化他之德。

【概要】

可勋禅师，五代禅僧。俗姓朱。建州（今福建建瓯）人。师事清凉文益禅师得法，为法眼宗传人。住宣州（今安徽宣城）兴福院。有僧问："如何是道？"答曰："勤而行之。"

【参考文献】

《景德传灯录》卷二十六。

洪州上蓝院守讷禅师

上堂："尽令提纲[1]，无人扫地[2]。丛林兄弟，相共证明。晚进之流，有疑请问。"僧问："愿开甘露门，当观第一义。不落有无中，请师垂指示。"师曰："大众证明。"曰："恁么则莫相屈去也！"师曰："闲言语。"

问："如何是佛？"师曰："更问阿谁？"

【注释】

[1] 提纲：提起宗门要旨举说。此处讽刺那些空谈理论的禅林僧。

[2] 扫地：比喻脚踏实地修行的禅僧。扫地有五德，《毗奈耶杂事》曰："世尊在逝多林，见地不净，欲令彼乐福众生于胜田中植净业故，即自执彗欲扫林中。时舍利子、大目犍连、大迦叶波、阿难陀等诸大声闻，见是事已，悉皆执彗共扫园林。时佛世尊及圣弟子扫除已，入食堂中就座而坐。佛告诸苾刍：'凡扫地者有五胜利，云何为五？一者自心清净，二者令他心净，三者诸天欢喜，四者植端正业，五者命终之后当生天上。'"

【概要】

上蓝守讷禅师，五代禅僧，俗姓林，福州（今属福建）人。谒雪峰义存禅师得法，出居池州（今安徽贵池）和龙寿昌院。署号"妙空禅师"。

【参考文献】

《十国春秋》卷三十三；《景德传灯录》卷十九。

抚州覆船禅师

僧问："如何是佛?"师曰："不识。"

问："如何是祖师西来意?"师曰："莫谤祖师好!"

杭州奉先寺法瓖[1]法明普照禅师

僧问："释迦出世，天雨四华[2]，地摇六动。未审今日有何祥瑞?"师曰："大众尽见。"曰："法王法如是。"师曰："人王见在。"

问："法眼宝印，和尚亲传。今日一会，当付何人?"师曰："谁人无分?"曰："恁么则雷音普震无边刹去也。"师曰："也须善听。"

【注释】

[1] 瓖（guī）：古同"瑰"。

[2] 四华：指生于天界之四种花，为显示瑞兆之花。据《法华经·序品》《法华经文句》卷二下等载，即：曼陀罗华（赤华）、摩诃曼陀罗华（大赤华）、曼殊沙华（白华）、摩诃曼殊沙华（大白华）。《三藏法数》卷十九，称曼陀罗华为白华，曼殊沙华为赤华。四华为《法华》六瑞相中之第三，于佛入定时，自天上落下，故亦称四种天华。一般将四华与六种震动合称为四华六动。

化城慧朗禅师

庐山化城寺慧朗禅师，江南相国宋齐丘[1]请开堂，师升座曰："今日令公[2]请山僧为众，莫非承佛付嘱，不忘佛恩。众中有问话者出来，为令公结缘。"僧问："令公亲降，大众云臻，从上宗乘，请师举唱。"师曰："莫是孤负令公么?"

问："师常苦口，为甚么学人己事不明？"师曰："阇黎甚么处不明？"曰："不明处，请师决断。"师曰："适来向汝道甚么？"曰："恁么则全因今日去也。"师曰："退后！"礼三拜[3]。

【注释】

[1] 宋齐丘（887~959年）：本字超回，改字子嵩，吉州庐陵（今江西吉安）人，世出洪州（今南昌）官僚世家，烈祖建国（937年）以为左丞相，迁司空，享年七十三岁，谥缪丑。为文有天才，自以古今独步，书札亦自矜炫，而嗤鄙欧、虞之徒。历任吴国和南唐左右仆射平章事（宰相），晚年隐居九华山。

[2] 令公：对中书令的尊称。中唐以后，节度使多加中书令，使用渐滥。

[3] 礼三拜：旧校本标点有误，"礼三拜"非禅师所说的话，不能进入引号内，是叙述僧人听完话后的动作。

杭州慧日永明寺道鸿通辩禅师

僧问："远离天台境，来登慧日峰。久闻师子吼，今日请师通。"师曰："闻么？"曰："恁么则昔日崇寿，今日永明也。"师曰："幸自灵利，何须乱道！"乃曰："大道廓然，古今常尔。真心周遍，如量之智皎然。万象森罗，咸真实相。该天括地[1]，亘古亘今。大众还会么？还辨白得么？"

僧问："国王嘉命，公贵临筵，未审今日当为何事？"师曰："验取。"曰："此意如何？"师曰："甚么处去来？"曰："恁么则成造次[2]也。"师曰："休乱道。"

【注释】

[1] 该天括地：这是禅林中禅师形容自性清净心超越了相对的界限，如巨人顶天立地，与天地同体，没有比他更大的了。禅师们常常与"亘古亘今"（《续刊古尊宿语要集》第二）、"越圣超凡"（《碧岩录》卷五十九）等语连用。"亘古亘今"是指时间上的无始无终，"该天括地"是指空间上的无边无际。

[2] 造次：轻率，随便。

高丽国灵鉴禅师

僧问："如何是清净伽蓝？"师曰："牛栏是。"

问："如何是佛？"师曰："拽出癫汉著。"

荆门上泉和尚

僧问："二龙争珠，谁是得者？"师曰："我得。"

问："远远投师，如何一接？"师按杖视之，其僧礼拜，师便喝。

问："尺壁[1]无瑕时如何？"师曰："我不重。"曰："不重后如何？"师曰："火里蝍蟟飞上天[2]。"

【注释】

[1] 尺壁：古玉器名。直径一尺的大壁，言其珍贵。

[2] 火里蝍（jí）蟟（liáo）飞上天：禅家所谓之"无义句"。蝍蟟（一种小虫）怎么可能活在火里，更不可能飞上天。隐寓真如实相、微妙禅法无法用通常语句表达。本书第十八章"泗洲用元"条："一二三四五，火里蝍蟟吞却虎。六七八九十，水底泥牛波上立。"同章"大沩祖璨"条："上堂：'道无定乱，法离见知。言句相投，都无定义。自古龙门无宿客，至今鸟道绝行踪。欲会个中端的意，火里蝍蟟吞大虫（老虎）。咄！'"

大林僧遁禅师

庐山大林寺[1]僧遁禅师，初住圆通。有僧举："僧问玄沙：'向上宗乘，此间如何言论？'沙曰：'少人听'。未审玄沙意旨如何？"师曰："待汝移却石耳峰[2]，我即向汝道。"

（归宗柔别云："且低声。"）

【注释】

[1] 大林寺：在今江西省九江市南庐山上，与西林、东林寺合称三大名寺。《清一统志·九江府二》：上大林寺"在庐山西大林峰南。晋建。元末毁。明宣德中重建。寺前有宝树二，曲干垂枝，圆旋如盖。又中大林寺在庐山锦涧桥北，下大林寺在桥西"。

[2] 石耳峰：在今江西省九江市西南。《清一统志·九江府一》：石耳峰"在德化县西南三十里庐山圆通寺东南。双峰并耸，形如两耳"。

池州仁王院缘胜禅师

僧问："农家击壤[1]时如何？"师曰："僧家自有本分事。"曰："不问僧家本分事，农家击壤时如何？"师曰："话头何在？"

【注释】

[1] 击壤：《艺文类聚》卷十一引晋代皇甫谧《帝王世纪》："（帝尧之世）天下大和，百姓无事，有五十老人击壤于道。"后因以"击壤"为颂太平盛世的典故。南朝宋代谢灵运《初去郡》："即是羲唐化，获我击壤情。"

第三节　青原下十世

天台韶国师法嗣

永明延寿禅师

杭州慧日永明延寿智觉禅师，余杭王氏子。总角[1]之岁，归心佛乘。既冠，不茹荤，日唯一食。持《法华经》，七行俱下，才六旬[2]，悉能诵之，感群羊跪听。

年二十八，为华亭镇将[3]。属[4]翠岩参禅师迁止龙册寺，大阐玄化。时吴越文穆王知师慕道，乃从其志。遂礼翠岩为师，执劳供众，都忘身宰。衣不缯纩[5]，食无重味。野蔬布襦[6]，以遣朝夕。

寻往天台山天柱峰，九旬习定，有鸟类斥鴳[7]，巢于衣襜[8]中。暨谒韶国师，一见而深器之，密授玄旨。仍谓师曰："汝与元帅[9]有缘，他日大兴佛事。"

初住雪窦，上堂："雪窦这里，迅瀑千寻[10]，不停纤粟[11]。奇岩万仞[12]，无立足处。汝等诸人，向甚么处进步？"僧问："雪窦一径，如何履践？"师曰："步步寒华[13]结，言言彻底冰。"

师有偈曰："孤猿叫落中岩月，野客吟残半夜灯。此境此时谁得意？白云深处坐禅僧。"

忠懿王请开山灵隐新寺。明年，迁永明大道场，众盈二千。

僧问："如何是永明妙旨？"师曰："更添香著。"曰："谢师指示。"师曰："且喜没交涉。"僧礼拜，师曰："听取一偈：'欲识永明旨，门前一湖水。日照光明生，风来波浪起。'"

问："学人久在永明，为甚么不会永明家风？"师曰："不会处会取。"曰："不会处如何会？"师曰："牛胎生象子，碧海起红尘[14]。"

问："成佛成祖，亦出不得。六道轮回，亦出不得。未审出甚么处不得？"师曰："出汝问处不得。"

问："教中道：'一切诸佛及诸佛法，皆从此经出[15]。'如何是此经？"师曰："长时转不停，非义亦非声。"曰："如何受持？"师曰："若欲受持者，应须著眼听。"

问："如何是大圆镜？"师曰："破砂盆[16]。"

师居永明十五载，度弟子一千七百人。开宝七年，入天台山度戒约万余人。常与七众[17]授菩萨戒，夜施鬼神食，朝放诸生类，不可称算。六时[18]散华行道[19]，余力念《法华经》，计万三千部。著《宗镜录[20]》一百卷，诗偈赋咏凡千万言，播于海外。高丽国王览师言教，遣使赍书，叙弟子之礼，奉金线织成袈裟、紫水精珠、金澡罐等。彼国僧三十六人皆承印记，前后归本国，各化一方。

开宝八年十二月示疾，越二日焚香告众，跏趺而寂。塔于大慈山。

【注释】

[1] 总角：古时儿童束发为两结，向上分开，形状如角，故称总角。

[2] 六旬：六十天。

[3] 镇将：官名。北魏沿北边置六镇，其统辖军民者称镇将，次一级的称副镇将。唐代边防也置镇，分上中下三等。上镇，镇将一人，正六品下；镇副二人，正七品下；还有仓曹参军事等。中镇，镇将一人，正七品上；镇副一人，从七品上。下镇，镇将一人，正七品下；镇副一人，从七品下。镇将、镇副，掌捍防守御。见《历代职官简释·镇将》《新唐书·百官四下》。

[4] 属：正，恰逢，适逢。

[5] 缯（zēng）纩（kuàng）：缯帛与丝绵的并称。不缯纩，指衣服不华贵。《列子·汤问》："不待五谷而食，不待缯纩而衣。"

[6] 布襦（rú）：布製的短衣。此处指穿着简朴。

[7] 斥鷃（yàn）：亦作"斥鴳"。即鷃雀。《庄子·逍遥游》："斥鴳笑之曰：'彼且奚适也?'"陆德明释文引司马彪曰："斥，小泽也。本亦作'尺'。鴳，鷃雀也。"成玄英疏："鷃雀，小鸟。"

[8] 襵（zhě）：衣裙或头巾上的褶皱。

[9] 元帅：指吴越王钱俶，曾经助宋太祖平江南，被宋朝封为天下兵马大元帅。

[10] 寻：古代长度单位，一般为八尺。

[11] 纤粟：本比喻细微，此处指瀑布落下来的时间很快。

[12] 万仞（rèn）：古代八尺为仞，万仞，形容山极高。

[13] 寒华：因气候寒冷而凝结成的霜花。

[14] 牛胎生象子，碧海起红尘：凡是如此不可思议的话，禅家都称为"无义句"。如上文"石羊水上行，木马夜翻驹""蝍蟟火里飞上天"以及后文"火里蝍蟟吞却虎""火里蝍蟟吞大虫"等都相似。这种无义理之语，多指超越情识知见、截断学人解心的奇特语句。

[15] 一切诸佛及诸佛法，皆从此经出：原文出自《金刚经》："须菩提！一切诸佛及诸佛阿耨多罗三藐三菩提法，皆从此经出。"

[16] 砂盆：瓦盆。

[17] 七众：出自《仁王护国经》并《翻译名义》。七众者，谓出家五众，比丘、比丘尼、沙弥、沙弥尼、式叉摩那；在家二众，优婆塞、优婆夷也。（参见《三藏法数》）

[18] 六时：指昼夜六时。乃将一昼夜分为六时，即晨朝、日中、日没（以上为昼三时）、初夜、中夜、后夜（以上为夜三时）。

[19] 行道：指排列成行以绕行礼拜。一般指绕佛、绕堂而言。又指"经行"而言。即于坐禅之间，起身走动以舒缓身心之步行。

[20] 宗镜录：共一百卷。又作《宗鉴录》《心镜录》。永明延寿禅师著，成书于宋太祖建隆二年（961年）。收于《大正藏》第四十八册。本书广收大乘经论六十部，及印度、中国圣贤三百人之著作等汇编而成。其内容详述诸佛之大意与经论之正宗。全书立论重在顿悟、圆修，所谓"禅尊达磨，教尊贤首"为其中心思想，为昭示禅教一致之修禅要文集。

【概要】

延寿禅师（904~975年），唐末五代僧。净土宗六祖，法眼宗三祖。临安府余杭（今浙江杭州）人，俗姓王。字仲玄。号抱一子。初为吏，又迁华亭镇将，督纳军需。他因为自幼信佛，戒杀放生，擅自动用库钱买鱼虾等物放生，事发被判死刑，押赴市曹而面无戚容。典刑者怪而问之，他回答说："动用库钱是为了放生，自己没有私用一文，于心无愧。"因此，被无罪释放，并听其从龙册寺翠岩禅师出家，时年三十。

后往天台山参谒德韶国师，初习禅定，得其玄旨，嗣其法，为法眼宗传人。后于国清寺行法华忏，颇有感悟，于是朝放诸生类，夕施食鬼神，读诵《法华经》，又精修净业。后住明州雪窦山传法，法席甚盛，并复兴杭州灵隐寺。

建隆二年（961年）应吴越王钱俶之请，迁永明大道场（即净慈寺），接化大众，故世称"永明大师"。师倡禅净双修之道，指心为宗，四众钦服，住永明十五年，时人号慈氏下生。忠懿王赐"智觉禅师"号，从学的多至二千余人。《宗镜录》一百卷在此寺的演法堂定稿，因此改名为宗镜堂。开宝七年（974年），又入天台山传菩萨戒，求受者约万余人。开宝八年示寂，世寿七十二。

禅师召集慈恩、贤首、天台三宗僧人，辑录印度、中国圣贤二百人之著书，广搜博览，互相质疑，而成《宗镜录》一百卷。对当时各宗派间之宗旨分歧，持调和之态度。高丽王见此书，乃遣使叙弟子之礼，并派国僧三十六人前来学法，法眼之禅风遂盛行于海东。另著有《万善同归集》六卷、《神栖安养赋》一卷、《唯心诀》一卷等六十余部。

【参考文献】

《宋高僧传》卷二十八；《景德传灯录》卷二十六；《传法正宗记》卷八；《宗门统要续集》卷二十；《佛祖统纪》卷二十六。

【拓展阅读】

吕澂《中国佛学源流略讲》第九讲：

"延寿关于禅教统一的思想来自宗密，因而他就从'顿悟''圆修'上立论。顿为南宗所特别提倡，圆则指《华严》教而言，以南宗的顿悟和《华严》的圆修结合起来，就成了延寿全部议论的基础。延寿自己说：'凡称知识，法尔须明佛语，印可自心。若不与了义一乘相应，设证圣果，亦非究竟。'他所以要引证佛语，就是要用来印证自己所说所想的是否正确。这也就是他崇拜《华严》的原因，因为就教言，《华严》是了义的，一乘的，可谓究竟了。同时，他还引用历代祖师语录来证明自己的看法，特别引用了他所重视的南阳慧忠的话：'禅宗法者，应依佛语一乘了义，契取本原心地，转相授受，与佛道通。'只要以教来发明心地，自然就会与佛道相通。继之，他还说：'（上略）纵依师匠，领受宗旨，若与了义教相应，即可依行，若不了义教，互不相许。'这就是说，师徒授受也是以教为标准的。若与教不符，师徒可以互不承认。由此证明，他是把教放在头等重要位置的。这样说法也可上溯到宗密。宗密力主顿悟，但不废渐修。由宗密这样的解释，自然会有慧忠那样的结论。因为宗密所说的顿悟并不是指证悟而只是解悟，证悟还需要修习。慧忠所讲的悟（契教心地）重在解悟，所以要教的印可，亦即看看解的对不对。

"但是，由于延寿过于重视禅教的统一，所以比起宗密的议论更进了一层，以致把教中的一些界限弄模糊了。例如，他对法相唯识部分作了特别详细的引用，但分不清其间的区别，夹杂了好些似是而非的议论。他把《起信论》也拿来作为法相唯识学说的骨子，这还情有可原，至于把很明显的伪书《释摩诃衍论》（说是龙树对《起信论》的注解）也与法相唯识一般看待，就将教弄糊涂了。对待禅宗各家也有类似的情形，对北宗他还划了一个界限，对南宗各家，则加以无原则的调和，无所区别。早在宗密时，即已指出南宗有荷泽、洪州、牛头三大家，且作了高下之分；到延寿时更有了二系五派，他们之间是有分歧的，而延寿却持混沌一体的看法。因此，他不但对教不清楚，对宗也模糊。在《宗镜录》最后引证的一章中，引用各家祖师之说，几乎辨别不出有何不同之点。这种作法可说是他有意识地在进行调和。这样，就使得作为青原一系的后继者，未能很好地保持这一系的精神，而法眼宗本身也没有传几代就趋向衰竭了，以后倒还是由云门、曹洞两派继承青原系的精神传承下去的。

"延寿本人在提倡禅法的同时，还注意净土的实践。这倒表现出他与南岳系禅师的作风截然不同。南岳系提倡无著、无作、无修，放任自然，即此为修道，不再专修何种法门。延寿则作种种修习，据传记说，他对自己主张的净土，躬行实践，非常严格，订出日课，丝毫不苟。他还说华严'圆教宗旨，理行齐敷（即相并安排），悲智交济，不废善行（见所著《万善同归集》）'，特别发挥了此种主张，这就可以看出，他把禅宗各家看成一样，但在实行上又提倡以净土为主，完全是与南岳的放任自然，对于好事和坏事都置之不同相对立的。这就显得禅宗各家在实行上还是有差别，至少两大系是不同的。

"延寿的这些思想对宋代禅师的影响很大，他们一方面打破南岳与青原的界限，将其理论看成一样，另一方面而又以禅与净土作为共同的实践。这样做使禅宗扩大在群众中的影响倒是很有利的。因为单纯讲禅比较奥妙，一般群众不易理解，现在和净土一结合，肯定万善同归，这就便于群众接受了。

"在禅师的思想方面，尽管延寿持调和会通的态度难于看出各家的特殊成就，但也由于会通却使许多问题自然地被提了出来，暴露出来。例如，对于'以心传心'的心的议论就是如此。宗密认为，禅宗是'以心传心'的，但在荷泽神会之前，都是'默传密付'，所指之心，就不免各有领会。这种传法很模糊，还有误入歧途的危险。而神会不惜眉毛（禅家以为泄露秘密就会得麻疯病脱落眉毛），指出此心'以知为体'，犹如水以湿为体，这就使心体异常明白了。因此，从宗密看来，这是神会了不起的贡献。延寿仍采取这种解释，并且十分强调，将各家的议论拼凑起来为之证明。但是，这样一来这方面的问题就都提出来了。如以唯识说，万法不离心，一方面固然会发生石头也在心内等问题，同时也提出墙壁木石等无情物也是心之一体，心既以知为性，种种无知之物是否也有知呢？有知即有佛性，无情之物是否也有佛性？以后甚至还提出无情之物也说法等一连串问题。——这些问题原来是分见于各别著作语录之中的，如湛然认为一切无情也有佛性，慧忠认为无情也在说法（有人问他，为何听不到？他答，我也听不到，因为无情说法只有无情得闻），但是问题是分散的，现在集中在一起，就又成为问题了。再后，还把佛性联系到善恶行为上，认为若善恶行为同出一心，应同一性，就应有本性善、本性恶，由此有'性恶'之说。阐提无佛性，但有性善为什么不会成佛？那是因为他们无修善；佛有性恶仍然是佛，这是因为佛无修恶，由是又提出一阐提是否性善或性恶的议论。最后，还发生善恶行为是否可以同样地做佛事的问题。总之，延寿采取荷泽知为心体之说，同时又集中了各家的议论，遂把问题暴露出来。他本人虽只主调和而未能解决，但由此重新引起人们的注意，对以后禅家的思想来说还是有相当影响的。"

长寿朋彦禅师

苏州长寿院朋彦广法禅师，永嘉秦氏子。

僧问："如何是玄旨？"师曰："四棱塌地[1]。"

问："如何是绝丝毫底法？"师曰："山河大地。"曰："恁么则即相而无相也。"师曰："也是狂言。"

问："如何是径直之言？"师曰："千迂万曲。"曰："恁么则无不总是也。"师曰："是何言欤？"

问："如何是道？"师曰："跋涉不易。"

【注释】

[1] 四棱塌地：四个脚都踏在地上，比喻非常稳固，意在做人要踏踏实实。四棱：亦作"四楞"，四周，此处指四个脚。

【概要】

朋彦禅师，五代禅僧，俗姓秦，永嘉（今浙江温州）人。师事天台德韶国师，嗣其法，为法眼宗传人。住苏州长寿院。能诗善文，时以经史语入对话，士大夫乐与之游。有僧问："如何是径直之言？"答曰："千迂万曲。"又问："如何是道？"答曰："跋涉不易。"署号"广法禅师"。

【参考文献】

《景德传灯录》卷二十六。

温州大宁院可弘禅师

僧问："如何是正真一路？"师曰："七颠八倒。"曰："恁么则法门无别去也。"师曰："我知汝错会去。"

问："皎皎地无一丝头时如何？"师曰："话头已堕。"曰："乞师指示。"师曰："适来亦不虚设。"

问："向上宗乘，请师举扬。"师曰："汝问太迟生！"曰："恁么则不仙陀去也。"师曰："深知汝恁么去。"

【概要】

可弘禅师，宋代禅僧。师事天台德韶国师得法，为法眼宗传人。住温州（今属浙江）大宁院。有僧问："如何是正真一路？"答曰："七颠八倒。"

【参考文献】

《景德传灯录》卷二十六。

五云志逢禅师

杭州五云山[1]华严院志逢禅师，余杭人也。生恶荤血，肤体香洁。

幼岁出家于临安东山朗瞻院，依年受具。通贯三学，了达性相。尝梦升须弥山，睹三佛列坐。初释迦，次弥勒，皆礼其足。唯不识第三尊，但仰视而已。释尊谓之曰："此是补弥勒处师子月佛[2]。"师方作礼。觉后因阅大藏经，乃符所梦。

天福中，游方抵天台云居，参国师，宾主缘契，顿发玄秘。

一日，入普贤殿中宴坐，倏有一神人跪膝于前。师问："汝其谁乎？"曰："护戒神[3]也。"师曰："吾患有宿愆未殄[4]，汝知之乎？"曰："师有何罪？唯一小过耳。"师曰："何也？"曰："凡折钵水[5]，亦施主物。师每倾弃，非所宜也。"言讫而隐，师自此洗钵水尽饮之，积久因致脾疾，十载方愈。（凡折退饮食，及涕唾便利[6]等，并宜鸣指[7]，默念咒，发施心而倾弃之。）

吴越国王向师道风，召赐紫衣，署"普觉禅师"，命住临安功臣院。

上堂："诸上座舍一知识，参一知识，尽学善财南游之式样。且问上座，只如善财礼辞文殊，拟登妙峰谒德云比丘，及到彼所，何以德云却于别峰[8]相见？夫教意祖意，同一方便，终无别理。彼若明得，此亦昭然。诸上座即今簇[9]着老僧，是相见是不相见？此处是妙峰，是别峰？脱或[10]从此省去，可谓不孤负老僧。亦常见德云比丘，未尝刹那相舍离。还信得及么？"

僧问："丛林举唱，曲为今时，如何是功臣[11]的的意？"师曰："见么？"曰："恁么则大众咸欣也。"师曰："将谓师子儿。"

问："佛佛授手，祖祖传心。学人承当不得，还别有人承当得否？"师曰："大众笑汝。"

问："如何是如来藏[12]？"师曰："恰问着。"

问："如何是诸佛机[13]？"师曰："道是得么。"

上堂，良久曰："大众看看。"便下座。

上堂："古德为法行脚，不惮勤劳。如雪峰三到投子，九上洞山，盘桓往返，尚求个入路不得。[14]看汝近世参学人，才跨门来，便要老僧接引，指示说禅。且汝欲造玄极之道，岂同等闲？而况此事亦有时节，躁求焉得？汝等要知悟时么？如今各且下去，堂中静坐，直待仰家峰点头，老僧即为汝说。"时有僧出，曰："仰家峰点头也，请师说。"师曰："大众且道，此僧会老僧语，不会老僧语？"僧礼拜，师曰："今日偶然失鉴。"

有人问僧："无为无事人，为甚么却有金锁难？"僧无对。师代云："只为无为无事。"

僧问："教中道，文殊忽起佛见、法见，被佛威神摄向二铁围山[15]，意旨如何？"师曰："甚么处是二铁围山？"僧无语。师曰："还会么？如今若有人起佛、法之见，吾与烹茶两瓯。且道赏伊罚伊？同教意不同教意？"

开宝四年，大将凌超于五云山创院，奉师为终老之所。师每携大扇乞钱，买肉饲虎。虎每迎之，载以还山。雍熙二年示寂，塔于本院。

【注释】

[1] 五云山：在今浙江杭州市西南。宋《淳祐临安志》卷八记载五云山，"《旧图经》云：在钱塘县，约高百丈，周回一十五里，山中有真际院，岭上有天井，大旱水不竭"。"真际院"原为"静虑庵"，吴越大将凌超创建为志逢禅师终老之所。后改为"五云寺"。

[2] 师子月佛：出自《师子月佛本生经》。佛住竹园，须蜜比丘缘树上下，与八万四千金色之猕猴跳戏，大众讥嫌。频婆沙罗王诣佛问之。佛言比丘即是师子月佛，补弥勒之处，并说猕猴之往因，授菩萨之记。

[3] 护戒神：守护佛所制戒的善神。已经三归依的人，有三十六部的善神保护他，又受持五戒的人，因每戒各有五神，所以一共有二十五位善神保护他。

[4] 吾患有宿愆（qiān）未殄（tiǎn）：我担心有过去的罪过没有消灭。宿愆，指过去的罪过或前世的罪过。殄：尽，绝。

[5] 折钵水：亦作"弃钵水""折水"。指丢弃洗钵盂的水。折，毁弃。《佛光大辞典》："其义有二：一指丛林斋粥之后，将洗涤钵、盂、匙、箸等器之水弃之。二指洗涤钵、盂等之水。又称弃钵水。折，即毁弃、舍弃之意。折水之时，馔子（钵之一种）之口须向内倾。据宗寿之《入众须知》载，不可使用熟水（开水）来洗钵折水，折水之时，勿使余水溅湿地上，亦不可发出任何声音，而未折水时，不收盖膝之巾。在倒水入折水桶时，所唱之偈，称为折水偈。此外，容纳折水之器，称为折水器。此器多使用桶子，故又称折水桶；其形状似普通之小桶，然桶之一边附柄。"

[6] 便利：大小便。《法华经·授记品》曰："便利不净。"

[7] 鸣指：弹响手指。随喜的意思，见人做善事或离苦得乐而心生欢喜。《妙法莲华经·如来神力品》："释迦牟尼佛及宝树下诸佛现神力时，满百千岁，然后还摄舌相。一时謦欬，俱共弹指，是二音声，遍至十方诸佛世界，地皆六种震动。"智顗注："弹指者，随喜也。"

[8] 别峰：别的山峰。旧校本标点有误，"别峰"下不能画线，因为不是专有名词。

[9] 簇（cù）：围着，拥着。

[10] 脱或：倘或。

[11] 功臣：本指禅师所居功臣院，此处代指"五云志逢禅师"，旧校本未作专有名词而下画线，有误。

[12] 如来藏：藏即含藏也。谓真如法性之体，不离一切众生色心，具足圆满染净诸法，是名如来藏。

[13] 佛机：一切诸法中，悉以等观入，一切无碍人，一道出生死，是名佛机。等观者，即非空非假，平等中道观也。一道出生死者，以中道观，顿断诸惑，顿出生死也。（见《三藏法数》）

[14] 如雪峰三到投子，九上洞山，盘桓往返，尚求个入路不得：例如雪峰三次到投子山，九次登上洞山，盘桓往返，尚且找不到入门的路径。旧校本标点有误，又将"雪峰"误写成"云峰"。

[15] 铁围山：越过铁围山就是地狱。佛教之世界观以须弥山为中心，其周围共有八山八海围绕，最外侧之山即称铁围山。铁围山外复有一重大铁围山，两山之间有八大地狱。

【概要】

志逢禅师，五代禅僧，余杭（今属浙江）人。幼年于临安（今浙江杭州）东山朗瞻院出家，依年受具。通贯三学，了达性相。天福（947～948年）中，游方抵天台云居谒德韶国师，宾主缘契，顿发玄秘，嗣其法，为法眼宗传人。吴越王慕其道风，召赐紫衣，署"普觉禅师"，命住临安功臣院。开宝四年（971年），大将凌超于五云山创院，奉志逢为终老之所。

【参考文献】

《景德传灯录》卷二十六；咸淳《临安志》卷七十。

杭州报恩法端慧月禅师

上堂："数夜与诸上座东语西话，犹未尽其源。今日与诸上座大开方便，一时说却，还愿乐也无？久立，珍重！"

僧问："学人怎么上来，请师接。"师曰："不接。"曰："为甚么不接？"师曰："为汝太灵利。"

【概要】

慧月禅师，五代禅僧。参天台德韶国师得悟，嗣其法，为法眼宗传人。住杭州报恩光教寺，署"慧月禅师"。

【参考文献】

《景德传灯录》卷二十六。

杭州报恩绍安通辩明达禅师

上堂，僧问："大众侧聆，请师不吝。"师曰："奇怪。"曰："怎么则今日得遇于师也。"师曰："是何言软！"乃曰："一句染神，万劫不朽。今日为诸人举一句子。"良久曰："分明记取。"便下座。

上堂："幸有楼台匝地[1]，常提祖印，不妨诸上座参取。久立，珍重！"

僧问："如何是和尚家风？"师曰："一切处见成。"曰："怎么则亘古亘今也。"师曰："莫闲言语。"

【注释】

[1] 匝地：遍地。唐代王勃《还冀州别洛下知己序》："风烟匝地，车马如龙。"

【概要】

绍安禅师，宋代禅僧。师事天台德韶国师得法，为法眼宗传人。住杭州报恩寺。有僧问："如何是和尚家风？"答曰："一切处见成。"署号"通辩明达禅师"。

【参考文献】

《景德传灯录》卷二十六。

广平守威禅师

福州广平院守威宗一禅师，本州人也。参天台国师得旨，乃付衣法。时有僧问："大庾岭头提不起，如何今日付于师？"师提起[1]曰："有人敢道天台得么？"

上堂："达磨大师云：'吾法三千年后，不移丝发。'山僧今日不移达磨丝发。先达之者，共相证明；若未达者，不移丝发。"

僧问："洪钟韵绝，大众临筵。祖意西来，请师提唱。"师曰："洪钟韵绝，大众临筵。"

问："古人云：'任汝千圣见，我有天真佛[2]。'如何是天真佛？"师曰："千圣是弟。"

问："如何是广平家风？"师曰："谁不受用？"

上堂："不用开经[3]作梵[4]，不用展钞、牒、科[5]，还有理论[6]处也无？设有理论处，亦是方便之谈。宗乘事合作么生？"

问："如何是西来意？"师曰："未曾有人答得。"曰："请师方便。"师曰："何不更问？"

【注释】

[1] 提起：提起衣服的动作。《景德传灯录》作"拈起衣"。

[2] 天真佛：法身佛之异名。谓众生本具之理性，天真独朗者。《证道歌》曰："法身觉了无一物，本源自性天真佛。"《宗镜录》十六曰："祖佛同指此心而成于佛，亦名天真佛、法身佛、性佛、如如佛。"同三十一曰："寒山诗云：'寒山居一窟，窟中无一物。净洁空堂堂，皎皎明如日。粝食资微躯，布裘遮幻质。任汝千圣现，我有天真佛。'"由此可知道本文"任汝千圣见，我有天真佛"出自寒山诗。

[3] 开经：宣说本经之前，先讲述另一部可视为本经序论的经，谓之开经；而于宣说本经之后，再宣说一部可作结论的经，谓之结经。又，开始翻阅经文之意，又称开轴。一般在读诵经文之前，多先唱念："无上甚深微妙法，百千万劫难遭遇，

我今见闻得受持，愿解如来真实义"之偈。此偈即称为"开经偈"。

[4] 作梵：法事之初，作梵呗止息场内之喧乱也。

[5] 钞、牒（dié）、科：三种诠释经论的方法。钞：节略广博之文义，包括采摘与包摄。牒：牒文作释之略称。将长篇文章分成段落，称为牒文；若依其所分，逐段加以解释，称为牒释。此系解释经论所用方法之一。科：指注释经论时对全经文句所作的段落分判。为我国古代注经者常用的诠释方式。也称分科、科段、科节、科判，略称为"科"。此中，分判为大段落称为大科，分判为小段落称为细科。依据分科可以获知该书之简明内容及义旨脉络，并能定出注释者对于该书之大体见解。我国古来对经论等之注释之风颇盛，因而疏、钞之类为数颇多，其中多用科判之法，因而科判之法日渐细微，颇有繁琐之弊。

[6] 理论：以千差万别之事相作讨论，叫作事论，若以平等之理体作讨论，即叫作理论。

【概要】

守威禅师，五代禅僧。福州（今属福建）人。参天台德韶国师得旨，乃付衣法，为法眼宗传人。住福州广平院。有僧问："如何是广平家风？"答曰："谁不受用？"署号"宗一禅师"。

【参考文献】

《景德传灯录》卷二十六。

报恩永安禅师

杭州报恩永安禅师，温州翁氏子。幼依本郡汇征大师出家。后唐天成中，随本师入国[1]，忠懿王命征为僧正[2]。师尤不喜俗务，拟潜往闽川投访禅会。属路岐艰阻，遂回天台山结茅。寻遇韶国师开示，顿悟本心，乃辞出山。征闻于王，王命住越州清泰，次召居上寺，署"正觉空慧禅师"。

上堂："十方诸佛，一时云集，与诸上座证明。诸上座与佛一时证明，还信么？切忌卜度[3]。"

僧问："四众云臻，如何举唱？"师曰："若到诸方，切莫错举。"曰："非但学人，大众有赖。"师曰："礼拜着！"

问："五乘[4]三藏[5]，委者颇多。祖意西来，乞师指示。"师曰："五乘三藏。"曰："向上还有事也无？"师曰："汝却灵利。"

问："如何大作佛事？"师曰："嫌甚么！"曰："恁么则亲承摩顶去也。"师曰："何处见世尊？"

问："如何是西来意？"师曰："过这边立。"僧才移步，师召曰："会么？"曰："不会。"师曰："听取一偈：'汝问西来意，且过这边立。昨夜三更时，雨打虚空湿。电影忽然明，不似蚰蜒急[6]。'"

开宝七年示疾，告众言别。时有僧问："昔日如来正法眼，迦叶亲传。未审和尚玄风，百年后如何体会？"师曰："汝甚么处见迦叶来？"曰："恁么则信受奉行，不忘斯旨去也。"师曰："佛法不是这个道理。"言讫，跏趺而寂。阇维舌根不坏，柔软如红莲华，藏于普贤道场。

【注释】

[1] 国：指吴越国京城杭州。

[2] 僧正：僧官之一。又称僧主。为统领教团，并匡正僧尼行为之僧官，乃僧团中之最高职官。始于魏晋南北朝时代，为中央僧官之职称。唯自唐宋以来，多为地方僧官，中央另设僧职机构。此职原称僧主，其后则僧主、僧正并用。

[3] 卜度：推测，臆断。

[4] 五乘：一般指人乘、天乘、声闻乘、缘觉乘、菩萨乘。

[5] 三藏：经、律、论三藏是佛典的总称，佛陀一生所说的教法，后来弟子分类结集为三大部类，故称三藏。精通三藏的僧人称三藏法师。

[6] 昨夜三更时，雨打虚空湿。电影忽然明，不似蚰（yóu）蜒（yán）急：禅宗无义句，参见本书所注释的"无义句"。昨天三更的时候，下雨把虚空打湿了。闪光好像才明白，原来我的光如蚰蜒爬行一样慢。电影：闪电的光。蚰蜒：与蜈蚣同类的节肢动物，体略小，生活在潮湿的地方。此以小虫爬行，比喻行走的速度很慢。按通常情理无法解释的奇特语句，禅家称为"无义句"，与"有义句"相对。

【概要】

永安禅师，五代禅僧。俗姓翁，一作俗姓温，温州（今属浙江）永嘉人。幼年依本郡汇征大师出家，拟潜往闽川投访禅会，由于路途险阻而未成，遂回天台山结茅而居，遇德韶国师开示，顿悟本心，嗣其法，为法眼宗传人。后辞师出山，吴越王命住越州（今浙江绍兴）清泰院，又召居杭州报恩寺，署"正觉空慧禅师"。

【参考文献】

《宋高僧传》卷二十八；《景德传灯录》卷二十六。

光圣师护禅师

广州光圣院师护禅师，闽人也。自天台得法，化行岭表。国主刘氏创大伽蓝，请师居焉，署"大义禅师"。

僧问："昔日梵王请佛，今日国主临筵。祖意西来，如何举唱？"师曰："不要西来，山僧已举唱了也。"曰："岂无方便？"师曰："适来岂不是方便？"

问："学人乍入丛林，西来妙诀，乞师指示。"师曰："汝未入丛林，我已示汝了也。"曰："如何领会？"师曰："不要领会。"

【概要】

师护禅师，五代禅僧，闽人。师事天台德韶国师得法，为法眼宗传人。化行岭外，南汉主待以师礼，于广州创光圣院请其居住，署"大义禅师"。约寂于宋太平兴国初年（976～997年）。

【参考文献】

《景德传灯录》卷二十六。

奉先清昱禅师

杭州奉先寺清昱禅师，永嘉人也。忠懿王召入问道，创奉先居之，署"圆通妙觉禅师"。

僧问："如何是西来意？"师曰："高声举似大众。"

【概要】

清昱禅师，五代禅僧。永嘉（今浙江温州）人。参天台德韶国师得法，为法眼宗传人。吴越忠懿王召入问道，于杭州创奉先寺，命清昱居之，署号"圆通妙觉禅师"。有僧问："如何是西来意？"答曰："高声举似大众。"

【参考文献】

《景德传灯录》卷二十六；《十国春秋》卷八十九。

台州紫凝普闻寺智勤禅师

僧问："如何是'空手把锄头[1]'？"师曰："但恁么谛信[2]。"曰："如何是'步行骑水牛'？"师曰："汝自何来？"

有偈示众曰："今年五十五，脚未蹋寸土。山河是眼睛，大海是我肚。"

太平兴国四年，有旨试僧经业。山门老宿，各写法名，唯师不闲[3]书札[4]。时通判李宪问："世尊还解书也无？"师曰："天下人知。"

淳化初，不疾，命侍僧开浴，浴讫，垂诚徒众，安坐而逝。塔于本山。三年后，门人迁塔发龛，睹师容仪俨若[5]，髭发仍长，遂迎入新塔。

【注释】

[1] 空手把锄头：出自南北朝善慧大士偈："空手把锄头，步行骑水牛。人从桥上过，桥流水不流。"参见本书第二章"善慧大士"注释。

[2] 谛信：确信，虔诚地相信。宗宝本《坛经》："自性具三身，发明成四智。不离见闻缘，超然登佛地。吾今为汝说，谛信永无迷。莫学驰求者，终日说菩提。"

[3] 闲：古同"娴"，熟习。

[4] 书札：书信。

[5] 俨若：容貌好像生前一样。

【概要】

智勤禅师，宋代禅僧。参天台德韶国师得法，为法眼宗传人。住台州（今浙江临海）紫凝普闻寺。太平兴国四年（979年），有旨试僧经业。山门老宿，各写法名上报，唯智勤不善于书札。通判李宪问："世尊还解书也无？"答曰："天下人知。"淳化初年（990～994年），安坐而逝。三年后发龛，面容如生，须发仍长，迁入新塔。

【参考文献】

《景德传灯录》卷二十六。

雁荡愿齐禅师

温州雁荡山愿齐禅师，钱塘江氏子。

上堂，僧问："夜月舒光，为甚么碧潭无影？"师曰："作家弄影[1]汉。"其僧从东过西立，师曰："不唯弄影，兼乃怖头[2]。"

【注释】

[1] 弄影：本谓演皮影戏，喻人生如光如影，一切世事言行并皆虚幻。影戏，用纸或皮剪成人物形相，以灯光映在帷幕上表演的民间戏剧。本书第十八章，胜因咸静："后晦处涟漪之天宁，示微疾，书偈曰：'弄罢影戏，七十一载。更问如何，回来别赛。'置笔而逝。"同章，道场居慧："上堂：'百尺竿头弄影戏，不唯瞒你又瞒天。自笑平生歧路上，投老归来没一钱。'"

[2] 怖头：谓迷失真性而惑于妄相。出自《楞严经》卷四："汝岂不闻室罗城中演若达多，忽于晨朝以镜照面，爱镜中头，眉目可见，瞋责己头，不见面目，以为魑魅，无状怖走。"宋代苏轼《次韵张甥棠美述志》："我今已习鹜子定，犹復晨朝怖头走。"

【概要】

愿齐禅师，又作"愿济禅师"，五代禅僧。俗姓江。钱塘（今浙江杭州）人。幼年于水心寺出家，受具足戒后习天台教法，精研止观。师事天台德韶国师得法，为法眼宗传人。入雁荡山潜修。开宝五年，吴越王长子于杭州西关建光庆寺，请禅师住持，不久固辞还山。寂于宋太平兴国（976～983年）中。

【参考文献】

《景德传灯录》卷二十六；《十国春秋》卷八十九。

普门希辩禅师

杭州普门寺希辩禅师，苏州人也。忠懿王命主越州清泰，署"慧智"，后迁上寺。

上堂："山僧素乏知见，复寡闻持[1]。顷虽侍立于国师，不蒙一句开示。以致今日与诸仁者聚会，更无一法可助发，何况能为诸仁者区别缁素[2]，商量古今？还怪得山僧么？若有怪者，且道此人具眼不具眼？有宾主[3]义，无宾主义？晚学初机，必须审细。"

僧问："如何是普门示现[4]神通事？"师曰："恁么则阇黎怪老僧去也。"曰："不怪时如何？"师曰："汝且下堂里思惟去。"

太平兴国三年，吴越王入觐[5]，师随宝塔至[6]，见于滋福殿[7]，赐紫衣，号"慧明禅师"。端拱中，乞还故里，诏从之，赐御制诗。忠懿王施金于常熟本山院，创砖浮图七级，高二百尺。功既就，至道三年八月示寂，塔于院之西北隅。

【注释】

［1］闻持：闻教法而忆持不忘，即陀罗尼也。《华严经》三十三曰："闻持无量诸佛正法。"《法华经·分别功德品》曰："菩萨摩诃萨得闻持陀罗尼门。"

［2］缁素：又称"缁白"，指僧俗。"缁"为黑，即穿着黑衣之出家僧侣；"素"即白，指穿着白衣之在家俗人（居士）。故"缁素"之词义即相当于"僧俗"。

［3］宾主：临济、曹洞二家各立四宾主，其义不同。临济之宾主为师弟之别名：一主中主，有师家鼻孔者。二宾中主，有学人鼻孔者。三主中宾，无师家鼻孔者。四宾中宾，无学人鼻孔者。曹洞之宾主为体用之异名。一主中宾，体中之用也。二宾中主，用中之体也。三宾中宾，用中之用，于头上安头也。四主中主，体中之体，物我双亡，人法俱泯也。

［4］普门示现：谓佛菩萨神通自在，示现种种身，开无量法门，使众生得证圆通。《法华经·观世音菩萨普门品》详说观世音菩萨之化导，观世音以三十三相、十九说法为其普门示现之用。

［5］入觐（jìn）：指地方官员入朝进见帝王。

［6］师随宝塔至：禅师跟随敬献的宝塔同至。

［7］滋福殿：北宋禁宫中宫殿名，后改为皇仪殿。

【概要】

希辩禅师（921~997年），苏州常熟（今属江苏）人。幼年从延福院启祥落发，受具足戒。初于楞伽山学律，后参天台德韶国师，受其心印，嗣其法，为法眼宗传人。宋乾德（963~967年）初，吴越忠懿王命主越州（今浙江绍兴）清泰院，署号"慧智"。开宝（968~976年）中，迁杭州普门寺。太平兴国三年（978年），随吴越王入觐宋太宗。太宗赐紫衣与"慧明大师"之号。端拱（988～989 年）中，乞还故里。吴越忠懿王为其于常熟立寺塔。

【参考文献】

《景德传灯录》卷二十六。

光庆遇安禅师

杭州光庆寺遇安禅师，钱塘沈氏子。

上堂，僧问："无价宝珠，请师分付。"师曰："善能吐露。"曰："怎么则人人具足去也。"师曰："珠在甚么处？"僧礼拜。师曰："也是虚言。"

问："提纲举领，尽立主宾，如何是主？"师曰："深委此问。"曰："如何是宾？"师曰："适来向汝道甚么！"曰："宾主道合时如何？"师曰："其令不行。"

问："心月[1]孤圆，光吞万象。如何是吞万象底光？"师曰："大众总见汝怎么问。"曰："光吞万象从师道，心月孤圆意若何？"师曰："抖擞精神着。"曰："鹭倚雪巢犹可辨，光吞万象事难明。"师曰："谨退。"

问："青山绿水，处处分明。和尚家风，乞垂一句。"师曰："尽被汝道了也。"曰："未必如斯，请师答话。"师曰："不用闲言。"

又一僧方礼拜，师曰："问答俱备。"僧拟问，师乃叱之。

上堂："欲识曹溪旨，云飞前面山。分明真实个，不用别追攀。"

僧问："古德有言：'井底红尘生，山头波浪起[2]。'未审此意如何？"师曰："若到诸方，但怎么问。"曰："和尚意旨如何？"师曰："适来向汝道甚么？"乃曰："古今相承，皆云：'尘生井底，浪起山头，结子空花，生儿石女[3]。'且作么生会？莫是和声送事[4]，就物呈心，句里藏锋，声前全露么？莫是有名无体，异唱玄谭[5]么？上座自会即得，古人意旨即不然。既怎么会不得，合作么生会？上座欲得会么？但看泥牛行处，阳焰翻波[6]，木马嘶时[7]，空花坠影。圣凡如此，道理分明。何须久立？珍重！"

【注释】

[1] 心月：心性之明净譬如月也。《菩提心论》曰："照见本心，湛然清净，

犹如满月，光遍虚空，无所分别。"

　　[2] 井底红尘生，山头波浪起：禅宗无义句，参见本书有关"无义句"注释。

　　[3] 结子空花，生儿石女：倒装句，应作"空花结子，石女生儿"理解，同上禅宗无义句，参见本书有关"无义句"注释。旧校本标点有误。

　　[4] 和声送事：借助音声传达事情。

　　[5] 异唱玄谭：奇谈怪论。谭，同"谈"。

　　[6] 阳焰翻波：日光中浮动的尘埃好像水波翻滚，喻虚妄之见。阳焰，大乘佛教十喻之一，又作扬焰，或单曰焰，又曰阳光。庄子所谓"野马尘埃"是也。春初之原野，日光映浮尘而四散，渴鹿见之以为水，走而趣之。《维摩经·方便品》曰："是身如焰，从渴爱生。"《楞伽经》二曰："譬如群鹿，为渴所逼，见春时焰，而作水想。迷乱驰趣，不知非水。"《智度论》六曰："如焰者，以日光风动尘故，旷野中如野马，无智人初见谓为水。"

　　[7] 木马嘶时：木马嘶鸣的时候。木马，禅林用语。木制之马无有思虑念度之作用，故丛林每以之比喻无心无念之解脱当相。与"泥牛"为同类用语。

【概要】

　　遇安禅师（？～992年），宋代禅僧，俗姓沈，钱塘（今浙江杭州）人。幼年出家，参天台德韶国师得悟，嗣其法，为法眼宗传人。乾德（963～967年）中，吴越忠懿王命住北关倾心院，又召入居天龙寺。开宝七年（974年），安僖王请于杭州光庆寺摄众。太平兴国三年（978年）于滋福殿受宋太宗召见，赐紫衣，署号"善智禅师"。

【参考文献】

　　《景德传灯录》卷二十六、咸淳《临安志》卷七十。

般若友蟾禅师

　　台州般若寺友蟾禅师，钱塘人也。初住云居普贤，忠懿王署"慈悟禅师"。迁止上寺，众盈五百。

　　僧问："鼓声才罢，大众云臻。向上宗乘，请师举唱。"师曰："亏汝甚么？"曰："恁么则人人尽沾恩去也。"师曰："莫乱道。"

【概要】

　　友蟾禅师，五代禅僧。钱塘（今浙江杭州）人。幼岁出家，于本邑东山朗瞻院得度。师事天台德韶国师得法，为法眼宗传人。初住云居普贤，迁台州（今浙江临海）般若寺，徒众常满五百。吴越忠懿王署号"慈悟禅师"。雍熙三年，以山门大众付受业弟子隆一，继踵开法。至淳化初，示灭，归葬于本山。

【参考文献】

《景德传灯录》卷二十六。

智者全肯禅师

婺州智者寺[1]全肯禅师，初参国师，国师问："汝名甚么？"师曰："全肯。"国师曰："肯个甚么？"师于言下有省，乃礼拜。

住后，僧问："有人不肯，还甘也无？"师曰："若人问我，即向伊道。"

【注释】

[1] 智者寺：位于浙江金华北山芙蓉峰西。

【概要】

全肯禅师，宋代禅僧。往参德韶国师，德韶得知其法名为"全肯"后，曰："肯个什么？"全肯立即省悟，依住有年，遂嗣其法，为法眼宗传人。出住婺州（今浙江金华）智者寺。太平兴国（976～983年）中，忽以住持付弟子继忠而寂。

【参考文献】

《景德传灯录》卷二十六。

福州玉泉义隆禅师

上堂："山河大地，尽在诸人眼睛里。因甚么说会与不会？"时有僧问："山河大地眼睛里，师今欲更指归谁？"师曰："只为上座去处分明。"曰："若不上来伸此问，焉知方便不虚施？"师曰："依稀似曲才堪听，又被风吹别调中。"

龙册晓荣禅师

杭州龙册寺晓荣禅师，温州邓氏子。

僧问："祖祖相传，未审和尚传阿谁？"师曰："汝还识得祖也未？"

僧慧文问："如何是真实沙门？"师曰："汝是慧文。"

问："如何是般若大神珠？"师曰："般若大神珠，分形万亿躯。尘尘彰妙体，刹刹尽毗卢。"

问："如何是日用事？"师曰："一念周沙界，日用万般通。湛然常寂灭，常展自家风。"

小参[1]次，僧问："向上事即不问，如何是妙善台中的的意？"师曰："若到诸方，分明举似。"曰："恁么则云有出山势，水无投涧声。"师乃叱之。

【注释】

[1] 小参：指禅刹中不定时的说法。"参"是集众说法之意，正式的说法称上堂，或谓大参。小参规模较上堂为小，故曰小。此外，小参多垂说家风，故又称为家教或家训。

【概要】

晓荣禅师，宋代禅僧。俗姓邓。温州（今属浙江）人。幼年出家，参天台德韶国师得法，为法眼宗传人。初住富阳（今属浙江）净福院，迁杭州龙册寺。有僧问："如何是日用事？"答曰："一念周沙界，日用万般通。湛然常寂灭，常展自家风。"淳化元年（990 年），寂于秀州（今浙江嘉兴）灵光寺净土院。

【参考文献】

《景德传灯录》卷二十六。

杭州功臣庆萧禅师

僧问："如何是功臣家风？"师曰："明暗色空。"曰："恁么则诸法无生去也。"师曰："汝唤甚么作诸法？"僧礼拜。师曰："听取一偈：功臣家风，明暗色空。法法非异，心心自通。恁么会得，诸佛真宗。"

【概要】

庆萧禅师，五代禅僧。参天台德韶国师得悟，嗣其法，为法眼宗传人。住杭州功臣院。有偈曰："功臣家风，明暗色空。法法非异，心心自通。恁么会得，诸佛真宗。"

【参考文献】

《景德传灯录》卷二十六。

越州称心敬㻣禅师

僧问："结束[1]囊装[2]，请师分付。"师曰："莫讳却[3]。"曰："甚么处孤负和尚？"师曰："却是汝孤负我。"

【注释】

[1] 结束：整治行装。南朝梁褚翔《雁门太守行》："便闻雁门戍，结束事戎车。"

[2] 囊装：囊中所装。此指行装。

[3] 莫讳却：莫隐瞒，骗人。

【概要】

敬㻣禅师，五代禅僧。参天台德韶国师得悟，嗣其法，为法眼宗传人。住越州（今浙江绍兴）称心院。后迁杭州保安院而寂。

【参考文献】

《景德传灯录》卷二十六。

严峰师术禅师

福州严峰师术禅师，开堂升座。极乐和尚问曰："大众颙望[1]，请震法雷。"师曰："大众还会么？还辨得么？今日不异灵山，乃至诸佛国土、天上人间总皆如是，亘古亘今，常无变异。作么生会无变异底道理？若会得，所以道：'无边刹境，自他不隔于毫端；十世古今，始终不离于当念。'"

僧问："灵山一会，迦叶亲闻；严峰一会，谁是闻者？"师曰："问者不弱。"

问："如何是文殊？"师曰："来处甚分明。"

【注释】

［1］颙望：仰望，敬仰地期待。

【概要】

师术禅师，五代禅僧。师事天台德韶国师，嗣其法，为法眼宗传人。住福州严峰。有僧问："如何是文殊？"答曰："来处甚分明。"

【参考文献】

《景德传灯录》卷二十六。

潞府华严慧达禅师

僧问："如何是古佛心？"师曰："山河大地。"

问："如何是华严境？"师曰："满目无形影。"

【概要】

慧达禅师，宋代禅僧。师事天台德韶国师，嗣其法，为法眼宗传人。住潞城（今属山西）华严寺。

【参考文献】

《景德传灯录》卷二十六。

越州清泰院道圆禅师

僧问："亡僧迁化向甚么处去也？"师曰："今日迁化岭中。"

上座问："如何是祖师西来意？"师曰："不可向汝道，庭前柏树子。"

【概要】

道圆禅师，五代禅僧。参天台德韶国师得悟，嗣其法，为法眼宗传人。住越州（今浙江绍兴）清泰院。上座问："如何是祖师西来意？"答曰："不可向汝道，庭前柏树子。"

【参考文献】

《景德传灯录》卷二十六。

九曲庆祥禅师

杭州九曲[1]观音院庆祥禅师，余杭人也。辩才冠众，多闻强记，时天台门下推为杰出。

僧问："湛湛圆明，请师一决。"师曰："十里平湖，一轮秋月。"

问："险恶道中，以何为津梁？"师曰："以此为津梁。"曰："如何是此？"师曰："筑着汝鼻孔。"

问："无根树[2]子向甚么处栽？"师曰："汝甚处得来。"

【注释】

[1] 九曲：杭州成为吴越国都之前，钱镠就进行规模浩大的城垣修筑，在凤凰山下兴建子城，外再包以罗城，后作为吴越国的王城。因罗城城垣"南北展而东西缩"，而城垣西北隅外曲折多变，故称之为"九曲城"。九曲城有观音院，后改名法济院。

[2] 无根树：形容超越情识之境界。

【概要】

庆祥禅师，宋代禅僧。余杭（今浙江杭州西）人。师事天台德韶国师，嗣其法，为法眼宗传人。辩才冠众，多闻强记，为德韶弟子中较为杰出者。住杭州九曲观音院。有僧问："湛湛圆明，请师一决。"答曰："十里平湖，一轮秋月。"署号"九曲禅师"。

【参考文献】

《景德传灯录》卷二十六。

开化行明禅师

杭州开化寺行明传法禅师，本州于氏子。礼雪窦智觉禅师为师，及智觉迁永明，遂入天台国师之室，蒙授记别。复归永明，翊赞[1]乃师，海众倾仰。忠懿王建六和寺（本朝赐开化额），延请住持，聚徒说法。

僧问："如何是开化门中流出方便？"师曰："日日潮音两度闻。"

问："如何是无尽灯[2]？"师曰："谢阇黎照烛。"

【注释】

[1] 翊赞：辅助，辅佐。

[2] 无尽灯：乃以灯火之无尽喻教化之无尽。谓以一人之，辗转开导百千人而无尽，犹如以一灯燃百千灯，光明终不尽，故称无尽灯。后世用为长明灯之别名。

【概要】

行明禅师，宋代禅僧。俗姓于。杭州（今属浙江）人。初拜雪窦智觉禅师为师，后参天台德韶国师，嗣其法，为法眼宗传人。吴越忠懿王建六和寺，延请行明住持，聚徒说法。又随吴越王至京师，宋太宗诏见问法，赐号"传法禅师"，并将六和寺改名"开化寺"。咸平四年（1001年）四月六日，示灭。

【参考文献】

《景德传灯录》卷二十六。

越州渔浦[1]开善寺义圆禅师

僧问："一年去，一年来，方便门中请师开。"师曰："分明记取。"曰："怎么则昔时师子吼，今日象王回也。"师曰："且喜没交涉。"

【注释】

[1] 渔浦：镇名。北宋置，属萧山县。在今浙江萧山市西南二十四里渔浦街。《方舆纪要》卷九二：渔浦镇"在县治西南渔浦上，宋置渔浦寨，明朝改巡司，并设税课局于此，后局废而司如故"。

【概要】

义圆禅师，五代禅僧。参天台德韶国师得悟，嗣其法，为法眼宗传人。住越州（今浙江绍兴）渔浦开善寺。

【参考文献】

《景德传灯录》卷二十六。

瑞鹿遇安禅师

温州瑞鹿寺上方遇安禅师，福州人也。得法于天台。又常阅《首楞严经》到："知见立知，即无明本。知见无见，斯即涅槃。"师乃破句读曰："知见立，知即无明本。知见无，见斯即涅槃[1]。"于此有省。有人语师曰："破句了也。"师曰："此是我悟处，毕生不易。"时谓之"安楞严"。

至道元年春，将示寂，有嗣子蕴仁侍立，师乃说偈示之："不是岭头携得事[2]，岂从鸡足付将来[3]？自古圣贤皆若此，非吾今日为君裁。"付嘱已，澡身易衣，安坐，令舁棺至室。良久，自入棺。经三日，门人启棺，睹师右胁吉祥而卧。四众哀恸，师乃再起，升堂说法，诃责垂诫："此度更启吾棺者，非吾之子。"言讫，复入棺长往。

【注释】

[1] 知见立，知即无明本。知见无，见斯即涅槃：旧校本标点有误。这是遇安禅师自己的标点，但旧校本还是原《楞严经》的标点。

[2] 岭头携得事：指大庾岭慧能祖师携钵南归之事。据载，六祖慧能从五祖弘忍处密受衣法后，即暗中南下广东。弘忍席下众多弟子闻讯，即在惠顺（又作慧明、道明）率领下追赶慧能，终在大庾岭追上。慧能将所传衣钵放在山石上，惠顺却无论如何也提不起来，后在慧能启发下，获得禅悟。

[3] 鸡足付将来：禅宗初祖迦叶在释尊涅槃后，付法予阿难，穿上佛所授之粪扫衣，持己钵，登摩揭陀国鸡足山，敷坐入定（肉身入定，不入涅槃），等待弥勒之出世。

【概要】

遇安禅师（924～995 年），宋代禅僧，福州（今属福建）人。参天台德韶国师得悟，嗣其法，为法眼宗传人。住温州（今属浙江）瑞鹿寺。常阅《首楞严经》，时谓之"安楞严"。至道元年（995 年）春，将示寂，有嗣法弟子蕴仁侍立，乃说偈示之："不是岭南携得事，岂从鸡足付将来？自古圣贤皆若此，非吾今日为君裁。"然后自己入棺圆寂，三日后弟子开棺，睹师右胁吉祥而卧，四众哀恸，师乃再起说法。

【参考文献】

《景德传灯录》卷二十六。

龙华慧居禅师

杭州龙华寺慧居禅师，闽人也。自天台领旨，忠懿王命住上寺。

开堂，示众曰："从上宗乘，到这里如何举唱？只如释迦如来说一代时教，如瓶注水。古德尚云，犹如梦事寱语[1]一般。且道据甚么道理便恁么道？还会么？大施[2]门开，何曾雍塞[3]？生凡育圣，不漏纤尘。言凡则全凡，举圣则全圣。凡圣不相待，个个独称尊。所以道：'山河大地，长时说法，长时放光，地水火风，一一如是。'"时有僧出礼拜，师曰："好个问头，如法问着。"僧拟进前，师曰："又没交涉也。"

问："诸佛出世，放光动地。和尚出世，有何祥瑞？"师曰："话头自破。"

上堂："龙华这里，也只是拈柴择菜，上来下去，晨朝一粥，斋时一饭，睡后吃茶。但恁么参取。珍重！"

问："学人未明自己，如何辨得浅深？"师曰："识取自己眼。"曰："如何是自己眼？"师曰："向汝道甚么？"

【注释】

[1] 寱（yì）语：说梦话。寱：古同"呓"，梦话。

[2] 大施：大布施。

[3] 雍塞：堵塞。雍：通"壅"。

【概要】

慧居禅师，五代禅僧。闽人。参天台德韶国师得悟，嗣其法，为法眼宗传人。吴越忠懿王敬信之，命住杭州龙华寺。

【参考文献】

《景德传灯录》卷二十六;《十国春秋》卷八十九。

齐云遇臻禅师

婺州齐云山遇臻禅师,越州杨氏子。

僧问:"如何是无缝塔?"师曰:"五六尺。"其僧礼拜。师曰:"塔倒也!"

问:"圆明了知,为甚么不因心念?"师曰:"圆明了知。"曰:"何异心念。"师曰:"汝唤甚么作心念?"

秋夕闲坐,偶成颂曰:"秋庭肃肃风飇飇[1],寒星列空蟾魄[2]高。搘颐[3]静坐神不劳,鸟窠[4]无端吹布毛。"

【注释】

[1] 飇(sāo)飇(sāo):象声词。形容风声。

[2] 蟾魄:月亮的别名。亦指月色。

[3] 搘(zhī)颐(yí):以手托腮。搘:支撑,支持。颐:下巴。

[4] 鸟窠:指杭州鸟窠道林禅师,参见本书第二章。旧校本未将"鸟窠"作专有名词而下画线,有误。

【概要】

遇臻禅师,宋代禅僧。俗姓杨,越州(今浙江绍兴)人。参天台德韶国师得悟,嗣其法,为法眼宗传人。住婺州(今浙江金华)齐云山。工诗,触事成篇,积三百余首流传于世。至道(995～997年)中寂。

【参考文献】

《景德传灯录》卷二十六。

瑞鹿本先禅师

温州瑞鹿寺本先禅师,本州郑氏子。参天台国师,导以"非风幡动,仁者心动"之语,师即悟解。尔后示徒曰:"吾初学天台法门,语下便荐。然千日之内，四仪[1]之中，似物碍膺[2]，如仇同所。千日之后，一日之中，物不碍膺，仇不同所，当下安乐，顿觉前咎。"乃述颂三首：

一、《非风幡动仁者心动》曰："非风幡动唯心动，自古相传直至今。今后水云人欲晓，祖师真是好知音。"

二、《见色便见心》曰："若是见色便见心，人来问着方难答。更求道理说多般，孤负平生三事衲[3]。"

三、《明自己》曰："旷大劫来只如是，如是同天亦同地。同地同天作么形？作么形兮无不是。"

师自尔足不历城邑，手不度[4]财货，不设卧具，不衣茧丝。日唯一食，终日宴坐。申旦[5]诲诱，逾三十载，其志弥厉。

上堂："你诸人还见竹林、兰若、山水、院舍、人众么？若道见，则心外有法。若道不见，争奈竹林、兰若、山水、院舍、人众，现在搦然[6]地！还会恁么告示么[7]？若会，不妨灵利。无事，莫立！"

上堂："大凡参学，未必学问话是参学，未必学拣话是参学，未必学代语是参学，未必学别语是参学，未必学捻破经论中奇特言语是参学，未必捻破祖师奇特言语是参学[8]。若于如是等参学，任你七通八达，于佛法中傥无见处，唤作乾慧[9]之徒。岂不闻古德道：'聪明不敌生死，乾慧岂免苦轮？'诸人若也参学，应须真实参学始得。行时行时参取，立时立时参取，坐时坐时参取，眠时眠时参取，语时语时参取，默时默时参取，一切作务时一切作务时参取。既向如是等时参，且道参个甚人？参个甚么语？到这里，须自有个明白处始得。若不如是，唤作造次之流，则无究了之旨。"

上堂："幽林鸟叫，碧涧鱼跳，云片展张[10]，瀑声鸣咽。你等还知得如是多景象，示你等个入处么？若也知得，不妨参取好！"

上堂："天台教中说文殊、观音、普贤三门。文殊门者一切色，观音门者一切声，普贤门者不动步而到。我道文殊门者不是一切色，观音门者不是一切声，普贤门者是个甚么？莫道别却天台教说话[11]，无事且退。"

上堂，举："僧问长沙：'南泉迁化，向甚么处去？'沙曰：'东家作驴，西家作马。'僧曰：'学人不会。'沙曰：'要骑便骑，要下即下。'"

师曰："若是求出三界修行底人，闻这个言语，不妨[12]狐疑，不妨惊怛[13]。南泉迁化向甚处去？东家作驴，西家作马。或有会云：'千变万化，不出真常。'或有会云：'须会异类中行，始会得这个言语。'或有会云：'东家是南泉，西家是南泉。'或有会云：'东家郎君[14]子，西家郎君子。'或有会云：'东家是甚么，西家是甚么？'或有会云：'便作驴叫，又作马嘶。'或有会云：'唤甚么作东家驴，唤甚么作西家马？'或有会云：'既问迁化，答在问处。'或有会云：'作露柱处去也。'或有会云：'东家作驴，西家作马，亏南泉甚处？'如是诸家会也，总于佛法有安乐处。南泉迁化，向甚处去？东家作驴，西家作马，学人不会。要骑便骑，要下即下。这个话不消得多道理而会，若见法界性去也没多事，珍重！"

上堂："鉴中形影，唯凭鉴光显现。你等诸人所作一切事，且道唯凭个甚么显现？还知得么？若也知得，于参学中千足万足。无事，莫立！"

上堂："你等诸人，夜间眠熟，不知一切。既不知一切，且问你等，那时有本来性，无本来性？若道那时有本来性，又不知一切，与死无异。若道那时无本来性，睡眠忽省，觉知如故。还会么？不知一切与死无异，睡眠忽省觉知如故，如是等时，是个甚么？若也不会，各体究取。无事，莫立！"

上堂："诸法所生，唯心所现。如是言语，好个入底门户！且问你等诸人，眼见一切色，耳闻一切声，鼻嗅一切香，舌了一切味，身触一切软滑，意分别一切诸法，只如眼、耳、鼻、舌、身、意所对之物，为复唯是你等心，为复非是你等心？若道唯是你等心，何不与你等身都作一块了休？为甚么所对之物，却在你等眼、耳、鼻、舌、身、意外？你等若道眼、耳、鼻、舌、身、意所对之物非是你等心，又争奈'诸法所生，唯心所现'言语留在世间，何人不举着[15]？你等见这个说话，还会么？若也不会，大家用心商量教会去。幸在其中，莫令厌学。无事，且退！"

大中祥符元年二月，谓上足如昼[16]曰："可造石龛，仲秋望日，吾将顺化。"昼禀命即成。及期，远近士庶奔趋瞻仰。是日，参问如常。至午，坐方丈，手结宝印[17]，谓昼曰："古人云，骑虎头，打虎尾。中央事，作么生？"昼曰："也只是如昼。"师曰："你问我。"昼乃问："骑虎头，打虎尾。中央事，和尚作么生？"师曰："我也弄不出。"言讫，奄然[18]开一目，微视而逝。

【注释】

[1] 四仪：指出家人的四威仪。原指人类日常作息的四种动作，即行、住、坐、卧。后泛指日常的起居动作。佛教要求僧众避免放逸、注意举止，故以四威仪代表修行者所应遵行的各种规范。诸经论中屡屡致意，谓修行者应常调摄身心，不失威仪。

[2] 膺（yīng）：心胸。

[3] 三事衲：禅林语。又曰三事衣。言五条七条九条之三衣也。出家人穿的衣服。

[4] 度：接触。

[5] 申旦：自夜达旦。犹通宵。

[6] 摐（chuāng）然：纷纭错杂的样子。

[7] 还会恁么告示么：还能领会这样的开示吗？

[8] 大凡参学，未必学问话是参学，未必学拣话是参学，未必学代语是参学，未必学别语是参学，未必学捻破经论中奇特言语是参学，未必捻破祖师奇特言语是参学：旧校本标点大乱，均纠正。代语，指禅家垂说之时，代替他人下语。可分二种：一是师家自代学人下语。师家垂语后，每令学人下语；若众中所言不契，则由师家自下语代众。可通"别语"，然"别语"一般多指于二人对话之情形，第三者基于"局外人"之立场代为叙述之语，故异于代语，唯禅林中，常将代语与别语并称为"代别"。禅宗诸语录中，云门语录代语最多，盖宗门之代语、别语，以云门为始。二是师家自代古人下语。师家举古则，遇古人无语之处时，乃代之下语。捻破，参究明白。

[9] 乾慧：同"干慧"。此地有慧而无定，故称干慧地。即徒有智慧，只是追求言句知解，不能真实参学、明心见性，禅家称为"干慧"。在菩萨修行阶位中有十地，干慧地是第一地。此说见于《大品般若经》卷六、卷十七等，以此十地共通于三乘，故称三乘共十地。天台宗称之为通教十地。干慧地是十地中第一地，又作过灭净地、寂然杂见现入地、超净观地、见净地、净观地。干慧，意指单有观真理之智慧，而尚未为禅定水所滋润。此位相当于声闻之三贤位，以及菩萨自初发心乃至得顺忍前之觉位。《大乘义章》十四曰："虽有智慧，未得定水，故云干慧。又此事观，未得理水，亦名干慧。"

[10] 展张：铺陈。唐代白居易《浔阳春·春生》："展张草色长河畔，点缀花房小树头。"

[11] 莫道别却天台教说话：不要说这违背了天台教的说法。别却：脱离，离开。

[12] 不妨：很，非常。

[13] 惊怛（dá）：惊恐。

[14] 郎君：通称贵家子弟为郎君。

[15] 又争奈'诸法所生，唯心所现'言语留在世间，何人不举着：旧校本标点有误，不符合原意，特纠正。

[16] 谓上足如昼：对自己的高足如昼说。

[17] 宝印：三宝中之法宝也，又三法印也，是诸宝中之实宝，坚固不坏，故名宝。此指手结宝印。

[18] 奄然：气息微弱貌。

【概要】

本先禅师，宋代禅僧。俗姓郑，温州（今属浙江）人。初习儒业，二十五岁出家，师事天台德韶国师。德韶导以"非风幡动，仁者心动"之语，本先从此悟解。依住十年，遂嗣其法，为法眼宗传人，住温州瑞鹿寺，足不历城邑，手不度财货，不设卧具，不衣丝帛。终日宴坐，早晚诲诱弟子，三十余年，其志弥厉。著有《竹林集》十卷。

【参考文献】

《景德传灯录》卷二十六。

兴教洪寿禅师

杭州兴教洪寿禅师，同国师普请次，闻堕薪[1]有省，作偈曰："扑落非他物，纵横不是尘。山河及大地，全露法王[2]身。"

【注释】

[1] 堕薪：掉落下来的柴木。禅师听到柴火掉到地上发出声响后开悟。

[2] 法王：佛之尊称。王有最胜、自在之义，佛为法门之主，能自在教化众生，故称法王。

【概要】

洪寿禅师，宋代禅僧。参天台德韶国师，同国师普请次，闻堕薪开悟，蒙师印可，遂嗣其法，为法眼宗传人。住杭州兴教寺。

【参考文献】

《天圣广灯录》卷二十七；《联灯会要》卷二十八。

苏州承天永安道原禅师

僧问："如何是佛？"师曰："咄！这旃陀罗[1]。"曰："学人初机，乞师方便。"师曰："汝问甚么？"曰："问佛。"师曰："咄！这旃陀罗。"

【注释】

[1] 旃陀罗：梵语。又作旃荼罗、栴荼罗。意译为严炽、暴厉、执恶、险恶人、执暴恶人等。印度社会阶级种姓制度中，居于首陀罗阶级之下位者，乃最下级之种族，彼等专事狱卒、贩卖、屠宰、渔猎等职。

【概要】

道原禅师，宋代禅僧。师事天台德韶国师，嗣其法，为法眼宗传人。住苏州承天永安院。宋代法眼宗僧。撰《景德传灯录》一书，于宋真宗景德元年（1004 年）奉进，帝敕入藏。或谓该书本为湖州铁观音院僧拱辰所撰，既成，将游京师投进，途中与一僧同舟，出示之。一夕，其僧负之去。及拱辰至京都，则道原者已将书上进而被赏。故世传《景德传灯录》一书为沙门道原纂，确否莫辨。生卒年不详。

【参考文献】

《广灯录》卷二十七；《佛祖统纪》卷四十四；《佛祖历代通载》卷二十六。

清凉钦禅师法嗣

云居道齐禅师

洪州云居道齐禅师，本州金氏子。遍历禅会，学心未息。后于上蓝院主经藏[1]。

法灯一日谓师曰："有人问我西来意，答它曰：'不东不西。'藏主作么生会？"师对曰："不东不西。"灯曰："与么会又争得？"曰："道齐只恁么，未审和尚尊意如何？"灯曰："他家自有儿孙在。"师于是顿明厥旨，有颂曰："接物利生绝妙，外生终是不肖。他家自有儿孙，将来用得恰好。"

住后，僧问："如何是佛？"师曰："汝是阿谁？"

问："荆棘林中无出路，请师方便为畲开[2]。"师曰："汝拟去甚么处？"曰："几不到此。"师曰："闲言语。"

问："'不免轮回，不求解脱'时如何？"师曰："还曾问建山么？"曰："学人不会，乞师方便。"师曰："放你三十棒。"

问："如何是三宝？"师曰："汝是甚么宝？"曰："如何？"师曰："土木瓦砾。"

师著《语要搜玄》《拈古[3]代别[4]》等，盛行丛林。

至道三年丁酉九月，示疾。声钟集众，乃曰："老僧三处住持三十余年，十方兄弟相聚话道，主事[5]、头首[6]动心赞助。老僧今日火风相逼，特与诸人相见。诸人还见么？今日若见，是末后方便。诸人向甚么处见？为向四大[7]、五阴[8]处见？六入[9]、十二处[10]见？这里若见，可谓云居山二十年间后学有赖。吾去后，山门大众分付契璥[11]开堂住持，凡事勤而行之，各自努力。珍重！"大众才散，师归西挟[12]而逝，塔于本山。

【注释】

[1] 主经藏：又作藏主、知藏、藏司，于禅林中，主掌经藏之职称。为六头首之一。主事者须通义学。藏主为藏殿之主管，掌管禅院大众之阅藏看经。藏殿分为看经堂与经藏（指经堂），分别由看经首座与藏殿主掌理，此二者皆隶属于藏主。

[2] 畲（yú）开：开路。畲：开垦过三年的田地，熟田。此处引申为开路，在荆棘中开辟一条通向涅槃的大道。

[3] 拈古：拈出古则公案以点化参禅之学人。又称为拈提、拈则。在禅林之中，禅师常拈举古则公案以开发学人之心地。禅宗原以教外别传、不立文字为本旨，故不依经论等，但为令学人商量言诠所不及之生死大事，乃拈提古则公案，以举示宗门之要旨。"颂古"与"拈古"都是古代禅林拈举公案以教化参禅学人的方式。其特色都是"绕路说禅"而不直捷作概念性的解析。二者不同的是"颂古"用韵文方式，而"拈古"则用散文方式。

[4] 代别："代云、代曰、代语"与"别云、别曰、别语"的合称。"代别"是禅家说法的两种形式，也是禅家语录的两种类型。两者区别大抵在于：使用"代云、代曰、代语"者，上文拈举之公案多缺答语；使用"别云、别曰、别语"者，则系禅家以上文拈举之公案语句不合己意。（参见《禅宗大辞典》）

[5] 主事：指主行事务者。禅院职事之别称。禅苑清规初以监寺、维那、典座、直岁四职为主事，以后之清规加都寺、副寺，称为六知事。

[6] 头首：禅林中，列于西序之主要职位，其职权在于统理大众。相对于东序之知事而言，西序之首座、书记、藏主、知客、浴主、库头统称六头首。其后，库头升为副寺知事位，而由知殿代之。

[7] 四大：地水火风四种基本物质。此四者广大，造作生出一切色法（物质），故名四大。

[8] 五阴：五蕴的旧译，阴是障蔽的意思，能阴覆真如法性，起诸烦恼。五蕴即色、受、想、行、识。

[9] 六入：眼入色、耳入声、鼻入香、舌入味、身入触、意入法。六入是六根的别名，入是涉入之义，谓根境互相涉入。

[10] 十二处：谓眼、耳、鼻、舌、身、意、色、声、香、味、触、法为十二处。前六处为六根，系属主观之感觉器官，为心、心所之所依，有六内处之称；后六处为六境，属客观之觉知对象，为心、心所之所缘，称六外处。

[11] 契瓌（guī）：僧名。瓌，同"瑰"。

[12] 西挟：侍从，分为东西侍从，与胁士同，左右侍者挟佛之义。

【概要】

道齐禅师（929～997年），宋代禅僧。俗姓金，洪州（今江西南昌）人。遍历禅会，学心未息。于上蓝院主经藏。法眼宗泰钦禅师对其曰："他家自有儿孙在。"道齐从此顿明其旨，作颂曰："接物利生绝妙，外生终是不肖。他家自有儿孙，将来用得恰好。"初住筠州（今江西高安）大愚山东院，迁洪州双林院，再迁云居山，居二十年之久。著有《语要搜玄》《拈古代别》，盛行丛林。

【参考文献】

《景德传灯录》卷二十六。

灵隐耸禅师法嗣

杭州功臣院道慈禅师

僧问："师登宝座，大众咸臻，便请举扬宗教。"师曰："大众证明。"曰："恁么则亘古亘今也。"师曰："也须领话。"

罗汉愿昭禅师

秀州罗汉院[1]愿昭禅师，钱塘人也。

上堂："山河大地是真善知识，时常说法，时时度人，不妨诸上座参取。"

僧问："罗汉家风，请师一句。"师曰："嘉禾[2]合穗[3]，上国[4]传芳。"曰："此犹是嘉禾家风，如何是罗汉家风？"师曰："或到诸方，分明举似。"

后住杭州香严寺，僧问："不立纤尘，请师直道。"师曰："众人笑汝。"曰："如何领会？"师曰："还我话头来。"

【注释】

[1] 罗汉院：位于浙江嘉兴城南，唐光启四年（888 年）刺史曹珪舍宅为寺，后改名招提寺。

[2] 嘉禾：长得特别好的稻禾。古人以之为吉祥的征兆。汉代王充《论衡·讲瑞》："嘉禾生于禾中，与禾中异穗，谓之嘉禾。"三国时有嘉禾生长于今嘉兴地区，宋代以"嘉禾"为秀州（今浙江嘉兴）郡额，成为嘉兴的别称。

[3] 合穗：又作"合颖"，谓禾苗一茎生二穗。古人视为祥瑞。

[4] 上国：指京师。

【概要】

愿昭禅师，宋代禅僧。钱塘（今浙江杭州）人。参灵隐清耸禅师得悟，嗣其法，为法眼宗传人。住秀州（今浙江嘉兴）罗汉院，僧问："罗汉家风，请师一句。"师曰："嘉禾合穗，上国传芳。"后住杭州香严寺。

【参考文献】

《景德传灯录》卷二十六。

处州报恩院师智禅师

僧问："如何是和尚家风？"师曰："谁人不见？"

问："如何是一相三昧[1]？"师曰："青黄赤白。"曰："一相何在？"师曰："汝却灵利。"

问："祖祖相传传祖印，师今法嗣嗣何人？"师曰："灵鹫峰[2]前，月轮皎皎[3]。"

【注释】

[1] 一相三昧：禅定之名。《六祖坛经》曰："若于一切处，而不住相，于彼相中，不生憎爱，亦无取舍，不念利益成坏等事，安闲恬静，虚融澹泊，此名一相三昧。"

[2] 灵鹫峰：梵名，音译耆阇崛。位于中印度摩揭陀国王舍城东北。简称灵山，或称鹫峰、灵岳。山形似鹫头，又以山中多鹫，故名。如来尝讲《法华》等大乘经于此，遂成为佛教胜地。灵鹫分灯，指世尊与迦叶在灵山法会拈花微笑的典故。

[3] 皎皎：明白貌，分明貌。此处描述一轮圆月挂在天空。

【概要】

师智禅师，宋代禅僧。参灵隐清耸禅师得悟，嗣其法，为法眼宗传人。住处州（今浙江丽水）报恩院。有僧问："如何是和尚家风？"答曰："谁人不见？"又问"如何是一相三昧？"答曰："青黄赤红白。"

【参考文献】

《景德传灯录》卷二十六。

衢州灊宁[1]可先禅师

僧问："如何是灊宁家风？"师曰："谢指示。"

问："如何是西来意？"师曰："怪老僧甚么处？"曰："学人不会，乞师方便。"师曰："适来岂不是问西来意？"

【注释】

[1] 潏（hú）宁：古地名，今浙江衢州衢江边。潏：又名衢江，在中国浙江省金华县境。

杭州光孝院道端禅师

僧问："如何是佛？"师曰："高声问着。"曰："莫即便是也无？"师曰："没交涉。"

后住灵隐，示灭。

【概要】

道端禅师，宋代禅僧。参灵隐清耸禅师得悟，嗣其法，为法眼宗传人。住杭州光孝院。后住灵隐寺而寂。

【参考文献】

《景德传灯录》卷二十六。

保清遇宁禅师

杭州西山保清院遇宁禅师，开堂升座，有二僧一时礼拜。师曰："二人俱错。"僧拟进语，师便下座。

【概要】

遇宁禅师，宋代禅僧。参灵隐清耸禅师得悟，嗣其法，为法眼宗传人。住杭州西山保清院。

【参考文献】

《景德传灯录》卷二十六。

支提辩隆禅师

福州支提[1]雍熙[2]辩隆禅师，明州人也。

上堂："巍巍实相，冨[3]塞虚空。金刚之体，无有破坏。大众还见不见？若言见也，且实相之体本非青黄赤白、长短方圆[4]，亦非见闻觉知之法。且作么生说个见底道理？若言不见，又道巍巍实相，冨塞虚空，为甚么不见？"

僧问："如何是向上一路？"师曰："脚下底。"曰："恁么则寻常履践。"师曰："莫错认。"

问："如何是坚密身？"师曰："倮倮[5]地。"曰："恁么则不密也。"师曰："见个甚么！"

【注释】

[1] 支提：山名。又称霍童山、游仙山。在福建省宁德市西部。山峦绵亘，远近罗列九十九奇峰。是福建佛教名山，素有"仙巢佛窟""不登支提空寻仙"之说。支提为梵语"聚集福德"之意。《华严经》载："东南方有山名曰支提，有天冠菩萨与其眷属一千人常住说法。"闻名的天冠菩萨道场遗址尚在。双髻峰下有华藏寺，俗称支提寺，建于北宋开宝四年（971年）。

[2] 雍熙：寺名。又名华藏寺。在今福建宁德市西北四十五里支提山双髻峰下。北宋开宝四年（971年）吴越王钱俶建，名华严寺。雍熙二年（985年）赐名雍熙寺。明永乐五年（1407年）赐名华藏寺，御赐"天下第一山"匾额。《华严经》云："不到支提枉为僧"，故天下名僧多进山朝谒，最盛时住僧近千人。1934年9月，闽东红军独立师在此成立。

[3] 冨：同"遍"。

[4] 且实相之体本非青黄赤白、长短方圆：旧校本标点有误，不符合原意，特纠正。

[5] 倮（luǒ）倮（luǒ）：赤裸裸。倮：同"裸"。

杭州瑞龙院希圆禅师

僧问："如何是和尚家风？"师曰："特谢阇黎借问。"曰："借问则不无，家风作么生？"师曰："瞌睡汉。"

归宗柔禅师法嗣

南康军罗汉行林祖印禅师

僧问："天垂甘露，地涌七珍，是甚么人分上事？"师曰："谢汝相报。"曰："恁么则佛子住此地，即是佛受用去也。"师曰："更须子细。"

上堂才坐，忽有猫儿跳上身，师提起示众曰："昔日南泉亲斩却，今朝耶舍[1]示玄徒。而今卖与诸禅客，文契分明要也无。"良久，抛下猫儿，便下座。

【注释】

[1] 耶舍：梵语，人名。中印度波罗奈国大富长者善觉之子，出家成为佛陀仅次于五比丘的六位弟子。又，释尊入灭后百年后之长老僧，反对新派"十事净法"，断十事为非法，组成上座部，即为南传佛教所说之上座部创始者。又，阿育王时巴连弗（华氏）城鸡雀精舍之上座，赞助阿育王造八万四千寺塔，并向王推荐优婆鞠多。又，北印度乌场国人，入中国弘法的隋朝高僧，译出大量经典。

【概要】

行林祖印禅师，五代禅僧。参归宗义柔禅师得悟，嗣其法，为法眼宗传人。住南康（今江西星子）罗汉院。一日，上堂才坐，忽有猫儿跳上身，行林提起示众曰："昔日南泉亲斩却，今朝耶舍示玄徒。而今卖与诸禅客，文契分明要也无。"良久，才抛下猫儿下座。南唐中主赐号"祖印禅师"。

【参考文献】

《续传灯录》卷四；《五灯严统》卷十。

明州天童[1]新禅师

僧问："如何是密作用？"师曰："何曾密？"

问："心径未通时如何？"师曰："甚么物碍汝？"

问："求之不得时如何？"师曰："用求作么？"曰："如何即是？"师

曰："何曾失却。"

问："如何是天童境？"师曰："云无人种生何极，水有谁教去不回。"

【注释】

[1] 天童：即天童山，又作作天潼山。在浙江鄞县六十五里。甚高秀。有玲珑岩龙隐潭诸胜。本名太白山，以太白星化为天童降下，故名天童山，我国五山之一。天童寺在焉。《佛祖统纪》三十七曰："晋永康中，沙门义兴庐于山上，有童子来给薪水，曰吾太白星也，上帝遣侍左右。言讫不见。"《大明一统志》四十六曰："天童山在宁波府城东六十里。"天童寺又名弘法寺。

杭州功臣觉轲心印禅师

僧问："祖师不在东西山，未审在甚么处？"师曰："且讨。"

问："如何是天真佛？"师曰："争敢装点。"

【概要】

心印禅师，宋代禅僧。参归宗义柔禅师得悟，嗣其法，为法眼宗传人。住杭州功臣院。有僧问："如何是天真佛？"答曰："争敢装点？"署号"心印禅师"。

【参考文献】

《续传灯录》卷四；《天圣广灯录》卷二十六。

天童清简禅师

明州天童清简禅师，钱塘张氏子。师为事孤洁，时谓之"简浙客"。

僧问："如何是祖师西来意？"师曰："不欲向汝道。"曰："请和尚道。"师曰："达磨不可再来也。"

师晚居雪宝而终，塔于寺之东南隅。

【概要】

清简禅师，宋代禅僧。俗姓张。钱塘（今浙江杭州）人。参归宗义柔禅师得悟，嗣其法，为法眼宗传人。住明州（今浙江宁波）天童寺。为事孤洁，时谓之"简浙客"。有僧问："如何是祖师西来意？"答曰："达磨不可再来也。"晚年居雪窦寺。

【参考文献】

《续传灯录》卷四；《五灯严统》卷十。

百丈恒禅师法嗣

庐山栖贤澄湜禅师

僧问：“赵州石桥，度驴度马。三峡石桥，当度何人？”师曰：“虾蟆[1]蚯蚓。”曰：“恁么则物物尽沾恩。”师曰：“踏不着。”

问：“仙洞昨朝师罢唱，栖贤今日请师宣。”师曰：“来日又作么生？”曰：“未审如何领会？”师曰：“箭过新罗[2]。”

问：“如何是佛？”师曰：“张三李四。”

问：“古人斩蛇意旨如何？”师曰：“犹未知痛痒。”

问：“此是选佛场，心空及第归，学人如何得及第归？”师曰：“不才谨退。”

晚参，众集，师曰：“早晨不与诸人相见，今晚不可无言。”便下座。

问：“毗目仙人[3]执善财手，见微尘诸佛。只如未执手时，见个甚么[4]？”师曰：“如今又见个甚么？”

上堂，良久曰：“幸好一盘饭，不可糁椒姜[5]。虽然如此，试嗼嗽[6]看。”便下座。

【注释】

[1] 蝦蟇（má）：虾蟆。蟇：同“蟆”。

[2] 箭过新罗：亦作“一箭过新罗”。比喻禅机疾如飞箭，超越言句，若稍有迟缓，陷入情解，便已远逝。新罗，古朝鲜国名。

[3] 毗目仙人：6世纪北印度乌苌国人，为释迦族之后裔。北魏时，与瞿昙般若流支来华，于邺城金华寺共译《回诤论》《业成就论》《转法轮经忧波提舍》《宝髻经四法忧波提舍》《三具足经优波提舍》等五部论，与《圣善住意天子所问经》，其他译著亦多，惜今已不传。复为利益众生而越沙险，游化诸方。后不知所终。

[4] 只如未执手时，见个甚么：这一段旧校本标点比较乱，参见项楚《〈五灯会元〉点校献疑三百例》。

[5] 椒姜：胡椒与姜。

[6] 唼（shà）啖（dàn）：吃。

【概要】

澄湜禅师，宋代禅僧。参百丈道恒禅师得悟，嗣其法，为法眼宗传人。住庐山栖贤寺。有僧问："如何是佛？"答曰："张三李四"。

【参考文献】

《续传灯录》卷五；《补续高僧传》卷七。

苏州万寿德兴禅师

僧问："如何是佛？"师曰："大众一时瞻仰。"

问："如何是和尚为人一句？"师曰："汝且自为。"乃曰："问答俱备，其谁得意？若向他求，还成特地。老僧久处深山，比为藏拙，何期今日入到万寿门下？可谓藏之不得。既藏不得，分明露现。未审诸人，阿谁先见？如有见处，出来对众吐露个消息。"良久曰："久立，珍重！"

【概要】

苏州万寿德兴禅师，宋代禅僧。参百丈道恒禅师得悟，嗣其法，为法眼宗传人。住苏州万寿寺。有僧问："如何是佛？"答曰："大众一时瞻仰。"又问："如何是和尚为人一句？"答曰："汝且自为。"

【参考文献】

《续传灯录》卷四；《五灯严统》卷十。

越州云门雍熙永禅师

僧问："师子未出窟时如何？"师曰："且莫哮吼。"曰："出窟后如何？"师曰："退后着。"

问："如何是古佛径路[1]？"师曰："谁不履践？"

问："如何是学人休心息意处？"师曰："拗折拄杖得也未？"

问："心王出敕[2]时如何？"师曰："更宣一遍看。"

问："如何是决定义？"师曰："不可执着。"

问："如何是佛法大意？"师曰："此意不小。"

【注释】

[1] 径路：捷径，近路。

[2] 出敕（chì）：出示帝王的诏书。敕：帝王的诏书、命令。

永明潜禅师法嗣

千光璟省禅师

杭州千光王寺瑰省禅师，温州郑氏子。幼岁出家，精究律部。听天台文句[1]，栖心于圆顿[2]止观。后阅《楞严》，文理宏浚[3]，未能洞晓。一夕诵经既久，就案假寐[4]，梦中见日轮自空而降，开口吞之。自是倏然发悟，差别义门[5]，涣然无滞。后参永明，永明唯印前解，无别指喻。以忠懿王所遗衲衣授之，表信。

住后，上堂："诸上座！佛法无事。昔之日月，今之日月；昔日风雨，今日风雨；昔日上座，今日上座。举亦了，说亦了，一切成现好！珍重！"

开宝五年七月，宝树[6]、浴池[7]忽现其前，师曰："凡所有相，皆是虚妄。"越三日示疾，集众言别，安坐而逝。阇维，收舍利建塔。

【注释】

[1] 文句：指解释经文。又称章、疏、述义、记、释解等。以文句为题之书名有天台智者之《妙法莲华经文句》《金光明经文句》等。一般文句系以释者之句，分别解析本经经文之义。

[2] 圆顿：圆满顿足之意，即一切圆满无缺。以圆满具足之心，立地可达悟界，即可顿速成佛。故有"圆顿一乘""圆顿止观"等名称出现，此为天台教义所言。又其圆顿之观法则称圆观。此外，诸宗派中，究极之教或修行，亦称为圆顿。

[3] 宏浚：大而深。晋代顾恺之《观涛赋》："谟兹涛之为体，亦崇广而宏浚。形无常以参神，斯必来以知信。"

[4] 假寐：谓和衣打盹。《诗·小雅·小弁》："假寐永叹，维忧用老。"郑玄笺："不脱冠衣而寐曰假寐。"

[5] 义门：各种之义理，门户差异，而彼此不混同也。门者差别之义。《止观大意》曰："开拓义门，观法周备。"元照之《弥陀经疏》曰："先以义门，括其纲要。"

[6] 宝树：谓珍宝所成之树林，指极乐净土之草木。《无量寿经》卷下："四方自然风起，普吹宝树，出五音声，雨无量妙华。"

[7] 浴池：为浴身所设之池塘也。印度为热国，故处处设之，以供澡浴之用。如东土之浴室。《法华经》曰："流泉浴池，施佛及僧。"此指净土的浴池，连同上面所说的宝树都是指极乐净土的境界出现在禅师面前。

【概要】

璥（同"瑰"）省禅师，五代禅僧。俗姓郑。温州（今属浙江）人。幼年出家，精究律部，听天台文句，栖心于圆顿止观。后阅《楞严》，未能洞晓。一夕诵经既久，就案假寐，梦中见日轮自空而降，开口吞之。自是倏然发悟，差别义门，涣然无滞。参法眼宗永明道潜禅师，道潜唯印前解，无别指喻，以吴越忠懿王所赠衲衣授之表信。初住湖西严净院，声誉四起。后迁杭州千光王寺。

【参考文献】

《景德传灯录》卷二十六。

衢州镇境志澄禅师

僧问："如何是定乾坤底剑？"师曰："不漏丝发。"曰："用者如何？"师曰："不知。"

因普请次，僧问："锄头损伤虾蟆蚯蚓，还有罪也无？"师曰："阿谁下手？"曰："恁么则无罪过。"师曰："因果历然。"

【概要】

志澄禅师，住衢州（今属浙江）镇境寺。有僧问："锄头损伤虾蟆蚯蚓，还有罪也无？"师曰："阿谁下手？"曰："恁么则无罪过。"师曰："因果历然。"这是志澄禅师阐释"真空妙有"的一段对话。若能顿悟自性本空，还有谁在下手杀生呢？而作为凡夫僧，却自以为杀生无罪就错了，所以志澄禅师说因果不爽，报应不远。禅师后迁住杭州西山宝云寺说法，本国赐紫，署"积善大师"。

【参考文献】

《景德传灯录》卷二十六。

明州崇福院庆祥禅师

上堂："诸禅德！见性周遍，闻性亦然，洞彻十方，无内无外。所以古人道：'随缘无作，动寂常真。'如此施为，全真知[1]用。"

僧问："如何是本来人？"师曰："堂堂六尺甚分明。"曰："只如本来人，还作如此相貌也无？"师曰："汝唤甚么作本来人？"曰："乞师方便。"师曰："教谁方便？"

【注释】

[1] 真知：真智之知。《释氏稽古略》卷三："真知无知，以'知寂不二'之一心，契'空有双亡'之中道。"

报恩明禅师法嗣

福州保明院道诚通法禅师

上堂："如为一人，众多亦然。珍重！"

僧问："圆音[1]普震，三等[2]齐闻。竺土仙心[3]，请师密付。"师良久，僧曰："恁么则意马[4]已成于宝马，心牛[5]顿作于白牛去也。"师曰："七颠八倒。"曰："若然者[6]，几招哂笑[7]。"师曰："礼拜了退。"

问："如何是和尚西来意？"师曰："我不曾到西天。"曰："如何是学人西来意？"师曰："汝在东土多少时？"

【注释】

[1] 圆音：圆妙之声音，指佛语。《楞严经》卷二："愿佛哀愍，宣示圆音。"

此外，据《法华玄义释签》与《唯识论载》，此土之众生耳根较利，释尊遂依音声，假立名、句、文等，而宣演大法，称为圆音一演；若于诸佛国土，则依光明妙香味等而为说法。

[2]三等：三种不同根基的人。三等齐闻，指佛一说话，三种不同根基的人都能一齐听懂。三根，指众生的三种根性，即上根、中根、下根三者，又称利根、中根、钝根。上根指根性优良，速发智解，堪忍难行，能忍妙果者；中根次于上根；下根为最劣者。《〈景德传灯录〉译注》抄录丁福保《佛学大辞典》"诸佛修行及法身及度生之三事平等也。《俱舍论》二十七曰：'由三事故诸佛皆等：一由资粮等圆满故，二由法身等成辩故，三由利他等究竟故。'"如此注释有误。

[3]竺土仙心：出自石头希迁禅师《参同契》："竺土大仙心，东西密相付。人根有利钝，道无南北祖。"竺土，天竺之国土。大仙，指佛。行道而求长生之人名为仙，佛子为仙中之极尊，故称为大仙。

[4]意马：言人意驱逐于外境不住于一处，犹如奔马也。常作"心猿意马"。

[5]心牛：心中的牛，比喻修行的境界。用牛来比喻修行的境界，有其经典上的渊源。《法华经》里有羊车、鹿车、牛车之喻。我国古代祖师将羊、鹿二车喻为小乘的声闻、缘觉，而将牛车用来象征境界较高的菩萨。并且，还以露地大白牛比喻修行上的最高境界。宋代禅师作《十牛图》表现禅宗修行阶次。《〈景德传灯录〉译注》注释"心牛"类似于"意马"，有误。"意马"与"心牛"是两个对立的概念。

[6]若然者：《景德传灯录》作"若不然者"。

[7]哂（shěn）笑：嘲笑。

【概要】

道诚禅师，宋代禅僧。参报恩慧明禅师得悟，嗣其法，为法眼宗传人。住福州保明院。有僧问："恁么则意马已成于宝马，心牛顿作于白牛去也。"答曰："七颠八倒。"署号"通法禅师"。

【参考文献】

《景德传灯录》卷二十六。

报慈言导师法嗣

南康军云居义能禅师

上堂："不用上来，堂中憍陈如[1]上座为诸上座转第一义法轮，还得么？若信得及，各自归堂参取。"下座后，却问一僧："只如山僧适来教上座参取圣僧，圣僧还道个甚么？"僧曰："特谢和尚再举。"

问："如何是佛？"师曰："即心即佛。"曰："学人不会，乞师方便。"师曰："方便呼为佛，回光返照[2]看，身心是何物？"

【注释】

[1] 憍（jiāo）陈如：佛陀于鹿野苑初转佛法时所度五比丘之一，乃佛陀最初之弟子。又称阿若憍陈如、阿若拘邻、憍陈那、阿若憍怜、居邻、居伦。译为初知、已知、了教、了本际、知本际。

[2] 回光返照：禅林用语。又作"回光反照"。指蓦然回首，直下照见自心之灵性。《临济录》："你言下便自回光返照，更不别求，知身心与祖佛不别。"石头《草庵歌》："住此庵，休作解，谁夸铺席图人买？回光返照便归来，廓达灵根非向背。"又"回光返照"亦含日落时余晖反射之意。今转而比喻人病危临终之前，忽然发挥残余之生命力，精神顿时显现旺盛之状态。

【概要】

义能禅师，宋代禅僧。参报慈行言导师得悟，嗣其法，为法眼宗传人。住南康军（今江西星子）云居山。有僧问："如何是佛？"答曰："即心即佛"。又问："学人不会，乞师方便。"答曰："方便呼为佛，回光返照看，身心是何物？"

【参考文献】

《景德传灯录》卷二十六。

崇寿稠禅师法嗣

泉州云台山令岑禅师

僧问："如何是云台境？"师曰："前山后山。"曰："如何是境中人？"师曰："瞌睡汉。"

【概要】

令岑禅师，宋代禅僧。参契稠禅师得悟，嗣其法，为法眼宗传人。住泉州云台山。有僧问："如何是云台境？"答曰："前山后山。"

【参考文献】

《续传灯录》卷五；《天圣广灯录》卷二十八。

杭州资国圆进山主

僧问："丹霞烧木佛，意旨如何？"师曰："招因带果。"

问："庭前柏树子，意旨如何？"师曰："碧眼胡僧[1]笑点头。"

问："古人道：'东家作驴，西家作马[2]。'意旨如何？"师曰："相识满天下。"

【注释】

[1] 碧眼胡僧：原指绿眼之异国僧人。于禅林，则专称初祖达磨大师。略称碧眼、碧眼胡。

[2] 东家作驴，西家作马：出自本书第四章"湖南长沙景岑招贤禅师"："问：'南泉迁化向甚么处去？'师曰：'东家作驴，西家作马。'"

报恩安禅师法嗣

庐山栖贤道坚禅师

有官人问："某甲收金陵，布阵杀人无数，还有罪也无？"师曰："老僧只管看。"

问："如何是祖师西来意？"师曰："洋澜[1]、左蠡[2]，无风浪起。"

【注释】

[1] 洋澜：亦作"扬澜"。彭蠡湖（今鄱阳湖）畔地名，为一村庄，在彭蠡湖（今鄱阳湖）西岸。

[2] 左蠡：即左里城。因在彭蠡湖（今鄱阳湖）之左而得名，今属江西南昌县西北左里镇。

【概要】

道坚禅师，宋代禅僧。至金陵（今江苏南京）报恩寺参法安禅师，嗣其法，为法眼宗传人。住庐山栖贤寺。有僧问："如何是祖师西来意？"答曰："洋澜、左蠡，无风浪起。"

【参考文献】

《景德传灯录》卷二十六。

归宗慧诚禅师

庐山归宗慧诚禅师，扬州人也。

开堂日，于法堂前谓众曰："天人得道，以此为证，恁么便散去，已是周遮[1]。其如未晓，即为重说。"遂升座。僧问："知郡[2]临筵，请师演法。"师曰："我不及汝。"

问："如何是佛？"师曰："如何不是？"

问："如何是祖师西来意？"师曰："不知。"乃曰："问话且住。直饶问到穷劫，问也不着。答到穷劫，答也不及。何以故？只为诸人各有本分事，圆满十方，亘古亘今，乃至诸佛也不敢错误诸人，便谓之顶族，只是助发上座。所以道：'十方法界诸有情，念念以证善逝[3]果。彼既丈夫我亦尔，何得自轻而退屈？'诸上座！不要退屈，信取便休。祖师西来，只道见性成佛，其余所说，不及此说。更有个奇特方便举似诸人。"良久曰："分明记取，若到诸方，不得错举。久立，珍重！"

僧问："不通风处，如何过得？"师曰："汝从甚么处来？"

僧举："南泉问邓隐峰[4]曰：'铜瓶是境，瓶中有水。不得动着境，与老僧将水来。'峰便拈瓶泻水。未审此意如何？"师曰："邓隐峰甚奇怪，要且[5]乱泻。"

【注释】

[1] 周遮：噜苏，唠叨。唐代白居易《戒老》："矍铄夸身健，周遮说话长。"

[2] 知郡：宋知府或知州的别称。知府，也称太守，是中国古代的地方职官名，州府最高行政长官。知州，宋以朝臣充任各州长官，称"权知某军州事"，简称知州。

[3] 善逝：佛的十号之一，善是好，逝是去，佛修正道，入涅槃，向好的去处而去，故号善逝。

[4] 邓隐峰：唐代僧。生卒年不详。南岳之门下。福建邵武人，俗姓邓。世称邓隐峰。参见本书第三章"五台山隐峰禅师"注释。

[5] 要且：却是。表示转折语气。唐代白居易《夜题玉泉》："遇客多言爱山水，逢僧尽道厌嚣尘；玉泉潭畔松间宿，要且经年无一人。"

【概要】

慧诚禅师，宋代禅僧。俗姓崔。扬州（今属江苏）人。幼年出家，至金陵（今江苏南京）报恩寺参法安禅师，嗣其法，为法眼宗传人。淳化（990～994年）年间，住持庐山归宗寺，有僧问："如何是佛？"答曰："如何不是？"

【参考文献】

《景德传灯录》卷二十六。

长安规禅师法嗣

庐州长安院辩实禅师

僧问："如何是祖师西来意？"师曰："少室灵峰住九霄。"

云盖用清禅师

潭州云盖用清禅师，河州赵氏子。

僧问："有一人在万丈井底，如何出得？"师曰："且喜得相见。"曰："恁么则穿云透月去也。"师曰："三十三天[1]事作么生？"僧无对。师曰："谩语作么？"

问："如何是云盖境？"师曰："门外三泉井。"曰："如何是境中人？"师曰："童行[2]作子[3]。"

有颂示众曰："云盖锁口诀，拟议皆脑裂。拍手趁虚空，云露西山月。"僧问："如何是锁口诀？"师曰："遍天遍地。"曰："恁么则石人点头，露柱拍手去也。"师曰："一瓶净水一炉香。"曰："此犹是井底虾蟆。"师曰："劳烦大众。"

师常节饮食，随众二时，但展钵而已。或逾年月，亦不调练服饵[4]，无妨作务。有请必开[5]，即便饱食而亡[6]拘执[7]。至道二年四月二日，示疾而逝。

【注释】

[1] 三十三天：六欲天之一。又作忉利天。于佛教之宇宙观中，此天位居欲界第二天之须弥山顶上，四面各为八万由旬，山顶之四隅各有一峰，高五百由旬，由金刚手药叉神守护此天。中央之宫殿（善见城）为帝释天所住，城外周围有四苑，是诸天众游乐之处。城之东北有圆生树，花开妙香薰远，城之西南有善法堂，诸天众群聚于此，评论法理。四方各有八城，加中央一城，合为三十三天城。据《正法念经》卷二十五载，佛母摩耶夫人命终后登入此天，佛乃至忉利天为母说法三个月。

[2] 童行：行，行者，乃于寺院服杂役者。禅宗寺院对于尚未得度之年少行者，称为童行。又称童侍、僧童、道者、行童。其所居之室，则称童行堂、行堂。又教训童行，谓之训童行。仔子，指小孩子。旧校本标点有误，"师"所说只有"童行仔子"，后面的"有颂示众曰"是叙述语言，不能在引号之内。又，"童行仔子"不是一个人的名字，旧校本下画专有名词线有误。

[3] 作子：做儿子，即受雇于人的劳工。此处指所问僧人还相当于童行打杂的人。

[4] 调练服饵：指仙家调练内气，炼丹服食以求长生不老等方术。

[5] 有请必开：有请必定开示。

[6] 亡：无。

[7] 拘执：拘泥，固执。

【概要】

用清禅师，宋代禅僧，俗姓赵，河州（今甘肃东乡西南）人。至庐州（今安徽合肥）长安院参延规禅师，嗣其法，为法眼宗传人。初住韶州（今广东韶关）东平山。淳化初年（990~994年），迁潭州（今湖南长沙）云盖山海会寺。常节饮食，随众二时，但展钵而已。或逾年月，亦不调练服饵，无妨作务。有请必开，即便饱食而无拘执。

【参考文献】

《景德传灯录》卷二十六。

云居锡禅师法嗣

台州般若从进禅师

僧问："古涧寒泉[1]时如何？"师曰："切忌饮着。"曰："饮着又如何？"师曰："丧却汝性命。"

【注释】

[1] 古涧寒泉：禅林比喻艰苦的修炼过程，尝过它的味道才可见道的本体。参见《雪峰真觉大师语录》卷之下："僧问：'古涧寒泉时如何？'师云：'瞪目不见底。'进云：'饮者如何？'师云：'不从口入。'僧举到赵州，州云：'不可从鼻孔里入。'僧却问赵州：'古涧寒泉时如何？'州云：'苦。'进云：'饮者如何？'州云：'死。'师闻举，云：'赵州古佛！'从兹不答话。"从以上问答可知道，赵州古佛最终回答了这个问题，雪峰禅师听后不再回答这个问题。赵州用"古涧寒泉"比作一个修行的过程，"味道很苦"，并且喝了这水就会死。可要想修行成功，不喝它不行。开悟先要"死去"，才能获得新的生命。正如高僧所说，打得念头死，许你法身活。

越州清化志超禅师

僧问："如何是佛？"师曰："汝是甚么人？"曰："莫便是也无？"师

曰："是即没交涉。"

【概要】

志超禅师，宋代禅僧。参云居清锡禅师得悟，嗣其法，为法眼宗传人。住越州（今浙江绍兴）清化院。有僧问："如何是佛？"答曰："汝是什么人？"

【参考文献】

《续传灯录》卷四；《天圣广灯录》卷二十八。

第四节　青原下十一世

长寿彦禅师法嗣

长寿法齐禅师

苏州长寿法齐禅师，婺州人。始讲《明门[1]》《因明[2]》二论，寻置游方，受心印于广法禅师。节使[3]钱仁奉礼，请继广法住持。

开堂日，有《百法》座主问："令公请命，四众云臻。向上宗乘，请师举唱。"师曰："《百法明门论》。"曰："毕竟作么生？"师曰："一切法无我[4]。"

问："城东老母[5]与佛同生，为甚么却不见佛？"师曰："不见即道。"曰："恁么则见去也。"师曰："城东老母与佛同生。"

【注释】

[1] 明门：具名《大乘百法明门论》，一卷，唐玄奘译。

[2] 因明：具名《因明入正理论》，一卷，商羯罗主造，唐玄奘于贞观二十一年（647年）在长安弘福寺译出。

[3] 节使：官名，节度使的简称。

[4] 一切法无我：三法印之一。三法印指一切法无常、一切法无我、涅槃寂静。

[5] 城东老母：佛陀时代的城东老母是释尊的邻居，生日都相同，但她从来不见佛。

【概要】

法齐禅师，宋代禅僧。俗姓丁，婺州（今浙江金华）人。始讲《明门》《因明》二论，后游方至苏州长寿院，参朋彦禅师，受其心印，嗣其法，为法眼宗传人。朋彦寂，继其丈席。太平兴国三年（978 年），退居潜修。咸平三年（999 年）庚子十二月十一日示灭，寿八十九，腊七十二。

【参考文献】

《景德传灯录》卷二十六。

云居齐禅师法嗣

南康云居契璟禅师

僧问："路逢死蛇莫打杀，无底篮子盛将归。未审师还受也无？"师曰："你甚么处得来？"曰："恁么则不虚施也。"师曰："却且提取去。"

问："如何是佛？"师曰："赞叹不及。"曰："莫只这个便是么？"师曰："不令人赞叹。"

【概要】

契璟禅师，宋代禅僧。至南康（今江西永修）云居山参道齐禅师得法，为法眼宗传人。道齐临寂前集众曰："吾去后，山门大众分付契璟开堂住持。"遂继其席。有僧问："如何是佛？"答曰："赞叹不及。"又问："莫只这个便是么？"答曰："不令人赞叹。"

【参考文献】

《续传灯录》卷十一；《五灯严统》卷十。

杭州灵隐文胜慈济禅师

僧问："古鉴[1]未磨时如何？"师曰："古鉴。"曰："磨后如何？"师曰："古鉴。"曰："未审分不分？"师曰："更照看。"

问："如何是和尚家风？"师曰："莫讶[2]荒疏[3]。"曰："忽遇客来作么生？"师曰："吃茶去。"

【注释】

[1] 古鉴：古镜，古代铜镜。
[2] 讶：惊讶，疑怪。
[3] 荒疏：亦作"荒疎"。指学业、技术因不常习用而致生疏。

【概要】

慈济禅师，宋代禅僧，俗姓刘，婺州（今浙江金华）人。幼年出家受戒，至洪州（今江西南昌）云居山，参法眼宗道齐禅师。一日道齐问："不与万法为侣者，且道是阿谁？"文胜从此契悟，遂嗣其法。后住杭州灵隐寺南院，弘扬禅法。晚年退隐杭州兴庆庵。天圣四年（1026年），诏文胜住持慈孝寺，行至楚州（今江苏淮安），病发而寂，署号"慈济禅师"。

【参考文献】

《天圣广灯录》卷二十九。

瑞岩义海禅师

明州瑞岩义海禅师，雪川[1]人也。造云居法席，居问："甚么物？恁么来？"师于言下大悟，遂有颂曰："云居甚么物，问着头恍惚。直下便承当，犹是生埋没。"

出世住报本。僧问："如何是祖师西来意？"师曰："若到诸方，但道报本不解答话。"

问："如何是和尚家风？"师曰："无忌讳。"曰："忽遇触忤，又且如何？"师曰："不解作客，劳烦主人[2]。"

问："释迦掩室于摩竭，净名杜口于毗耶[3]，未审如何示众？"师曰：

"汝不欲我开谈？"曰："未晓师机。"师曰："且退。"

问："如何是无位真人？"师曰："这里无安排你处。"

【注释】

[1] 雪（zhà）川：即雪溪。在今浙江省北部。《清一统志·湖州府一》：雪溪 "又谓之雪川"。唐罗隐有《送雪川郑员外》诗。

[2] 不解作客，劳烦主人：不懂在别人家怎么做客，劳累麻烦主人。

[3] 释迦掩室于摩竭，净名杜口于毗耶：摩竭为国名，摩竭提或摩竭陀之略。《肇论》曰："释迦掩室于摩竭，净名杜口于毗耶。"《诸佛要集经》上，佛在摩竭陀国说法，以是时众生不肯听闻奉行，于因沙旧室（帝树译曰石室）坐夏九旬，不使一切人天入室，此间佛以神力变形诣东方普光国天王如来所，讲说诸佛之要集法。毗耶，为维摩居士所住之城市。吉藏之《净名玄论》卷一："不二法门（中略）虽识境义殊，而同超四句，故释迦掩室于摩竭，净名杜口于毗耶。"维摩尝就不二法门与众菩萨问答，彼等纷纷以言说申论不二之义，最后文殊问维摩，维摩杜口，默而不答，文殊乃叹服。盖不二法门乃言诠所不及者，故维摩之一默胜于诸菩萨之言说。（参见丁福保《佛学大辞典》）

【概要】

义海禅师，宋代禅僧。雪川（今浙江吴兴）人。造访道齐禅师法席，道齐问："什么物？怎么来？"义海言下大悟，遂有颂曰："云居什么物，问着头恍惚。直下便承当，犹是生埋没。"嗣其法，为法眼宗传人。初住报本寺，有僧问："如何是和尚家风？"答曰："无忌讳。"后迁明州（今浙江宁波）瑞岩寺。

【参考文献】

《续传灯录》卷十一；《天圣广灯录》卷二十九。

明州广慧志全禅师

上堂，僧问："如何是衲僧本分事？"师曰："你莫钝置[1]我。"僧礼拜，师曰："却是大众钝置阇黎。"便下座。

问："贼不打贫儿家时如何？"师曰："说向人也不信。"僧曰："恁么则礼拜而退。"师曰："得个甚么！"

【注释】

[1] 钝置：亦作"钝致"。折腾，折磨，作弄。

明州大梅保福居煦禅师

僧问："古人面壁，意旨如何？"师曰："但恁么会。"曰："未审如何领会？"师曰："礼拜着。"

【概要】

居煦禅师，宋代禅僧。俗姓周，温州（今属浙江）人。参云居道齐禅师得法，为法眼宗传人。住明州（今浙江宁波）大梅山保福院。

【参考文献】

《续传灯录》卷十一；《天圣广灯录》卷二十九。

处州南明惟宿禅师

僧问："法法不隐藏，古今常显露。如何是显露底法？"师曰："见示大众。"曰："恁么则学人谨退也。"师曰："知过必改。"

【概要】

惟宿禅师，宋代禅僧。参云居道齐禅师得悟，嗣其法，为法眼宗传人。住处州（今浙江丽水）南明寺。

【参考文献】

《续传灯录》卷十一；《天圣广灯录》卷二十九。

荆门军清溪清禅师

僧问："古路坦然，如何履践？"曰："你是行脚僧。"

支提隆禅师法嗣

杭州灵隐玄本禅师

僧问："蚌含未剖时如何[1]？"师曰："光从何来？"

问："临济入门便喝，德山入门便棒，此意如何？"师曰："天晴不肯去[2]。"

师见僧看经，乃问："看甚么经？"僧无语，乃示颂曰："看经不识经，徒劳损眼睛。欲得不损眼，分明识取经。"

【注释】

[1] 蚌含未剖时如何：蚌含珍珠没有剖开的时候怎么样？借问佛性没有显露的时候是个什么样子？诗云："蚌含明月珠生腹，龙拥深云雨洒空。莫向平田翻巨浪，直须点点尽朝东。"

[2] 天晴不肯去：歇后语，隐去下句"直待雨淋头"。批评学人不能抓住时机，当下悟入。

【概要】

玄本禅师，宋代禅僧。师事支提辩隆禅师，嗣其法绪，为法眼宗传人。住杭州灵隐寺。

【参考文献】

《续传灯录》卷十；《天圣广灯录》卷二十八。

罗汉林禅师法嗣

临江军慧力院绍珍禅师

僧问："金鸡未鸣时如何？"师曰："是何时节？"曰："鸣后如何？"师曰："却不知时。"

问：“师子未出窟时如何？”师曰：“在那里？”曰：“出窟后如何？”师曰：“且走。”

【概要】

绍珍禅师，宋代禅僧。参罗汉行林禅师得悟，嗣其法绪，为法眼宗传人。住临江军（今江西清江）慧力院。

【参考文献】

《续传灯录》卷十一；《天圣广灯录》卷二十八。

洪州大宁院庆璁[1]禅师

僧问：“道泰不传天子令，时人尽唱太平歌[2]。未审师今意旨如何？”师曰：“山僧罪过。”

问：“如何是佛？”师曰：“须弥山。”

上堂：“‘生死、涅槃，犹如昨梦[3]。’且道三世诸佛，释迦老子[4]有甚么长处？虽然如是，莫错会好！”拍手一下，便下座。

问：“承古有言，东山西岭青，未审意旨如何？”师曰：“东山西岭青，雨下却天晴。更问个中意，鹁鸠[5]生鹞鹰[6]。”

【注释】

[1] 璁（cōng）：同“璁”。

[2] 道泰不传天子令，时人尽唱太平歌：国家太平，政通人和，无为而治，既用不着传天子之令，也用不着唱太平歌，因为这一切都是多余的。参见《禅宗颂古联珠通集》卷十：“古佛场中不展戈，后人刚地起诮（náo，争辩）讹。道泰不传天子令，时清休唱太平歌。”

[3] 生死、涅槃，犹如昨梦：参见《圆觉经》：“圆觉普照寂灭无二，于中百千万亿不可说阿僧祇恒河沙诸佛世界，犹如空花乱起、乱灭，不即、不离，无缚、无脱；始知众生本来成佛，生死、涅槃，犹如昨梦。”

[4] 释迦老子：指释迦牟尼佛。老子，老汉。

[5] 鹁（bó）鸠（jiū）：鸟名。天将雨时其鸣甚急，俗称水鹁鸠。

[6] 鹞（yào）鹰：雀鹰。

功臣轲禅师法嗣

苏州尧峰颢暹[1]禅师

僧问："学人乍入丛林，乞师一接。"师曰："去。"

问："承教有言：'是法平等，无有高下[2]。'如何是平等法？"师曰："尧峰高，宝华低。"曰："恁么则却成高下去也。"师曰："情知你恁么会。"

闻雷声，示众曰："还闻雷声么？还知起处么？若知起处，便知身命落处。若也不知，所以古人道：'不知天地者，刚道有乾坤[3]。'不如吃茶去。"

问："如何是道？"师曰："夕死可矣。"

问："如何是金刚[4]力士？"师曰："这里用不着。"

问："亡僧迁化向甚么去也？"师曰："苍天[5]！苍天！"乃曰："只如末后僧问：'亡僧迁化向甚么处去也？'山僧向他道：'苍天！苍天！'且道意落在甚么处？莫是悲伤迁逝，痛忆道人么？若乃恁么评论，实谓罔知去处。要知去处么？更不用久立，歇去！"

上堂："冬去春来，楼阁门开。若也入得，不用徘徊。诸上座！还向这里入得也未？若也入得，所以古人道：'是处是弥勒，无门无善财。'若也入之未得，自是诸上座狂走。更不切切，久立，珍重！"

【注释】

[1] 颢（hào）暹（xiān）：颢：通"昊"，本指西天，泛指天空。暹：太阳升起。

[2] 是法平等，无有高下：参见《金刚经》："须菩提！是法平等，无有高下，是名阿耨多罗三藐三菩提。"

[3] 不知天地者，刚道有乾坤：可笑那些不知道真正天地的人，至今硬说有真实的世界。参见《禅宗颂古联珠通集》卷七："张骞推倒昆仑后，几人穷到孟津源？堪笑不知天地者，至今刚道有乾坤。"刚道：偏说，硬说。

[4] 金刚：护法天神。持金刚杵之力士，谓之金刚。"执金刚"之略名。《行

宗记》二上曰："金刚者，即侍从力士，手持金刚杵，因以为名。"

[5] 苍天：感叹语，或为哭喊语。常见重复使用。多用于感叹、讥刺对方不契禅机，亦用以示机、接机。

【概要】

颢暹禅师，宋代禅僧。至杭州功臣院参觉轲禅师，嗣其法，为法眼宗传人。住苏州尧峰。有僧问："承教有言，是法平等，无有高下。如何是平等法？"答曰："尧峰高，宝华低。"

【参考文献】

《续传灯录》卷十一；《天圣广灯录》卷三十。

苏州吴江圣寿志升禅师

上堂："若论佛法，更有甚么事？所以道：古今山河、古今日月、古今人伦、古今城郭，唤作平等法门，绝前后际。诸人还信得及么？若信得及，依而行之。久立，珍重！"

杭州功臣开化守如禅师

上堂，召大众曰："还知道圣僧同诸人到这里么？既劳尊降，焉取稽留。久立，珍重！"

栖贤湜禅师法嗣

杭州南山兴教院惟一禅师

僧问："佛未出世时如何？"师曰："白云数重。"曰："出世后如何？"师曰："青山一朵。"

问："如何是道？"师曰："刺头[1]入荒草。"曰："如何是道中人？"师曰："干屎橛[2]。"曰："大耳三藏第三度为甚么不见国师？"师曰："脚跟下看。"曰："如何得见？"师曰："草鞋跟断。"

【注释】

[1] 刺头：埋头，钻。《嘉泰普灯录》卷二五"诸方广语"条："若未得个端的悟入处，只是向人口角头寻言逐句，刺头入经论里求玄觅妙，犹如入海算沙，扪空追响，只益疲劳，终无了日。"

[2] 干屎橛：禅林用语。原指拭净人粪之橛，取至秽之意。屎橛又作厕筹、净筹、净木、厕简子等。用之者印度之风。《禅林集句》曰："不念弥陀佛，南无干屎橛。"庄周亦有所谓道在屎溺。临济宗为打破凡夫之执情，并使其开悟，对审问"佛者是何物"者，每答以"干屎橛"。盖屎橛原系擦拭不净之物，非不净则不用之，临济宗特提此最接近吾人之物，以教斥其专远求佛而反不知清净一己心田秽污之情形，并用以打破学人之执着。

【概要】

惟一禅师，宋代禅僧。参栖贤澄湜禅师得悟，嗣其法绪，为法眼宗传人。住杭州南山兴教院。一日僧问："佛未出世时如何？"答曰："白云数重。"又问："出世后如何？"答曰："青山一朵。"

【参考文献】

《续传灯录》卷十一；《天圣广灯录》卷三十。

安吉州西余体柔禅师

上堂："一人把火，自烬其身。一人抱冰，横尸于路。进前即触途成滞，退后即噎气填胸。直得上天无路，入地无门。如今已不奈何也！"良久曰："待得雪消去，自然春到来。"

【概要】

体柔禅师，宋代禅僧。参栖贤澄湜禅师得悟，嗣其法绪，为法眼宗传人，住安吉（今属浙江）西余山。一日上堂，良久曰："待得雪消去，自然春到来。"

【参考文献】

《续传灯录》卷十一；《五灯严统》卷十。

真州定山惟素山主

僧问："如何是不迁义？"师曰："暑往寒来。"曰："恁么则迁去也。"师曰："啼得血流无用处。"

问："达磨心印师已晓，试举家风对众看。"师曰："门前有个长松树，夜半子规来上啼。"

问："知师洞达诸方旨，临机不答旧时禅。如何是新奇？"师曰："若到诸方，不得错举。"曰："学人殷勤于座右，莫不只此是新奇。"师曰："折草量天[1]。"

问："如何是定山境？"师曰："清风满院。"曰："忽遇客来，如何祗待？"师曰："莫嫌冷淡。"乃曰："若论家风与境，不易酬对。多见指定处所，教他不得自在。曾有僧问大随：'如何是和尚家风？'随曰：'赤土画簸箕。'又曰：'肚上不贴榜。'且问诸人作么生会？更有夹山、云门、临济、风穴皆有此话，播于诸方，各各施设不同，又作么生会？法无异辙，殊途同归。若要省力易会，但识取自家桑梓，便能绍得家业，随处解脱，应用现前，天地同根，万物一体。唤作衲僧眼睛，绵绵不漏丝发。苟或于此不明，徒自伶俜[2]辛苦。"

僧问："如何是佛？"师曰："含齿戴发[3]。"曰："恁么则人人具足。"师曰："远之又远。"

问："牛头未见四祖时如何？"师曰："成家立业。"曰："见后如何？"师曰："立业成家。"

问："如何是定山路？"师曰："峭。"曰："履践者如何？"师曰："险。"

问："无上法王有大陀罗尼，名为圆觉[4]，流出一切清净真如、菩提涅槃，未审圆觉从甚么处流出？"师曰："山僧顶戴有分。"曰："恁么则信受奉行。"师曰："依稀似曲才堪听。"

问："十二时中如何得与道相应？"师曰："皇天无亲，唯德是辅[5]。"曰："恁么则不假修证也。"师曰："三生六十劫[6]。"

【注释】

[1] 折草量天：折断一根草来量天的大小，比喻不自量力。

［2］伶（líng）俜（pīng）：孤单，孤独。

［3］含齿戴发：又作"戴发含齿"。长着头发和牙齿，指人。出自《列子·黄帝》："有七尺之骸，手足之异，戴发含齿，倚而趣者谓之人，而人未必无兽心，虽有兽心，以状而见亲矣。"

［4］名为圆觉：旧校本标点有误，"圆觉"不是人名，不能下划专有名词线。

［5］皇天无亲，唯德是辅：出自《尚书·蔡仲之命》："皇天无亲，唯德是辅。民心无常，惟惠之怀。"

［6］三生六十劫：意为离开领悟禅法还极其遥远。语含夸张意味，系禅家常用讥斥语。参见本书第二十章"灵隐了演禅师"条："饶伊两头坐断，别有转身，三生六十劫，也未梦见在！"

【概要】

惟素山主，宋代禅僧。师事栖贤澄湜禅师，嗣其法绪，为法眼宗传人，住真州（治今江苏仪征）定山，为山主。有僧问："如何是佛？"答曰："含齿戴发。"

【参考文献】

《续传灯录》卷十一；《天圣广灯录》卷三十。

净土素禅师法嗣

净土惟正禅师

杭州净土院惟正禅师，秀州华亭黄氏子。幼从钱塘资圣院本如隶业[1]，且将较艺[2]于有司[3]。如使祷观音像，以求阴相[4]。师谢曰："岂忍独私于己哉！"郡人朱绍安闻而加叹，欲启帑[5]度之。师慨然曰："古之度人，以清机[6]密旨，今反是，去古远矣。吾堕三宝数，当有其时。"

已而遇祥符覃恩，得谐素志。独拥毳袍且弊，同列慢之。师曰："佛乎佛乎，仪相云乎哉？僧乎僧乎，盛服云乎哉？"

厥后有愿输奉[7]岁时用度，俾继如之院务，亦复谢曰："闻拓钵[8]乞食，未闻安坐以享。闻历谒诸祖，未闻废学自任。况我齿茂气完[9]，正在筋力为礼[10]，非从事屋庐[11]之秋也。"于是提策东引[12]，学三观于天台。复旋径山，咨单传之旨于老宿惟素，素董[13]临安功臣山净土院，师辅相之，久而继席焉。

然为人高简[14]，律身精严，名卿巨公多所推尊。叶内翰[15]清臣[16]牧[17]金陵，迎师语道[18]。一日，叶曰："明日府有燕饮，师固奉律，能为我少留一日，款[19]清话[20]否？"师诺之。翌日，遣使邀师，留一偈而返，曰："昨日曾将今日期，出门倚杖又思惟。为僧只合居岩谷，国土筵中甚不宜。"坐客皆仰其标致[21]。

师识虑洗然[22]，不牵世累，雅爱跨黄犊出入[23]，军持巾钵，悉挂角上[24]，市人争观之，师自若也。

杭守蒋侍郎尝与师为方外友[25]，每往谒，至郡庭[26]下犊谭笑，终日而去。蒋有诗曰："禅客寻常入旧都，黄牛角上挂瓶盂。有时带雪穿云去，便好和云画作图。"

师尝作山中偈曰："桥上山万层，桥下水千里。唯有白鹭鸶，见我常来此。"

平生制作三十卷，号《锦溪集》。又工书，笔法胜绝，秦少游珍藏之。

冬不拥炉，以荻花作球，纳足其中，客至共之。夏秋好玩月，盘膝大盆中浮池上，自旋其盆，吟笑达旦，率以为常。

九峰韶禅师尝客于院，一夕将卧，师邀之曰："月色如此，劳生扰扰，对之者能几人？"峰唯唯而已。久之，呼童子使熟炙[27]，峰方饥，意作药石[28]，顷乃橘皮汤一杯。峰匿笑曰："无乃太清乎！"

有问曰："师以禅师名，乃不谈禅，何也？"师曰："徒费言语。吾懒，宁假曲折，但日夜烦万象为敷演耳。言语有间，而此法无尽，所谓造物无尽藏也。"

皇祐元年孟夏八日，语众曰："夫动以对静，未始有极。吾一动历年六十有四，今静矣。然动静本何有哉？"于是泊然而逝。

【注释】

[1] 隶业：本指肄业，谓修习其业。隶：通"肄"。此处指拜本如禅师为师。

[2] 较艺：谓竞争技艺。唐代符载《上巳日陪刘尚书宴集北池序》："献奇较艺，钩索胜负。"

[3] 有司：官吏。古代设官分职，各有专司，故称。

[4] 如使祷观音像，以求阴相：本如禅师让他向观音像祈祷，以求吉相。

[5] 启帑（tǎng）：拿出钱来。帑，指财帛或藏金帛的府库。

[6] 清机：清净的心机。晋代曹摅《思友人》："精义测神奥，清机发妙理。"

[7] 输奉：运送供奉。

[8] 拓（tuò）钵：即托钵，指出家人化缘乞食。《正字通》曰："托同拓，手承物也。"手承钵而乞食之义也。又，粥饭之时，擎钵而赴僧堂，曰托钵。（参见丁福保《佛学大辞典》）

[9] 齿茂气完：年轻气盛。齿茂：牙齿齐整，指年轻，与年老掉牙相反。

[10] 筋力为礼：血气方刚，正是有力气的时候。《礼记·曲礼》："贺取妻者曰：'某子使某，闻子有客，使某羞。贫者不以货财为礼，老者不以筋力为礼。'"筋力，体力，筋骨之力。

[11] 屋庐：住房。

[12] 提策东引：提鞭东指。策：赶马的鞭棒之类。

[13] 董：监督，管理，董事。

[14] 高简：清高简约。

[15] 内翰：唐、宋称翰林为内翰。

[16] 清臣：指志行清白的人。

[17] 牧：治理，管理。

[18] 迎师语道：在道路上迎接禅师说话。

[19] 款：叙说。

[20] 清话：高雅不俗的言谈。

[21] 标致：风貌，风采。此处指风格高雅。

[22] 洗然：肃敬的样子，此处指禅师有一颗清净心，他的思想很纯洁。

[23] 雅爱跨黄犊出入：平时爱骑着黄牛出入。黄犊：本指小牛，此处是已经归依禅师的黄牛。

[24] 军持巾钵，悉挂角上：兵士拿的毛巾与钵盂，都挂在牛角上。军：兵士。

[25] 方外友：不涉尘世的朋友。多指僧、道、隐者。

[26] 郡庭：郡署的公堂。

[27] 熟炙：热饭。

[28] 意作药石：准备要吃饭。出家人把晚上吃饭当作药石。佛制比丘过午不食，故禅宗寺院称午后之饮食为药石，亦即晚食之隐语。意谓服之以疗饥渴。《敕修百丈清规》卷五游方参请条："当晚特为汤，披衣赴，住持接入，（中略）汤罢

起就炉前谢汤，须两展三礼，抽衣就坐药石。"

【概要】

惟正禅师（985～1049年），余杭（今属浙江）人。初学天台三观，后主持杭州净土院。严律厉身，人敬畏之。为人标致甚高，冬不拥炉，以荻花作球，纳足于中，客至共之。好赏月，常盘膝于一盆中，浮飘于水面，自旋之，吟笑达旦。出入常跨一黄牛，角挂巾钵，人称正黄牛。惟正善诗，亦工书，笔法甚绝。曾与钱塘守蒋堂为方外之友。有《锦溪集》行世。

惟正禅师具有特立独行的性格，他远离俗世，天性喜爱独居，习惯在深山修行，独住比丘。"昨日曾将今日期，出门倚杖又思惟。为僧只合居岩谷，国士筵中甚不宜。"这是禅师杰出的作品。惟正禅师被朝廷大臣请到家里供养，无法推辞之下，只好答应了。第二天，就写了这首诗偈，请侍者送给大臣。意思是说：今天虽然约好拜访府上，可是出门时，倚杖再三思量，觉得"为僧只合居岩谷"，出家人实在只适合在深山、树林、水边、岩谷之处徜徉，"国士筵中甚不宜"，在国家大臣的飨宴上出现，实在是很不适宜。

【参考文献】

《续传灯录》卷十；《五灯严统》卷十。

第五节　青原下十二世

灵隐胜禅师法嗣

杭州灵隐延珊慧明禅师

僧问："如何是道？"师曰："道远乎哉！"

问："如何是正真一路？"师曰："丝发不通。"曰："恁么则依而行之。"师曰："莫乱走。"

上堂："与上座一线道，且作么生持论佛法？若也水泄不通，便教上座无安身立命处。当此之时，祖佛出头来，也有二十棒分。怎么道，山僧还有过也无？不见世尊生下，周行七步，目顾四方，一手指天，一手指地，云：'天上天下，唯吾独尊。'云门云：'我当初若见，一棒打杀，与狗子吃却。何以如此[1]？贵图天下太平。'且道云门怎么说话，有佛法道理也无？虽然如此，云门只具一只眼[2]。久立，珍重！"

【注释】

[1] 与狗子吃却。何以如此：旧校本标点有误，参见项楚《〈五灯会元〉点校献疑三百例》。

[2] 一只眼：指法眼，即能够观照事物真相，认识禅法真理的智慧眼光。又，指不够全面、深刻的眼光，与"两只眼"相对。

【概论】

慧明禅师，宋代禅僧。至杭州灵隐寺参文胜禅师，嗣其法绪，继其丈席，为法眼宗传人。有僧问："如何是正真一路？"答曰："丝发不通。"署号"慧明禅师"。

【参考文献】

《续传灯录》卷十三；《五灯严统》卷二十二。

常州荐福院归则禅师

僧问："如何是祖师西来意？"师曰："耳畔打钟声。"

【概要】

归则禅师，宋代禅僧。参灵隐文胜禅师得悟，嗣其法绪，为法眼宗传人。住常州（今属江苏）荐福院。一日僧问："如何是祖师西来意？"答曰："耳畔打钟声。"为当时禅僧中较杰出者。

【参考文献】

《续传灯录》卷十三；《天圣广灯录》卷三十。

瑞岩海禅师法嗣

明州翠岩嗣元禅师

僧问："如何是祖师西来意？"师曰："见钱买卖不曾赊。"曰："向上更有事也无？"师曰："好不信人直！"

【概要】

嗣元禅师，宋代禅僧。参瑞岩义海禅师得悟，嗣其法绪，为法眼宗传人。住明州（今浙江宁波）翠岩。一日僧问："如何是祖师西来意？"答曰："见钱买卖不曾赊。"

【参考文献】

《续传灯录》卷十三；《建中靖国续灯录》卷二十六。